Das bayerische
Fürsorgeerziehungsgesetz

in der Fassung vom 21. Juli 1915

nebst den Ausführungsbestimmungen, den Fürsorgeerziehungs-gesetzen von Preußen, Sachsen, Württemberg und Baden und einem Auszug aus dem RG. betr. die Angelegenheiten der Freiwilligen Gerichtsbarkeit.

Erläutert von

J. Schiedermair,

Landgerichtsrat in München.

---

2. Auflage

des von Th. von der Pfordten bearbeiteten Bayerischen Gesetzes betr. die Zwangserziehung.

1917

München, Berlin und Leipzig

J. Schweitzer Verlag (Arthur Sellier).

By

Druck: Dr. F. P. Datterer & Cie. (Arthur Sellier), München-Freising.

Vorwort.

Die vorliegende zweite Auflage des in erster Auflage von Th. von der Pfordten bearbeiteten bayerischen Zwangserziehungsgesetzes hat die bewährte äußere Anlage der ersten Auflage beibehalten. Infolge der Änderungen, die das Zusatzgesetz vom 21. August 1914 brachte, und vor allem wegen der Anregungen, die eine mehr als vierzehnjährige Anwendung des Gesetzes gab, ist aber das Buch in der Sache selbst nahezu völlig neu geworden. Da das Gesetz fast durchweg den Fürsorgeerziehungsgesetzen anderer Bundesstaaten nachgebildet ist, war es möglich und zu seinem richtigen Verständnis auch geboten, auch die nicht bayerische Rechtsprechung und Literatur, vor allem die auch hier führende Rechtsprechung des Kammergerichts zu verwerten.

Die zu dem Gesetz ergangenen besonderen Vollzugsbestimmungen sind im Abschnitte C zusammengestellt. Die angekündigte allgemeine Vollzugsbekanntmachung ist nach nahezu zweijähriger Geltung der Neufassung nicht erschienen, sie wird auch voraussichtlich bis auf weiteres nicht erscheinen. Im Interesse der Vollständigkeit des Buches wurde deshalb die noch anwendbare zum Gesetz in der älteren Fassung ergangene allgemeine Vollzugsbekanntmachung im Anhang abgedruckt und im Sachregister berücksichtigt.

Beigegeben ist ein Auszug aus dem Reichsgesetz über die Angelegenheiten der Freiwilligen Gerichtsbarkeit, weil das bayerische FGG. ohne Kenntnis dieses Gesetzes, das den Rahmen hierzu abgibt, nicht verständlich ist, ferner der Text der wichtigsten nicht bayerischen Fürsorgeerziehungsgesetze, um eine Vergleichung mit dem bayerischen Gesetz zu ermöglichen und weil in der Praxis nicht selten auch ein Bedürfnis nach ihnen besteht.

München im August 1917.

J. Schiedermair.

Inhaltsübersicht.

Abkürzungen.

Wegen der unten nicht einzeln angeführten Abkürzungen wird auf die Vorschläge des Deutschen Juristentages verwiesen.

BadRpr.	= Badische Rechtspraxis.
BayOLG.	= Entscheidungen des Obersten Landesgerichts für Bayern in Gegenständen des Zivilrechts und Zivilprozesses, neue Folge.
BayZ.	= Zeitschrift für Rechtspflege in Bayern.
BlAdmPr.	= Blätter für administrative Praxis.
Böckel	= Böckel, Landesprivatrecht der Thüringischen Staaten 1912.
Dorner und Seng	= Dorner und Seng, Badisches Landesprivatrecht, Halle a. S. 1906.
ElsLothZ.	= Juristische Zeitschrift für Elsaß-Lothringen.
FEG.	= Bayerisches Fürsorgeerziehungsgesetz.
FGG.	= Gesetz über die Angelegenheiten der freiwilligen Gerichtsbarkeit.
Freudenthal	= Freudenthal, Gefängnisrecht und Recht der Fürsorgeerziehung in Holtzendorff-Kohler, Enzyklopädie der Rechtswissenschaft Bd. 5.
Heinze	= Heinze, Die Zwangserziehung nach Reichs- und Landesrecht unter besonderer Berücksichtigung des Badischen Gesetzes vom 16. August 1900 (ZStW. 1902, 634).
Kaeubler	= Kaeubler, Das Königlich Sächsische Gesetz über die Fürsorgeerziehung.
KGJ.	= Jahrbuch für Entscheidungen des Kammergerichts in Sachen der freiwilligen Gerichtsbarkeit, in Kosten-, Stempel- und Strafsachen.
Kisch	= Kisch, Elsaß-Lothringisches Landesprivatrecht, Halle a. S. 1905.
Landsberg	= Landsberg, Das Recht der Zwangs- und Fürsorgeerziehung 1908.
LAMitt.	= Mitteilungen des bayerischen Landesausschusses für Jugendfürsorge.

Loening = Loening, Zwangserziehung im Handwörterbuch der Staatswissenschaften. Bd. 8 S. 1137.

Marsch. = Marschall-Erhardt, Das bayerische Fürsorgeerziehungsgesetz 1917.

Nöldeke = Nöldeke, Hamburgisches Landesprivatrecht, Halle a. S. 1907.

OLG. = Die Rechtsprechung der Oberlandesgerichte. Herausgegeben von Falkmann und Mugdan.

Reg. = Entscheidungen der Gerichte und Verwaltungsbehörden, herausgegeben von Reger

RJA. = Entscheidungen in Angelegenheiten der freiwilligen Gerichtsbarkeit und des Grundbuchrechts. Zusammengestellt im Reichsjustizamt.

SächsArch. = Sächsisches Archiv für Rechtspflege.

Schlegelberger = Die Gesetze über die Angelegenheiten der freiwilligen Gerichtsbarkeit für das Reich und Preußen, erläutert von Dr Fr. Schlegelberger, Landrichter in Berlin.

Schmitz = Schmitz, Die Fürsorgeerziehung Minderjähriger; Preußisches Gesetz vom 2. Juli 1900; 5. Aufl. 1917

Schneider = Schneider, Die Fürsorgeerziehung Minderjähriger in Württemberg, 1909.

Schwarz = Schwarz, Rechtliche Fürsorge für die von Jugend an körperlich Gebrechlichen mit besonderer Berücksichtigung Bayerns 1915.

Wellstein = Wellstein, Das Reichsgesetz über die Angelegenheiten der freiwilligen Gerichtsbarkeit, 1906.

Wolf = Wolf, Hessisches Landesprivatrecht, Halle a S. 1910.

WürttZ. = Zeitschrift für die freiwillige Gerichtsbarkeit und die Gemeindeverwaltung in Württemberg.

ZBlFG. = Zentralblatt für freiwillige Gerichtsbarkeit, Notariat und Zwangsversteigerung.

ZBlVorm. = Zentralblatt für Vormundschaftswesen, Jugendgerichte und Fürsorgeerziehung.

ZStW. = Zeitschrift für die gesamte Strafrechtspflege.

ZwEG. = Bayerisches Gesetz betr. die Zwangserziehung vom 10 Mai 1902.

ZwEG. VB. = JInnKMB. vom 28. Juni 1902, betr. Ausführungsbestimmungen zum Zwangserziehungsgesetz; s diese S. 186.

A.

Einleitung.

1. Der Begriff Fürsorgeerziehung im allgemeinen.

a) Unter Zwangserziehung oder Fürsorgeerziehung, wie sie, abweichend vom Sprachgebrauch des Bürgerlichen Gesetzbuchs, aber der derzeitigen Gepflogenheit gemäß, nun auch das bayerische Recht nennt, im weitesten Sinne versteht man einen Eingriff des Staates in das den Eltern oder den sonst zur Erziehung von Minderjährigen berufenen Personen zustehende Recht der Fürsorge für die Person des Zöglings. Sie besteht in einer völligen oder teilweisen Aufhebung des Rechtes, den Aufenthalt, die Unterbringung, die Ausbildung, die Art der Verpflegung und Versorgung des Minderjährigen zu bestimmen.

Die Formen, in denen der Staat solche Maßregeln ausübt, und das Verfahren, in dem er sie vorbereitet, anordnet und durchführt, können sehr verschiedener Art sein. Die nähere Betrachtung zeigt drei vorwiegende Formen des staatlichen Vorgehens gegen Mißstände in der Erziehung der Jugend.

1. Am häufigsten wird sich die Regelung der Fürsorgeerziehung darstellen als ein Zweig der vom Staate geübten Fürsorge für Minderjährige auf dem Gebiete des Vormundschaftswesens in den Formen der freiwilligen Gerichtsbarkeit. Die Aufsicht, die der Vormundschaftsrichter über die Tätigkeit der Eltern und sonstigen Erzieher führt, findet dann ihren schärfsten Ausdruck in seiner Befugnis, das Fürsorgerecht ganz oder teilweise zu entziehen und durch eigene Entschließung die Verhältnisse des Pflegebefohlenen zu regeln.

2. Auch gelegentlich der Ausübung der Strafgerichtsbarkeit kann der Staat in das Erziehungswesen eingreifen. Die Anordnung der Fürsorgeerziehung erscheint dann als Nebenstrafe oder als ein Ersatz der Strafe in Fällen, in denen nach der Anschauung des Gesetzgebers die strafrechtliche Ahndung nicht als angezeigt erscheint, oder auch als eine Verwaltungsmaßregel, deren Zulässigkeit im Strafverfahren ausgesprochen wird.

3. Seltener findet sich die Fürsorgeerziehung als eine rein polizeiliche Maßregel, die von den Verwaltungsbehörden gelegentlich der Ausübung der Sicherheits- und Sittenpolizei, oder der Beaufsichtigung des Armenwesens getroffen wird.

In der neueren Gesetzgebung des Reichs und der Einzelstaaten erscheinen diese drei Formen in einer nicht immer leicht zu sichtenden Vermengung und vor allem in Bayern hat die gesetzliche Regelung keineswegs eine einheitliche Entwickelung genommen.

b) Unter Fürsorgeerziehung im engeren Sinne versteht man diejenige Art des staatlichen Einschreitens, bei welcher zur Durchführung öffentliche Mittel in Anspruch genommen werden und ein Zurückgreifen auf das Vermögen des Minderjährigen und der zu seinem Unterhalt verpflichteten Personen nur erfolgt, um einen Ersatz der staatlichen oder gemeindlichen Aufwendungen herbeizuführen. Diesen Sinn verbindet auch das bayerische Gesetz mit dem Begriffe der Fürsorgeerziehung und es befaßt sich mit der Regelung des Stoffes nur für den Fall, daß die Erziehung auf öffentliche Kosten erfolgt.

2. Bestimmungen in älteren Rechten.

1. Das römische Recht kannte eine Entziehung der väterlichen Gewalt durch den Staat zwecks Schutzes der Minderjährigen gegen Verwahrlosung und Mißbrauch der Elternrechte nicht, doch fehlt es nicht an Ansätzen zu einer Einschränkung des elterlichen Erziehungsrechtes unter besonderen Umständen. So wird der Mutter, bei der sich der Sohn aufhält, gegenüber der Klage des Vaters auf Herausgabe eine Einrede gewährt, wenn es aus besonderen Gründen (ex iustissima causa) angezeigt erscheint, daß das Kind bei ihr verbleibt, z. B. wegen der Nichtsnutzigkeit des Vaters (propter nequitiam patris. s. l. 1 § 3, l. 3 § 5 D. de liberis exhibendis XLIII, 30). Der Vater, der den Sohn übermäßig schlecht behandelt, unterliegt rechtlichen Nachteilen (l. 5 D. si a parente XXXVII, 31). Eine einheitliche Norm fehlt.

2. Das bayerische Landrecht bestimmt in Teil I Kap. V § 7 Nr. 2, daß die väterliche Gewalt durch schweren Mißbrauch aufhören soll, z. B. durch Grausamkeit, Exposition und Hinlegung der Kinder, durch ihre Verführung oder Verkuppelung. Einer besonderen Entziehung durch obrigkeitliches Einschreiten bedarf es in einem solchen Falle nicht, die Beendigung des Rechtes tritt kraft Gesetzes ein; dieses lebt auch später nicht wieder auf (Nr. 7 a. a. O.).

3. Ein Vorgehen des Vormundschaftsgerichts gegen die Eltern kennt das preußische Landrecht (Teil II, Titel 2, §§ 90, 91, 98, 99, 266). Wenn die Eltern ihre Kinder grausam mißhandeln, die Erziehung vernachlässigen, die Kinder zum Bösen verleiten oder ihnen den notdürftigen Unterhalt versagen, so hat das Vormundschaftsgericht sich der Kinder von Amts wegen anzunehmen und den Eltern je nach

Befund der Umstände die Erziehung abzunehmen, um sie auf ihre Kosten anderen zuverlässigen Personen anzuvertrauen. Sind die Eltern geschieden worden und besteht in der Richtung gegen beide Eheteile die Besorgnis, daß sie die Erziehung der Kinder vernachlässigen oder schlecht durchführen werden, so hat der den Kindern bestellte Kurator wegen deren Erziehung an einem dritten Orte Vorschläge zu machen und der Richter hat alsdann das Nötige von Amts wegen anzuordnen.

Auch gegen Mißgriffe des Vaters bei einer Berufswahl für das Kind gewährt das preußische Landrecht Schutz (a. a. O. §§ 109 bis 117).

4. Der Code civil enthält keine Bestimmungen über das Vorgehen gegen mißbräuchliche Anwendung des elterlichen Erziehungsrechts, dagegen finden sich solche im württembergischen Landrecht, IV, 11 § 2, im sächsischen Gesetzbuch § 1803, im österreichischen Gesetzbuch §§ 177, 178. Der Code penal von 1810 Art. 66 ff. war bahnbrechend für die im folgenden zu schildernde Entwickelung des neuen Rechts.

3. Die Rechtsentwickelung in Bayern und nach der Reichsgesetzgebung bis zum Erlasse des BGB.

Die erste einheitliche Bestimmung über Fürsorgeerziehung für das ganze Königreich Bayern findet sich in Art. 76 des bayerischen Strafgesetzbuchs vom 10. November 1861. Dort wurde bestimmt, daß eine Person, die das 16. Lebensjahr noch nicht erreicht hat, dann straflos bleibe, wenn ihr die zur Unterscheidung der Strafbarkeit ihrer Tat erforderliche Ausbildung gefehlt habe. Mußte die Freisprechung oder die Einstellung des Verfahrens lediglich wegen des Mangels der erforderlichen Erkenntnis erfolgen und handelte es sich um eine vorsätzliche mit schwerer Strafe bedrohte Tat, so konnte in dem Erkenntnisse die Unterbringung in einer Erziehungsanstalt für verwahrloste jugendliche Personen angeordnet werden. Die Ausführung der Anordnung war Sache der Polizeibehörde; die Kreisverwaltungsstelle, in deren Bezirk der Täter beheimatet war, erließ die Bestimmungen über die Dauer des Aufenthalts in der Anstalt, der sich nicht über das 18. Lebensjahr hinaus erstrecken durfte. Bei Ausländern war statt der Unterbringung in einer Anstalt die Ablieferung an ihre Obrigkeit anzuordnen und erst, wenn sich diese als unausführbar erwies, hatte die Polizeibehörde die Unterbringung zu verfügen. Die Kosten waren, soweit sie nicht aus dem Vermögen des Minderjährigen oder der unterhaltspflichtigen Verwandten bestritten werden konnten, von der Staatskasse zu tragen. Wurde eine noch nicht sechzehnjährige Person verurteilt und war es zulässig, als Folge der Bestrafung die Ermächtigung zur Verwahrung in einer Polizeianstalt auszusprechen, so hatte statt dieser Verwahrung die Verbringung in eine Erziehungsanstalt stattzufinden.

Das RStGB. und die Novelle hierzu vom 26. Februar 1876 führten in §§ 55, 56 einen Unterschied in der Behandlung der noch nicht zwölf Jahre alten, strafunmündigen, und der im Alter zwischen 12 und 18 Jahren stehenden, beschränkt strafmündigen Minderjährigen ein. Hinsichtlich der ersteren blieb es der Landesgesetzgebung überlassen, geeignete Erziehungsmaßregeln einzuführen, indem § 55 Abs. 2 StGB. bestimmte, daß neben anderen landesgesetzlich zulässigen Beaufsichtigungs- und Erziehungsmitteln insbesondere die Unterbringung in einer Erziehungs- oder Besserungsanstalt erfolgen könne, wenn durch Beschluß des Vormundschaftsgerichts die Begehung der Handlung festgestellt und die Unterbringung für zulässig erklärt sei. Von der Möglichkeit, nunmehr landesgesetzliche Vorschriften der gedachten Art zu schaffen, hat Bayern keinen Gebrauch gemacht. Die gesetzgeberische Regelung der Fürsorgeerziehung hinsichtlich der zweiten Gruppe Minderjähriger, der beschränkt Strafmündigen, nahm das RStGB. selbst in die Hand: es verordnete in § 56, daß bei Freisprechung einer solchen Person im Urteil zu bestimmen sei, ob sie ihrer Familie überwiesen oder in eine Erziehungs- oder Besserungsanstalt gebracht werden solle. Letzterenfalls solle die Anstaltserziehung solange dauern, als es die vorgesetzte Verwaltungsbehörde für erforderlich erachte, keinesfalls aber über das vollendete 20. Lebensjahr hinaus. Die nötigen Ausführungsbestimmungen für Bayern sind in der ME. vom 31. Dezember 1871 (JMBl. 1872, 16) enthalten, die später einige Änderungen erlitt, die hier nicht von Bedeutung sind. Als die Verwaltungsbehörde, die über die Dauer der Unterbringung zu entscheiden hat, wurde die Kreisregierung, K. d. J., gewählt, in deren Bezirk sich die Anstalt befand, die Ausführung der Unterbringung wurde den Distriktspolizeibehörden übertragen. Ferner wurde ausgesprochen, daß die Kosten der Unterhaltung der Zöglinge in den Anstalten, soweit sie nicht aus dem Vermögen des Untergebrachten oder seiner unterhaltspflichtigen Verwandten bestritten werden könnten, der Staatskasse zur Last fallen sollten.

Der Rechtszustand änderte sich also nicht wesentlich gegenüber dem, der unter der Herrschaft des bayerischen StGB. bestanden hatte, nur wurde die Möglichkeit der Fürsorgeerziehung von Kindern unter 12 Jahren aufgehoben.

Erst beträchtlich später, mit dem Erlaß der Novelle zum StGB. vom 25. Juni 1900 wurde die Möglichkeit der Anordnung von Erziehungsmaßregeln auch gegen *schon bestrafte* Minderjährige eingeführt. § 362 StGB. gestattet jetzt, eine wegen gewerbemäßiger Unzucht bestrafte Person, die durch gerichtliches Urteil der Landespolizeibehörde überwiesen ist, nach verbüßter Strafe in eine Besserungs- oder Erziehungsanstalt oder in ein Asyl zu verbringen, anstatt sie in ein Arbeitshaus einzuschaffen. Bei Personen, die zur Zeit der Begehung der Tat das 18. Lebensjahr noch nicht vollendet haben, ist die Verbringung in das Arbeitshaus überhaupt unzulässig.

Inzwischen war die bayerische Landesgesetzgebung auf den nicht vom Reichsrecht mit Beschlag belegten Gebieten nicht ganz untätig geblieben. Art. 81 PStGB. vom 26. Dezember 1871 bedroht denjenigen mit Strafe, der ihm anvertraute oder angehörige Kinder, Kranke, Gebrechliche, Blödsinnige, oder andere hilflose Personen in bezug auf Schutz, Aufsicht, Verpflegung oder ärztlichen Beistand verwahrlost, und ermächtigt zugleich den Strafrichter, im Urteil auszusprechen, daß die Polizeibehörde ermächtigt sei, in anderer Weise für die Unterbringung der betreffenden Person auf Kosten des Pflichtigen — d. h. der zivilrechtlich unterhaltspflichtigen Personen oder der Armenpflege — zu sorgen. Zuständig zum Vorgehen auf Grund eines solchen Urteils ist die Distriktspolizeibehörde (§ 24 der Verordnung vom 4. Januar 1872, RegBl. 25 mit VO. vom 26. November 1915, GVBl. 723).

Von geringerer Bedeutung ist eine Bestimmung in Art. 36 Abs. 3 des bayerischen Armengesetzes vom 29. April 1869, die in Art. 7 Abs. 3 des Armengesetzes vom 21. August 1914 (GVBl. 551) wiederkehrt; darnach kann der Armenverband, wenn die Erziehung von Kindern, für welche die öffentliche Armenpflege Unterstützung gewährt, von den Eltern oder ihren Stellvertretern offenbar vernachlässigt wird, die Fortsetzung der Unterstützung davon abhängig machen, daß solche Kinder ihm zur Unterbringung und Erziehung überlassen werden. Ein unmittelbarer Zwang kann nicht geübt werden.

In anderen deutschen Bundesstaaten hatte schon ziemlich früh eine umfassende landesrechtliche Regelung der Fürsorgeerziehung stattgefunden; vgl. hierwegen Loening S. 1142; Heinze S. 648.

4. Die Bestimmungen des Bürgerlichen Gesetzbuchs und des Einführungsgesetzes zum Bürgerlichen Gesetzbuch.

1. Während in der älteren Rechtsentwickelung die Fürsorgeerziehung sich vorwiegend als polizeiliche Maßregel oder als Ersatz einer Strafe herausgebildet hatte, trat mit dem Erlasse des BGB. die andere, wichtigere Form wieder in den Vordergrund: die Fürsorgeerziehung als Fürsorgemittel auf dem Gebiete des Vormundschaftswesens. §§ 1666 und 1838 BGB. enthalten die hier einschlägigen Vorschriften.

Ein Vorgehen gegen die Eltern, sei es nun, daß diesen die volle elterliche Gewalt über das Kind zusteht oder daß sie nur zur Sorge für dessen Person berufen sind, gestattet das BGB. nur unter der Voraussetzung, daß den Eltern ein Verschulden zur Last fällt und daß das schuldhafte Verhalten das geistige oder leibliche Wohl des Kindes gefährdet. Gefährdungen des Kindes für sich allein rechtfertigen ein Einschreiten des Vormundschaftsrichters nicht, ebensowenig Verfehlungen der Eltern, die für das Wohl des Kindes belanglos sind. Die Verschuldung der Eltern kann in einem Mißbrauch ihres Rechtes zur Fürsorge für die Person bestehen, z. B. in einer Überschreitung des Züchtigungsrechts oder in der Wahl eines ungeeigneten Aufenthaltsorts für das Kind, ferner in einer Vernachlässigung des Kindes in körperlicher oder sittlicher Beziehung, schließlich in einem ehrlosen oder unsittlichen Verhalten.

In welcher Weise der Richter einzuschreiten hat, ist seinem Ermessen überlassen, doch empfiehlt das Gesetz als besonders durchgreifende Maßregeln die Unterbringung des Kindes zum Zwecke der Erziehung in einer geeigneten Familie oder in einer Erziehungs- oder Besserungsanstalt.

Eine freiere Stellung wird dem Vormundschaftsgerichte durch § 1838 BGB. gegenüber dem Vormund eingeräumt, falls dieser allein zur Fürsorge für den Mündel berufen ist, und weder dem Vater noch der ehelichen oder unehelichen Mutter neben ihm eine Einwirkung auf die Erziehung zusteht (insbesondere also z. B. wenn es sich um die Bevormundung von Doppelwaisen handelt). Der Richter kann hier, auch ohne daß der Vormund seine Pflichten vernachlässigt, oder daß eine Verwahrlosung des Mündels zutage getreten ist, dessen Unterbringung in einer Familie oder Anstalt zum Zwecke der Erziehung anordnen.

In den Fällen der §§ 1666, 1838 BGB. erfolgt die Durchführung der angeordneten Maßregeln nur auf Kosten des Minderjährigen selbst oder der zu seiner Unterhaltung verpflichteten Personen. Ein Recht auf öffentliche Mittel besteht nicht. Das BGB. gestattet ferner gegenüber den der elterlichen Gewalt unterworfenen und nicht unter Vormundschaft stehenden Minderjährigen ein Eingreifen des Vormundschaftsrichters für diejenigen Fälle nicht, in denen ein Verschulden des erziehungsberechtigten Elternteils nicht nachgewiesen werden kann, gleichwohl aber eine sittliche oder körperliche Verwahrlosung des Minderjährigen eingetreten oder zu befürchten ist.

2. Das EG. BGB. überließ es in Art. 135 der Landesgesetzgebung, noch weitere Vorschriften über die Fürsorgeerziehung zu geben und die Lücken des Reichsrechts auf diesem Gebiete auszufüllen, insbesondere zu bestimmen, ob und inwieweit öffentliche Mittel zur Bestreitung der Kosten heranzuziehen seien.

a) Art. 135 EG. behält zunächst die schon durch § 55 StGB. gegebene Ermächtigung zum Erlasse landesgesetzlicher Bestimmungen über Fürsorgeerziehung für die Fälle vor, in denen ein Minderjähriger im Alter unter 12 Jahren eine strafbare Handlung begangen hat. § 55 StGB. hat durch Art. 43 EG. BGB. Änderungen erlitten, die im wesentlichen nur seine Fassung betreffen, seinen Inhalt jedoch insoferne ergänzen, als auch die Unterbringung in einer Familie an Stelle der Anstaltserziehung gestattet wird.

Im Falle des § 55 StGB. ist die Landesgesetzgebung nur insoferne gebunden, als die Fürsorgeerziehung nur dann angeordnet werden darf, wenn durch Beschluß des Vormundschaftsgerichts die Begehung der Handlung festgestellt und die Unterbringung für zulässig erklärt ist. Die Landesgesetze können jedoch noch weitere Voraussetzungen einführen, z. B. die Begehung bestimmter einzelner Vergehen oder Verbrechen als Bedingung der Fürsorgeerziehung setzen, oder diese von einem Rückfall oder einer schon bestehenden Verwahrlosung des Minderjährigen abhängig machen, sie können ferner die Behörde bestimmen, welche den Beschluß des Vormundschaftsgerichts über die Zulässigkeit der Fürsorgeerziehung durch deren wirkliche Anordnung und Ausführung zu ergänzen hat.

b) Vorbehalten ist ferner der Fall des § 56 StGB. (Fürsorgeerziehung beschränkt Strafmündiger, die wegen mangelnder Einsicht in die Strafbarkeit ihrer Handlung freigesprochen wurden). Hier ist es bei der bisherigen gesetzlichen Regelung verblieben. Der Strafrichter ordnet die Unterbringung in einer Erziehungs- oder Besserungsanstalt an, die Auswahl der Anstalt und die Durchführung der Erziehung gebührt den landesgesetzlich näher zu bezeichnenden Verwaltungsbehörden.

c) Art. 135 EG. gestattet schließlich den Landesgesetzen die Fürsorgeerziehung für Fälle einzuführen, in denen die Voraussetzungen der §§ 1666, 1838 BGB. nicht zutreffen. Damit ist die Möglichkeit eines kräftigeren Vorgehens hinsichtlich der unter elterlicher Gewalt stehenden Kinder gegeben und zwar auch für Fälle, in denen kein Verschulden der Eltern vorliegt, sondern nur ungünstige Verhältnisse, Mangel an ausreichenden Mitteln, besonders verderbliche Charakteranlagen oder naturwidrige Triebe der Kinder üble Erscheinungen gezeitigt haben. Die Landesgesetzgebung ist jedoch in zweifacher Weise beschränkt: Die Fürsorgeerziehung darf nur zur Verhütung des völligen sittlichen Verderbens angeordnet werden, sie soll das letzte Auskunftsmittel sein, wenn alle anderen Maßregeln sich entweder schon als nutzlos erwiesen haben oder doch offenbar einen Erfolg nicht mehr versprechen. Die bloße Verwahrlosung, die bloße Gefährdung des Entwicklungsgangs des Kindes, das Auftreten einzelner Anzeichen von Mangel an sittlichem Gefühl oder von Roheit genügen nicht für die Anwendung des nur im Notfalle zulässigen Erziehungsmittels.

Die zweite Beschränkung der Landesgesetze liegt darin, daß die Anordnung der Fürsorgeerziehung stets dem Vormundschaftsgerichte überlassen werden muß und einer anderen Behörde nicht übertragen werden darf, wenn auch im übrigen das Verfahren selbständig geregelt werden kann. Nur die Entscheidung darüber, ob der Minderjährige in einer Erziehungs- oder Besserungsanstalt oder in einer Familie unterzubringen sei, also die Auswahl des Ortes und der Art der Fürsorgeerziehung kann einer Verwaltungsbehörde übertragen werden, wenn die Unterbringung auf öffentliche Kosten zu erfolgen hat.

Über die Ausführung der Fürsorgeerziehung und ihre Dauer, deren äußerste Grenze das 21. Lebensjahr des einzelnen Zöglings bildet, können die Landesgesetze völlig frei bestimmen.

5. Die Geschichte des bayer. Fürsorgeerziehungsgesetzes, die Materialien und die Literatur zum Gesetze.

a) Die Geschichte des Gesetzes: Bayern erhielt ein Fürsorgeerziehungsgesetz erst unterm 10. Mai 1902; das Gesetz, das die Bezeichnung Gesetz die Zwangserziehung betreffend führte, ist veröffentlicht GVBl. 1902, 180 und trat zufolge seines Art. 15 am 1. Juli 1902 in Kraft. Eine geringfügige Änderung erhielt es hinsichtlich seines Art. 12 Abs. 2 durch das Gesetz, die Berufsvormundschaften betr., vom 23. Februar 1908 (GVBl. 85). Erhebliche Änderungen brachte der Art. 97 des Armengesetzes vom 21. August 1914 (GVBl. 551). Veranlaßt wurden diese durch die Einführung des Unterstützungswohnsitzes in Bayern, womit die Heimatgesetzgebung, auf die einige Bestimmungen des Zwangserziehungsgesetzes aufgebaut waren, wegfiel. Bei dieser Gelegenheit nahm man und zwar hauptsächlich nur beim gerichtlichen Verfahren einige sonstige Änderungen vor, die man auf Grund der bei der Anwendung des Gesetzes gemachten Erfahrungen für notwendig hielt. Von sachlicher Bedeutung ist die Bestimmung, daß im gerichtlichen Verfahren zur Anordnung der Zwangserziehung die ärztliche Untersuchung des Mündels und Anstaltsbeobachtung zur Feststellung seines Geisteszustandes angeordnet werden kann, ferner die Distriktsverwaltungsbehörde beim Vollzug der Fürsorgeerziehung für die in Familien untergebrachten Minderjährigen besondere Fürsorger bestellen kann, endlich die Einführung der sog. Sammelvormundschaft in den Fürsorgeerziehungsanstalten. Hierzu tritt eine erhebliche Anzahl weiterer, in der Hauptsache bloß formeller Vorschriften. Schließlich wurde der Ausdruck Zwangserziehung durch die Bezeichnung Fürsorgeerziehung ersetzt. Durch Art. 99 des genannten Armengesetzes wurde die Staatsregierung ermächtigt, den Text des Gesetzes, wie er sich aus dem Art. 97 des Armengesetzes ergibt, durch das Gesetz- und Verordnungsblatt bekannt zu machen und hierbei die Artikel mit fortlaufenden Zahlen zu bezeichnen, die Verweisungen richtig zu stellen und den Art. 15, der den Tag des Inkrafttretens des ursprünglichen Gesetzes bestimmte, wegzulassen. Diese Veröffentlichung erfolgte durch die Bek. der Staatsministerien der Justiz und des Innern vom 21. Juli 1915 (GVBl. 595) über die neue Fassung des Zwangserziehungsgesetzes.

Der Zeitpunkt des Inkrafttretens der neuen Fassung wurde durch Art. 103 Abs. 1 des oben genannten Armengesetzes festgesetzt; demzufolge trat die Neufassung mit der Einführung des Gesetzes über den Unterstützungswohnsitz in Bayern in Kraft; doch waren die Vorschriften, die sich auf die geschäftliche Durchführung von Vollzugsmaßnahmen beziehen, sofort anwendbar. Das Gesetz über den Unterstützungswohnsitz trat gemäß der Kaiserlichen Verordnung vom 4. April 1915, betr. das Inkrafttreten des Gesetzes über den Unterstützungswohnsitz vom 30. Mai 1908 im Königreich Bayern (RGBl. 221), am 1. Januar 1916 in Bayern in Wirksamkeit. Der Art. 106 des Armengesetzes enthält für das Zwangserziehungsgesetz auch Übergangsvorschriften; er ist unten im Anschluß an Art. 19 FEG. erläutert.

b) Die Materialien zum Gesetz in seiner ursprünglichen Fassung vom 10. Mai 1902: a) K. d. Abg. 1899/1900 Beil 2, 847 (Entw. mit Mot.); 1900/1901 Beil. 7, 1071 (Beschluß des Ausschusses); StenB. 7, 204 (Verhandlungen in der Vollversammlung); Beil. 8, 25 (Schreiben der K. d. Abg.); Beil. 8, 605 (Schreiben der K. d. RR.); Beil. 8, 605 (Gesamtbeschluß); b) K. d. RR. 1901/1902 Beil 2, 128 (Schreiben der K. d. Abg.); Beil. 2, 149 (Antrag des Berichterstatters); Beil. 2, 191 (Verh. im Aussch.); Beil. 2, 239 (Schreiben der K. d. RR. und Gesamtbeschl.); StenB. 2, 136 (Verh. in der Vollversammlung).

c) Die Materialien zur Novelle vom 21. August 1914 a) Verhandlungen der K. d. Abg. 1913 und 1914: Beil. Bd. 7, Beil. 941 S. 1 Entwurf mit Begründung; StenB. Bd. 10 Nr. 258 S. 315 u. Nr. 200 S. 382 Vorlage des Entw. und Verweisung an den Ausschuß; Beil. Bd. 7 Beil. 978 S. 338 (559) Verhandlungen im Ausschuß; Beil. Bd. 7 Beil. 979 S. 567 (596) Antrag des Ausschusses; StenB. Bd. 12 Nr. 308—310 S. 6 (112) ff. Verhandlungen in der Vollversammlung; Beil. Bd. 7 Beil. 1002 S. 805 Beschluß auf Weitergabe an die K. d. RR.; Beil. Bd. 7 Beil. 1055 S. 1145 Gesamtbeschluß. b) Verhandlungen der K. d. RR. 1913 u. 1914: Beil. Bd. 3 Beil. 513 S. 690 Beschl. der K. d. Abg.; Beil. Bd. 3 Beil. 573 S. 789 Bericht des Berichterstatters; Beil. Bd. 3 Beil. 574 S. 789 Verhandlungen im Ausschuß; StenB. Bd. 2 Nr. 40 S. 440 Verhandlungen in der Vollversammlung; Beil. Bd. 3 Beil. 575 S. 791 Beschl. auf Weitergabe an die K. d. Abg.; Beil. Bd. 3 Beil. 576 S. 791 (805) Gesamtbeschluß.

d) Die Literatur zum Zwangserziehungsgesetz in der Fassung vom 10. Mai 1902: Englert, Das Zwangserziehungsgesetz 1902; Geiger, Handbuch für die gesamte Pfarramtsverwaltung in Bayern Bd. II, 1191 ff.; Oertmann, Bayer. Landesprivatrecht; Von der Pfordten, Das bayerische Gesetz, betr. die Zwangserziehung; Raab, Das bayerische Zwangserziehungsgesetz 1903; Schiedermair, Die strafrechtlichen Nebengesetze Bayerns.

e) Die Literatur zum bayer. Fürsorgeerziehungsgesetz in der Neufassung nach der Novelle vom 14. August 1914: Gerber in BayZ. 1916, 1; Hierl, Die materiellen Voraussetzungen der Fürsorgeerziehung in Bayern, München 1916; Marschall-Ehrhardt, Das bayer. Fürsorgeerziehungsgesetz 1917; Pöll, Das Unterstützungswohnsitzgesetz S. 585; Rupprecht in ZBlVorm. 7, 146 und 6, 128; Rupprecht in Deutsche Strafrechtszeitung 1915, 434; Rupprecht in Bayer. Caritasblätter 1915 S. 36, 238 u. 265.

6. Überblick über den Inhalt des bayer. Fürsorgeerziehungsgesetzes.

Das Gesetz versteht unter Fürsorgeerziehung die auf öffentliche Kosten erfolgende Unterbringung eines Minderjährigen in einer Familie oder in einer Erziehungsanstalt zum Zwecke der Erziehung (Art. 1). Mit Erziehungsmaßregeln auf Kosten des Minderjährigen und der Unterhaltspflichtigen befaßt sich das Gesetz nicht.

Es (Art. 1 u. 2) läßt die Fürsorgeerziehung in folgenden Fällen zu:

1. für den Fall, daß die Sorge für die Person des Minderjährigen seinem Vater oder seiner Mutter zusteht, in drei Fällen, nämlich:

a) im Falle des § 1666 BGB., jedoch unter der weiteren Voraussetzung, daß sie erforderlich ist, um die sittliche oder körperliche Verwahrlosung des Minderjährigen zu verhüten;

b) im Falle des § 55 StGB., jedoch mit der Einschränkung, daß schon eine gewisse Verwahrlosung des Minderjährigen vorliegen muß und daß deren Fortschreiten mit Rücksicht auf die Beschaffenheit der Straftat oder die Persönlichkeit und die Verhältnisse des Minderjährigen und seiner Eltern in anderer Weise nicht entgegengetreten werden kann;

c) wenn die Fürsorgeerziehung zur Verhütung des völligen sittlichen Verderbens des Minderjährigen erforderlich ist.

2. für den Fall, daß die Personensorge nicht dem Vater oder der Mutter zusteht, dann, wenn die Entfernung des Minderjährigen aus seiner bisherigen Umgebung zur Verhütung seiner geistigen oder körperlichen Verwahrlosung erforderlich ist.

Damit ist von den Vorbehalten in Art. 135 EG. BGB. und in § 55 StGB. im ganzen Umfange Gebrauch gemacht, während der Fall des § 56 StGB. aus dem Gesetz ausgeschieden ist und nur in untergeordneten Punkten (Art. 19) von ihm gestreift wird.

Hat der Minderjährige das 16. Lebensjahr vollendet, so soll die Fürsorgeerziehung nur in besonderen Fällen angeordnet werden.

Das Verfahren bei der Fürsorgeerziehung zerfällt in zwei streng getrennte Teile, in denen verschiedene Behörden tätig sind. Die Anordnung der Fürsorgeerziehung und ihre Aufhebung erfolgen durch Beschluß des Vormundschaftsgerichts und sind Angelegenheiten der freiwilligen Gerichtsbarkeit, während die Wahl des Unterbringungsortes, die Verbringung des Zöglings dorthin, die Überwachung der Erziehung und endlich die vorläufige Entlassung den Distriktspolizeibehörden zustehen und Verwaltungssachen sind. Dementsprechend steht die Tätigkeit der Gerichte, soweit nicht das Gesetz selbst die Regelung in die Hand genommen hat, unter den Vorschriften des FGG., insbesondere soweit diese sich mit Vormundschaftssachen befassen; die Distriktspolizeibehörden hingegen haben sich nach den für Verwaltungssachen maßgebenden Formen zu richten und unterliegen hierin den dienstaufsichtlichen Anordnungen ihrer vorgesetzten Stellen. Das Verwaltungsrechtsverfahren tritt nur bei der Regelung der Kostenfrage auf.

Da das Vormundschaftsgericht schon seiner ganzen Stellung nach zu einer gewissen Aufsicht über die Erziehungstätigkeit der Eltern, Vormünder und Pfleger berufen ist und da, wo es Mängel wahrnimmt, von Amts wegen das Geeignete zu verfügen hat, so konnte das Gesetz davon absehen, bestimmte Antragsberechtigte zu bezeichnen. Das Gericht hat ihm zukommende Anregungen, einerlei von welcher Seite sie stammen mögen, zu berücksichtigen, falls nur ihr Inhalt Beachtung verdient. Dagegen wurde eine gesetzliche Anzeigepflicht für die Stellen geschaffen, die hauptsächlich einen Einblick in Erziehungsangelegenheiten gewinnen können, nämlich für die Staatsanwaltschaften, die Polizeibehörden und die Schulbehörden. (Art. 3.) Auf Grund des BGB. ist auch der Gemeindewaisenrat anzeigepflichtig.

Wer im Verfahren zu vernehmen ist, richtet sich im allgemeinen nach den Bedürfnissen des einzelnen Falles. Doch hat das Vormundschaftsgericht in dem die Anordnung der Fürsorgeerziehung betreffenden Verfahren den Minderjährigen, wenn tunlich, persönlich zu hören; auch die Eltern und ein etwaiger Vormund und Pfleger des Minderjährigen sind zu hören, es sei denn, daß die Anhörung untunlich wäre. Für die Regel sollen auch Verwandte oder Verschwägerte gehört werden. Auch das Pfarramt, ein Arzt und die Schulbehörde des Minderjährigen sind um Äußerung zu ersuchen. Das Vormundschaftsgericht kann auch die Untersuchung des Minderjährigen durch einen Arzt und Anstaltsbeobachtung auf längstens sechs Wochen anordnen. Die abgeschlossenen Ermittlungen erhält die Distriktsverwaltungsbehörde zur Äußerung; diese hört den Ortsarmenverband, unter Umständen an dessen Stelle den Landesarmenverband (Art. 4 u. 5).

Die Verfügung, die die Fürsorgeerziehung anordnet, ist mit Gründen zu versehen (Art. 6). Sie ist den Eltern, dem etwaigen Vormund oder zur Personensorge bestellten Pfleger, der Distriktsverwaltungsbehörde, dem Ortsarmenverband (unter Umständen an dessen Stelle dem Landarmenverband) und, wenn der Minderjährige vierzehn Jahre alt ist, auszugsweise auch diesem zuzustellen. Diese Personen, Behörden und Organe haben das Recht der sofortigen Beschwerde, der aufschiebende Wirkung beigelegt ist. Die die Fürsorgeerziehung ablehnende Verfügung ist dem Antragsteller und außerdem, wenn sie gehört wurden, auch den vorgenannten Personen und Behörden zuzustellen. Hiergegen besteht das Rechtsmittel der einfachen Beschwerde; beschwerdeberechtigt ist hier, wer ein berechtigtes Interesse an der Personensorge hat.

In dringenden Fällen kann das Vormundschaftsgericht, wenn die Voraussetzungen der Anordnung der Fürsorgeerziehung glaubhaft gemacht sind, durch einen schriftlichen mit Gründen versehenen Bescheid schon im Laufe des Verfahrens die vorläufige Unterbringung anordnen (Art. 7). Zu dieser Anordnung soll neben dem Vormundschaftsgericht auch das Amtsgericht befugt sein, in dessen Bezirk das Bedürfnis hervortritt; die weitere Entscheidung kommt aber dann dem Vormundschaftsgericht zu, dem die Akten zu übersenden sind.

Die Auswahl des Unterbringungsortes liegt der Distriktsverwaltungsbehörde ob; ihre Zuständigkeit bemißt sich nach dem Ort, der die Zuständigkeit des Vormundschaftsgerichts begründet; in München ist der Stadtmagistrat, nicht die Polizeidirektion zuständig. Diese Behörden haben auch für die Durchführung und Überwachung der Erziehung zu sorgen. Bei der Überwachung der Erziehung hat sie der Gemeindewaisenrat zu unterstützen (Art. 9, 11).

Für die in Familien untergebrachten Minderjährigen kann die Distriktsverwaltungsbehörde besondere Fürsorger zur Überwachung der Erziehung und Pflege bestellen; hierzu können auch weibliche Personen gewählt werden.

Für Anstalten, in der Minderjährige zum Zweck der Fürsorgeerziehung untergebracht sind, kann von den Ministerien der Justiz und des Innern angeordnet werden, daß der Vorstand der Anstalt auf seinen Antrag vom Vormundschaftsgericht zum Vormund für die in der Anstalt untergebrachten Minderjährigen bestellt wird, oder daß ihm einzelne Rechte und Pflichten eines Vormunds übertragen werden.

Die Aufhebung der Fürsorgeerziehung erfolgt durch Beschluß des Vormundschaftsgerichts, wenn die Voraussetzungen ihrer Anordnung weggefallen sind, regelmäßig aber auch, wenn der Minderjährige das 18. Lebensjahr vollendet hat und keine besonderen Gründe zur Fortsetzung vorliegen. Das Gericht kann die Aufhebung unter dem Vorbehalte des Widerrufs beschließen, die Distriktsverwaltungsbehörde kann die vorläufige Entlassung verfügen, eine jederzeit widerrufliche Vergünstigung (Art. 10).

Die Kosten der Fürsorgeerziehung sind vorläufig vom Ortsarmenverband des Unterstützungswohnsitzes, und, wenn der Minderjährige in Bayern keinen Unterstützungswohnsitz hat, von dem Landarmenverband zu bestreiten, in dem die zuständige Distriktsverwaltungsbehörde ihren Sitz hat. Eine Ersatzpflicht besteht zunächst für den Minderjährigen, wenn er selbst Vermögen besitzt oder binnen zehn Jahren nach Aufhebung der Fürsorgeerziehung ein Vermögen erwirbt, soweit ihm die Ersatzleistung unbeschadet der Sicherung seines Lebensunterhalts möglich ist. Ferner sind die dem Minderjährigen unterhaltspflichtigen Personen zur Erstattung verpflichtet, wobei das Maß ihrer Leistungspflicht durch die Höhe des von ihnen zu gewährenden Unterhalts begrenzt wird. Ihre Heranziehung erfolgt ebenso wie die des Minderjährigen im Wege des bürgerlichen Rechtsstreits, doch ist ein vorläufiges Verwaltungsverfahren gegen die Eltern und Großeltern, sowie gegen den Vater eines unehelichen Kindes statthaft. In solchen Fällen wird die Ersatzpflicht auf Antrag des Armenverbands durch einen vorläufig vollstreckbaren Beschluß der Distriktsverwaltungsbehörde ausgesprochen. Gegen die Entscheidung der Distriktsverwaltungsbehörde ist der Rechtsweg zulässig (Art. 13 u. 15).

Wenn der Rückgriff gegen den Minderjährigen oder die Unterhaltspflichten nicht durchführbar ist, so kann der Ortsarmenverband des Unterstützungswohnsitzes beanspruchen, daß ihm drei Zehntel der Kosten vom Landarmenverband und fünf Zehntel vom Staat ersetzt werden. Hat der Minderjährige in Bayern keinen Unterstützungswohnsitz, so hat der Staat dem Landarmenverband fünf Zehntel der Kosten zu ersetzen. Entsteht über diese Ersatzpflicht oder über die Verpflichtung der Armenverbände zum Vorschießen der Kosten Streit, so wird zunächst im Verwaltungsweg entschieden und zwar in erster Instanz von den Distriktsverwaltungsbehörden, in zweiter von den Regierungen, Kammern des Innern, durch Bureauentschließung. Hiergegen ist die Beschwerde zum Verwaltungsgerichtshof eröffnet. Der Rechtsweg ist ausgeschlossen (Art. 14). Die Kosten der vorläufigen Unterbringung sind als Kosten der Fürsorgeerziehung zu behandeln; wenn aber hinterher die Anordnung der Fürsorgeerziehung nicht erfolgt, so fallen sie ausschließlich der Staatskasse zur Last (Art. 13 Abs. 4).

Weil die Fürsorgeerziehung im öffentlichen Interesse eingeführt wurde, so ist das ganze Verfahren kostenfrei; bare Auslagen trägt die Staatskasse. Letztere können jedoch auch den Beteiligten überbürdet werden, wenn sie von diesen durch unbegründete Anträge und Einwendungen verursacht wurden (Art. 17 Abs. 3). Die den öffentlichen Kassen durch die Fürsorgeerziehung erwachsenden Kosten gelten in keiner Hinsicht als Armenunterstützungen (Art. 16).

Mit Strafe wird bedroht, wer einen zur Fürsorgeerziehung in einer Familie oder Anstalt untergebrachten Minderjährigen unbefugt entfernt oder zur Entfernung verleitet (Art. 18).

7. Die bisherigen Ergebnisse der Fürsorgeerziehung in Bayern.

In stärkerem Grade als bei vielen anderen Gesetzen interessiert bei der Fürsorgeerziehung die Frage, in welchem Umfang und mit welchem Ergebnis das Gesetz bisher zur Anwendung kam; eingehenden Aufschluß hierüber gibt die Veröffentlichung „Die Zwangserziehung in Bayern 1904 bis 1913" in der Zeitschrift des statistischen Landesamts 1914 S. 277 (vgl. hierzu Arnold in HirthsAnn. 1914, 799), aus der hier einige Zahlen Platz finden sollen. Im ganzen hatten sich die Vormundschaftsgerichte in den genannten zehn Jahren mit 21280 Fürsorgeerziehungsangelegenheiten zu befassen. In 8259 Fällen wurde die Fürsorgeerziehung rechtskräftig angeordnet,[1]) in 7442 Fällen

[1]) Im Jahre 1914 wurden 1075, im Jahre 1915 1214 Fürsorgeerziehungen angeordnet (Bayer. Justizstatistik 1914 u. 1915).

erledigte sich das Verfahren durch Einstellung oder durch Ablehnung des Antrags. Dem Geschlecht nach waren von den in diesen zehn Jahren neuzugegangenen 8841 Zöglingen 5702 also etwa Zweidrittel Knaben und 3139 Mädchen; dem Alter nach standen unter den 8841 Zöglingen 713 oder 8,1 v. H. im Alter unter 6 Jahren, 4051 oder 45,8 v. H. zwischen 6 und 13 Jahren, 3131 oder 35,4 v. H. zwischen 13 und 16 Jahren und 946 oder 10,7 v. H. im 16. Jahr und darüber. Der Religion nach waren 6278 d. i. 71 v. H. Katholiken und 2537 d. i. 28,7 v. H. Protestanten; das Verhältnis der Bevölkerung als solchen stellte sich nach der Volkszählung des Jahres 1910 auf 70,6 v. H. Katholiken und 28,2 v. H. Protestanten.

Überwiesen zur Unterbringung wurden den Distriktsverwaltungsbehörden in den genannten zehn Jahren 8259 Minderjährige; vollzogen wurde die Fürsorgeerziehung in 7840 Fällen; und zwar wurden bei der erstmaligen Unterbringung untergebracht 2206 Zöglinge oder 28,3 v. H. in Familien und 5582 oder 71,7 v. H. in Anstalten. Am Schlusse des Jahres 1913 waren insgesamt 4805 Fürsorgezöglinge untergebracht, davon 1966 d. i. 40,9 v. H. in Familien und 2839 d. i. 59,1 v. H. in Anstalten. An Anstalten standen im Jahre 1914 zur Verfügung 123; 98 hievon hatten einen konfessionellen Charakter. Im ganzen wurden in den zehn Jahren für den Unterhalt der Fürsorgezöglinge 4,5 Millionen Mark ausgegeben; die Durchschnittskosten für einen Zögling betrugen 1904: 137 Mk.; 1913: 224,32 Mk.

Die Ansichten darüber, ob die Fürsorgeerziehung ihren Zweck erreicht, und im besonderen über die praktische Brauchbarkeit des bayerischen Gesetzes und seinen richtigen Vollzug sind geteilt. Die oben bezeichnete Veröffentlichung des bayer. Statistischen Landesamts macht den Versuch auf Grund der Strafregisterauszüge, die für sämtliche Zöglinge erholt wurden, die in den Jahren 1904—1913 endgültig aus der Fürsorgeerziehung entlassen wurden, zu einem auf Tatsachen gestützten Urteil zu gelangen. Vgl. im übrigen wegen der Ergebnisse der Fürsorgeerziehung in Bayern und wegen deren Beurteilung in Bayern unter anderen Schmetzer in BlAdmPr. 61, 354 und ZBlVorm. 1, 169; v. Unzner in BayZ. 1913, 313; Englert in BlAdmPr. 53, 177; Decker in BlAdmPr. 60, 155; Pfister, ZBlVorm. 6, 25; Verhandl. des 2. bayer. Jugendfürsorge- und Zwangserziehungstages (ZBlVorm. 6, 77).

Zum Vergleich der oben bezeichneten statistischen Ergebnisse mit den Ergebnissen der Fürsorgeerziehung in anderen Bundesstaaten mögen hier einige Zahlen aus der preußischen und sächsischen Statistik Platz finden. In Preußen wurden im Rechnungsjahr 1912 9909 Minderjährige der Fürsorgeerziehung überwiesen gegen 9348 im Jahre 1911. Hierbei waren von 100 Personen 37,5 weiblich gegen 37 im Jahre 1911; 42,3 vom Hundert waren katholisch gegen 41,4 vom Hundert im Jahre 1911. Nach der Volkszählung des Jahres 1910 waren von der bis 18 Jahren alten Bevölkerung 39% katholisch. Die Gesamtkosten der Fürsorgeerziehung beliefen sich im Rechnungsjahr 1912 auf 13904 778 Mk., auf jeden Zögling kommt eine Ausgabe von 258,56 Mk.; vgl. Lindenberg, DJZ. 1914, 739. Im Königreich Sachsen betrug die Gesamtzahl der Zöglinge Ende 1912: 4955; hievon waren 3287 = 66,3 v. H. Knaben und 1668 = 33,7 v. H. Mädchen; noch nicht schulpflichtig waren 105, schulpflichtig 2195, schulentlassen bis zum 16. Lebensjahr 1035, über 16 Jahre 1620; untergebracht waren in Familien, in Dienst- und Arbeitsverhältnissen 2116 = 42,7 v. H., in Anstalten 2639 = 53,3 v. H.; die Kosten der Unterbringung betrugen 1912 bei der Unterbringung in Familien für den Zögling täglich 0,37 Mk., bei der Unterbringung in Anstalten täglich 1 Mk.; vgl. Brückler in ZBlVorm. 6, 75.

8. Verwandte Zwangsmaßregeln.

Auch außerhalb des Rahmens des Gesetzes sind fürderhin noch Eingriffe in die Erziehungstätigkeit der Eltern oder ihrer Stellvertreter denkbar.

1. Der Vormundschaftsrichter kann nach wie vor auf Grund der §§ 1666, 1838 BGB. anordnen, daß ein Kind zum Zwecke der Erziehung in einer Familie oder in einer Erziehungs- oder Besserungsanstalt untergebracht wird; doch stehen zur Durchführung der Anordnung öffentliche Mittel nicht zur Verfügung; die Anordnung hat demnach nur Bedeutung, falls die entstehenden Kosten aus dem Vermögen des Minderjährigen oder der Unterhaltungspflichtigen gedeckt werden können, oder wenn Dritte, z. B. entferntere Verwandte, Wohltätigkeitsvereine, das nötige Geld zur Verfügung stellen. In solchen Fällen behält der Vormundschaftsrichter die Wahl des Unterbringungsorts und die Überwachung der Erziehung selbst in der Hand.

Geht der Vormundschaftsrichter nach §§ 1666, 1838 BGB. vor, so richtet sich das Verfahren ausschließlich nach §§ 1673, 1847 BGB. und den Vorschriften des FGG. (s. Best im Recht 1904, 180). Die Kosten des Verfahrens fallen gemäß Art. 131 AG. BGB. demjenigen zur Last, in dessen Angelegenheiten die Verrichtung stattfindet, hier also dem Minderjährigen. Die Anordnungen des Vormundschaftsgerichts können von diesem selbst unter Anwendung unmittelbaren Zwanges vollzogen werden (Art. 130 AG. BGB.).

Es ist nicht unzulässig, daß der Vormundschaftsrichter zunächst die Fürsorgeerziehung auf Grund des BGB. anordnet, später aber, wenn sich die Durchführung als unmöglich erweist, die Heranziehung der öffentlichen Mittel beschließt.

Wenn das Vormundschaftsgericht nach Scheidung einer Ehe Anordnungen über die Sorge für die Person des Kindes trifft (§ 1635 BGB.), so handelt es sich zwar nicht um Maßregeln der Fürsorgeerziehung, doch können solche durch den Inhalt des gerichtlichen Beschlusses unnötig gemacht und umgangen werden.

2. Für die Fälle des § 56 und des § 362 Abs. 3 Satz 2 StGB. verbleibt es bei der bisherigen gesetzlichen Regelung. Vom Gesetze werden diese Fälle nur insofern betroffen, als durch Art. 19 die Strafdrohung des Art. 18, welche die ungestörte Durchführung der Erziehung schützt, auf sie ausgedehnt ist.

3. Nach wie vor ist ein Vorgehen auf Grund des Art. 81 PStGB. möglich. In gewissen Fällen wird dieses sogar schneller zum Ziele führen als das Verfahren nach dem Gesetze oder nach dem BGB. Aber nur dann kann es als zweckmäßig erachtet werden, wenn es unzweifelhaft ist, daß die Beiziehung des Pflichtigen zur Kostentragung auf keine Schwierigkeiten stößt.

4. Auch Art. 7 Abs. 3 des Armengesetzes schlägt nach wie vor ein; vgl. hierwegen oben unter Nr. 3 S. 5.

B.

Das Fürsorgeerziehungsgesetz

in der Fassung der JInnMBek. vom 21. Juli 1915

(GVBl. S. 595.)

Art. 1.

Das Vormundschaftsgericht kann unter den Voraussetzungen des Art. 2 anordnen, daß ein Minderjähriger zum Zwecke seiner Erziehung in einer geeigneten Familie oder in einer Erziehungsanstalt auf öffentliche Kosten untergebracht wird (Fürsorgeerziehung).

Übersicht der Anmerkungen zu Art. 1: I. Geschichte und allgemeiner Charakter des Art. 1 (Anm. 1); II. Der Begriff der Fürsorgeerziehung (Anm. 2); III. Die Wirkungen der Fürsorgeerziehung (Anm. 3—10); IV. Erläuterung einzelner Begriffe des Art. 1 (Anm. 11—13); V. Erfordernisse der Zulässigkeit der Fürsorgeerziehung (Anm. 14—17); VI. Fürsorgeerziehung an Nicht-Bayern, Ausländern und Staatenlosen (Anm. 18—20); VII. Schlußbemerkung (Anm. 21).

1. Art. 1 entspricht dem Art. 1 Abs. 1 Halbsatz 1 ZwEG.; durch die Novelle vom 21. August 1914 wurde der Art. 1 der früheren Fassung in die jetzigen Art. 1 u. 2 zerlegt.

Art. 1 bestimmt zunächst den rechtlichen Charakter der Fürsorgeerziehung im Sinne des bayerischen Rechts; sie ist die Unterbringung eines Minderjährigen in einer Familie oder in einer Erziehungsanstalt auf öffentliche Kosten.[1]) Zugleich enthält er die Grundlage für die Abgrenzung der Voraussetzungen, unter denen die Fürsorgeerziehung in diesem Sinne zulässig ist; diese Abgrenzung erfolgt in der Weise, daß er zunächst auf die Sonderbestimmungen des Art. 2 verweist, der dadurch zu einer Ergänzung des Art. 1 wird; daneben sind aber aus ihm selbst unmittelbar Voraussetzungen für die Zulässigkeit der Fürsorgeerziehung zu entnehmen. Erschöpfend sind aber die Voraussetzungen weder durch ihn noch durch Art. 2 geregelt; es ergeben sich weitere, aus sonstigen gesetzlichen Bestimmungen abzuleitende Einschränkungen.

2. Die Fürsorgeerziehung ist Erziehung d. h. Sorge für die körperliche, geistige und sittliche Ausbildung des Kindes und die diesem Zweck dienende Leitung der Handlungen des Kindes (s. KG. in OLG. 16, 233; ferner KG. in ZBlFG. 17, 135); sie ist Erziehung in einer Familie oder in einer Erziehungsanstalt; wenn das Gesetz von einer

---

[1]) Wegen des Begriffs der Fürsorgeerziehung im allgemeinen vgl. außer andern Freudenthal S. 109; Loening S. 1140; Janisch im ArchRPhilos. 8, 398.

„geeigneten“ Familie spricht, so gibt es damit nicht ein der begrifflichen Abgrenzung dienendes Merkmal, sondern nur die Weisung, eine geeignete Familie zu wählen; erfolgt in einem gegebenen Falle die Unterbringung in einer ungeeigneten Familie, so bleibt es doch eine Fürsorgeerziehung im Sinne des Gesetzes. Die Unterbringung in sog. Fürsorgekolonien d. h. die Unterbringung einer größeren Anzahl von Zöglingen in einer Gemeinde oder Pfarrei unter einem gemeinschaftlichen Leiter kennt das Gesetz nicht (s. v. Unzner in BayZ. 1913, 316). Nicht ausgeschlossen ist, daß das Kind vorübergehend in einer Krankenanstalt (s. PrOVG. in DJZ. 1905, 174 u. ZBlFG. 5, 632) oder in einer sonstigen nicht als Erziehungsanstalt erscheinenden Anstalt untergebracht wird, oder daß es vorübergehend aus der Familie wegkommt; wegen verschiedener Einzelheiten hinsichtlich des Begriffs Erziehung s. unten Anm. 15. Die Fürsorgeerziehung ist endlich Erziehung auf öffentliche, seien es nun gemeindliche oder staatliche Kosten; auch die Unterbringung auf Kosten einer religiösen Gemeinschaft kann unter Umständen eine solche auf öffentliche Kosten sein; dies dann, wenn die religiöse Gemeinschaft die Mittel durch Inanspruchnahme der Allgemeinheit beschafft und nicht ihr eigenes Vermögen dazu verwendet. Doch muß stets nur die Hauptmasse der Kosten aus öffentlichen Mitteln beschafft werden; private, insbesondere freiwillige Zuschüsse zu den Kosten beeinträchtigen den rechtlichen Charakter der Erziehung als einer auf öffentliche Kosten erfolgenden nicht. Auch dadurch wird dieser Charakter nicht verloren, daß, wie sich aus Art. 13 ergibt, ein Ersatzanspruch gegen den Minderjährigen und die ihm Unterhaltspflichtigen besteht (Heinze S. 676; die Ansicht ist bestritten; s. die Zitate bei Schneider S. 80; sie entspricht jedoch dem Standpunkt der meisten deutschen Fürsorgeerziehungsgesetze). Die Aufstellung des Erfordernisses, daß die Unterbringung auf öffentliche Kosten zu erfolgen hat, war gemäß Art. 135 Abs. 2 EG.BGB. notwendig, weil in Bayern, wie Art. 9 ergibt, die Entscheidung, ob Familien- oder Anstaltserziehung stattfinden soll, einer Verwaltungsbehörde übertragen wurde. Erfolgt die Ausübung der Fürsorgeerziehung in der Form der Familienerziehung, so wird dadurch ein Erzieherverhältnis zunächst nur zwischen dem Ehemann und dem Fürsorgezögling begründet; der Frau kommt eine Mitwirkung nur zu, wenn die Umstände erkennbar machen, daß auch ihr Erzieherrechte und Erzieherpflichten beigelegt werden sollten (RGSt. 38, 66). Im übrigen kann es sich bei der Frau wie bei sonstigen in der Familie tätigen Personen nur um eine Unterstützung des Mannes bei seiner Erziehungstätigkeit handeln.

3. Die Fürsorgeerziehung bewirkt, daß für die Dauer und mit Beschränkung auf die Zwecke der Fürsorgeerziehung die Rechte und Pflichten der Eltern oder des Vormunds, soweit es sich um Unterhalt, Erziehung und Beaufsichtigung des Kindes handelt, auf die zur Ausübung der Fürsorgeerziehung Berechtigten, d. i. in Bayern die Distriktsverwaltungsbehörde (Art. 9 FEG.) oder diejenigen, denen diese ihre Befugnisse überträgt (RG. in JW. 1911 S. 342 Nr. 51; (RGZ. 75, 276),[1]) oder endlich auf die der Distriktsverwaltungsbehörde

[1]) Wegen der Abgrenzung der gegenseitigen Befugnisse der Eltern, des Vormunds, des Vormundschaftsgerichts und des mit dem Vollzug der Fürsorgeerziehung Betrauten s. Horion in GruchotsBeitr. 47, 67 und Beith in ZBlFG. 12, 517.

vorgesetzten Behörden, die Kammern des Innern der Regierungen oder das Ministerium des Innern, übergehen, auf letztere, soweit, sei es im Beschwerdeweg, sei es auf Grund zulässigen Eingreifens von Amts wegen ihre Tätigkeit nach den allgemeinen Zuständigkeitsvorschriften an die Stelle der Tätigkeit der Distriktsverwaltungsbehörden treten kann. Wenn im vorstehenden von einem Übergang des Erziehungsrechts gesprochen wurde, so ist dies nicht dahin zu verstehen, daß das zur Ausübung der Fürsorgeerziehung berechtigte Organ in die privatrechtlichen Erziehungsrechte der Eltern oder des Vormunds als Rechtsnachfolger eintritt; das Erziehungsrecht der zur Ausübung der Fürsorgeerziehung berechtigten Organe hat vielmehr einen selbständigen öffentlich-rechtlichen Rechtsgrund, der durch Art. 1 geschaffen ist; die Fürsorgeerziehung ist ein öffentlich-rechtlicher Akt der Staatsverwaltung; dieser hat einen Rückschlag auf die familienrechtlichen Privatrechte zur Folge, da er die Erziehung der Eltern und des Vormunds im gleichen Maße zurückdrängt, in dem er den Staat wirksam werden läßt (Kisch S. 949; Dorner-Seng S. 674; Wolf S. 590; Nöldeke S. 789).

4. Der Übergang der Erziehungsgewalt schließt insbesondere die Befugnis in sich, den Aufenthalt des Kindes, seine Lebensweise (Nahrung und Kleidung) und die Art seiner Ausbildung und seinen Beruf zu bestimmen. Auch die Regelung des Verkehrs mit den Eltern und den gesetzlichen Vertretern fällt hierher. Das Recht zum Vollzug der Fürsorgeerziehung schließt auch das Recht zur Vornahme **körperlicher Züchtigungen** in sich; der Umfang des Rechts wird bestimmt durch den allgemeinen Zweck der Erziehung, also der dem Interesse, den Fähigkeiten und den Anlagen, sowie den sonstigen Verhältnissen des Kindes entsprechenden Sorge für seine körperliche, geistige und sittliche Ausbildung, und durch die besonderen Zwecke der Fürsorgeerziehung, wie sie sich aus §§ 1 u. 2 FEG. ergeben; entscheidend ist in jedem einzelnen Fall, ob die Züchtigung sich nach Art und Weise innerhalb der Grenzen maßvoller, vernünftiger und durch die Umstände gebotener Zucht hält (RGSt. 42, 347; auch ZBlVorm. 1, 190; Diefenbach, Gruchots Beitr. 54, 105; Niese, ZBlVorm. 1, 8; s. auch PreußInnME. vom 29. August 1909 [bei Schmitz S. 374]). Die Bestimmungen der §§ 1631 Abs. 2 u. 1800 BGB. über das Züchtigungsrecht der Eltern und des Vormunds sind nicht formell entscheidend, wenn auch sachlich der Umfang des Züchtigungsrechts der zum Vollzug der Fürsorgeerziehung berufenen Organe im wesentlichen der gleiche sein wird. Durch Weisungen der Ministerien oder durch die Anstaltssatzungen kann der Umfang des Erziehungsrechts über die bezeichneten gesetzlichen Grenzen nicht erweitert, sondern nur eingeschränkt werden; denn Dienstanweisungen können kein materielles Recht schaffen. Das Züchtigungsrecht, das an sich den Distriktsverwaltungsbehörden zusteht (Art. 9 FEG.), geht durch die Überweisung des Kindes an eine Familie oder an eine Anstalt an den Familienvorstand und an den Anstaltsleiter über, die es persönlich ausüben oder an andere übertragen können: auch die Anstaltssatzungen können in dieser Richtung Bestimmungen treffen (vgl. RGSt. a. a. O.). Die Erziehung umfaßt auch die religiöse Erziehung; es üben demnach das nach den Grundsätzen des bürgerlichen oder öffentlichen Rechts den Eltern, dem Vormund oder einem Pfleger zustehende Bestimmungsrecht nun die nach Art. 9 zum Vollzug des Gesetzes berufenen Distriktsverwaltungsbehörden aus; im übrigen aber, abgesehen von diesem Wechsel in der Person des Bestimmungsberechtigten, tritt in den die religiöse Erziehung der Kinder regelnden Bestimmungen eine Änderung nicht ein (Art. 134 EG. BGB.). Vgl. wegen des Verhältnisses der Bestimmungen der Verfassungsurkunde über die religiöse Kindererziehung zu den Vorschriften des BGB. über das Erziehungsrecht auch BayVGH. 1916, 212.

5. Soweit nach dem Dargelegten die Erziehung auf die das zur Fürsorgeerziehung berechtigte Organ übergeht, entfällt auch die aufsichtliche Tätigkeit des Vormundschaftsgerichts (Pitel in ZBlFG. 4, 10; Schmitz § 9 Anm. 51; vgl. auch § 42 ZwEG. VB.). Es sind deshalb auch regelmäßige Erziehungsberechtigte über den Minderjährigen vom Vormundschaftsgerichte weder zu fordern noch ist der Vormund verpflichtet, solche zu erstatten; denn der Vormund hat kein Recht der Erziehung und kann deshalb über die Erziehung auch nicht berichten (Veith in ZBlFG. 12, 526; vgl. aber auch § 40 ZwEG. VB.). Nur insoweit wird hinsichtlich der Erziehung eine aufsichtliche Tätigkeit des Vormundschaftsgerichts und eine Personensorge des Vormunds in Frage kommen, als stets die Frage der etwaigen Aufhebung der Fürsorgeerziehung im Auge zu behalten ist; lediglich in diesem beschränkten Umfang wird das Vormundschaftsgericht auch nach Maßgabe Art. 11 Abs. 4 Satz 4 Auskünfte erholen. Die Tätigkeit des Gemeindewaisenrats dauert fort, nur ist er, soweit die Erziehung infolge der Fürsorgeerziehung auf die Distriktsverwaltungsbehörde übergeht, Organ der letzteren; seine Stellung ist durch Art. 11 Abs. 2—4 näher geregelt.

6. Daraus, daß die Fürsorgeerziehung in einer Erziehung also in einem tatsächlichen Verhältnis besteht, ergibt sich, daß trotz der Anordnung der Fürsorgeerziehung, wenn nicht etwa besondere Anordnungen auf Grund der §§ 1666 ff. BGB. getroffen werden, die gesetzliche Vertretung und zwar sowohl hinsichtlich der die Sorge für die Person wie hinsichtlich der die Sorge für das Vermögen betreffenden Angelegenheiten bei den Eltern und dem Vormund bleibt (KGJ. 46 A 83 unter teilw. Aufgabe der Ansicht KGJ. 28 A 179; RVA. in DJZ. 1910, 768); es bleibt sonach bei diesen die Befugnis zur Einwilligung in die Eheschließung nach § 1304 Abs. 1 BGB.; die Befugnis zur Einwilligung in die Ehelichkeitserklärung nach § 1728 BGB.; die Befugnis zur Schließung des Vertrags auf Annahme an Kindes Statt nach § 1750 BGB.; die Befugnis zur Begründung und Aufhebung des Wohnsitzes nach § 8 BGB.; das Recht im Strafverfahren als Beistand zugelassen zu werden nach § 149 StPO.; das Recht zur Einlegung von Rechtsmitteln nach § 340 StPO.; das Recht zur Erhebung der Privatklage nach § 414 StPO.; die Befugnis zum Anschluß als Nebenkläger nach § 435 StPO.; das Recht eine Buße zu verlangen (§ 443 StPO.); das Recht Strafantrag zu stellen (§ 65 StGB.); vgl. KGJ. 46 A 83.

Lehrverträge, Arbeitsverträge und ähnliche Verträge, die namens des Zöglings geschlossen werden sollen, können deshalb von der Vollzugsbehörde nicht geschlossen werden (a. A. Veith in ZBlFG. 12, 522); dagegen ist nicht ausgeschlossen, daß die Vollzugsbehörde im eigenen Namen also in Bayern namens des Staates einen Lehrvertrag hinsichtlich des Zöglings schließt; solche Verträge unterliegen nicht der Genehmigung des Vormundschaftsgerichts nach § 1822 Nr. 6 u. 7 BGB., denn sie werden nicht namens des Mündels geschlossen (vgl. Horion in Gruchots Beiträge 47, 76; KG. im Recht 1905 S. 226 Nr. 1013). Weil aber solchenfalls die zur Ausübung der Fürsorgeerziehung berechtigten Organe ein eigenes Recht ausüben, so wird auch der Fürsorgezögling rechtlich nicht gebunden; er ist nicht Subjekt sondern Objekt der Verträge (Kisch S. 949); es handelt sich um sog. Dienstverschaffungs- nicht um Dienstverträge; die hinsichtlich seiner geschlossenen Verträge, wie Arbeitsverträge, Lehrverträge binden deshalb nach Beendigung der Fürsorgeerziehung den Minderjährigen nicht mehr, selbst wenn die vertragsmäßige Zeit nicht abgelaufen ist; inwieweit in solchen Fällen eine Pflicht zur Vertragserfüllung oder zur Entschädigung von Seite des Staates besteht, kann nur nach den Umständen des Falles beurteilt werden; Bindung über die Zeit der Minderjährigkeit hinaus nimmt an KG. in ZBlFG. 5, 796.

Für die Fälle, in denen die GewO. eine Handlung des gesetzlichen Vertreters eines Arbeiters oder Lehrlings fordert, z. B. in § 107 GewO., wonach das Arbeitsbuch bei minderjährigen Arbeitern unter 16 Jahren regelmäßig dem gesetzlichen Vertreter ausgehändigt werden soll, können die mit Ausübung der Fürsorgeerziehung betrauten Organe nicht als gesetzliche Vertreter gelten; a. A. Horion a. a. O. S. 80, wonach diese Vorschriften der GewO. dahin auszulegen sein sollen, daß bei Fürsorgezöglingen jene Handlungen von dem Fürsorger auszuüben seien.

Die Einwilligung zu einer Operation des Kindes haben die gesetzlichen Vertreter zu geben, soweit man nicht etwa das Kind selbst hierzu als befugt ansieht; die Vollzugsbehörde hat dieses Recht nicht; a. A. Veith a. a. O. S. 521, der die Vollzugsbehörde für zuständig hält, soweit es sich um Operationen handelt, die nötig sind, um den Zögling für eine Lebensstellung oder einen Beruf tauglich zu machen; ähnlich Hartmann in ZBlVorm. 4, 198, der die Befugnis der Vollzugsbehörde zur Durchführung von Operationen dann für gegeben erachtet, wenn sie zur Wiederherstellung der Gesundheit oder zur Erreichung der Erwerbsfähigkeit nötig ist. Keine bestimmte Stellung nimmt KG. in RJA. 14, 91.

7. Erzielt die Vollzugsbehörde aus der Arbeit des Minderjährigen Einnahmen, so fallen sie in das Eigentum des Staates; da jedoch die Fürsorgeerziehung nicht ein Mittel ist, um Einnahmen auf Kosten des Minderjährigen zu machen, so hat er, soweit sie die Kosten der Fürsorgeerziehung überschreiten sollten, nach den Grundsätzen der ungerechtfertigten Bereicherung insoweit einen Anspruch auf Herausgabe, er besteht schon während der Dauer der Fürsorgeerziehung; dieser Anspruch wird nicht dadurch beeinträchtigt, daß für andere Minderjährige Aufwendungen zu machen sind; denn untereinander besteht zwischen den Fürsorgezöglingen keine Rechtsbeziehung; die Ansichten sind jedoch sehr geteilt: vgl. Boschan in ZBlVorm. 8, 169.

Der Anspruch ist zivilrechtlicher Natur, wenn auch an sich zwischen der Vollzugsbehörde und dem Minderjährigen ein öffentlichrechtliches Verhältnis besteht.

8. Ebenso wie die gesetzliche Vertretung bleibt die Sorge für das Vermögen des Minderjährigen vollständig bei den Eltern oder dem Vormund und zwar hier auch die tatsächliche Sorge nicht bloß die vermögensrechtliche Vertretungsbefugnis.

9. Die mit der Ausführung der Fürsorgeerziehung betrauten Organe, in Bayern also die damit betrauten Beamten der Distriktsverwaltungsbehörden sind nach Maßgabe des § 832 Abs. 1 BGB. zum Ersatz des Schadens verpflichtet, den der Fürsorgezögling einem Dritten widerrechtlich zufügt; denn die Aufsichtspflicht ergibt sich auch hier jedenfalls aus der Minderjährigkeit der Kinder, nicht selten aber auch aus dem geistigen und körperlichen Zustand derselben; ferner beruht die Aufsichtspflicht auf einem Gesetz, nämlich der ihnen durch Art. 9 mit Art. 1 FEG. übertragenen Pflicht zur Erziehung; die Erziehung schließt begrifflich die Aufsicht in sich; der Zweifel, den Landsberg ZBlVorm. 6, 225 hinsichtlich der Anwendbarkeit des § 832 BGB. äußert, ist wohl nur durch die irrige Ansicht (siehe hierwegen Staudinger, BGB. zu § 832 Anm. II 1 a β Abs. 3) veranlaßt, daß sich § 832 auf öffentlichrechtliche Aufsichtspflichten nicht bezieht. Die Anstaltsleiter und die Oberhäupter der Familien, deren sich die Distriktsverwaltungsbehörde zur Ausführung der Fürsorgeerziehung bedient, werden für die Regel ebenfalls und zwar auf Grund des § 832 Abs. 2 BGB. haften, da sie für die Regel die Aufsicht durch Vertrag übernommen haben werden; für die Leiter von Anstalten, die die Erziehung nicht auf Grund eines Vertrags, sondern, wie es bei Staatsanstalten möglich sein kann, auf Grund einer durch einen besonderen öffentlichrechtlichen Rechtsgrund geschaffenen Pflicht übernehmen, wird wieder § 832 Abs. 1 einschlagen; vgl. hierzu die entsprechend anwendbare RGZ. 65, 290.

Neben der Haftung aus § 832 BGB. besteht auch die Haftung aus sonstigen Rechtsgründen insbesondere aus §§ 823, 826 und 839 BGB. und zwar bei Anwendung anderer Bestimmungen als der des § 839 unter Berücksichtigung der sich hiefür aus § 839 BGB. ergebenden Einschränkungen; vgl. hierzu RGKomm. z. BGB. § 839 Anm. 3; RGZ. 74, 250; JW. 11, 85. Für die Fälle des § 839 tritt an die Stelle des Beamten nach näherer Maßgabe des Art. 60 AG.BGB. der Staat oder der Kommunalverband. Unter Umständen kann eine Vorentscheidung nach Art. 7 BGHG. notwendig werden.

10. Die Fürsorgezöglinge sind keine Gefangenen im Sinne der §§ 120, 121, 122, 347 StGB. (Gefangenenbefreiung, Entweichenlassen von Gefangenen, Meuterei): wohl aber können sie während einer polizeilichen Überführung zu solchen werden (RGSt. 48, 226; 37, 365; RG. bei Reg. 35, 350). Zwischen dem Fürsorgezögling und dem, in dessen Familie er untergebracht ist, besteht ein Pflegeverhältnis im Sinne des § 235 StGB. (RGSt. 48, 198; 37, 1; a. A. KG. in DJZ. 1908, 1109).

Während der Unterbringung der Fürsorgezöglinge in einer Anstalt ruht die auf Grund der Invaliden- und der Hinterbliebenenversicherung zu zahlende Rente, nicht aber während ihrer Unterbringung in einer Familie (Düttmann, RVO. Bd. 4 § 1312 Anm. 7). Fürsorgezöglinge, die außerhalb einer Anstalt in einem Dienst- oder

Arbeitsverhältnis untergebracht sind, sind versicherungspflichtig nach dieser Versicherung (Laß-Weymann, RVO. Bd. 3 § 1226 Anm. 6 b).

11. Vormundschaftsgericht ist das Amtsgericht (Art. 17 FEG. mit § 35 FGG.); daß die Anordnung der Fürsorgeerziehung durch das Vormundschaftsgericht zu erfolgen hat, ist reichsrechtlich ausdrücklich vorgeschrieben (Art. 135 Abs. 1 EG. BGB.); eine Ausnahme wäre nur möglich für die Fälle des Art. 2 Abs. 1 Nr. 2 FEG. Auch in dieser Eigenschaft als Gerichte der Fürsorgeerziehung bestimmt sich die Stellung der Amtsgerichte ganz nach den Vorschriften des GVG., denn die Überweisung auch dieser Geschäfte hat an die durch das GVG. geschaffenen Gerichte und zwar in ihrer durch letzteres geordneten Verfassung zu geschehen (siehe KGJ. 47 A 1). Wegen der örtlichen Zuständigkeit des Vormundschaftsgerichts siehe Art. 17 Anm. 4 a. Wegen der Geschäftsverteilung hinsichtlich der Fürsorgeerziehungssachen bei den Amtsgerichten insbesondere wegen ihrer Erledigung durch den „Jugendrichter" siehe JMB. vom 8. Juli 1910, das Strafverfahren gegen Jugendliche betr. (JMBl. 650) Ziff. I. Ist ein Familienrat bestellt, so tritt er gemäß § 1872 BGB. mit Art. 17 FEG. auch hier an die Stelle des Amtsgerichts; so auch nahezu einstimmig die Literatur zum preuß. Recht (siehe Schmitz § 3 Anm. 4), ebenso bei der Darstellung des württemb. Rechts Schneider S. 42 und bei der Darlegung des Rechts von Elsaß-Lothringen Kisch S. 947 Anm. 22. Die durch den Strafrichter nach § 56 Abs. 2 StGB. getroffene Bestimmung der Unterbringung in einer Erziehungs- oder Besserungsanstalt ist keine Maßnahme der Fürsorgeerziehung im Sinne des Gesetzes.

12. Das Wort kann bedeutet nicht, daß es in das freie Ermessen des Vormundschaftsgerichts gestellt ist, beim Vorhandensein der Voraussetzungen der Fürsorgeerziehung dennoch von ihrer Anordnung abzusehen; vielmehr muß es in diesem Falle die Überweisung zur Fürsorgeerziehung aussprechen. Der Vormundschaftsrichter hat wohl nach freier Überzeugung zu entscheiden, ob nicht zunächst andere Mittel ausreichen; ist er aber zur Überzeugung gelangt, daß alle anderen Mittel nicht genügen und die Fürsorgeerziehung zur Rettung notwendig ist, so ist mit seinem Recht zur Anordnung auch seine Pflicht hierzu verbunden. Er hat insbesondere nicht die Zweckmäßigkeit der an sich notwendigen vom Gesetz verordneten Fürsorgeerziehung im einzelnen Fall zu prüfen (KG. in OLG. 16, 231; OLG. Dresden in Sächs. Ann. 31, 24; Wolf S. 581; ZBlVorm. 3, 56; Kaeubler § 1 Anm. 4); a. A. Heinze in Zeitschr. f. d. ges. Strafrechtsw. 1902, 648, der für das Preuß. wie für das Bad. Recht annimmt, daß der Vormundschaftsrichter, selbst beim Nachweis der Erziehungsbedürftigkeit im gesetzlichen Sinn die Anordnung unterlassen könne; wie dieser für das Sächs. Recht Kraus in ZBlFG. 11, 641; desgl. für das Recht von Elsaß-Lothringen Kisch S. 945. Auf dem gleichen Standpunkt wie das Vormundschaftsgericht hat sich das Beschwerdegericht zu stellen; nachdem freies Ermessen des Richters nicht besteht, kann auf die Behauptung, es sei trotz Vorliegens der gesetzlichen Voraussetzungen die Fürsorgeerziehung nicht angeordnet worden, auch die auf Rechtsfragen beschränkte weitere Beschwerde gestützt werden. Ausgeschlossen ist es, da es sich um eine richterliche Tätigkeit handelt, daß im Verwaltungswege dem Richter Anweisungen hinsichtlich der Handhabung des Anordnungsrechts gegeben werden.

13. Nur die Anordnung der Fürsorgeerziehung ist durch Art. 1 des Gesetzes dem Vormundschaftsgericht überlassen; der Vollzug der gerichtlichen Anordnung, insbesondere die Entscheidung darüber, welche Art der Fürsorgeerziehung zu erfolgen habe, ob Familien- oder Anstaltserziehung, und die Auswahl der Familie oder Anstalt ist Sache der Distriktsverwaltungsbehörden (Art. 9; BayOLG. 11, 285).

14. Abgesehen davon, daß er den allgemeinen Charakter der Fürsorgeerziehung bestimmt, ist Art. 1, wie oben bemerkt, insoferne von Bedeutung, als aus ihm auch Erfordernisse für die Zulässigkeit der Fürsorgeerziehung abzuleiten sind. Als erste derartige Voraussetzung der Fürsorgeerziehung ergibt sich aus ihm die Minderjährigkeit des Kindes. Diese besteht bei Deutschen bis zur Vollendung des einundzwanzigsten Lebensjahrs (§ 2 BGB.). Die Volljährigkeit tritt bereits mit dem Beginn des einundzwanzigsten Geburtstags ein (§ 187 Abs. 2 Satz 2 BGB.). Ist das Kind für volljährig erklärt (§ 3 BGB.), so ist die Fürsorgeerziehung ausgeschlossen. Tritt Volljährigkeit während des Bestehens der Fürsorgeerziehung ein, so endet sie damit von selbst; gleiches gilt bei der Volljährigkeitserklärung. Läßt sich die Minderjährigkeit nicht sicher feststellen, so kann die Fürsorgeerziehung nicht angeordnet oder nicht fortgesetzt werden. Eine Altersgrenze nach unten besteht nicht; doch werden für ganz kleine Kinder die Voraussetzungen des Art. 2 nur unter besonderen Umständen bestehen; jedenfalls nur dann, wenn das Kind nach seiner geistigen und körperlichen Entwicklung sich zu einer Erziehung bereits eignet; vgl. KG. in OLG. 21, 270; KGJ. 43 A 69; KGJ. 48 A 24; KG. in ZBlFG. 17, 34. Es ist insbesondere zu untersuchen, warum die bloße Trennung des Kindes von den Eltern und die Unterbringung in einer einwandfreien Umgebung nicht genügen soll (KG. in OLG. 21, 270).

Bei Ausländern bemißt sich die Frage der Minderjährigkeit nach dem Rechte des Heimatstaats (Art. 7 EG. BGB.).

Neben dem einundzwanzigsten Lebensjahr sind von Erheblichkeit das sechzehnte (s. Art. 2 Abs. 3) und das achtzehnte (s. Art 10 Abs. 4) Lebensjahr.

15. Weitere Erfordernisse für die Zulässigkeit der Fürsorgeerziehung ergeben sich daraus, daß die Unterbringung zum Zwecke der Erziehung zu erfolgen hat. Wegen dieses Begriffes siehe im allgemeinen oben Anm. 2; im einzelnen ergibt sich hieraus: Die Erziehung umfaßt auch das ganze Gebiet der auf dem Wege einer Erziehung zu erreichenden Körperpflege; doch muß der Endzweck die Erziehung d. h. die Anwendung erzieherischer Maßregeln sein, um den Minderjährigen zu einem den Sittengesetzen entsprechenden Verhalten und zu einer angemessenen Körperpflege auf dem Gebiet der Reinlichkeit, der Körperpflege u. dgl. heranzubilden; es kann also die Fürsorgeerziehung wohl angeordnet werden, um eine körperliche Verwahrlosung z. B. Hautkrankheiten zu beseitigen nicht aber, um die Einschaffung in ein Krankenhaus zum Zwecke der Behandlung wegen Krankheiten, die eine andere Ursache haben, wie z. B. Knochentuberkulose zu ermöglichen (BayObLG. 14, 213). Weil eine erzieherische Einwirkung begriffsmäßig ausgeschlossen ist, kann eine Fürsorgeerziehung gegen Geisteskranke nicht verfügt werden; hier könnte der Endzweck nur die Unterbringung und Verpflegung des Minderjährigen sein (BayObLG. 14, 213; 9, 662; KG. im Recht 1916, 568); doch gilt das nur, wenn die Geisteskrankheit der Art ist, daß durch sie die Erziehung des Kindes ausgeschlossen wird; bei bloßer Geistesschwäche wird letzteres in der Regel nicht der Fall sein (BayObLG. 13, 43; auch BayZ. 1912, 162); die Fürsorgeerziehung ist zulässig, solange das Handeln des Kindes nicht Ausfluß eines unabänderlichen, gewissermaßen mechanisch wirkenden Triebes eines Geisteskranken ist, sondern auf einem, wenn auch geschwächten, so doch durch Erziehung in richtige Bahnen zu lenkenden Willen beruht (KG. in Recht 1912, 132; KG. in OLG. 30, 90; BayObLG. in OLG. 30, 90). Nicht jede Hebung des geistigen Niveaus ist Erziehung, insbesondere auch nicht die Beibringung einzelner Handfertigkeiten, wie sie bei schwachsinnigen Kindern in eigenen Anstalten noch möglich ist (BayObLG. in Recht 1914, 178).

16. Der Besitz eigenen Vermögens schließt die Fürsorgeerziehung an sich nicht aus; sie ist zwar eine Erziehung auf öffentliche Kosten, aber es besteht kein Hindernis, auch den auf öffentliche Kosten zu erziehen, der selbst Vermögen besitzt; die gleiche Rechtslage besteht, wenn anderweit von privater Seite die Mittel zur Erziehung z. B. durch Gewährung eines Freiplatzes in einer Anstalt zur Verfügung stehen. Der Besitz eigenen Vermögens oder die anderweite Bereitstellung privater Mittel sind aber insofern erheblich, als sehr häufig solchenfalls die mit der Fürsorgeerziehung verfolgten Zwecke anderweit insbesondere durch Maßnahmen nach § 1666 BGB. erreicht werden können und deshalb bei dem aushilfsweisen Charakter der Fürsorgeerziehung (siehe Art. 2 Anm. 2) ihre Unzulässigkeit sich ergibt; dies ist wohl auch der Standpunkt des BayObLG.; siehe BayObLG. ZS. 13, 43 und 14, 484.

17. Verehelichung des Kindes schließt die Fürsorgeerziehung nicht aus; doch ist sie in solchen Fällen nur ausnahmsweise zulässig; es sind insbesondere die wirtschaftlichen Verhältnisse und die Persönlichkeit des Mannes zu würdigen (KG. in OLG. 21, 269).

Kein Hindernis der Anordnung der Fürsorgeerziehung ist es, daß hierdurch das nach § 1617 BGB. bestehende Recht auf Dienstleistung beeinträchtigt wird (BayObLG. 13, 19).

Die Zulässigkeit der Anordnung der Fürsorgeerziehung wird nicht dadurch ausgeschlossen, daß sie zurzeit nicht vollzogen werden kann z. B. weil der Minderjährige zurzeit eine Strafe verbüßt; vorausgesetzt ist aber hierbei, daß nicht bis zur Einleitung des Vollzugs eine Änderung der für die Anordnung maßgebenden Verhältnisse eintritt (KG. in OLG. 7, 93). Erwogen werden kann gegenüber einer von dem Minderjährigen noch zu erstehenden Freiheitsstrafe nur, ob nicht etwa diese schon ein ausreichendes Erziehungsmittel ist (siehe Art. 2 Anm. 2); das ist aber grundsätzlich zu verneinen, denn die Freiheitsstrafe ist nach unserer Gesetzgebung grundsätzlich kein Erziehungsmittel (KG. in ZBlVorm. 1916, 262).

Unzulässig ist die Anordnung einer Fürsorgeerziehung, wenn bereits der Strafrichter auf Grund des § 56 Abs. 2 StGB. angeordnet hat, daß der Minderjährige in eine Erziehungs- oder Besserungsanstalt gebracht werden soll; denn die Maßregeln des Landesrechts müssen hinter der gleichartigen Maßregel des Reichsrechts zurücktreten. Nicht ausgeschlossen ist aber die Anordnung der Fürsorgeerziehung wegen eines Vorgangs, wegen dessen der Strafrichter gegen einen Minderjährigen, der zur Zeit der Begehung der Tat zwischen zwölf und achtzehn Jahren stand, auf Strafe erkannte; ebensowenig, wenn der Strafrichter gegen einen solchen zwar mangels der vom Gesetze geforderten Einsicht auf Freisprechung erkannte, aber auf Verbringung in eine Erziehungs- oder Besserungsanstalt nicht erkannte. Wird gegen einen Minderjährigen, gegen den bereits auf Fürsorgeerziehung erkannt ist, nachträglich auf Grund des § 56 Nr. 2 StGB., sei es nun wegen des gleichen Vorfalls oder wegen anderer Umstände, auf Verbringung in eine Erziehungs- oder Besserungsanstalt erkannt, so ist die Fürsorgeerziehung in Anwendung des Art. 10 Abs. 1 aufzuheben (KG. in OLG. 7, 90; Entschl. des Preuß. Ministers des Innern vom 5. Mai 1903 bei Schmitz S. 315). A. A. für den Fall, daß der Strafrichter auf Überweisung an die Familie erkannt hat, mit beachtenswerten Gründen Schmölder in DJZ. 1906, 189, der auch diesenfalls ein Eingreifen des Vormundschaftsrichters für unzulässig hält; hiergegen wieder Arlt in DJZ. 1906, 1199. A. A. auch Wolf S. 577, der annimmt, daß dann, wenn der Strafrichter auf Grund des § 56 StGB. freigesprochen hat, auf Grund dieser strafbaren Handlung als solcher die Fürsorgeerziehung nicht angeordnet werden kann.

18. Die Fürsorgeerziehung kann, vorausgesetzt, daß die örtliche Zuständigkeit eines bayerischen Gerichts gegeben ist, auch für nicht bayerische Reichsangehörige angeordnet werden; es ist bei ihnen auch nicht notwendig, daß sie sich in Bayern aufhalten (BayOLG. 14, 60; 11, 581; auch BayZ. 1908, 341); die Fürsorgeerziehung ist hierbei nach bayerischem Recht anzuordnen und durchzuführen, nicht etwa nach dem Rechte des Staates, dem der nicht bayerische Minderjährige angehört; so für das Preuß. Recht KG. in DJZ. 1910, 968; KGJ. 41, 40 unter Aufgebung des früheren in KGJ. 39 A 28 eingenommenen Standpunkts, nach dem Art. 23 EG. BGB. entsprechend angewendet wurde; ebenso für das Sächs. Recht Kaeubler § 1 Anm. 3. A. A. LG. Breslau DJZ. 1908, 1112, wonach der Grundsatz des Art. 23 EG. BGB. entsprechend Anwendung finden soll; vgl. zu dieser Frage auch Neumeyer, Internat. Verwaltungsrecht 1, 228 ff.

19. Bei Ausländern darf hinsichtlich der Frage der Fürsorgeerziehung nicht Art. 23 EG. BGB. angewendet werden, denn er bezieht sich nur auf Vormundschaften und Pflegschaften im eigentlichen Sinne, d. i. auf die Fürsorge, welche die Anordnung und Leitung von Vormundschaften und Pflegschaften zum Gegenstand hat, nicht aber auf die Entziehung und Beschränkung der elterlichen Gewalt (KGJ. 45 A 17, wo auch die Literatur gewürdigt ist; auch bei RJA. 13, 178); auch das Haager Abkommen zur Regelung der Vormundschaft über Minderjährige vom 12. Juni 1902 (RGBl. 1904, 240) schlägt nicht ein, weil es sich ebenfalls auf Vormundschaften und Pflegschaften beschränkt (siehe die angeführte Entsch.). Maßgebend ist vielmehr für die Frage, welches formelle Recht anzuwenden ist, die Erwägung, daß das deutsche Recht im Inland schlechthin und zwar auch auf Ausländer anzuwenden ist, wenn nicht Beschränkungen nach inländischem Rechte oder nach dem internationalen Privatrecht bestehen (siehe die angeführte Entsch., ferner KG in RJA. 14, 14); hinsichtlich der Fürsorgeerziehung bestehen solche nicht. Demnach bemißt sich auch bei Ausländern das formelle Recht also die Zuständigkeit und das Verfahren nach dem bayerischen FEG. KGJ. 47 A 48; da Art. 23 EG. BGB. nicht anzuwenden ist, ist es deshalb insbesondere nicht notwendig, vor der Einleitung sich mit der Heimatbehörde zu benehmen (Stuttg. in Recht 1916 Nr. 966). Die Frage, welches materielle Recht anzuwenden ist, bemißt sich darnach, ob und inwieweit man in dem materiellen Fürsorgeerziehungsrecht eine das Rechtsverhältnis zwischen Eltern und Kindern betreffende oder eine öffentliche, den Schutz der Jugendlichen und der Allgemeinheit betreffende Angelegenheit erblickt; ersterenfalls ist nach dem leitenden Grundsatz, der sich aus Art. 19 und 27 EG. BGB. ergibt, das Gesetz des Staates maßgebend, dem der Vater des Kindes angehört, letzterenfalls entscheidet stets das inländische Recht (Stuttg. in WürttJ. 58, 161; ZBlVorm. 1916, 158). Es wird sich bei der Fürsorgeerziehung in allen Fällen um eine öffentliche Angelegenheit im angegebenen Sinne handeln, demnach bemessen sich die Zulässigkeit der Fürsorgeerziehung und die Voraussetzungen der Aufhebung, gleichgültig, ob es sich um ein bevormundetes oder um ein unter elterlicher Gewalt stehendes Kind handelt, stets nach bayerischem Recht. Das ausländische Recht ist auch nicht etwa maßgebend für die beschränkte Frage, unter welchen Voraussetzungen in die Rechte der Eltern eingegriffen werden kann, denn auch insoweit handelt es sich hier um eine öffentliche Angelegenheit; so auch jedenfalls für die Fälle des § 1 Nr. 2 und 3 PreußFEG., die den Fällen des Art. 2 Abs. 1 Nr. 2 und 3 des BayFEG. entsprechen, KGJ. 47 A 48 und für die entsprechenden Fälle des Württembergischen Rechts Stuttg. a. a. O. Besteht für einen Ausländer bereits wirksam bei einem bayerischen Gericht Vormundschaft, so kommt das Bayerische Recht nach der formellen wie nach der materiellen Seite schon deshalb zur Anwendung, weil die Fürsorgeerziehung ein Bestandteil der Bevormundung ist (KGJ. 42 A 52). Hieraus folgt auch, daß, wenn für einen Ausländer bereits bei einem nichtbayerischen deutschen Gericht Vormundschaft besteht, dieses Gericht auch zur Fürsorgeerziehung berufen ist; vgl. im allgemeinen zu dieser Frage auch Neumeyer, Internat. Verwaltungsrecht 1, 228 ff.

20. Gehört das Kind keinem Staate an oder ist eine Staatsangehörigkeit nicht festzustellen, so kommt schlechthin das bayerische Recht zur Anwendung mit etwaigen nach Art. 29 EG. BGB. zu beurteilenden Maßgaben; vgl. KGJ. 23 A 40.

21. Vgl. wegen der Auslegung des Art. 1 auch §§ 1—7 ZwEG. VB.

Art. 2.

[1] Steht die Sorge für die Person eines Minderjährigen dessen Vater oder Mutter zu, so ist die Fürsorgeerziehung zulässig,

1. wenn das geistige oder leibliche Wohl des Minderjährigen dadurch gefährdet wird, daß der Vater oder, sofern die Sorge für die Person des Minderjährigen der Mutter zusteht, die Mutter das Recht der Sorge für die Person mißbraucht, den Minderjährigen vernachlässigt oder sich eines ehrlosen oder unsittlichen Verhaltens schuldig macht, und die Fürsorgeerziehung erforderlich ist, um die sittliche oder körperliche Verwahrlosung des Minderjährigen zu verhüten;
2. wenn der Minderjährige eine strafbare Handlung begangen hat, wegen deren er in Anbetracht seines jugendlichen Alters strafrechtlich nicht verfolgt werden kann, und mit Rücksicht auf die Beschaffenheit der Handlung, die Persönlichkeit der Eltern und die übrigen Lebensverhältnisse des Minderjährigen seiner weiteren sittlichen Verwahrlosung nur durch die Fürsorgeerziehung vorgebeugt werden kann;
3. wenn sonstige Tatsachen vorliegen, welche die Fürsorgeerziehung zur Verhütung des völligen sittlichen Verderbens des Minderjährigen notwendig machen.

II Steht die Sorge für die Person eines Minderjährigen nicht dessen Vater oder Mutter zu, so ist die Fürsorgeerziehung zulässig, wenn die Entfernung des Minderjährigen aus seiner bisherigen Umgebung zur Verhütung seiner geistigen oder körperlichen Verwahrlosung erforderlich ist.

III Die Fürsorgeerziehung eines Minderjährigen, der das sechzehnte Lebensjahr vollendet hat, soll nur in besonderen Fällen angeordnet werden.

Übersicht der Anmerkungen zu Art. 2: I. Geschichte und allgemeiner Charakter des Art. 2 (Anm. 1); II. Allgemeine Voraussetzungen der Fürsorgeerziehung, insbesondere ihre aushilfsweise Anwendung (Anm. 2 u. 3); III. Erläuterungen zu Abs. 1 (Anm. 4—13); IV. Erläuterungen zu Abs. 2 (Anm. 14); V. Erläuterung zu Abs. 3 (Anm. 15).

1. Art. 2, der zusammen mit Art. 1 an die Stelle des Art. 1 ZwEG. getreten ist, regelt, wenn auch nicht erschöpfend, er ist aus Art. 1 zu ergänzen, die Voraussetzungen der Anordnung der Fürsorgeerziehung und zwar behandelt Abs. 1 die Fälle, in denen die Sorge für die Person des Minderjährigen seinem Vater oder seiner Mutter zusteht, und Abs. 2 die übrigen Fälle. Abs. 3 enthält eine Ergänzung zu Abs. 1 wie zu Abs. 2.

Inhaltlich erklären sich die aufgestellten Voraussetzungen, namentlich auch die Ausscheidung der Abs. 1 u. 2, aus Art. 135 EG. BGB., der gewisse reichsrechtliche Mindesterfordernisse für die Zwangserziehung aufstellt. Art. 135 läßt die Zwangserziehung zunächst zu in den Fällen des § 55 StGB., hierauf gründet sich Art. 1 Abs. 1 Nr. 2 FEG.; ferner läßt er sie zu unter den Voraussetzungen des § 1666 BGB., darauf stützt sich Art. 1 Abs. 1 Nr. 1 FEG.; außerdem läßt sie Art. 135 zu, wenn sie zur Verhütung des völligen sittlichen Verderbens notwendig ist, hierauf ist Art. 1 Abs. 1 Nr. 3 aufgebaut; und endlich ist sie nach Art. 135 zulässig unter den Voraussetzungen des § 1838 BGB., hieraus erklärt sich Abs. 2. Zu diesen reichsgesetzlichen Mindesterfordernissen sind nach bayerischem Recht stets noch weitere landesrechtliche Voraussetzungen beigefügt. Der weitere von Art. 135 noch vorgesehene Fall des § 56 StGB. kommt für das bayer. FEG. nicht in Frage.

2. Allgemeine Voraussetzung für die Anordnung der Fürsorgeerziehung ist es in den Fällen des Abs. 1 nicht auch des Abs. 2 und zwar lediglich auf Grund landesrechtlicher nicht auch reichsrechtlicher Vorschrift (s. Best im Recht 1904, 180), daß sie das l e t z t e M i t t e l z u r A b h i l f e s e i n m u ß; der Umstand allein, daß sie empfehlenswert ist, begründet noch nicht ihre Zulässigkeit; es ergibt sich dieses Erfordernis aus der Fassung der sämtlichen Nummern des Abs. 1 und zwar bei Abs. 1 Nr. 1 daraus, daß die Fürsorgeerziehung „erforderlich" sein muß, um die Verwahrlosung zu verhüten (KG. in OLG. 21, 267), bei Abs. 1 Nr. 2 daraus, daß gefordert wird, daß „nur durch die Fürsorgeerziehung" der Verwahrlosung vorgebeugt werden kann, und bei Abs. 1 Nr. 3 daraus, daß Tatsachen vorliegen müssen, welche „die Fürsorgeerziehung notwendig machen" (BayOLG. 15, 166); dieses ist auch in den Motiven ausdrücklich hervorgehoben (K. d. Abg. 1899/1900 Beil. 2, 851) und von der Rechtsprechung ständig festgehalten worden (KG. in OLG. 25, 415; 21, 265; BayOLG. 12, 245; 8, 384).

Demgemäß ist sie ausgeschlossen, solange noch zu erwarten ist, daß Ermahnungen, Warnungen, Androhung der Fürsorgeerziehung, Einwirkung der Seelsorge und der Schule von Erfolg sein können (BayOLG. 12, 265); ferner solange noch die Möglichkeit besteht, daß die Eltern oder sonstige persönliche Fürsorger imstand sind, die Verderbnis hintanzuhalten (OLG. Karlsruhe in BadRechtspr. 1915, 147); sie ist auch ausgeschlossen, solange die Möglichkeit besteht, daß anderweitige Unterbringung des Kindes, getrennt von den Eltern von Erfolg sein wird (KG. in OLG. 21, 267), so besonders bei Verwandten; insbesondere muß es auch ausgeschlossen sein, daß durch Maßnahmen nach § 1666 BGB. das erreicht werden kann, was mit der Fürsorgeerziehung bezweckt wird (KG. in OLG. 21, 272; K. d. Abg. 1901/1902 StenB. 265); nicht notwendig ist es aber hierbei, daß die nach § 1666 BGB. zulässigen Maßnahmen tatsächlich erschöpft sind; ihre Anordnung wird entbehrlich, wenn sie sich im gegebenen Fall als nicht durchführbar oder als voraussichtlich unwirksam erweisen (KG. in OLG. 7, 419 u. KGJ. 45 A 73). Von Bedeutung wird hierbei namentlich der Umstand, daß es für die Durchführung einer auf Grund des § 1666 BGB. getroffenen Anordnung nicht selten an den erforderlichen Mitteln fehlen wird, während zur Durchführung der Fürsorgeerziehung öffentliche Mittel zur Verfügung stehen. Entbehrlich kann endlich die Fürsorgeerziehung auch dann werden, wenn die Armenpflege Mittel zur Unterbringung zur Verfügung stellt (BayOLG. 10, 215) oder wenn private oder kirchliche Vereinigungen oder Stiftungen für die Kosten aufkommen.

Von Bedeutung wird hier bisweilen die Frage, wie weit die armenrechtlichen Verpflichtungen der Armenverbände gehen, ob sich aus ihnen für die Armenverbände die Verpflichtung ergibt, dem Rechtszustand Rechnung zu tragen, der sich hinsichtlich der Hilfsbedürftigkeit des Kindes auf Grund einer nach § 1666 BGB. getroffenen Anordnung ergibt. Besteht nach dem Armenrecht des einzelnen Bundesstaats die Verpflichtung auch die Erziehungskosten als Armenlast anzuerkennen, so wird die Anordnung der Fürsorgeerziehung unter Umständen unzulässig, denn es reichen schon die Anordnungen nach § 1666 BGB. aus.[1]) Für das preußische Recht in der Fassung vor der Novelle vom 7. Juli 1915 hat sich das KG. in feststehender Rechtsprechung und zwar im Einklang mit dem Bundesamt für Heimatwesen, jedoch im Gegensatz zum Preuß. OVG. (das in der in der Anmerkung bezeichneten Weise die zu entscheidende Rechtsfrage verkennt; PrOVG. 52, 188 u. 193) auf den Standpunkt gestellt, daß eine Anordnung des Vormundschaftsgerichts auf Grund des § 1666 Abs. 1 Satz 2, die eine anderweitige Unterbringung zum Zwecke der Erziehung anordnet, nicht geeignet ist, eine Verpflichtung des Armenverbands zur Tragung der Kosten der anderweitigen Unterbringung zu begründen; daß aber eine solche Verpflichtung dann besteht, wenn das Vormundschaftsgericht auf Grund des § 1666 Abs. 1 Satz 1 BGB. die bloße Trennung des Kindes von den Eltern und dessen anderweitige Unterbringung angeordnet hat, ohne daß dieses zum Zwecke der Erziehung geschieht; vgl. namentlich die eingehend begründeten Entscheidungen in OLG. 17, 268 u. 21, 267; ferner KGJ. 45 A 72; im übrigen vgl. zu dieser Frage Pitel, ZBlFG. 5, 233; Rolffs, ZBlFG. 13, 551; Köhne in DJZ. 1912, 460 u. 1914, 496; Schmitz in DJZ. 1908, 1361 u. Recht 1902, 406; Landsberg in Deutsche Richterzeitung 1915, 334. Die Novelle zum Preuß. FEG. vom 7. Juli 1915 (GS. 113) hat, um die Anordnung der Fürsorgeerziehung zu erleichtern und sie ohne Rücksicht auf die armenrechtlichen Verpflichtungen zu ermöglichen, deshalb dem § 1 Ziff. 1 des Gesetzes die Fassung gegeben, daß sie zulässig sein soll, wenn die Voraussetzungen des § 1666 oder des § 1838 BGB. vorliegen und zur Verhütung der Verwahrlosung des Minderjährigen die anderweitige Unterbringung erforderlich ist, eine nach Ermessen des Vormundschaftsgerichts geeignete Unterbringung aber ohne Inanspruchnahme öffentlicher Mittel nicht erfolgen kann. Vgl. zur Auslegung dieser Novelle KG. in ZBlVorm. 7, 215; 7, 80; KG. in ZBlFG. 17, 138; 17, 135; Schmidt, ZBlVorm. 7, 104; Borchardt ebendort 7, 139; Köhne in DStrafrechtsztg. 1915, 316; Meyer, JW. 1915, 1148 und wegen ihrer bisherigen praktischen Bedeutungslosigkeit Bleßmann in ZBlVorm. 1916, 197.

Für Bayern wollte man durch die Neufassung, die man durch die Novelle vom 21. August 1914 dem Abs. 1 Nr. 1 des Art. 2 gegenüber der früheren Fassung im ZwEG. gab, der gleichen Streitfrage, wie sie in Preußen infolge der abweichenden Rechtsprechung des Pr. OVG. bestand, vorbeugen und hiedurch, ohne daß man die ausdrückliche Regelung der preuß. Novelle übernahm, zum Ausdruck bringen, daß das FEG. den ihm

[1]) Es handelt sich hierbei nicht darum, so wird die Frage nicht selten falsch gestellt, ob die Armenverbände die Anordnungen des Vormundschaftsgerichts zu vollziehen haben; dieses haben sie sicherlich nicht, denn sie sind nicht Vollzugsorgane der Vormundschaftsgerichte, sondern darum, wie weit materiellrechtlich die armenrechtliche Verpflichtung geht; bei der Bemessung dessen sind die Anordnungen des Vormundschaftsgerichts ebenso zweifellos für die Armenverbände ohne selbständiges Nachprüfungsrecht bindend, weil die Vormundschaftsgerichte nach ihrer reichsrechtlichen Stellung im Rahmen des § 1666 BGB. die persönliche Stellung der Eltern und Kinder zu bestimmen haben.

eigentümlichen subsidiären Charakter nur dann hat, wenn die anderweitige Unterbringung des Minderjährigen ohne Inanspruchnahme öffentlicher Mittel erreicht werden kann; man wollte also die Fürsorgeerziehung zulassen, auch wenn bei Heranziehung öffentlicher Armenmittel auf einem andern Weg geholfen werden könnte (Begr. zur Novelle vom 21. August 1914 S. 7; s. ferner K. d. Abg. 1913/1914 Beil. Bd. 7 S. 561). Steht man auf dem m. E. richtigen Standpunkt, daß diese Absicht im Gesetze selbst keinen genügenden Ausdruck gefunden hat, so ist die Anordnung der Fürsorgeerziehung dadurch bedingt, daß nicht nach den Bestimmungen des Armengesetzes vom 21. August 1914 (GVBl. 551) eine genügende Abhilfe stattfindet. Hierbei kommt in Betracht, daß in Bayern, abweichend von dem Preuß. Recht, für das das OVG. annimmt, daß es eine Erziehungspflicht der Armenverbände nicht begründet (OVG. 52, 188 u. 193), zufolge des Art. 3 Abs. 2 Nr. 3 des Armengesetzes die öffentliche Unterstützung, die dem Hilfsbedürftigen zu leisten ist, auch die Pflicht umfaßt, „für die erforderliche Erziehung und Ausbildung der Kinder zu sorgen". Hiezu bemerken die Mot. zum Armenges. (K. d. Abg. 1913/1914 Beil. 5, 698), daß nach bayerischem Recht, entsprechend dem Art. 11 Abs. 2 Nr. 4 des früheren Armengesetzes, „die Erziehung und Erwerbsbefähigung des Kindes als ein wesentlicher Bestandteil des Notbedarfs zu betrachten ist", daß die Armenpflege „die wirtschaftlichen Bedingungen für die notdürftige Erziehung des Kindes zu gewährleisten" habe und daß der Notbedarf deshalb auch das zur „Erziehung und Ausbildung Unentbehrliche" umfasse; was auf dieser Grundlage im Einzelfall zu gewähren sei, „richte sich nach den örtlichen und zeitlichen Lebensverhältnissen". Das bayerische Recht will damit den Rechten von Sachsen, Württemberg, Baden, Oldenburg, Anhalt und Hamburg folgen. Auf dieser Grundlage wird für das bayerische Recht anzunehmen sein, daß je nach der Art der Verwahrlosung des Zöglings die armenrechtliche Fürsorge genügend ist und deshalb die Fürsorgeerziehung unterbleiben kann; insbesondere also in allen den Fällen, in denen lediglich eine Trennung der Kinder von den Eltern geboten ist und besondere Erziehungsmaßnahmen nicht veranlaßt sind. Pöll, Unterstützungswohnsitzgesetz S. 155 nimmt an, daß nach bayer. Recht eine Verpflichtung der Armenverbände, Maßnahmen, die auf Grund der §§ 1666 u. 1838 BGB. angeordnet werden, zu vollziehen nicht besteht; er beruft sich zur Begründung lediglich auf die oben angeführten Motive zur Novelle vom 21. August 1914. Hahmann (BayZ. 1917, 250) nimmt eine solche Verpflichtung schlechthin an. Für das frühere bayer. Armenrecht scheint BayVGH. 34, 68 (71) eine ähnliche Anschauung zu vertreten, wie sie für das frühere preußische Recht vom OVG. festgehalten wurde. Vgl. zu der Frage auch Schwarz S. 184. Für das Badische Recht, das ebenfalls die Erziehung als selbständigen Gegenstand der armenrechtlichen Fürsorge vorsieht, beschäftigt sich mit der oben behandelten Frage in, allerdings nicht klaren Ausführungen, BadVGH. in BadRpr. 1911, 208; für das Thüringische Recht vgl. die zutreffende E. des OLG. Jena u. des Thür. OVG. in Bl. f. Rechtspfl. in Thür. 63, 172.

Jedenfalls ist die Fürsorgeerziehung unzulässig, solange die Armenverbände, wenn vielleicht auch ohne Rechtspflicht, tatsächlich in genügender Weise sorgen; die Möglichkeit, daß der Armenverband seine Leistungen einstellen kann, rechtfertigt allein die Fürsorgeerziehung nicht (KG. in ZBlVorm. 1916, 96; KG. in Recht 1916, 568).

Der Umstand, daß der Minderjährige zu einer Freiheitsstrafe verurteilt wurde und eine solche zu erstehen hat, steht der Anordnung der Fürsorgeerziehung nicht grundsätzlich entgegen; die Gefängnisstrafe hat zwar einen Erziehungszweck, aber sie ist gegenüber der Fürsorgeerziehung das schwächere Mittel (KGJ. 48 A 34).

Auch hinsichtlich der Frage, ob die Fürsorgeerziehung in der Tat das letzte Mittel zur Abhilfe ist, gilt der aus Art. 4 Abs. 1 sich ergebende Grundsatz der Amtsprüfung.

3. Aus dem Erfordernis, daß die Fürsorgeerziehung das letzte Mittel zur Abhilfe sein muß, wird bisweilen, und namentlich auch von der oberstrichterlichen bayerischen Rechtsprechung, das weitere Erfordernis für die Zulässigkeit der Fürsorgeerziehung abgeleitet, daß sie sich als ein Mittel darstellen muß, von dem noch Abwendung des drohenden Unheils zu erwarten ist und daß sie unzulässig ist, wenn der Minderjährige so gesunken ist, daß ein Erfolg bei ihm ausgeschlossen ist (BayObLG. 13, 245; 7, 625; Pitel, ZBlFG. 4, 8). Diese Auslegung entspricht nicht der Fassung des Gesetzes, das lediglich eine negative Bestimmung enthält und die Fürsorgeerziehung zu einer Ausnahmemaßregel macht, aber kein positives Erfordernis aufstellt. Mit der preußischen Rechtsprechung ist vielmehr auch für das bayer. Recht davon auszugehen, daß die Annahme, die Fürsorgeerziehung könne wirkungslos sein, dem Grundgedanken des Gesetzes widerspricht; das Gesetz steht auf dem Standpunkt, daß die Fürsorgeerziehung, wo sie zulässig ist, ein geeignetes Erziehungsmittel ist (s. KGJ. 48 A 34; auch ZBlVorm. 1916, 262; KG. in OLG. 7, 93).

Unzulässig ist die Anordnung der Fürsorgeerziehung, wenn vorauszusehen ist, daß sie unvollziehbar ist, weil der Minderjährige sich im Ausland aufhält und seine Rückkehr nach Deutschland nicht zu erwarten ist (BayObLG. 11, 581; auch BayZ. 1910, 341); diese Folgerung ergibt sich aus dem auch ohne ausdrückliche gesetzliche Vorschrift auch für das Fürsorgeerziehungsverfahren geltenden Grundsatz, daß vollständig zwecklose Anordnungen nicht zu treffen sind: s. auch Art. 1 Anm. 17.

4. Nur die Fälle fallen unter Abs. 1, in denen dem Vater oder der Mutter die Sorge für die Person zusteht; das Gesetz spricht nicht von der elterlichen Gewalt schlechthin, sondern lediglich von der Personensorge, die sich zwar für die Regel aus der elterlichen Gewalt ergibt, aber auch gesondert von ihr bestehen kann. Welche Fälle im einzelnen hieher fallen, ergibt das BGB.; für die Regel hat die Personensorge der eheliche Vater (§ 1627 BGB.); nach seinem Ableben oder wenn er für tot erklärt ist oder wenn er die elterliche Gewalt verwirkt hat und die Ehe aufgelöst ist, hat sie die Mutter (§§ 1684 mit 1686 BGB.); bei unehelichen Kindern hat die uneheliche Mutter die Personensorge, trotzdem ihr die eheliche Gewalt nicht zusteht (§ 1707 BGB.). Für ehelich erklärte und an Kindes Statt angenommene Kinder haben auch insoweit die rechtliche Stellung ehelicher Kinder (§§ 1736 u. 1757 BGB.).

Auch die Fälle sind unter Abs. 1 zu rechnen, in denen die Personensorge beiden Eltern zugleich zusteht; dies wird sogar der Regelfall sein (§ 1634 BGB.); erheblich ist also auch die sog. Nebengewalt oder Nebensorge der Mutter; ferner sind unter Abs. 1 zu rechnen die Fälle, in denen dem Kind ein Vormund oder Pfleger bestellt ist, dem die Personensorge zusteht, wobei aber nebenbei auch dem Vater oder der Mutter diese Sorge zusteht; denn auch in diesen Fällen werden durch die Fürsorgeerziehung die Rechte der Eltern, in die nur unter Beschränkungen eingegriffen werden soll, berührt. Fälle dieser Art sind die der § 1676 Abs. 2 Satz 2 (Beschränkung des Vaters in der Geschäftsfähigkeit oder Bestellung eines Pflegers für ihn), § 1696 (Ruhen der elterlichen Gewalt der Mutter wegen Minderjährigkeit), § 1697 Satz 2 (Wiederverehelichung der Mutter), § 1698 (Eintritt der Sorge für die Person zugunsten der Mutter bei Bestellung eines Vormunds, weil die elterliche Gewalt des Vaters ruht oder verwirkt ist oder weil ihm die Vertretung des Kindes entzogen ist; Bestellung eines Pflegers für die Erziehung des Kindes an Stelle des Vaters), § 1702 (gewisse Fälle bei Kindern aus nichtigen Ehen), § 1707 Satz 2 (uneheliche Mutter), § 1738 Satz 2 (gewisse Fälle bei legitimierten unehelichen Kindern), § 1765 Abs. 2 Satz 1 (gewisse Fälle bei an des Kindes Statt angenommenen Kindern), § 1909 Abs. 1 u. 3 (Bestellung von Pflegern für die Personensorge).

Steht demnach das Recht der Personensorge beiden Elternteilen zu, so ist Fürsorgeerziehung nur zulässig, wenn die Voraussetzungen des Abs. 1 gegenüber beiden Eltern vorliegen. Es läßt sich nicht verkennen, daß das Verhältnis der Abs. 1 u. 2 des Art. 2, das wohl grundsätzlich dem gegenseitigen Verhältnis des § 1666 und des § 1838 BGB. entspricht, sich verschiebt, weil die Anwendung des § 1666 BGB. in Fällen möglich ist, in denen die Anordnung der in Art. 2 Abs. 1 vorgesehenen Maßnahmen nicht möglich ist; denn § 1666 ermöglicht ein Eingreifen des Vormundschaftsgerichts schon dann, wenn in der Person des Vaters gewisse in § 1666 näher bezeichnete Voraussetzungen eintreten, ohne Rücksicht auf die Stellung der Mutter, während die Anwendung der Maßregeln des Abs. 1 des Art. 2 auch in der Person der Mutter, vorausgesetzt, daß auch ihr eine Personensorge zusteht, den Eintritt der Voraussetzungen des Abs. 1 erfordert. Diese Verschiedenheit ist auch sachlich begründet; denn § 1666 BGB. hat der Natur der Sache nach, eben weil er sich lediglich gegen den Vater richtet, nur Maßnahmen im Auge, die ihn berühren, während die Fürsorgeerziehung wegen der Wirkungen, die mit ihr verbunden sind, auch in die Stellung der Mutter eingreifen muß. Zu einer anderen Auslegung kann man auch nicht kommen, wenn man den Nachdruck auf § 1838 Satz 2 BGB. legt, denn auch er will den § 1666 BGB. nicht erweitern, sondern nur vorbehalten und gibt nicht etwa gegenüber dem zur Personensorge berechtigten Elternteil dem Vormundschaftsgericht Befugnisse, die nicht schon auf Grund des § 1666 BGB. bestehen.

In Fällen, in denen dem Vater oder der Mutter die Personensorge nur in einzelnen Angelegenheiten nicht zusteht (§ 1628 BGB.), kommt Abs. 1 des Art. 2 insolange zur Anwendung, als dem Elternteil nicht gerade in Angelegenheiten der Fürsorgeerziehung die Personensorge entzogen ist.

Steht einem Elternteil die Personensorge nicht in seiner Eigenschaft als Vater oder Mutter zu, sondern zufolge einer Bestellung als Vormund, so ist der Fall des Abs. 1 nicht gegeben; denn hier handelt es sich um einen zufälligen Rechtsgrund für das Bestehen der Personensorge; vgl. Staudinger BGB. § 1838 Anm. 2.

Die Fälle, in denen ein Elternteil an der Ausübung der elterlichen Gewalt und damit der Personensorge tatsächlich verhindert ist (§ 1665 BGB.) oder in denen seine elterliche Gewalt und damit die Personensorge ruht (§ 1676, § 1677 BGB.), werden denen gleichzustellen sein, in denen dem Elternteil die Personensorge rechtlich nicht zusteht; denn sein Recht besteht nur dem Namen nach, hat aber seinen praktischen Inhalt verloren; die Fälle sind deshalb, vorausgesetzt, daß nicht der andere Elternteil die Personensorge hat, nach Abs. 2 zu beurteilen; vgl. KG. im Recht 1915, 45. Einem Kriegsteilnehmer kann nicht schon aus dem Grund seiner Teilnahme am Krieg die Ausübung der elterlichen Gewalt abgesprochen werden (Hamb. ZBlFG. 16, 619); aber nur dann, wenn die Verhältnisse so liegen, daß ersichtlich der Vater trotz seiner Abwesenheit imstande ist, auf die Sorge für die Person und das Vermögen der Kinder in maßgeblicher und pflichtgemäßer Weise einzuwirken, kann gesagt werden, daß der Vater auch trotz der Teilnahme am Kriege in der Lage ist, die elterliche Gewalt in ihrer Gesamtheit auszuüben (KG. in JW. 1917, 372); s. auch BayOLG. in JW. 1917, 370.

Besteht die Personensorge eines Elternteils z. Z. der Anordnung der Fürsorgeerziehung nicht, tritt sie aber nachträglich ein, so ist unter Anwendung des Art. 10 FEG. die Frage der Aufhebung zu prüfen.

5. Unter der Voraussetzung, daß die Personensorge einem Elternteil zusteht, ist die Fürsorgeerziehung zunächst zulässig (Abs. 1 Nr. 1), wenn das Wohl des Kindes durch ein schuldhaftes Verhalten gewisser Art des zur Personensorge berechtigten Elternteils, nämlich entweder Mißbrauch des Rechtes der Sorge für die Person, Vernachlässigung des Minderjährigen oder ehrloses und unsittliches Verhalten, gefährdet wird und wenn außerdem die Fürsorgeerziehung zur Verhütung der Verwahrlosung notwendig ist; in ihrem ersten Teil beruht diese Abgrenzung lediglich auf einer Wiederholung des § 1666 BGB.; der zweite Teil ist eine selbständige landesrechtliche Bestimmung.

6. Gefährdet muß sein das geistige oder leibliche Wohl des Kindes; gefährdet ist das geistige Wohl auch dann, wenn es bloß nach der intellektuellen nicht auch nach der sittlichen Seite gefährdet wird. Eine erhebliche Gefährdung ist nicht notwendig (Kaeubler § 1 Anm. 3). Es genügt Gefährdung des Wohles des Kindes; es ist also nicht abzuwarten, bis eine Benachteiligung des Wohles eingetreten ist; es ist nicht notwendig, daß das Kind bereits die Keime der Verwahrlosung in sich aufgenommen hat, geschweige denn die Spuren sittlicher Verdorbenheit gezeigt hat; die Gefährdung ist auch bei einem sittlich unverdorbenen Kinde möglich (KGJ. 45 A 72; KG. in OLG. 30, 86). Aber es muß sich um die Abwendung einer gegenwärtigen Gefahr handeln; die Befürchtung, daß das Wohl des Kindes in Zukunft gefährdet werden möchte, genügt nicht (BayOLG. 10, 131). Die einfache Möglichkeit späterer Schädigung genügt noch nicht (KG. in ZBlFG. 17, 138). Ebensowenig genügt eine vergangene nicht mehr bestehende Gefährdung; ausreichend ist es allerdings, wenn das Verhalten des Elternteils derart gewesen ist, daß damit zu rechnen ist, er werde sich auch ferner in gleicher Weise verhalten (KG. in OLG. 31, 409); es kann also eine gegenwärtige Gefährdung auch dann angenommen werden, wenn eine Mutter sich in naher Vergangenheit eines unsittlichen

Verhaltens schuldig gemacht hat und eine Neigung dazu gezeigt hat, die wieder hervortreten kann (BayObLG. 4, 153).

7. Die Gefährdung muß auf ein schuldhaftes Verhalten des Elternteils zurückgehen (KG. in OLG. 1, 484 und 3, 2; a. A. unter Anerkennung, daß die herrschende Ansicht eine andere ist, Seng in BadRpr. 1916, 174 und ZBlVorm. 1916, 215; nach dieser Ansicht soll es schon genügen, wenn zwischen dem Verhalten der Eltern und der Gefährdung des Kindes bloß Kausalität besteht). Ein schuldhaftes Verhalten liegt nicht bloß dann vor, wenn der Gewalthaber wider seine bessere Einsicht handelt, sondern auch dann, wenn er sich ohne stichhaltige Gründe der besseren Einsicht verschließt; er darf sich nicht von seiner eigenen Meinung leiten lassen, muß vielmehr auch vernünftigen Gegengründen Rechnung tragen (KG. in OLG. 16, 19). Unverschuldete Unfähigkeit des Vaters oder der Mutter zur Erziehung des Kindes rechtfertigt nicht die Anwendung des Abs. 1 Nr. 1 (BayObLG. 15, 166); auch nicht eine Vernachlässigung, die dadurch veranlaßt ist, daß der Vater der Arbeit ums tägliche Brot nachgehen muß, es muß eine Nachlässigkeit vorhanden sein (KG. in OLG. 4, 273).

Das schuldhafte Verhalten muß grundsätzlich in der Person des zur Personensorge berechtigten Elternteils vorliegen (KGJ. 47 A 61); allein das Verhalten des anderen Teiles ist für die Würdigung, ob der zur Personensorge berechtigte Elternteil schuldhaft handelt, nicht unbeachtlich; es kann das Verhalten der Mutter den Vater verpflichten, zur Abwendung der hieraus dem leiblichen oder geistigen Wohl des Kindes entstehenden Nachteile einzugreifen (BayObLG. 7, 501).

Nicht geregelt sind durch Abs. 1 Nr. 1 die Fälle, in denen die Personensorge sowohl dem Vater wie der Mutter zusteht (siehe oben Anm. 4); es darf als ausgeschlossen gelten, daß Abs. 1 Nr. 1 diese Fälle überhaupt nicht treffen wollte, denn gerade dieses wird der häufigste Fall sein; hält man aber diese Fälle für getroffen, so ist Abs. 1 Nr. 1 nicht schon dann anwendbar, wenn das schuldhafte Verhalten in der Person des einen Elternteils vorliegt; es muß vielmehr beiden Elternteilen ein schuldhaftes Verhalten im Sinne des Abs. 1 Nr. 1 nachgewiesen werden; denn die Anordnung der Fürsorgeerziehung greift in das Recht der beiden Elternteile ein und es kann deshalb nicht das Verhalten des einen einen Grund zur Beschränkung des anderen geben. Es sind auch auf Grund des § 1666 mit § 1686 BGB. nur Maßnahmen in der Richtung gegen den einzelnen schuldigen Elternteil zulässig; vgl. KG. in OLG. 30, 140.

Dem Charakter des Abs. 1 Nr. 1 entspricht es auch, trotzdem er schlechthin vom Vater, nicht von dem Vater spricht, dem die Personensorge zusteht, anzunehmen, daß er gleichwohl nur den Vater mit Personensorge meint.

8. Nicht jedes in der Person des zur Personensorge berechtigten Elternteils vorhandene Verschulden genügt; es muß vielmehr das Verschulden sich in einer der drei nachbezeichneten Arten äußern.

Das Verschulden des Elternteils kann liegen entweder in dem Mißbrauch des Rechtes der Sorge für die Person des

Kindes; Mißbrauch ist schuldhaft falscher rechts- und zweckwidriger Gebrauch (KG. in OLG. 31, 409); er kann also z. B. liegen in der Überschreitung des Züchtigungsrechts; in der Heranziehung des Kindes in einer seine Kräfte übersteigenden Weise zu Dienstleistungen im elterlichen Hauswesen (KG. in OLG. 6, 288); in der Duldung der übermäßigen Ausnützung der Arbeitskraft des Kindes durch den Stiefvater seitens der Mutter (KG. in OLG. 10, 1); in der Verleitung des Kindes zu unsittlichen Handlungen; in der Wahl eines ungeeigneten Berufes für das Kind; in der Versagung der Zustimmung zur Verehelichung einer Tochter, besonders wenn sie geschwängert ist (KG. in OLG. 9, 442); in dem Mißbrauch des Rechts den Aufenthalt des Kindes zu bestimmen (§ 1631 BGB.), so unter Umständen, wenn die Herausgabe von der vom Vater getrennt lebenden Mutter verlangt wird; der Umstand allein, daß es voraussichtlich dem Kind bei dem Vater schlechter gehen wird, als es das Kind bei der Mutter hat, begründet noch nicht die Annahme eines Mißbrauchs (vgl. KG. in OLG. 24, 22; Stuttg. in OLG. 1, 484; BayOLG. 13, 577; 289); wohl aber liegt Mißbrauch vor, wenn der Vater das Kind aus völlig gesicherten und ihm zusagenden Verhältnissen ohne Not in völlig unsichere versetzen will (BayOLG. 15, 259); oder, wenn er es aus glänzenden Verhältnissen, in denen er es jahrelang hat aufwachsen lassen, herausreißen will (KG. in OLG. 33, 364); nicht aber schon dann, wenn eine Mutter das Kind aus Mutterliebe und daneben mit Rücksicht auf seine Arbeitsleistung zu sich nehmen will (Stuttg. im Recht 1917 Nr. 234). In der Weigerung eines Elternteils, seine Einwilligung zur Unterbringung eines nicht vollsinnigen (geistesschwachen, epileptischen, taubstummen, blinden) Kindes in einer für solche bestimmten Anstalt zu geben, kann ein Mißbrauch des Personensorgerechts oder eine Vernachlässigung des Kindes liegen. Es muß aber feststehen, daß die Unterbringung des Kindes in seinem Interesse geboten und praktisch durchführbar ist und die Weigerung des Elternteils schuldhaft ist; es muß ein wesentlicher Vorteil für die Gesundheit und die Ausbildung des Kindes zu erwarten sein, so daß hierdurch sein späteres Fortkommen gefördert wird (KG. in OLG. 17, 277; 17, 279; 17, 280; 16, 19; 21, 271; im wesentlichen ebenso Dresd. in OLG. 30, 85); vgl. zu dieser Frage im allgemeinen Schwarz S. 174. Ein Mißbrauch liegt vor, wenn die Mutter einem Deutschen, von einem deutschen Vater stammenden Kind eine Erziehung geben will, die es dem deutschen Wesen entfremdet (KG. in RJA. 11, 85). Mißbrauch liegt ferner vor, wenn dem Kinde eine den gesetzlichen Vorschriften oder den hierüber mit dem verstorbenen Elternteil rechtswirksam eingegangene Verpflichtungen widersprechende religiöse Erziehung gegeben wird (BayOLG. 13, 178). Kein Mißbrauch liegt vor, wenn der Vater das Kind, das eine andere Religion hat als er, seiner Religion zuführen will; ein Mißbrauch kann aber liegen in der Art und Weise, wie er es tut. Zulässig ist eine Einwirkung durch Belehrung, durch Verschaffung von Gelegenheit, die Religion kennen zu lernen; auch die Unterbringung in ein Pfarrhaus ist nicht grundsätzlich ausgeschlossen; unzulässig ist Zwang zum Besuch des Religionsunterrichts oder das Versprechen äußerer Vorteile (KG. in OLG. 7, 419; 12, 331; 18, 280). Ein Mißbrauch kann auch liegen in der Verweigerung der Zustimmung zu einer Operation des Kindes

(KGJ. 46, 46; KG. in OLG. 30, 85); desgl. in der Vereitelung der Überwachung des Kindes durch den Vormund oder eine von ihm gewählte Hilfskraft (KG. in OLG. 31, 413). Der Mißbrauch braucht kein schwerer zu sein (Schmitz § 1 Anm. 67).

9. Eine weitere Art des Verschuldens ist die Vernachlässigung des Kindes d. h. die bewußte oder fahrlässige Außerachtlassung der durch die elterliche Gewalt begründeten Pflichten; also z. B. mangelnde Beaufsichtigung des Kindes; Unterlassung des Anhaltens zum Schulbesuch; und zwar reichen hierbei bloße Anordnungen und Ermahnungen nicht aus; es muß die Befolgung der Anordnungen auch überwacht und nötigenfalls erzwungen werden (Hamb. in OLG. 30, 83); weiter fällt hierunter die Verweigerung der Mittel zur Vorbildung für einen Beruf, der den Verhältnissen des Vaters entspricht (KG. in OLG. 1, 450); grobe Vernachlässigung der Unterhaltspflicht, selbst wenn damit der Zweck verfolgt wird, die Herausgabe des Kindes zu erzwingen (BayOLG. 5, 209); doch läßt sich zeitweilige Vorenthaltung des Unterhalts zu diesem Zwecke rechtfertigen (KG. in OLG. 31, 411); Vernachlässigung liegt nicht schon darin, daß die Erziehung unentgeltlich den Großeltern oder sonstigen Verwandten überlassen wird (KG. in OLG. 31, 411; BayOLG. in OLG. 30, 84). Zur Anordnung der Fürsorgeerziehung ist ein höherer Grad von Verwahrlosung und Vernachlässigung der Erziehung erforderlich, als er bei den Kindern vieler Arbeiterfamilien in einer Industriestadt infolge der sozialen Verhältnisse unabweisbar ist (BayOLG. in Recht 1916, 425). Vernachlässigung kann darin liegen, daß der Vater den Verkehr des Sohnes mit einem nach § 175 StGB. Verdächtigen und die von diesem dem Sohn gewährten Geldvergünstigungen duldet, auch wenn er im guten Glauben hinsichtlich der Redlichkeit des dem Kinde entgegengebrachten Interesses ist, nachdem er vom Vormundschaftsgericht auf die nahe Möglichkeit einer dem Kind drohenden Gefahr hingewiesen ist (KG. in ZBlFG. 16, 621).

10. Ein Verschulden des Elternteils liegt ferner in ehrlosem oder unsittlichem Verhalten. Eine genaue Bestimmung dieser Begriffe ist nicht möglich; sie werden als durch die allgemeine sittliche Anschauung gegeben vorausgesetzt. Meinungen einzelner Gesellschaftsklassen über das, was ehrlos und unsittlich sei, sind belanglos (Schmitz § 1 Anm. 98); mit dem unsittlichen Verhalten ist nicht bloß ein geschlechtlich unsittliches gemeint. Die Begehung strafbarer Handlungen ist weder immer erforderlich, um ein Verhalten als ehrlos und unsittlich erscheinen zu lassen, noch in allen Fällen ausreichend. Der Verlust der bürgerlichen Ehrenrechte läßt nicht stets auf Ehrlosigkeit schließen. (Motive zum 1. Entwurf des BGB. IV, 804). Einzelne sittliche Verfehlungen werden nicht immer den Schluß rechtfertigen, der Vater habe ein unsittliches Verhalten an den Tag gelegt, sie können menschlich erklärlich und entschuldbar sein: die Handlungen müssen also einen Schluß auf Eigenschaften der Persönlichkeit zulassen. Das Gesetz fordert ein ehrloses oder unsittliches Verhalten, es genügt nicht eine einmalige ehrlose oder unsittliche Tat an sich, notwendig ist ein dauernder Zustand (Wolf S. 583). Im einzelnen können als unsittliches und ehrloses Verhalten insbesondere sich darstellen: Müßiggang, Bettel, Landstreicherei, hochgradige Trunk-

sucht, Vergehen und Verbrechen gegen das Vermögen, Verfehlungen in geschlechtlicher Beziehung z. B. Aufnahme einer Konkubine in den Haushalt (KG. in OLG. 3, 42); Aufnahme von Dirnen in die Wohnung und Ziehung von Vorteil aus ihrem unsittlichen Treiben (KG. in OLG. 6, 62); Kuppelei, Zuhälterei; die bloße Tatsache der Unterhaltung eines Liebesverhältnisses während des Witwenstandes fällt nicht hierher (BayOLG. in OLG. 30, 139); hierher fallen aber ferner Mißhandlung und Beschimpfung der Ehefrau, ungezügelte Spielsucht, übertriebene Verschwendung usw. Gelegentlich der Beratungen im Reichstag und im bayerischen Landtag wurde mehrfach besprochen, ob das Verhalten des Vaters in politischer und religiöser Beziehung oder die Einwirkung auf das Kind in dieser Hinsicht als ehrloses oder unsittliches Verhalten betrachtet werden könne. Es wird Tatfrage sein, welcher Standpunkt im einzelnen Fall einzunehmen ist.

Der Umstand, daß das ehrlose oder unsittliche Verhalten in eine Zeit fiel, zu der dem Elternteil das Erziehungsrecht noch nicht zustand, schließt die Anwendung des § 1666 BGB. nicht aus (KG. in OLG. 4, 411).

11. Endlich muß die Fürsorgeerziehung erforderlich sein, um die sittliche oder körperliche Verwahrlosung des Minderjährigen zu verhüten; es muß also zunächst die Fürsorgeerziehung erforderlich sein und die Anordnung anderer Maßregeln nicht ausreichen (s. hierwegen Anm. 2 und 3); sie muß ferner erforderlich sein zur Verhütung der körperlichen oder sittlichen Verwahrlosung; unter Verwahrlosung ist jedes erhebliche Sinken des geistigen oder körperlichen Zustands des Kindes unter den regelmäßigen Zustand zu verstehen. Die Frage ist objektiv und unbeeinflußt durch die soziale Stellung der Eltern zu beantworten; sie ist bei den niederen Volksklassen nicht anders als bei den höheren zu beurteilen (KG. in OLG. 16, 240). Die Gefahr der Verwahrlosung kann auch bei Kindern in Betracht kommen, die sittlich unverdorben und noch nicht tief gesunken sind (KG. in OLG. 33, 391). Verhütung der intellektuellen Verwahrlosung genügt nicht.

12. Der zweite Fall, in dem unter der Voraussetzung, daß die Sorge für die Person dem Vater oder der Mutter zusteht, die Anordnung der Fürsorgeerziehung gestattet wird, ist der der Begehung einer strafbaren Handlung durch einen Strafunmündigen, dessen weiterer sittlicher Verwahrlosung vorgebeugt werden muß (Abs. 1 Nr. 2). Nach dem gegenwärtigen Stand der Strafgesetzgebung fallen hierher nur die Fälle des § 55 StGB., der von der Begehung strafbarer Handlungen durch eine Person spricht, die im Augenblicke der Begehung der Tat noch nicht das zwölfte Lebensjahr vollendet hat und daher strafrechtlich nicht verfolgt werden kann. Die Fälle des § 56 StGB. — Begehung einer strafbaren Handlung durch eine Person, die zwar das 12., aber noch nicht das 18. Lebensjahr vollendet hat — werden von Art. 1 und 2 nicht betroffen und sind vom Gesetz überhaupt nicht geregelt; nur in einer Nebenbestimmung (Art. 19) werden sie berührt. Die Voraussetzungen für die Anordnung der Fürsorgeerziehung sind hier im einzelnen folgende:

a) Es muß die strafbare Handlung eines Strafunmündigen vorliegen, d. h. eine Handlung, die sich im Falle der Begehung durch einen Strafmündigen als Verbrechen, Vergehen oder Übertretung darstellen würde, sei es auf Grund Reichs- oder Landesrechts. Eine strafbare Handlung in diesem Sinne ist nur gegeben, wenn deren Tatbestand sowohl nach der objektiven als nach der subjektiven Seite vorliegt. Es muß also nicht nur die Überschreitung einer durch Strafdrohung gesicherten Rechtsnorm stattgefunden haben, sondern beim Täter müssen auch die weiteren Voraussetzungen festgestellt werden können, die seine Verfolgung ermöglichen würden, wenn er das 12. Lebensjahr vollendet hätte. Die Handlung muß also, soweit es sich nicht etwa um ein Formaldelikt handelt, vorsätzlich, d. h. mit dem Bewußtsein der Tatbestandsmerkmale, oder, soweit das Gesetz auch fahrlässige Handlungen unter Strafe stellt, fahrlässig, d. h. unter Nichtbeobachtung der nach Lage der Sache zu fordernden und nach der Persönlichkeit des Täters möglichen Aufmerksamkeit, begangen worden sein. Die Einsicht in die Strafbarkeit der Handlung ist hingegen nicht zu fordern, wohl aber muß, soweit die Rechtswidrigkeit einer Handlung ein Merkmal des Tatbestandes bildet, auch das Bewußtsein der Rechtswidrigkeit nachgewiesen werden. Notwehr und Notstand, sowie unwiderstehliche Gewalt oder Drohung mit einer Gefahr für Leib und Leben schließen die Strafbarkeit einer Handlung aus (§§ 52 bis 54 StGB.). Ist die Zurechnungsfähigkeit des Täters durch einen Zustand der Bewußtlosigkeit oder krankhafter Störung der Geistestätigkeit beseitigt, so kann auch von einer strafbaren Handlung nicht gesprochen werden (§ 51 StGB.).

Der Antrag, der zur Verfolgung einer strafbaren Handlung in gewissen Fällen notwendig ist (§ 61 StGB.), gehört nicht zum Tatbestand, seine Bedeutung liegt auf prozessualem Gebiet (Frank, StGB. § 61 Anm. II); es muß deshalb, wenn die Anordnung der Fürsorgeerziehung erfolgen soll, die Stellung eines Strafantrags, falls ein solcher die Voraussetzung der strafrechtlichen Verfolgung ist, nicht abgewartet werden. Die Verjährung einer strafbaren Handlung schließt die Fürsorgeerziehung ebenfalls nicht aus, weil sie nach § 66 StGB. nur die Strafverfolgung und Strafvollstreckung ausschließt, die Strafbarkeit der Handlung aber an sich bestehen bleiben läßt.

b) Die Begehung einer Straftat durch einen Strafunmündigen gibt dem Vormundschaftsgerichte nur dann die Befugnis zu Maßregeln der Fürsorgeerziehung, wenn diese *erforderlich sind, um die weitere sittliche Verwahrlosung des Minderjährigen zu verhüten.* Daraus ist zu entnehmen, daß zur Zeit der Begehung der Straftat schon eine gewisse Verwahrlosung vorhanden sein und die Gefahr bestehen muß, daß diese sich ohne das Einschreiten des Richters vergrößern werde, wenn die Fürsorgeerziehung zulässig sein soll. Dagegen ist der Begriff „weitere sittliche Verwahrlosung" nicht gleichbedeutend mit dem des „völligen sittlichen Verderbens" in Nr. 3 (vgl. KG. in OLG. 1, 300).

Die Besorgnis der weiteren sittlichen Verwahrlosung und ihrer Unabwendbarkeit durch andere Maßregeln als die der Fürsorgeerziehung muß gerechtfertigt sein entweder durch die Beschaffenheit der begangenen strafbaren Handlung, durch die Art des Deliktes (Sittlichkeitsvergehen, Diebstahl) oder durch die begleitenden Umstände, z. B. die an den Tag gelegte Verrohung. Auch Übertretungen können auf sittliche Verwahrlosung schließen lassen, z. B. Tierquälerei, Landstreicherei, Gewerbeunzucht usw. Die Gefahr für die sittliche Verwahrlosung des Minderjährigen kann ferner in der Persönlichkeit der Eltern beruhen; nicht erforderlich ist hierbei, daß diesen ein Verschulden oder der Vorwurf der Vernachlässigung zur Last fällt (BayOLG. 7, 501); es kann genügen, daß sie gegenüber der verbrecherischen Anlage des Kindes nicht die genügende Willensstärke besitzen oder daß sie durch Krankheit, durch wirtschaftliche oder berufliche Schwierigkeiten an einer gedeihlichen Erziehung ihres Pflegebefohlenen gehindert sind. Endlich können auch die sonstigen Lebensverhältnisse des Minderjährigen berücksichtigt werden, z. B. das schlechte Beispiel von Geschwistern, der Mangel von Verwandten, die sich um ihn annehmen könnten, ungeeignete Wohnungsverhältnisse usw. Lassen bloß andere Umstände die weitere sittliche Verwahrlosung befürchten, so ist dem Gesetz nicht genügt.

13. Die Fürsorgeerziehung ist unter der Voraussetzung, daß die Personensorge dem Vater oder der Mutter zusteht, endlich noch zulässig, wenn sie zur Verhütung des völligen sittlichen Verderbens des Minderjährigen notwendig ist (Abs. 1 Nr. 3), der Fall der sog. objektiven Verwahrlosung. Auch hier muß, wie die Fassung des Gesetzes ergibt, schon ein gewisser Grad sittlicher Verkommenheit bestehen, das Verderben muß schon begonnen haben (Karlsr. in BadRpr. 1915, 147); daneben muß die Gefahr nicht etwa nur weiterer Verwahrlosung sondern gänzlichen Untergangs besserer sittlicher Regungen bestehen (so auch BayOLG. 8, 195; 10, 569; 14, 427 unter stillschweigender Aufgabe der entgegengesetzten, in BayOLG. 5, 39; 6, 648 vertretenen Ansicht; KG. in OLG. 3, 423; wie die ältere Rechtsprechung des BayOLG. Hierl S. 32, der sich ebenso wie diese Rechtsprechung wohl mit Unrecht auf Dernburg, Bürgerl. Recht Bd. 4 § 76 Nr. IV 3 beruft). Nicht gefordert ist hierbei, daß schon ein sittliches Verdorbensein als dauernder Zustand vorhanden ist, es genügt auch eine nur kurze Zeit hervorgetretene sittliche Verderbnis (OLG. Dresd. in SächsArch. 1913, 423 und OLG. 30, 88). Ins Gewicht fällt hierbei darauf, unter welchen Einflüssen der Minderjährige im elterlichen Hause lebt, ob ihm eine dem sittlichen Verderben entgegenwirkende Erziehung zuteil wird oder ob seine sein sittliches Wohl gefährdenden Neigungen gefördert werden (BayOLG. 10, 569). Notwendig ist die Gefahr sittlichen Verderbens, die Gefahr körperlichen oder geistigen Verderbens genügt hier nicht. Worauf sich diese Gefahr gründet, ist gleichgültig; ein Verschulden des Erziehers ist nicht notwendig; es genügt die objektive Unzulänglichkeit der bisherigen Erziehung (Schwäche der Eltern, Mittellosigkeit, unzureichende Tätigkeit der Schule, gefährliche Umgebung). Anhaltspunkte für die Annahme dieser Voraussetzung ergeben Arbeitsscheu, Verkehr mit Dirnen, Herumlumpen.

Es genügt jedoch nicht der allgemeine Verdacht der vorbezeichneten Gefahr, sondern es müssen Tatsachen vorliegen, welche diese Gefahr begründen; das Bayer. Gesetz faßt im Anschluß z. B. an das Württembergische (Art. 1 Abs. 1 Nr. 2) die Voraussetzung zwar weiter als das Preußische, das fordert, daß die Gefahr durch Unzulänglichkeit der erziehlichen Einwirkung der Eltern oder sonstigen Erzieher oder der Schule begründet wird; aber immerhin erfordert es eine tatsächliche

Begründung der Gefahr. Ausscheiden aber hierbei wiederum Tatsachen, die unter die Nummern 1 und 2 des Abs. 1 fallen (BayObLG. 18, 1); dabei schließen schon solche Tatsachen die Anwendung der Nr. 3 aus, die ihrer allgemeinen Natur nach unter Nr. 1 und 2 fallen, selbst wenn sie im konkreten Fall die Anordnung der Fürsorgeerziehung auf Grund der Nrn. 1 und 2 nicht rechtfertigen.

An Einzelheiten sei hervorgehoben: Ein Zeichen einer vorhandenen sittlichen Verwahrlosung kann insbesondere der Müßiggang eines erwerbsfähigen und auf die Ausnutzung seiner Arbeitskraft angewiesenen Minderjährigen sein, wenn ihm keine Rechtfertigungsgründe zur Seite stehen (KG. in OLG. 30, 91). Der Umstand, daß der Minderjährige bei der Arbeit fleißig ist und dort zu keinen Klagen Anlaß gibt, schließt nicht die Besorgnis völliger sittlicher Verderbnis aus (Bay.-OLG. in Recht 1916, 380). Zu berücksichtigen ist im wesentlichen das gegenwärtige Verhalten des Minderjährigen; vereinzelte, länger zurückliegende Verfehlungen kommen nur insoweit in Betracht, als sie einen Rückschluß auf eine demnächst sich wieder betätigende üble Gesinnung des Minderjährigen und die Annahme gestatten, daß er bereits so tief gesunken ist, daß seinem völligen sittlichen Verderben nur noch durch Fürsorgeerziehung vorgebeugt werden kann (KG. in OLG. 33, 391).

14. Abs. 2, der sich in seiner Fassung anlehnt an die des § 2 des Sächs. Gesetzes über die Fürsorgeerziehung vom 1. Februar 1909 (GVBl. 63), befaßt sich mit den Fällen, in denen die Sorge für die Person des Minderjährigen weder seinem Vater noch seiner Mutter zusteht. Wegen der Voraussetzungen, unter denen letzteres zutrifft, siehe Anm. 4. Er gründet sich darauf, daß das Reichsrecht in Art. 135 EG. BGB. die Fürsorgeerziehung in den Fällen des § 1838 BGB. und damit bei bevormundeten Kindern, für die keinem Elternteil die Personensorge zusteht, schlechthin zuläßt. Die beigefügte Beschränkung, daß die Entfernung des Minderjährigen aus seiner bisherigen Umgebung zur Verhütung seiner geistigen oder körperlichen Verwahrlosung erforderlich ist, ist landesrechtlicher Natur. Reichsrechtlich hätte keine Beschränkung bestanden, für Minderjährige, bei denen kein Elternteil die Personensorge hat, die Fürsorgeerziehung auch unter der für Minderjährige, für die ein Elternteil die Personensorge hat, aufgestellten Voraussetzungen des Abs. 1 Nr. 2 und 3 zuzulassen; dies hatte das Gesetz auch in seiner früheren Fassung getan; nach der neuen Fassung ist sie aber in Fällen, in denen lediglich die Voraussetzungen des Abs. 1 Nr. 2 und 3 nicht auch die des Abs. 2 vorliegen, nicht mehr zulässig.

Abs. 2 bringt eine grundsätzliche Abweichung von dem Grundsatze, daß die Fürsorgeerziehung nur als letztes Mittel Anwendung finden soll, wie ihn das ZwEG. schlechthin hätte und wie ihn auch noch Abs. 1 festhält; dieses verkennt Gerber, BayZ. 1916, 1. Nach Abs. 2 ist die Fürsorgeerziehung nicht erst dann zulässig, wenn die Fürsorgeerziehung als solche erforderlich ist, sondern schon dann, wenn die Entfernung des Minderjährigen aus seiner bisherigen Umgebung notwendig ist (vgl. Becker zum Sächs. FEG. in DJZ. 1909, 352; Kloß im Recht 1909, 303; OLG. Dresden im Recht 1910, 455; Kaeubler § 1 Anm. 9). Die Fürsorgeerziehung kann deshalb, wenn die Entfernung des Minderjährigen in diesem Sinn notwendig ist, auch dann angeordnet werden, wenn sie nicht unbedingt notwendig ist, sondern derselbe Zweck auch durch eine anderweite mit Entfernung verbundene Maßnahme erreicht werden könnte. Erforderlich ist aber, daß die Entfernung aus der bisherigen Umgebung notwendig ist; solange bloße Beschränkungen der Freiheit unter Beibehaltung der bisherigen Umgebung ausreichen, ist dem Gesetz nicht genügt. Notwendig ist weiter, daß die Entfernung zur Verhütung der geistigen oder körperlichen Verwahrlosung notwendig ist; eine bloße geistige oder körperliche Schädigung genügt nicht, es muß eine Verwahrlosung drohen d. h. es muß ein erhebliches Verkommen des Kindes in einer der beiden Richtungen zu befürchten sein; es ist aber andrerseits nicht bloß die Gefahr einer sittlichen Verwahrlosung genügend, sondern auch die einer intellektuellen Verwahrlosung erfüllt den Tatbestand. Daß schon zur Zeit der Anordnung der Fürsorgeerziehung eine Verwahrlosung vorliegt oder angebahnt ist, ist nicht notwendig; die Ursache der Gefahr ist gleichgültig, es ist insbesondere kein Verschulden des Erziehungsberechtigten und keine Pflichtwidrigkeit im Sinne des § 1837 Abs. 1 BGB. gefordert. Festzuhalten ist aber, daß Abs. 2 nur im Rahmen des § 1838 BGB. wirksam ist, daß also die anderweite Unterbringung zum Zwecke der Erziehung erfolgen muß; siehe wegen dieses Begriffs Art. 1 Anm. 15; ferner daß es sich um ein tatsächlich bereits unter Vormundschaft stehendes Kind handeln muß; denn nur auf solche bezieht sich auch § 1838 BGB.

15. Abs. 3 stellt eine besondere, zu den Erfordernissen der Abs. 1 und 2 hinzutretende Voraussetzung für die Fälle auf, daß der Minderjährige das sechzehnte Lebensjahr vollendet hat. Vollendet ist dieses schon mit dem Ablauf des dem sechzehnten Geburtstag vorausgehenden Tages ohne Rücksicht auf den Augenblick der Geburt (§ 187 Abs. 2 Satz 2 BGB.). Maßgebend für die Frage der Vollendung ist der Zeitpunkt der Erlassung des Beschlusses des Vormundschaftsgerichts und bei Beschwerdeeinlegung der Tag der Fassung des Beschlusses des Beschwerdegerichts; es entscheidet nicht etwa der Tag der Rechtskraft der Beschlüsse, denn das Gericht kann nur Umstände berücksichtigen, die ihm zur Zeit der Beschlußfassung vorliegen. Bei einem Minderjährigen, der sonach am Tage der Beschlußfassung bereits das sechzehnte Lebensjahr vollendet hat, genügt es nicht, wenn die allgemeinen Voraussetzungen der Zulässigkeit der Fürsorgeerziehung vorliegen, sondern es müssen weitere Umstände hinzutreten, die sie als besonders angezeigt erscheinen lassen; als solche Umstände können gelten Mißbrauch der Personensorge oder Vernachlässigung in besonders hohem Grade, ausnehmend unsittliches oder ehrloses Verhalten der Eltern, Begehung einer großen Anzahl strafbarer Handlungen, bei einem Mädchen die Ausübung des Unzuchtsgewerbes (a. A. LG. München I in SeuffBl. 70, 246) u. ä.; ein besonderer Fall soll auch anzunehmen sein, wenn irgendeine Aussicht auf Besserung besteht (BayObLG. in BayZ. 1906, 405; SeuffBl. 70, 329). Daß ein besonderer Fall vorliegt, ist in den Gründen besonders festzustellen (BayObLG. 14, 189); es ist aber nicht notwendig, daß dieses mit ausdrücklichen Worten geschieht; es genügt, wenn tatsächlich Feststellungen nach dieser Richtung getroffen wurden (BayObLG. 12, 342). Für das Gericht der weiteren Beschwerde ist maßgebend der Stand zur Zeit der Entscheidung des Beschwerdegerichts.

16. Vgl. wegen der Auslegung des Art. 2 auch §§ 1—7 ZwEG.VB.

Art. 3.

Die Staatsanwaltschaften, die Polizeibehörden und die Schulbehörden sind verpflichtet, die zu ihrer Kenntnis gelangenden Tatsachen, welche die Zulässigkeit der Fürsorgeerziehung begründen, dem Vormundschaftsgerichte mitzuteilen.

1. Art. 3 entspricht dem Art. 2 ZwEG.

2. Die Einleitung der Fürsorgeerziehung durch das Vormundschaftsgericht ist in Bayern von einem förmlichen Antrag nicht abhängig; der Richter hat vielmehr von Amts wegen vorzugehen, sobald ihm amtlich Tatsachen zu Ohren kommen, die nach seiner Auffassung zu Maßregeln im Sinne des Art. 1 Anlaß geben können, so z. B. wenn er gelegentlich der Einholung der Erziehungsberichte über die Mündel (vgl. die Vormundschaftsordnung vom 19. Januar 1900, JMBl. 181, § 26) von einer Vernachlässigung der persönlichen Fürsorge für ein Kind Kenntnis erhält, oder wenn er als Strafrichter von Verfehlungen der Eltern unterrichtet wird. Anzeigen, die ihm von dritter Seite zugehen, sei es von Privatpersonen oder von Behörden, darf er, auch wenn der Anzeigende zur Wahrnehmung der Fürsorge für den Minderjährigen nicht befugt und berechtigt ist, nicht unberücksichtigt lassen. Auch anonymen Anzeigen muß er nachgehen, soweit anzunehmen ist, daß die darin enthaltenen Tatsachen Beachtung verdienen. Bezweifelt er, ob die ihm gemachten Mitteilungen geeignet sind, die Anordnung der Fürsorgeerziehung zu rechtfertigen, so hat er den Sachverhalt jedenfalls soweit aufzuklären, daß er bemessen kann, ob zu einer weiteren Tätigkeit ein Anlaß besteht.

Bestimmte Antragsberechtigungen für Verwandte eines Minderjährigen und für Behörden, wie sie z. B. das württembergische Gesetz vom 29. Dezember 1899 in Art. 4 oder das preußische Gesetz vom 2. Juli 1900 in § 4 geschaffen haben, kennt das Gesetz nicht.

Es ist nicht ausgeschlossen, daß die Eltern oder der gesetzliche Vertreter die Fürsorgeerziehung selbst beantragen, damit sie als Zuchtmittel gegen das Kind diene. Dies wird insbesondere dann vorkommen, wenn die Tätigkeit der bisherigen Erzieher unzureichend war und die Fürsorgeerziehung das völlige sittliche Verderben verhüten soll.

3. Gewisse Behörden sind durch Art. 3 gesetzlich verpflichtet, dem Vormundschaftsgerichte die Tatsachen, welche die Zulässigkeit der Zwangserziehung begründen und zu ihrer Kenntnis gelangt sind, mitzuteilen. Eine Pflicht, besondere Nachforschungen nach solchen Tatsachen vorzunehmen, wird durch Art. 2 nicht begründet, kann aber schon durch den allgemeinen Wirkungskreis der Behörde — wie z. B. bei den Schulbehörden — gegeben sein. Durch Art. 2 erwächst den Behörden nicht nur die Obliegenheit, selbst ein Einschreiten des Vormundschaftsrichters herbeizuführen, sondern sie müssen auch, wenn sie der Vormundschaftsrichter aus eigener Entschließung um ihr Wissen zur Sache befragt, die von ihnen gemachten Wahrnehmungen angeben. In zweifelhaften Fällen, in denen es fraglich erscheint, ob die Fürsorgeerziehung zulässig ist, dürfen sie von einer Mitteilung an den Vormundschaftsrichter nicht absehen: die

Möglichkeit, daß dieser einschreiten werde, muß genügen, um die Verpflichtung zu der Mitteilung zu begründen; denn die endgültige Entscheidung gebührt dem Richter. Die Behörden, die den im Art. 2 genannten Behörden vorgesetzt sind, haben vermöge der ihnen zustehenden Dienstaufsicht das Recht und die Pflicht, den Vollzug des Art. 2 zu überwachen; sie haben, wenn es nötig sein sollte, anzuordnen, daß eine unterlassene Anzeige nachgeholt werde; eine Verpflichtung zur unmittelbaren Anzeige an das Vormundschaftsgericht ist für sie nicht anzunehmen.

4. Die von Art. 3 betroffenen Behörden sind folgende:

a) Die Staatsanwaltschaften. Es sind hierunter nicht nur die Ersten Staatsanwälte bei den Landgerichten zu verstehen, sondern auch der Generalstaatsanwalt, die Oberstaatsanwälte und die Amtsanwälte (GVG. §§ 142 ff.; AG. GVG. Art. 50 ff.). Die Hilfsbeamten der Staatsanwaltschaft (§ 153 GVG.) sind zu Anzeigen an die Vormundschaftsgerichte nicht verpflichtet, soweit sie nicht etwa zugleich Polizeibehörden im Sinne des Art. 3 sind.

b) Die Polizeibehörden. Dieser Ausdruck umfaßt die Distriktspolizeibehörden (Bezirksämter und Magistrate der unmittelbaren Städte) und die Ortspolizeibehörden (Bürgermeister und Magistrate, vgl. Art. 92, 93, 138 der rechtsrheinischen und Art. 71 der pfälzischen Gemeindeordnung), sowie die Polizeidirektion München. Dagegen besteht keine Anzeigepflicht für Polizeibeamte, die nicht zugleich Behörden sind, also z. B. nicht für die Gendarmerie und für die städtischen Schutzmannschaften. Diese werden jedoch von den ihnen vorgesetzten Behörden anzuweisen sein, diesen alle von ihnen wahrgenommenen Tatsachen mitzuteilen, die nach Art. 2 in Betracht kommen können, so daß die Behörden selbst in die Lage gesetzt werden, der ihnen obliegenden Pflicht zu genügen. Die Gemeindeverwaltungen in Landgemeinden und die Organe der Armenverbände haben keine Anzeigepflicht.

c) Die Schulbehörden. Damit sind zunächst die äußeren Vollzugsbehörden auf dem Gebiete des Volksschulwesens gemeint, nämlich die Distriktsschulbehörden (dies sind neben den Distriktsverwaltungsbehörden die Distriktsschulinspektionen und in den unmittelbaren Städten die Lokalschulkommissionen) und die Lokalschulbehörden (nämlich in den Landesteilen rechts des Rheins die Lokalschulinspektionen, in den unmittelbaren Städten die Stadtbezirksschulinspektionen und in der Pfalz die Ortsschulkommissionen). Es wird jedoch keinem Bedenken unterliegen, unter die Schulbehörden auch die Rektorate der Mittelschulen und die Direktorate der öffentlichen höheren Mädchenschulen zu zählen. Ein gesetzgeberischer Grund, aus dem diese der Verpflichtung des Art. 2 nicht unterliegen sollten, ist nicht vorhanden.

Der einzelne Lehrer ist durch seine Amtspflicht lediglich gehalten, seiner vorgesetzten Stelle Anzeige zu erstatten, wenn er eine Vernachlässigung in der häuslichen Erziehung seiner Schüler wahrnimmt. Den Geistlichen als solchen und den Pfarrämtern liegt keine Anzeigepflicht ob; auch nicht den Vorständen privater Schulen.

5. Die Anzeige ist an das Vormundschaftsgericht zu erstatten; das ist an das zur Einleitung der Fürsorgeerziehung zuständige. Die

Behörden haben ihrer gesetzlichen Pflicht nicht genügt, wenn sie ihre Anzeige an ein beliebiges Vormundschaftsgericht geben, und es diesem überlassen wollen, das zuständige Gericht zu ermitteln. Doch hat ein unzuständiges Vormundschaftsgericht seinerseits die Pflicht, die fälschlich ihm zugegangene Anzeige an das zuständige weiterzugeben.

6. Zu den in Art. 3 genannten Behörden tritt auf Grund reichsrechtlicher Vorschrift der Gemeindewaisenrat. Gemäß § 1850 BGB. hat dieser über alle in seinem Bezirke sich aufhaltenden Mündel eine fortlaufende Aufsicht zu führen: er hat — auch ohne besondere Anweisung des Vormundschaftsrichters — darüber zu wachen, daß die Vormünder für die Person der Mündel, insbesondere für ihre Erziehung und körperliche Pflege pflichtmäßig Sorge tragen. Mängel und Pflichtwidrigkeiten, die er in dieser Hinsicht wahrnimmt, hat er dem Vormundschaftsgericht anzuzeigen und er hat auf dessen Aufforderung jederzeit über das persönliche Ergehen und das Verhalten eines Mündels Auskunft zu erteilen. Weniger weit gehen seine Befugnisse und Pflichten hinsichtlich der unter elterlicher Gewalt stehenden Minderjährigen: eine Überwachung der Eltern in der Ausübung ihrer Erziehungsrechte steht ihm nicht zu, er hat dem Vormundschaftsgericht nur dann Anzeige zu machen, wenn ein Fall zu seiner Kenntnis gelangt, in dem dieses zum Einschreiten berufen ist; eine besondere Nachforschung zwecks Feststellung von Pflichtwidrigkeiten der Eltern ist ihm nicht gestattet (§ 1675 BGB.).

7. Vgl. zum Art. 3 weiter § 8 ZwEG.VB.

Art. 4.

I Das Vormundschaftsgericht hat von Amts wegen die zur Feststellung der Tatsachen erforderlichen Ermittlungen zu veranstalten und die geeignet erscheinenden Beweise aufzunehmen.

II Vor der Entscheidung über die Fürsorgeerziehung hat das Vormundschaftsgericht den Minderjährigen, wenn tunlich, persönlich zu vernehmen. Es hat auch die Eltern und, wenn der Minderjährige unter Vormundschaft steht oder ihm ein Pfleger zur Sorge für die Person bestellt ist, auch den Vormund oder Pfleger zu hören, es sei denn, daß die Anhörung untunlich ist.

III Vor der Entscheidung sollen ferner Verwandte oder Verschwägerte des Minderjährigen gehört werden, wenn es ohne erhebliche Verzögerung und ohne unverhältnismäßige Kosten geschehen kann.

IV In allen Fällen sind das Pfarramt, ein Arzt und, wenn der Minderjährige noch eine Schule besucht, die Schulbehörde um Äußerung zu ersuchen, wenn sich nicht eine solche schon bei den Akten befindet.

V Das Vormundschaftsgericht kann anordnen, daß der Minderjährige durch einen Arzt untersucht wird. Es kann auch anordnen, daß der Minderjährige auf die Dauer von höchstens sechs Wochen in eine Anstalt, die von der Staatsregierung als geeignet erklärt ist, zur Untersuchung und Beobachtung gebracht wird, wenn dies nach ärztlichem Gutachten zur Feststellung seines Geisteszustandes geboten und ohne Nachteil für seine Gesundheit ausführbar ist. Vor den im Satz 1 und 2 bezeichneten Anordnungen sind die im Abs. II Satz 2 bezeichneten Personen zu hören. Gegen die Anordnung steht dem gesetzlichen Vertreter des Minderjährigen und binnen der für ihn laufenden Frist auch den übrigen im Abs. II Satz 2 bezeichneten Personen sowie dem Minderjährigen selbst, wenn er das vierzehnte Lebensjahr vollendet hat, die sofortige Beschwerde zu; die Beschwerde hat aufschiebende Wirkung.

1. Die Art. 4—7 regeln das der Anordnung der Fürsorgeerziehung dienende Verfahren und zwar Art. 4 und 5 das der Beschlußfassung vorausgehende Verfahren, Art. 6 die Beschlußfassung selbst samt dem Beschwerdeverfahren; angefügt ist der die vorläufige Unterbringung behandelnde Art. 7. Ergänzend treten gemäß Art. 17 FGG. die Bestimmungen des FGG. hinzu. Art. 4 im besonderen stellt in Abs. 1 den Grundsatz der sog. Amtsprüfung auf, in Abs. 2—4 trifft er Bestimmungen über die Anhörung gewisser Personen und Organe und in Abs. 5 sieht er die Möglichkeit einer besonderen ärztlichen Untersuchung vor. Er entspricht dem Art. 3 Abs. 1 ZwEG. Sachliche Änderungen erfolgten insoweit, als nunmehr der Minderjährige vorausgesetzt, daß es nicht im einzelnen Fall untunlich ist, ohne Rücksicht auf sein Alter vernommen werden soll; bisher erfolgte die Vernehmung nur, wenn er das vierzehnte Lebensjahr vollendet hatte; und als ferner auch die Anhörung eines Arztes vorgeschrieben ist und die Untersuchung durch einen Arzt und Anstaltsbeobachtung angeordnet werden kann. Die neu hinzugefügte Bestimmung des Abs. 1, der vollständig dem § 12 FGG. entspricht, bringt keine sachliche Änderung, da § 12 FGG. schon bisher zufolge des bisherigen Art. 12 FEG. (des nunmehrigen Art. 17) anzuwenden war. Das gleiche gilt (vgl. BayObLG. 14, 427 und 431) hinsichtlich des ebenfalls neu hinzugefügten Abs. 3, der lediglich eine Wiederholung des § 1673 Abs. 2 Satz 1 BGB. ist.

2. Abs. 1 führt nicht den Grundsatz des Amtsbetriebs („Offizialbetriebs"), der übrigens für das Verfahren aus allgemeinen Erwägungen gilt, ein, sondern den beschränkteren der Amtsprüfung („Offizialprüfung"); das Gericht hat darnach bei den Feststellungen, die es zu treffen hat, selbsttätig vorzugehen; Anträge, Verzichte, Geständnisse, Vergleiche der Beteiligten sind bloß Anregungen für das Gericht, haben aber auf seine Feststellungstätigkeit keinen rechtlichen Einfluß. Hinsichtlich der Form, wie es die Grundlage für seine Feststellungen schafft, hat es Freiheit; es kann sich insbesondere auf die Angaben der Beteiligten stützen; es kann formlos Auskunftspersonen hören; es kann aber auch zufolge des § 15 FGG. nach Maßgabe der ZPO. Zeugen und Sachverständige hören (vgl. Art. 17 Anm. 4d) und die Beteiligten zur Glaubhaftmachung einer tatsächlichen Behauptung zur Versicherung an Eides Statt zulassen; es kann sich durch Augenscheinseinnahme von den häuslichen Verhältnissen des Minderjährigen überzeugen; es kann den Gemeindewaisenrat hören. Auch hinsichtlich des Umfangs der Ermittlungen ist es frei; es braucht nicht alle möglichen Beweismittel zu erschöpfen. Nur die geeignet erscheinenden Beweise sind aufzunehmen; es ist nicht notwendig, alle beantragten Beweise zu erheben (BayObLG. 11, 160); geeignet erscheinen die Beweise nur dann, wenn sie nach objektiver Würdigung Stoff für die sachgemäße Beurteilung des Falles bieten (Hamb. in OLG. 30, 27); das Gericht braucht auch nicht alle etwa einschlägigen Tatsachen festzustellen, es hat nur die erforderlichen Ermittlungen zu veranstalten; die Grenze bildet lediglich die Frage, ob der Zweck, den die Tätigkeit des Gerichts zu verfolgen hat, erreicht ist oder nicht. Bei seinen Erhebungen hat der Vormundschaftsrichter durchaus selbständig vorzugehen; bedient er sich zur Erforschung des Sachverhalts der Hilfe anderer Behörden, wie der Gemeinde-, Schul- und Polizeibehörden, so muß er im Auge behalten, daß ihm selbst die Ermittlungspflicht obliegt und die Hilfe der anderen Behörden nur unterstützender Art sein darf; er darf sich also nicht mit den Berichten dieser Behörden über ihre Ermittlungen begnügen, wenn diese nicht die Wahrnehmungen der Augenzeugen wiedergeben und nur die Mitteilung des Ergebnisses enthalten, zu dem diese Behörden gelangt sind (KG. in OLG. 25, 396); er ist selbstverständlich auch nicht an eine Entscheidung des Strafrichters gebunden, die mangels Beweises freispricht (KG. in OLG. 25, 396 Note 1). Ein Recht auf Anwesenheit bei Vornahme der Erhebungen insbesondere bei Zeugenvernehmungen haben die Beteiligten nicht (BayObLG. in Recht 1916 Nr. 743).

3. Vorgeschrieben ist in Abs. 2 in erster Linie, daß vor der Entscheidung über die Fürsorgeerziehung der Minderjährige selber, wenn tunlich, persönlich zu vernehmen ist. Die Vernehmung hat zu erfolgen vor der Entscheidung über die Fürsorgeerziehung, also nicht bloß dann, wenn sie angeordnet wird (so Marsch S. 24), sondern auch dann, wenn die Anordnung abgelehnt wird; es ist aber darum nicht erforderlich, daß bei jeder Anregung der Anordnung der Fürsorgeerziehung von dritter Seite oder bei jeder von Amts wegen eingeleiteten, diesem Zwecke dienenden Tätigkeit die Vernehmung des Minderjährigen erfolgt; sie ist nur dann erforderlich, wenn diese Maßnahmen über bloß einleitende Schritte hinausgekommen sind, so daß ein eingehenderes Verfahren gepflogen wurde und die Frage der Anordnung ernstlich in Frage kam, nicht aber dann, wenn der Richter schon nach den vorbereitenden Schritten zur Annahme kommt, daß die Fürsorgeerziehung nicht veranlaßt ist, und von weiteren Schritten absieht. Der Minderjährige ist persönlich zu vernehmen; es kann sich also weder er selber vertreten lassen, noch kann der Vormundschaftsrichter die Vernehmung durch einen Dritten, etwa einen Polizeibeamten, pflegen lassen. Auch eine Vernehmung durch den Gerichtsschreiber des Vormundschaftsgerichts genügt nicht. Notwendig ist aber nur persönliche Vernehmung durch das Vormundschaftsgericht als solches; es ist nicht verlangt, daß gerade der entscheidende Richter die Vernehmung vornahm. Auch eine Vernehmung durch den ersuchten Richter ist eine Vernehmung durch das Vormundschaftsgericht, denn der ersuchte Richter hat die Stellung des ersuchenden. Untunlich (der Ausdruck ist dem BGB. entnommen, vgl. dort § 1673 Abs. 1) ist die Vernehmung bei Kindern, die so jung sind, daß sie nicht vernommen werden können, oder daß eine Vernehmung eine Klärung voraussichtlich nicht bringen wird; untunlich ist die Vernehmung auch, wenn das Kind an einer ansteckenden Krankheit leidet; auch dann wird sie untunlich, wenn sie unverhältnismäßige Kosten verursacht. Die Entscheidung darüber, ob die Vernehmung untunlich ist, enthält zugleich rechtliche und tatsächliche Erwägungen; es kann deshalb hierwegen unter Umständen auch weitere Beschwerde eingelegt werden. Der Minderjährige ist zu vernehmen, d. h. er ist zu einer Äußerung über die Sache zu veranlassen; über das Ergebnis ist ein Protokoll aufzunehmen.

4. Vorgeschrieben ist weiter durch Abs. 2 Satz 2, daß die Eltern und, wenn der Minderjährige unter Vormundschaft steht oder ihm ein Pfleger zur Sorge für die Person bestellt ist, auch der Vormund und der Pfleger zu hören sind, außer wenn die Anhörung untunlich ist. Zu hören sind die Eltern und zwar bei ehelichen Kindern beide ohne Rücksicht darauf, ob sie die elterliche Gewalt haben oder nicht, und ohne Rücksicht auf etwaige ihnen in Anwendung der §§ 1666 ff. BGB. auferlegte Beschränkungen; bei einem an Kindes Statt angenommenen Kinde ist der Annehmende zu hören (§ 1757 BGB.); bei unehelichen Kindern ist lediglich die Mutter nicht auch der außereheliche Vater zu hören; hat der Pfleger nur die Vermögensverwaltung, so ist seine Anhörung nicht notwendig; steht dem Pfleger die Sorge für die Person nur zum Teil zu, so ist er zu hören. Zu hören sind diese Personen wie der Minderjährige vor der Entscheidung über die Fürsorgeerziehung in dem oben dargelegten Sinn. Sie sind aber nicht wie dieser zu vernehmen, sondern nur zu hören. Gehört sind sie dann, wenn ihnen Gelegenheit gegeben ist, sich zur Frage der Fürsorgeerziehung zu äußern; es muß ihnen hierbei auch das Sachverhältnis, soweit es für ihren Standpunkt erheblich sein kann, mitgeteilt werden. Hierbei kann es auch erforderlich sein, daß ihnen die Namen der Personen mitgeteilt werden, von denen die vorliegenden Angaben herrühren; dies gilt auch für Angaben von Waisenräten und Mitgliedern des Armenrats (BayObLG. in OLG. 30, 167). Sie müssen auch noch rechtzeitig gehört werden; auch muß ihnen Gelegenheit gegeben sein, zur Abgabe ihrer Äußerung sich entsprechend vorzubereiten; die Anhörung kann schriftlich oder mündlich, sie kann auch durch Befragung durch einen Polizeibeamten oder eine Gemeindebehörde erfolgen. Daß sie auch eine Erklärung abgeben, ist nicht notwendig; ebenso ist es formell gleichgültig, welche Erklärung sie abgeben; notwendig ist es, daß die etwa abgegebene Erklärung auf vorherige Veranlassung des Vormundschaftsgerichts erfolgt; sonst sind sie nicht vom Vormundschaftsgericht gehört (KG. in OLG. 16, 236); bedient sich das Gericht zur Anhörung anderer Behörden, so muß es doch selbst zur Feststellung des Sachverhalts beitragen und die Leitung der Ermittlungen übernehmen (KG. in OLG. 21, 273); es genügt nicht, wenn sie lediglich in einem vorhergehenden polizeilichen Verfahren gehört wurden (s. BayObLG. 11, 718); ebensowenig genügt die bloße Benützung der Erhebungen eines Fürsorgevereins (Colm. in ElsLothZ.

41, 207). Eine bloße Ladung zu einem zur Vernehmung bestimmten Termin genügt nicht; dem Vorgeladenen muß vielmehr auch mitgeteilt worden sein, um was es sich handelt (KG. in OLG. 17, 277); für das Beschwerdegericht genügt es aber, wenn der zu Hörende aus dem ihm mitgeteilten erstinstanziellen Beschluß das Erforderliche ersehen konnte (Colm. in ElsLothZ. 41, 207). Die Ansicht des BayObLG. 14, 189, wonach persönliche Anhörung durch das Vormundschaftsgericht notwendig sein soll, hat keinen gesetzlichen Boden, selbst wenn die Entscheidung das nur als Regelerfordernis gemeint haben sollte; sie ist jedenfalls nach der jetzigen Fassung des Gesetzes, die für den Minderjährigen selbst persönliche Vernehmung im übrigen aber nur Anhörung verlangt, nicht mehr zu halten. Die Anhörung der Eltern wie des Vormunds oder Pflegers des Minderjährigen kann unterbleiben, wenn sie untunlich ist. Dies ist sie, wenn bekannt ist, daß die Eltern sich der Frage der Fürsorgeerziehung gegenüber völlig teilnahmslos verhalten; wenn sie geisteskrank sind; wenn von ihnen eine sachliche Erklärung nicht zu erwarten ist; wenn sie sich dem Gerichte gegenüber erfahrungsgemäß unangemessen verhalten; wenn sie sich im Ausland aufhalten und der Verkehr mit ihnen dadurch erheblich erschwert ist; wenn ihr Aufenthalt nicht zu ermitteln ist; wenn dadurch das Verfahren ungewöhnlich verzögert wurde.

Steht ein Elternteil unter Vormundschaft oder unter einer Pflegschaft, die sich auf die Wahrung der Stellung der Eltern gegenüber dem Kinde erstreckt, so ist auch der Vormund oder der Pfleger zu hören. Eine Vertretung der Eltern, des Vormunds oder des Pflegers durch bestellte Vertreter wird unzulässig sein, weil sie als Auskunftspersonen vernommen werden sollen, vgl. Art. 17 Anm. 4 b.

Die Anhörung eines Gegenvormunds oder eines Beistands ist nicht zwingend; sie fallen unter Abs. 1.

5. Die Bestellung eines besonderen Pflegers für den Minderjährigen zur Vertretung im FEVerfahren ist nicht notwendig; sie ist nicht ausdrücklich vorgeschrieben und aus allgemeinen Erwägungen ebensowenig geboten, wie bei einem Verfahren nach § 1666 BGB. (Dorner-Seng S. 669; Landsberg S. 311; KG. in ZBlFG. 6, 566; KG. in KJA. 5, 127; BayZ. 1905, 178).

6. In dritter Linie verlangt das Gesetz die Hörung von Verwandten oder Verschwägerten des Minderjährigen. Wer Verwandter oder Verschwägerter ist, bemißt sich nach § 1589 und § 1590 BGB.; hieraus ergibt sich insbesondere, daß der uneheliche Vater nicht zu den Verwandten gehört (BayObLG. im Recht 1904 S. 143 Nr. 692) und daß die Schwägerschaft trotz der Auflösung der Ehe, die sie begründete, fortdauert. Die Eltern fallen im Sinne des Abs. 3 nicht unter die Verwandten, weil für diese die Sonderbestimmung des Art. 4 Abs. 2 Satz 2 besteht. Ist der Vormund zugleich ein Verwandter, so darf seine Anhörung nur dann unterbleiben, wenn sie sowohl nach den Bestimmungen des Abs. 2 wie nach denen des Abs. 3 entbehrlich ist. Wegen der Erfordernisse des Hörens gilt das zu Abs. 2 Satz 2 Bemerkte. Zu hören sind die Verwandten und Verschwägerten vor der Entscheidung, d. h. wie Abs. 2 ergibt, vor der Entscheidung über die Fürsorgeerziehung; es gilt auch hier das hierzu zu Abs. 2 Bemerkte. Das Anhören wird hier nur notwendig, wenn es ohne

erhebliche Verzögerung und ohne unverhältnismäßige Kosten geschehen kann, während im Falle des Abs. 2 Satz 2 das Hören die Regel ist und nur bei Untunlichkeit entfällt; eine erhebliche Verzögerung ist nur eine solche des Verfahrens im ganzen; eine Anhörung, selbst wenn sie eine geraume Zeit in Anspruch nimmt, ist deshalb dann notwendig, wenn sich das Verfahren schon aus anderen Gründen verzögert. Es brauchen nicht alle Verwandten oder Verschwägerten des Mündels gehört zu werden, auch nicht alle bekannten, selbst wenn es ohne erhebliche Verzögerung und ohne unverhältnismäßige Kosten geschehen könnte; es ist auch nicht notwendig, gerade die nächsten zu hören. Maßgebend ist das Ermessen des Gerichtes; die Anhörung soll dem Gerichte nur erleichtern, sich in die für die Anordnung der Fürsorgeerziehung maßgebenden Verhältnisse einen Einblick zu verschaffen und insbesondere zu prüfen, ob die Fürsorgeerziehung notwendig ist oder durch andere weniger einschneidende Maßnahmen ersetzt werden kann (BayOLG. 13, 253). Die Unterlassung der Anhörung beeinträchtigt trotz des Wortes „soll" die Gültigkeit des Verfahrens (KG. in OLG. 7, 90). Auf die Behauptung der unrichtigen Handhabung des Ermessens kann eine weitere Beschwerde nicht gestützt werden; denn es liegt darin keine Gesetzesverletzung.

7. In vierter Linie verlangt das Gesetz, daß in allen Fällen das Pfarramt, ein Arzt und, wenn der Minderjährige eine Schule besucht, die Schulbehörde um Äußerung zu ersuchen sind. Das Pfarramt ist das zuständige Pfarramt, d. h. dasjenige, zu dessen, nach den kirchenrechtlichen Bestimmungen sich bemessenden Seelsorgebezirk der Minderjährige zur Zeit der Durchführung des Verfahrens gehört. Gehört er keiner Religionsgemeinschaft an, so ist ein Pfarramt nicht zu hören; gehört er einer nicht staatlich anerkannten Religionsgemeinschaft an, so entspricht es dem Gesetze, den Religionsdiener dieser zu hören. Arzt im Sinne des Gesetzes ist jeder nach Maßgabe der Gewerbeordnung approbierter Arzt; eine besondere Qualifikation ist nicht gefordert, weder hinsichtlich einer amtlichen Stellung noch hinsichtlich einer ärztlichen Sonderausbildung. Wegen der Schulbehörden gilt das bei Art. 3 Anm. 4 Bemerkte; in Betracht kommt die Schulbehörde, der der Minderjährige zur Zeit der Durchführung des Verfahrens untersteht; die Anhörung einer früheren Schulbehörde kann unter Umständen auf Grund des Art. 4 Abs. 1 daneben notwendig sein. Erforderlich ist es, daß die genannten Organe um Äußerung ersucht werden; daß sie eine Äußerung abgeben, ist nicht verlangt; doch wird es erforderlich sein, daß der Vormundschaftsrichter bei Pfarrämtern und Schulbehörden, die eine Äußerung zunächst nicht abgeben, sein Ersuchen in Erinnerung bringt, und sich, wenn die Wiederholung erfolglos ist, auch an deren vorgesetzte Behörde um Abhilfe wendet; sonst liegt kein genügendes Ersuchen vor; auch ist es notwendig, wenn der zunächst angegangene Arzt keine Äußerung abgibt, sich an einen anderen zu wenden; denn andernfalls liegt ebenfalls kein genügendes Ersuchen vor. Das Ersuchen um Äußerung dieser Organe entfällt, wenn sich schon eine Äußerung bei den Akten befindet; anders wie bei dem in Abs. 2 Satz 2 geforderten Hören ist es hier nicht notwendig, daß die Äußerung auf Verlangen des Gerichts abgegeben wurde; es genügt deshalb insbesondere eine Äußerung, die sich in einem bei-

geschafften Beiakt befindet; doch muß es eine Äußerung über die Frage der Fürsorgeerziehung sein; auch Anm. 8 ist zu beachten. Abweichend von Abs. 2 und 3, wo die Anhörung „vor der Entscheidung" gefordert ist, verlangt Abs. 4 die Anhörung des Pfarramts, des Arztes und der Schulbehörde „in allen Fällen"; doch ergibt der Zusammenhang, daß auch hiemit nichts anderes gesagt sein kann, als mit den Worten vor der Entscheidung.

Für Preußen vgl. wegen der Ermittlungen über den geistigen und körperlichen Gesundheitszustand des Minderjährigen die Allgemeine Verfügung des Justizministers vom 24. Juni 1909 (JMBl. 231) und hierzu Köhne in DJZ. 1909, 813.

8. Die Anhörung oder Vernehmung der sämtlichen in Abs. 2—4 bezeichneten Personen und Organe hat in dem gerade in Frage stehenden Verfahren zu erfolgen. Es genügt also nicht die Anhörung oder Vernehmung in einem früher eingestellten nun aber wieder neu aufgenommenen Verfahren (KG. im Recht 1908, 221).

9. Ein unmittelbarer Zwang sich zu äußern kann gegen die in Abs. 2, 3 und 4 bezeichneten Personen und Behörden nicht geübt werden, denn er ist nicht ausdrücklich vorgesehen. Die Personen können auch nicht zum Erscheinen vor Gericht gezwungen werden; ein Zwang könnte bloß auf Grund des Art. 130 AG. BGB. geübt werden; allein es liegt keiner der dort vorausgesetzten Fälle vor; es handelt sich insbesondere bei der Vernehmung oder Anhörung der in Abs. 2, 3 und 4 bezeichneten Personen nicht um die „Anordnung einer Maßregel, deren Ausführung die Anwendung unmittelbaren Zwangs erfordert"; Anordnungen im Sinne des Art. 130 sind nur solche, die, wozu eine gesetzliche Ermächtigung erforderlich ist, ein unmittelbares Gebot an Dritte enthalten; die Abs. 2—4 des Art. 4 stellen sich bloß als Weisungen an das Vormundschaftsgericht dar; sie sind keine Gebote an die Allgemeinheit; sie sind selbst noch keine „Maßregel", sondern sollen eine solche erst vorbereiten. Unzutreffend ist es allerdings, wenn Nußbaum (BuschZ. 29, 499) unter Berufung auf Tit. IV § 8 der Verfassungsurkunde auf Grund des Art. 130 AG. BGB. „Beschränkungen der persönlichen Freiheit wie die Zwangsvorführung" überhaupt nicht zulassen will; denn Art. 130 ist die gesetzliche Grundlage, die in Tit. IV § 8 gefordert wird. Zwangsweise Vorführung und Zwang zur Äußerung ist nach dem Dargelegten auch gegen den Minderjährigen selbst unzulässig. Es ist auch nicht zulässig, daß das Vormundschaftsgericht den Vormund veranlaßt, kraft der ihm gegen den Mündel zustehenden Rechte, diesen zur Stelle zu bringen; das Vormundschaftsgericht würde sich hiedurch einer seiner Stellung unwürdigen Gesetzesumgehung schuldig machen. Es ist auch nicht zulässig, das Erscheinen und eine Äußerung des Vormunds oder Pflegers durch Ordnungsstrafen nach § 1837 Abs. 2 BGB. zu erzwingen; denn Voraussetzung der Anwendung des § 1837 Abs. 2 ist das Vorliegen einer Anordnung des Vormundschaftsgerichts, die es in Ausübung seines ihm nach § 1837 Abs. 1 BGB. bestehenden Aufsichtsrechts erließ (Staudinger, BGB. § 1837 Anm. 4a); dieser Fall liegt hier nicht vor; hier handelt das Vormundschaftsgericht auf Grund einer besonderen durch das FGG. begründeten Zuständigkeit.

10. Abs. 5 schafft die Möglichkeit zweier weiterer der Vorbereitung der gerichtlichen Beschlußfassung dienenden Maßnahmen, einmal die Möglichkeit einer ärztlichen Untersuchung und dann die der Anstaltsbeobachtung. Beide Anordnungen sind jedoch mit Rechtsgarantien umgeben; gefordert ist für beide vorherige Anhörung gewisser Personen und außerdem ist ein Beschwerdeverfahren vorgesehen. Eine besondere Qualifikation ist für den Arzt, der die Untersuchung vornimmt, nicht vorgeschrieben; doch muß er ein approbierter Arzt im Sinne der GewO. sein. Worauf sich die ärztliche Untersuchung zu erstrecken hat, kann das Vormundschaftsgericht näher bestimmen; es kann sich aber auf die allgemeine Anordnung der ärztlichen Untersuchung beschränken; es ist dann Sache des Arztes, das durch den Zweck der Untersuchung, die der Feststellung dient, ob Fürsorgeerziehung erfolgen soll, Gebotene festzustellen. Es ist selbstverständlich, daß der Arzt auf Grund seiner Untersuchung eine Äußerung abzugeben hat. Der Arzt kann der nämliche sein wie der nach Abs. 4 gehörte.

11. Die Voraussetzungen für die Anordnung der Anstaltsbeobachtung sind im Anschluß an § 656 ZPO., der die Anstaltsbeobachtung im Entmündigungsverfahren regelt, festgestellt; die dort weiter geforderte Zustimmung des Antragstellers entfällt hier. Die gerichtliche Anordnung hat die Dauer der Anordnung zu bezeichnen; es genügt aber auch eine Anordnung des Inhalts „auf die Dauer von höchstens sechs Wochen". Sollte zunächst eine geringere Zeit als sechs Wochen festgesetzt werden, so bedarf es zu einer Verlängerung keiner neuerlichen Anhörung der Beteiligten (vgl. Stein, ZPO. § 656 Anm. III); die gerichtliche Anordnung hat auch die Anstalt zu bezeichnen. Die zur Unterbringung geeigneten Anstalten wurden mit JMB. vom 21. März 1916 (JMBl. Beibl. S. 164) bekanntgegeben; diese ist unten unter C abgedruckt. Erforderlich ist vor der Anordnung ein ärztliches Gutachten; dieses muß sich dafür aussprechen, daß die Untersuchung und Beobachtung zur Feststellung des Geisteszustands geboten ist; es genügt nicht, den Arzt zu dieser Frage bloß zu hören; ein Arzt im Sinne der Bestimmung ist nur ein nach Maßgabe der GewO. approbierter Arzt; liegen Äußerungen mehrerer Ärzte vor, so genügt es dem Gesetze, wenn einer die geforderte Erklärung abgibt; doch wird in einem solchen Falle das Gericht zu prüfen haben, ob es von seinem Ermessen wirklich Gebrauch machen will. Das Gutachten muß die Verbringung in die Anstalt als geboten nicht bloß als zweckdienlich bezeichnen; die Verbringung in die Anstalt muß objektiv d. h. zum Zwecke der ärztlichen Beobachtung überhaupt nicht bloß zum Zwecke der Beobachtung durch einen bestimmten Arzt geboten sein. Sie muß geboten sein zur Feststellung des Geisteszustandes schlechthin; es genügt also sowohl die Notwendigkeit der Feststellung, ob er geisteskrank (geistesschwach) ist, wie die, ob er nicht geisteskrank ist, auch die, in welchem Grade er geisteskrank ist und, an welcher geistigen Krankheit er leidet. Aus der Tatsache, daß eine Nachbildung des § 656 ZPO. vorliegt, wird aber zu folgern sein, daß es sich um die Feststellung handeln muß, ob Geisteskrankheit oder Geistesschwäche im Sinne des § 645 ZPO. (des § 6 BGB.) vorliegt; es genügt nicht, wenn bloß die sonstige Geistesbeschaffenheit, etwa der Grad der Intelligenz oder der sittlichen Reife festgestellt werden soll. Hinsichtlich der Dauer, auf die die Anstaltsbeobachtung angeordnet wird, ist das Gericht an das ärztliche Gutachten nicht gebunden; ebensowenig hinsichtlich der Auswahl der Anstalt. Über die Frage, ob die Verbringung in die Anstalt ohne Nachteil für die Gesundheit ausführbar ist, entscheidet das Ermessen des Richters; hier ist er an das ärztliche Gutachten nicht gebunden, er wird aber nur unter besonderen Umständen hievon abweichen; er braucht auch insoweit ein ärztliches Gutachten überhaupt nicht zu erholen (vgl. Stein, ZPO. § 656 Anm. II 2); es darf weder ein Nachteil für die geistige Gesundheit noch ein solcher für die körperliche Gesundheit drohen; auch ein geringer Nachteil schließt die Anordnung aus; der Nachteil für die Gesundheit muß aber durch die Verbringung in eine Anstalt schlechthin zu erwarten sein; es genügt nicht, wenn der Nachteil bloß durch die Verbringung in eine bestimmte Anstalt verursacht wird, sollte dieses selbst die Anstalt sein, die nach der Zuständigkeitsabgrenzung unter den verschiedenen Anstalten für den Minderjährigen in Frage kommt; doch wird, wenn dieses der Fall sein sollte, der Richter von seiner Befugnis, die Anstaltsbeobachtung überhaupt nicht anzuordnen, Gebrauch machen. Nachteil darf weder von der Anstaltsbeobachtung noch von der Verbringung in die Anstalt oder der Heimschaffung noch von dem Anstaltsaufenthalt überhaupt zu erwarten sein.

12. Zu hören sind bei den nach Abs. 5 zu treffenden Anordnungen nach der Fassung des Gesetzes die in Abs. 2 Satz 2 bezeichneten Personen schlechthin, also auch dann, wenn dies untunlich ist. Da diese Abweichung gegenüber den Fällen des Abs. 2 nicht verständlich ist, wird ein Versehen bei der Abfassung des Gesetzes vorliegen und auch hier die Anhörung entbehrlich sein, wenn sie untunlich ist. Die Anhörung des Minderjährigen ist nicht ausdrücklich vorgeschrieben, wird aber ebenso erforderlich sein, wie im Falle des § 656 ZPO., bei dem auch eine ausdrückliche Vorschrift fehlt (s. Stein, ZPO. § 656 Anm. II Nr. 5); daß sie als selbstverständlich vorausgesetzt wird, dafür spricht auch der Umstand, daß ihm, wenn er vierzehn Jahre alt ist, der Beschluß auch zuzustellen ist und er ein Beschwerderecht hat; Anhörung wird auch hier entbehrlich sein, wenn sie untunlich ist. Das gleiche wie für den Minderjährigen selbst gilt hinsichtlich seines gesetzlichen Vertreters.

13. Die Anordnungen der ärztlichen Untersuchung und der Anstaltsbeobachtung werden nötigenfalls nach Maßgabe des Art. 130 AG. BGB. erzwungen.

14. Die Bestimmungen des Abs. 5 Satz 4 über die Beschwerdeführung gelten sowohl hinsichtlich der Anordnung der Anstaltsbeobachtung, wie hinsichtlich der Anordnung der ärztlichen Untersuchung; auffällig ist es allerdings, daß das Gesetz hier im Gegensatz zu Abs. 5 Satz 3 nur von einer Anordnung nicht von Anordnungen spricht. Andere Personen als die in Satz 4 bezeichneten haben überhaupt kein Beschwerderecht, auch nicht das der einfachen Beschwerde. Maßgebender Zeitpunkt für die Beurteilung des Beschwerderechts des über vierzehn Jahre alten Minderjährigen wird auch hier der Zeitpunkt der Erlassung des Beschlusses sein (s. Art. 6 Anm. 7); der Minderjährige, der erst später, wenn auch vor Ablauf der Beschwerdefrist des Vormunds vierzehn Jahre alt wird, ist also nicht beschwerdeberechtigt. Das durch

Satz 4 dem gesetzlichen Vertreter eingeräumte Beschwerderecht übt er kraft eigenen Rechts aus nicht als gesetzlicher Vertreter des Minderjährigen (vgl. KGJ. 46 A 88, dessen Ausführungen auch hier entsprechend Anwendung finden); namens eines noch nicht vierzehn Jahre alten Minderjährigen kann deshalb eine Beschwerde nicht eingelegt werden; zur Beschwerdeeinlegung namens eines vierzehn Jahre alten Minderjährigen bedarf der Vormund einer Vollmacht des letzteren. Wegen der Bedeutung der aufschiebenden Wirkung der Beschwerde s. Art. 6 Anm. 7. Hinsichtlich der Beschwerdeform entscheidet Art. 8 FEG. Gegen die auf Anordnung der Untersuchung oder auf Anstaltsbeobachtung gehende Entscheidung des Landgerichts ist sofortige weitere Beschwerde zulässig (§ 29 Abs. 2 FGG.); die Beschwerdeberechtigung bemißt sich nach § 20 FGG.; denn die Sonderbestimmung des Art. 4 Abs. 5 Satz 4 FEG. gilt nur für die Beschwerden gegen die Entscheidungen des Vormundschaftsgerichts; § 29 Abs. 4 FGG. führt zu keinem andern Ergebnis; § 57 Nr. 9 FGG. findet keine Anwendung; denn es handelt sich um eine sofortige Beschwerde (§ 57 Abs. 2 FGG.). Hat einer der Beschwerdeberechtigten sich mit der Entscheidung des Vormundschaftsgerichts beruhigt, so hat er sein Beschwerderecht endgültig verloren; er kann nicht etwa gegen die auf Beschwerde eines anderen ergangene Entscheidung des Landgerichts seinerseits weitere Beschwerde einlegen (KG. im Recht 1912, 771). Die Form der weiteren Beschwerde bemißt sich nach Art. 8 FEG. Da die Entscheidung des Beschwerdegerichts erst mit der Rechtskraft wirksam wird (§ 26 FGG.), so ist hier die Frage nach der aufschiebenden Wirkung der Beschwerde bedeutungslos. Wird die Anordnung der ärztlichen Untersuchung oder der Anstaltsbeobachtung vom Vormundschaftsgericht abgelehnt, so ist hiergegen die einfache Beschwerde zulässig; die Beschwerdeberechtigung bemißt sich nach § 20 und § 57 Nr. 9 FGG. Für die Form gilt auch hier Art. 8 FEG.; gegen die die Anordnung ablehnende Entscheidung des Beschwerdegerichts ist die einfache weitere Beschwerde zulässig, außer es hatte das Vormundschaftsgericht die Anordnung getroffen; letzterenfalls unterliegt die abändernde, die Anordnung ablehnende Entscheidung des Landgerichts der sofortigen Beschwerde (§ 29 Abs. 2 FGG.). Beschränkt durch das Beschwerderecht des gesetzlichen Vertreters sind die in Abs. 2 Satz 2 bezeichneten Personen und der über vierzehn Jahre alte Minderjährige nur hinsichtlich der für ersteren laufenden Beschwerdefrist; Verzicht des gesetzlichen Vertreters auf das Beschwerderecht oder Verzicht auf die Beschwerdefrist oder auf Mängel der Zustellung des Beschlusses schadet ihnen nicht; das Beschwerderecht geht ihnen mit dem Fristablauf auch verloren, wenn der gesetzliche Vertreter rechtzeitig Beschwerde einlegte. Hat der Minderjährige mehrere gesetzliche Vertreter, so entscheidet die dem Beschwerdeführer günstigere Frist.

15. Ist derjenige, dem die Sorge für die Person des Minderjährigen zusteht, mit der ärztlichen Untersuchung oder mit der Anstaltsbeobachtung einverstanden, so bedarf es des Verfahrens nach Abs. 5 überhaupt nicht; denn dann liegt schon hierin ein Rechtstitel für die beiden Maßnahmen.

16. Über den Ersatz der Auslagen der nach Abs. 3 gehörten Verwandten und Verschwägerten enthält das Gesetz eine Bestimmung in Art. 17 Abs. 4. Hinsichtlich des Ersatzes der Auslagen des Minderjährigen, seiner Eltern, des Vormunds und des Pflegers (Abs. 2), des Pfarramts, des Arztes und der Schulbehörde (Abs. 4) und des Ersatzes der Kosten der ärztlichen Untersuchung und der Anstaltsbeobachtung (Abs. 5) fehlt es dagegen an einer ausdrücklichen gesetzlichen Bestimmung. Daß in diesen Fällen deshalb kein Anspruch auf Auslagenersatz bestünde, muß als ausgeschlossen gelten. Daraus, daß in diesen Fällen kein unmittelbarer Zwang zu den vom Gesetz vorgesehenen Erklärungen und Äußerungen geübt werden kann, ergibt sich vielmehr, daß die Beteiligten sich nur gegen Ersatz ihrer Auslagen und, soweit eine begutachtende Tätigkeit, wie bei dem Arzt und eine besondere fachwissenschaftliche Tätigkeit, wie bei der Anstaltsbeobachtung in Frage kommt, nur gegen die übliche Vergütung hierzu herbeigelassen haben, wenn nicht nach den Umständen des Falls eine andere Absicht anzunehmen ist; es sind ihnen deshalb die Auslagen zu ersetzen und den Ärzten und den Anstalten Vergütungen für ihre Dienste zu gewähren. Zu den Auslagen gehört auch der Verdienstentgang durch die Zeitversäumnis. Gemäß Art. 17 Abs. 3 Satz 2 erfolgt die Zahlung aus der Staatskasse. Was im besonderen den Vormund und den Pfleger anlangt, so kann ihnen eine Vergütung nicht etwa auf Grund des § 1836 Abs. 1 Satz 1 BGB. versagt werden, denn diese Bestimmung bezieht sich nur auf das Verhältnis zwischen Mündel und Vormund oder Pfleger. Für die Ärzte bemißt sich die Höhe der Vergütung nach der VO. vom 17. November 1902 (GVBl. 715), geändert durch VO. vom 4. August 1910 (GVBl. 415). Das Vormundschaftsgericht tritt zu den von ihm zu vernehmenden Personen und den Ärzten und der Anstalt, in der die Beobachtung stattfindet, nicht in ein privatrechtliches Verhältnis, sondern verlangt die Erklärungen und die Tätigkeit auf Grund seiner amtlichen Stellung; ihr Ersatzanspruch ist deshalb kein privatrechtlicher und kann deshalb nicht im Klageweg geltend gemacht werden. Es entscheidet vielmehr das Gericht hierüber beschlußmäßig nach den allgemeinen Vorschriften des FGG.; darnach bemißt sich auch das Beschwerderecht. Hinsichtlich der Ärzte sieht § 14 der VO. vom 17. November 1902 die Festsetzung durch „die mit der Angelegenheit befaßte Behörde" auch ausdrücklich vor.

Die hier entwickelten Grundsätze über die Voraussetzungen und die Form der Geltendmachung von Ansprüchen auf Auslagenersatz haben wegen der Gleichheit des rechtlichen Verhältnisses auch zu gelten, wenn von den Gerichten im Fürsorgeerziehungsverfahren sonst, also außerhalb des der Anordnung der Fürsorgeerziehung dienenden Verfahrens der Minderjährige oder dritte Person von den Gerichten selbst oder auf deren Ersuchen anderweit gehört werden. Für das Verfahren der Verwaltungsbehörden, dessen rechtliche Entwickelung in Bayern noch sehr gering ist, werden sich entsprechende Grundsätze nicht ableiten lassen. Vgl. ferner Art. 17 Anm. 19.

17. Für das Verfahren des Beschwerdegerichtes gilt Art. 4 nicht; es braucht also, wenn das Vormundschaftsgericht dem Art. 4 genügt hat, nicht etwa seinerseits nochmals die in Abs. 2—4 bezeichneten Erklärungen zu erholen (s. KG. in OLG. 7, 90); die Wiederholung ist jedoch zu empfehlen, wenn neue Tatsachen und Beweise vorgebracht werden (KG. in OLG. 16, 236). Das Beschwerdegericht hat aber zu prüfen, ob das Vormundschaftsgericht den Art. 4 beachtet hat; wenn dieses nicht der Fall ist, hat es die Entscheidung des Vormundschaftsgerichts aufzuheben und die Sache zur Ergänzung und neuerlichen Beschlußfassung zurückzuweisen; es wird aber auch befugt sein, selber die notwendigen Erhebungen zu pflegen und sachlich zu entscheiden. Für das Verfahren des Beschwerdegerichts gilt aber dann an Stelle des Art. 4 Abs. 1 FEG. der § 12 FGG. und an Stelle der Abs. 2 und 3 der § 1673 BGB. Eine dem Art. 4 Abs. 5 Satz 1—3 entsprechende Bestimmung gibt es für das Verfahren vor dem Beschwerdegericht nicht. Besteht ein Bedürfnis nach derartigen Anordnungen, so wird sich die Zurückverweisung keinesfalls umgehen lassen.

18. Vgl. zu Art. 4 weiter §§ 9—19 ZwEG. VB.

Art. 5.

Nach dem Abschlusse der Ermittlungen teilt das Vormundschaftsgericht die Akten der Distriktsverwaltungsbehörde zur Äußerung mit. Die Distriktsverwaltungsbehörde gibt, wenn der Minderjährige in Bayern einen Unterstützungswohnsitz hat, dem Ortsarmenverbande des Unterstützungswohnsitzes, andernfalls dem Landarmenverband, in dem die Distriktsverwaltungsbehörde ihren Sitz hat, Gelegenheit, sich über die Notwendigkeit und die Art der Fürsorgeerziehung zu äußern.

1. Art. 5 entspricht mit den durch die Einführung des Unterstützungswohnsitzes gebotenen Änderungen dem Art. 3 Abs. 2 ZwEG. Er gibt in Ergänzung der durch Art. 4 getroffenen Anordnungen weitere Bestimmungen über das der gerichtlichen Beschlußfassung vorhergehende Verfahren und zwar regelt er die Anhörung der Distriktsverwaltungsbehörde und der Armenverbände. Die nach der früheren Fassung vorgesehene Anhörung des Kreisfiskalats ist nicht mehr in das Gesetz aufgenommen.

2. Satz 1 bestimmt, daß das Vormundschaftsgericht nach Abschluß der Ermittlungen die Akten der Distriktsverwaltungsbehörde zur Äußerung mitzuteilen hat. „Mitzuteilen" d. h. zu übersenden sind der Distriktsverwaltungsbehörde die Akten; es genügt nicht die Übersendung eines Aktenauszugs; auch die Beiakten sind zu übersenden, abgesehen von solchen, die das Vormundschaftsgericht, weil sie zur Sache nichts erhebliches enthalten und es sie nicht verwerten will, wieder zurückgegeben hat. Welche Distriktsverwaltungsbehörde örtlich zuständig ist, ergibt Art. 17 Abs. 2. Die Übersendung erfolgt nach Abschluß der Ermittlungen insbesondere, nachdem dem Art. 4 genügt ist. Werden nach dem Wiedereintreffen der Akten neuerliche Ermittlungen gepflogen, so sind diese nachträglich mitzuteilen. Doch gilt auch hier der Grundsatz minima non curat praetor. Die Mitteilung erfolgt zur Äußerung; daß die Distriktsverwaltungsbehörde eine Erklärung abgibt, ist im Gesetze nicht vorgeschrieben; es besteht also wohl für sie hierzu eine aus Abs. 1 Satz 1 sich ergebende Dienstpflicht, aber für die Wirksamkeit des Verfahrens ist die Erklärung entbehrlich. Nimmt die Distriktsverwaltungsbehörde zunächst nicht endgültig zur Frage der

Anordnung der Fürsorgeerziehung Stellung, sondern beschränkt sie sich auf eine vorläufige Äußerung, etwa auf die Anregung einer Ergänzung der Ermittlungen, so hat das Vormundschaftsgericht, wenn es der Anregung nicht stattgibt, hievon der Distriktsverwaltungsbehörde Mitteilung zu machen und ihr Gelegenheit zur endgültigen Stellungnahme zu geben.

3. Die Distriktsverwaltungsbehörde hat dem Ortsarmenverband des in Bayern gelegenen Unterstützungswohnsitzes des Mündels und, wenn ein solcher Unterstützungswohnsitz nicht besteht, dem Landarmenverband, in dessen Bezirk sie ihren Sitz hat, Gelegenheit zu geben, sich über die Notwendigkeit und die Art der Fürsorgeerziehung zu äußern. Die Erholung dieser Äußerungen ist vorgeschrieben im Hinblick auf die diesen Armenverbänden auferlegte Pflicht, die Kosten der Fürsorgeerziehung zum Teil zu tragen.

4. Wegen der Ortsarmenverbände vgl. Art. 16 ff. des ArmenG. vom 21. August 1914 (GVBl. 551); danach bildet jede Gemeinde einen Ortsarmenverband; als Ortsarmenverband gilt auch jeder ausmärkische Bezirk. Mehrere Gemeinden eines Regierungsbezirkes können zu einem gemeinsamen Ortsarmenverband (Gesamtarmenverband) vereinigt sein. Die Vorschriften für die Ortsarmenverbände, die aus einer einzigen Gemeinde bestehen, gelten entsprechend für die Gesamtarmenverbände, soweit nicht besonderes bestimmt ist.

5. Die Frage, wo der Minderjährige seinen Unterstützungswohnsitz hat, bemißt sich nach §§ 9—27 des Ges. über den Unterstützungswohnsitz vom 6. Juni 1870, neu gefaßt als Ges. über den Unterstützungswohnsitz vom 30. Mai 1908 mit Bekanntmachung vom 7. Juni 1908 (RGBl. 381), eingeführt in Bayern durch Ges. vom 30. Juni 1913 (RGBl. 495) und Kais. VO. vom 4. April 1915 (RGBl. 221) mit Wirksamkeit vom 1. Januar 1916 an. Die Hauptgrundsätze sind: Der Unterstützungswohnsitz wird erworben (§§ 9—21) entweder durch Aufenthalt (selbständiger Erwerb), oder durch Verehelichung und Abstammung (abgeleiteter Erwerb). Durch Aufenthalt erwirbt ihn jeder Deutsche, der innerhalb eines Ortsarmenverbands nach zurückgelegtem 16. Lebensjahr (Armenmündigkeit) ein Jahr lang ununterbrochen seinen gewöhnlichen Aufenthalt gehabt hat. Entscheidend ist der gewöhnliche, tatsächliche fortgesetzte Aufenthalt, wobei die freie Selbstbestimmung in bezug auf die Wahl des Aufenthaltsorts während des ganzen einjährigen Zeitraums vorausgesetzt wird. Der Lauf der Erwerbsfrist ruht während des Mangels der freien Selbstbestimmung und während der Dauer der Unterstützung durch einen Armenverband. Nach Aufhören des Hindernisses läuft die früher begonnene Frist weiter. Unterbrochen wird die Frist durch tatsächliche Entfernung, wenn aus den Umständen nicht die Absicht erhellt, den Aufenthalt beizubehalten, und durch den Antrag eines Armenverbands auf Anerkennung der Pflicht zur Übernahme eines dauernd Hilfsbedürftigen. Die Unterbrechung bewirkt, daß die bisherige Aufenthaltszeit bei der Berechnung der Frist nicht weiter in Betracht kommt. Infolge der Verehelichung teilt die Frau den Unterstützungswohnsitz des Mannes. Witwen und geschiedene Frauen behalten den Unterstützungswohnsitz, den der Ehemann zur Zeit des Todes oder der Scheidung besessen hat, und gelten von dieser

Zeit an als selbständig in bezug auf Erwerb und Verlust. Unter Umständen (bösliche Verlassung durch den Ehemann oder sonstiges tatsächliches Getrenntleben in bestimmten Fällen) kann die Frau auch während der Dauer der Ehe selbständig werden. Eheliche und den ehelichen gleichstehende Kinder teilen den Unterstützungswohnsitz des Vaters; im Falle des Todes, ferner im Falle der Scheidung oder eines die Selbständigkeit der Frau begründenden Getrenntlebens den der überlebenden, geschiedenen, getrennt lebenden Mutter, sofern dieser das Erziehungsrecht zusteht (Scheidung) oder sofern die Kinder dem Haushalte der Mutter gefolgt sind (Getrenntleben). Uneheliche Kinder teilen den Unterstützungswohnsitz der Mutter. Die Kinder behalten den Unterstützungswohnsitz solange, bis sie ihn nach den allgemeinen Vorschriften verloren oder selbständig d. h. nach Eintritt der Armenmündigkeit einen neuen erworben haben. Der Verlust des Unterstützungswohnsitzes tritt ein, entweder unter und mit gleichzeitiger Erwerbung eines neuen oder ohne solche durch einjährige, ununterbrochene Abwesenheit (§§ 22 bis 27). Nicht jede Rückkehr unterbricht die Abwesenheit. Die Vorschriften über Beginn, Ruhen und Unterbrechung der Frist beim Erwerb gelten entsprechend auch für den Verlust durch Abwesenheit (s. Begr. z. Armenges. K. d. Abg. 1913/1914 Beil. 5, 690).

6. Wegen der Landarmenverbände s. Art. 47 ff. des Armenges. vom 21. August 1914 (GVBl. 551); darnach bildet jede Kreisgemeinde einen Landarmenverband.

7. Ein Recht der Armenverbände auf Akteneinsicht schafft Art. 5 nicht, es gelten für sie nur die allgemeinen Grundsätze (s. Art. 17 Anm. 4 m); Gelegenheit zur Äußerung ist aber den Armenverbänden erst dann gegeben, wenn sie die für ihr Urteil wesentlichen Verhandlungen kennen gelernt haben; daß sie sich äußern, ist nicht notwendig. Nicht ausgeschlossen ist, daß das Vormundschaftsgericht auch unmittelbar Erklärungen der Armenverbände erholt (Art. 17 FEG., § 12 Abs. 1 FGG.). Dadurch wird aber die durch Abs. 2 vorgeschriebene Einholung der Erklärungen durch die Distriktsverwaltungsbehörde nicht entbehrlich.

8. Die Übersendung der Akten an die Distriktsverwaltungsbehörde und die Anhörung der Armenverbände durch letztere sind zwingende Verfahrensvorschriften; es sind deshalb von der Distriktsverwaltungsbehörde auch die Verhandlungen mit den Armenverbänden dem Vormundschaftsgericht zu übersenden.

9. Für das Beschwerdegericht und das Gericht der weiteren Beschwerde gilt Art. 5 nicht; hat jedoch das Vormundschaftsgericht dem Art. 5 nicht genügt, so hat das Beschwerdegericht die Erklärungen seinerseits zu erholen; eine Aufhebung des Beschlusses und die Zurückweisung der Sache zur neuerlichen Beschlußfassung wird bei diesem Mangel nur ausnahmsweise am Platze sein. Da es sich nur um eine Nachholung einer Handlung handelt, die dem Vormundschaftsgericht schon obgelegen hätte, ist es nicht notwendig, daß die Erklärung erst nach dem Abschluß der Ermittlungen der Beschwerdegerichte erholt wird. Das Gericht der weiteren Beschwerde wird, wenn das Vormundschaftsgericht und das Beschwerdegericht der Vorschrift nicht genügt haben sollten, stets die Beschlüsse oder wenigstens den des Beschwerdegerichts aufzuheben und die Sache zurückzuverweisen haben.

10. Vgl. zu Art. 5 weiter §§ 9—19 ZwEG. VB.

Art. 6.

I Die Verfügung des Vormundschaftsgerichts ist mit Gründen zu versehen und muß, wenn die Fürsorgeerziehung angeordnet wird, den Eintritt der gesetzlichen Voraussetzungen unter Bezeichnung der für erwiesen erachteten Tatsachen feststellen.

II Die Verfügung, durch welche die Fürsorgeerziehung angeordnet wird, ist den Eltern des Minderjährigen und, wenn der Minderjährige unter Vormundschaft steht oder ihm ein Pfleger zur Sorge für die Person bestellt ist, auch dem Vormund oder Pfleger, ferner dem Minderjährigen selbst, wenn er das vierzehnte Lebensjahr vollendet hat, der Distriktsverwaltungsbehörde und dem Ortsarmenverband oder dem Landarmenverband (Art. 5) zuzustellen. Dem Minderjährigen wird die Verfügung nur im Auszuge zugestellt.

III Die Verfügung, durch welche die Fürsorgeerziehung abgelehnt wird, ist außer dem etwaigen Antragsteller den im Abs. II Bezeichneten zuzustellen, diesen jedoch nur, wenn sie in dem Verfahren bereits gehört worden sind.

IV Gegen die Anordnung der Fürsorgeerziehung steht nur den im Abs. II Bezeichneten die Beschwerde zu. Die Beschwerde ist die sofortige; sie hat aufschiebende Wirkung.

V Gegen die Ablehnung der Fürsorgeerziehung findet die einfache Beschwerde statt. Sie steht jedem zu, der ein berechtigtes Interesse an der Sorge für die Person des Minderjährigen hat.

1. Art. 6 entspricht dem Art. 4 Abs. 1 und 3 ZwEG.; dessen Vorschriften wurden jedoch weiter ausgestaltet. Er trifft im Anschluß an die das gerichtliche Verfahren bis zur Beschlußfassung regelnden Art. 4 und 5 Vorschriften über die Beschlußfassung selbst und über das Beschwerdeverfahren, und zwar enthält er in Abs. 1 Vorschriften über die Abfassung der die Anordnung des Fürsorgeerziehungsverfahrens abschließenden Verfügungen des Vormundschaftsgerichts; in Abs. 2 und 3 regelt er die Frage, wem diese Verfügungen zuzustellen sind, und zwar in Abs. 2 hinsichtlich der die Fürsorgeerziehung anordnenden, in Abs. 3 hinsichtlich der sie ablehnenden Verfügung; in Abs. 4 und 5 befaßt er sich mit dem Beschwerdeverfahren und zwar in Abs. 4 für den Fall der Anordnung, in Abs. 5 für den Fall der Ablehnung der Fürsorgeerziehung.

2. Abs. 1 bestimmt, daß die Verfügung des Vormundschaftsrichters mit Gründen zu versehen ist und, wenn sie die Fürsorgeerziehung anordnet, den Eintritt der gesetzlichen Voraussetzungen unter Bezeichnung der für erwiesen erachteten Tatsachen feststellen muß. Der Zusammenhang ergibt, daß sich Abs. 1 nicht auf alle im Fürsorgeerziehungsverfahren ergehenden Verfügungen bezieht, sondern sich nur mit dem Verfahren auf Anordnung der Fürsorgeerziehung befaßt:

in diesem ist aber die Verfügung nicht bloß dann zu begründen, wenn sie die Fürsorgeerziehung anordnet, sondern auch dann, wenn die Anordnung der Fürsorgeerziehung abgelehnt wird; andere Entscheidungen (Zwischenentscheidungen) hat Abs. 1 nicht im Auge („die Verfügung"); auch auf Grund der nach Art. 17 hilfsweise anwendbaren Vorschriften des FGG ergibt sich keine Rechtspflicht, sie zu begründen; eine solche besteht aber für die Entscheidungen der Beschwerdegerichte (s. § 25 FGG.; Schlegelberger § 16 Anm. 3) und kraft der Sonderbestimmung des Art. 7 Abs. 1 für die Anordnung der vorläufigen Unterbringung. Als eine die Fürsorgeerziehung ablehnende Verfügung kann hierbei aber nicht jede Verfügung gelten, die sich auf den Standpunkt stellt, daß eine Fürsorgeerziehung nicht veranlaßt ist; es muß vielmehr schon ein Verfahren von einem gewissen Umfang mit der Absicht, die Fürsorgeerziehung anzuordnen, durchgeführt oder ein förmlicher Antrag auf Anordnung gestellt worden sein; pflegt der Vormundschaftsrichter bloß von Amts wegen z. B. auf Grund einer Mitteilung nach Art. 3 Erhebungen zur Feststellung, ob er sich nicht mit der Frage der Einleitung eines Fürsorgeerziehungsverfahrens befassen soll und kommt er dabei zu einem verneinenden Ergebnis, so ist das noch keine Ablehnung.

3. Was den Inhalt und den Umfang der Begründung anlangt, so trifft das Gesetz für die die Fürsorgeerziehung anordnende Verfügung die Sondervorschrift, daß sie den Eintritt der gesetzlichen Voraussetzungen unter Bezeichnung der für erwiesen erachteten Tatsachen feststellen muß; eine Anführung der gesetzlichen Bestimmungen mit den Worten des Gesetzes selbst ist nicht vorgeschrieben, sondern nur die Feststellung der gesetzlichen Voraussetzungen; diese kann deshalb auch durch den Gebrauch anderer unter Umständen besser bezeichnender Ausdrücke erfolgen; daneben müssen aber die konkreten Tatsachen angegeben sein, in denen die gesetzlichen Voraussetzungen erblickt werden; die Feststellung der Tatsachen, aus denen diese Tatsachen wieder ihrerseits gefolgert wurden, ist nicht ausdrücklich gefordert, ebensowenig eine Angabe der Beweismittel oder eine Beweiswürdigung. Auch die Verweisung auf die angewandten gesetzlichen Bestimmungen ist nicht vorgeschrieben. Festzustellen sind in der geschilderten Weise nur die Voraussetzungen der Fürsorgeerziehung, also nur die materiellen Erfordernisse der Zulässigkeit, nicht aber die für das formelle Verfahren maßgebenden Umstände.

Wie weit die Begründung im übrigen und zwar sowohl bei den die Fürsorgeerziehung anordnenden wie bei den sonstigen Verfügungen zu gehen hat, kann sich nur nach den Umständen des Falles bemessen; von Bedeutung sind namentlich auch die Anträge und das sonstige Vorbringen der Beteiligten; nach Lage des Falls wird sich auch eine Angabe der Tatsachen, aus denen die endgültig festgestellten Tatsachen gefolgert wurden, und auch eine Beweiswürdigung nicht umgehen lassen, und zwar auch in den Fällen der Anordnung der Fürsorgeerziehung trotz der Sonderbestimmung, die das Gesetz für diese gibt; denn diese soll die Begründungspflicht nicht einschränken, sondern erweitern; auch die sachliche und die örtliche Zuständigkeit sind zu begründen; wenn eine Entscheidung über die Kosten erfolgt, auch diese. Festzustellen wird auch sein, wenn eine durch Art. 4 Abs. 2 und 3 vorgesehene Vernehmung oder Anhörung unterblieb, warum sie unterblieb, insbesondere weshalb sie als untunlich angesehen wurde. Ein förmlicher Tatbestand im Sinne des § 313 Abs. 1 Nr. 3 ZPO. ist nicht notwendig, insbesondere keine Wiedergabe des Parteivorbringens oder des Ergebnisses der Erhebungen im einzelnen; auch eine Darstellung der Geschichte des Verfahrens unterbleibt. Ist schon ein Grund geeignet, die Entscheidung zu rechtfertigen, so ist die Würdigung der übrigen entbehrlich; zu einer Begründung gehört bei einer zweifelhaften Rechtslage auch die Würdigung der Rechtsfragen. Bei der Begründung kann auf die Akten verwiesen werden, selbst wenn demzufolge der Beschluß nur unter Beiziehung der Akten verständlich ist; ebenso kann zur Begründung auf einen früheren Beschluß verwiesen werden, wenn dieser denen, denen der neue Beschluß zuzustellen ist, bekannt oder zugängig ist. Mit Gründen versehen ist der Beschluß auch, wenn seine Begründung fehlerhaft ist (a. A., aber sicherlich unrichtig BayObLG. 10, 390).

Zu einer dem Gesetz genügenden Begründung der Anordnung der Fürsorgeerziehung verlangte die Rechtsprechung u. a. folgendes: Für die Unterlassung der Anhörung von Verwandten sind Gründe anzugeben (BayObLG. 13, 19). Der Beschluß muß sich auch darüber äußern, ob dem Bedürfnisse nach einer geordneten Erziehung des Minderjährigen nicht durch andere, weniger tiefeinschneidende Maßregeln entsprochen werden kann (BayObLG. 12, 245). Bei Minderjährigen über sechzehn Jahren muß dargelegt werden, daß ein besonderer Fall im Sinne des Art. 2 Abs. 3 vorliegt (BayObLG. 14, 189); bei Minderjährigen, die der Vollendung des sechzehnten Lebensjahres nahestehen, ist mit besonderer Sorgfalt zu prüfen, ob bei ihnen noch die Aussicht auf die Möglichkeit einer wirksamen erzieherischen Einwirkung besteht (BayObLG. 12, 245). Nicht genügt die Begründung, wenn aus dem Ergebnis der Ermittlungen zu entnehmende Umstände, die einen wesentlichen Einfluß auf die Entscheidung haben können, keine Berücksichtigung gefunden haben, oder wenn Tatsachen, die von einem Beteiligten zur Ausführung seiner Rechte geltend gemacht wurden, nicht auf ihre Richtigkeit geprüft oder nicht gewürdigt worden sind (BayObLG. in BayZ. 1915, 335; Darmst. OLG. 32, 328). Alle erhobenen Einwendungen brauchen in den Gründen nicht gewürdigt zu werden; aber es muß aus dem Inhalt der Entscheidung hervorgehen, daß keine Einwendung übersehen wurde; sind einzelne wesentliche Behauptungen oder Beweisanträge übergangen, ohne daß aus der Entscheidung zu entnehmen ist, daß sie für unbeachtlich gehalten wurden, so ist dem Gesetze nicht genügt (BayObLG. 12, 870). Mit einer Erörterung der Meinungen und Anschauungen der gehörten Personen und Behörden braucht sich aber das Gericht nicht notwendig zu befassen, es braucht nur die vorgebrachten Tatsachen zu würdigen (BayObLG. 11, 185).

4. Für die die Fürsorgeerziehung anordnenden Beschlüsse des Vormundschaftsgerichts oder des Beschwerdegerichts empfiehlt sich im Hinblick auf Art. 1 FEG. folgende Fassung: **Das Kind N. ist zum Zwecke seiner Erziehung in einer geeigneten Familie oder in einer Erziehungsanstalt auf öffentliche Kosten unterzubringen;** oder kürzer: **Für das Kind N. wird die Fürsorgeerziehung angeordnet.**

5. Abs. 2 und 3 befassen sich mit der Zustellung der Verfügungen auf Anordnung der Fürsorgeerziehung und auf Ablehnung der Fürsorgeerziehung. Die Zustellung ist jedoch nicht erschöpfend geregelt, sondern nur die Frage, wem zuzustellen ist; im übrigen ist das FGG. auch hier maßgebend, lediglich hinsichtlich der Form der Zustellung an den Minderjährigen selbst ist eine ergänzende Bestimmung in dieser Hinsicht eingefügt.

Zuzustellen ist die die Fürsorgeerziehung anordnende Verfügung zunächst dem Minderjährigen selbst, vorausgesetzt, daß er das vierzehnte Lebensjahr vollendet hat; entscheidend muß sein der Tag der Erlassung des Beschlusses (KGJ. 47 A 70) d. i. der Tag der Abgabe an die Gerichtsschreiberei zur Zustellung (s. Art. 17 Anm. 4e); der Zeitpunkt der Zustellung selbst kann nicht entscheiden, sonst würde sich für jeden unter vierzehn Jahren stehenden noch so jungen Minderjährigen die Notwendigkeit späterer Zustellung ergeben. Vollendet ist das vierzehnte Lebensjahr schon mit dem Ablauf des dem vierzehnten Geburtstag vorhergehenden Tages (§ 187 Abs. 2 BGB.); weiter ist der Beschluß zuzustellen den Eltern des Minderjährigen, also stets beiden Eltern und ohne Rücksicht darauf, ob ihnen die Sorge für die Person des Kindes zusteht oder nicht; ist ein Elternteil geisteskrank oder kann ihm aus einem anderen Grund nicht persönlich zugestellt werden, so muß die Aufstellung eines Vormunds oder Pflegers zum Zwecke der Zustellung an ihn veranlaßt werden; denn die Zustellung ist hier schlechthin vorgeschrieben; anders bei Art. 4 Abs. 2, wo die Anhörung bei Untunlichkeit erlassen ist; steht der Minderjährige unter Vormundschaft, so hat die Zustellung auch an den Vormund und, steht er unter einem Pfleger mit Personensorge, auch an diesen, und zwar an letzteren auch, wenn dem Pfleger die Personensorge nur zum Teil zusteht, zu erfolgen; hat das Kind mehrere Vormünder oder Pfleger mit Personensorge, so ist Zustellung an alle notwendig; nicht notwendig ist Zustellung an den Gegenvormund oder Beistand. Des weiteren ist an die nach Art. 17 Abs. 2 zuständige Distriktsverwaltungsbehörde zuzustellen und, wenn der Minderjährige in Bayern einen Unterstützungswohnsitz hat, an den Ortsarmenverband desselben, andernfalls dem Landarmenverband, in dem die Distriktsverwaltungsbehörde ihren Sitz hat. Ortsarmenverbände werden durch den Armenrat, Gesamtarmenverbände durch den Gesamtarmenrat, Landarmenverbände durch den Vorstand des Landarmenrats vertreten (s. Art. 31, 44, 54 ArmenG.). Es genügt jedoch auch bei den Ortsarmenräten und den Gesamtarmenräten Zustellung an die Vorstände (§ 171 Abs. 2 ZPO.).

Die Verfügung, welche die Fürsorgeerziehung ablehnt, ist einem etwaigen Antragsteller, gleichgültig ob er ein rechtliches oder berechtigtes Interesse an der Sache hat, und den oben bezeichneten Personen und Behörden zuzustellen, den letzteren beiden aber nur dann, wenn sie in dem Verfahren gehört wurden. Wegen der Frage, wann eine die Fürsorgeerziehung ablehnende Entscheidung vorliegt, findet das in Anm. 2 Bemerkte auch hier Anwendung.

Verzicht auf Zustellung ist wirkungslos (Schmitz § 4 Anm. 35).

6. Während grundsätzlich zufolge Art. 17 Abs. 1 FEG., § 16 Abs. 2 FGG. und § 170 Abs. 1 ZPO. das zuzustellende Schriftstück mit seinem vollen Inhalt zuzustellen ist, soll bei dem Minderjährigen die

Zustellung eines Auszugs genügen. Da es sich hier um die von Amts wegen erfolgende Zustellung von gerichtlichen Verfügungen (Beschlüssen) handelt und deshalb Ausfertigungen zuzustellen sind (vgl. Stein, ZPO. § 170 Anm. II 2), diese jedoch gemäß Art. 22 AG.GVG. vom Amtsrichter zu unterschreiben sind, hat auch dieser, nicht der Gerichtsschreiber, zu entscheiden, was in den Auszug aufzunehmen ist. Maßgebend ist hierbei das richterliche Ermessen. Notwendig ist jedenfalls die Aufnahme des entscheidenden Teiles des Beschlusses und alles dessen, was für die Frage der Beschwerdeeinlegung von Erheblichkeit sein kann. Die Rücksichten auf die Wahrung des Ansehens der Beteiligten oder die Besorgnis einer sittlichen Schädigung des Minderjährigen werden den Richter zu Beschränkungen veranlassen; sie können allerdings nicht durchschlagen, soweit die Umstände, die in Frage stehen, für die Frage der Beschwerdeeinlegung von Erheblichkeit sind; anderenfalls hätte die Anordnung der Zustellung an den Minderjährigen überhaupt keinen Wert. Zuzustellen ist dem Minderjährigen ein Auszug nicht aber ein anderer Beschluß; es muß deshalb erkenntlich bleiben, daß der Beschluß nicht vollständig wiedergegeben ist, es darf auch nicht für den Zweck der Zustellung an ihn ein besonderer Beschluß zurecht gemacht werden.

Entspricht der Auszug nicht dem Gesetze, so liegt keine ordnungsmäßige Zustellung vor; die Beschwerdefrist wird nicht in Lauf gesetzt; Rechtskraft tritt nicht ein. Wird die Verfügung im Widerspruch mit dem Gesetz dem Minderjährigen im vollen Umfang zugestellt, so ist die Zustellung wirksam.

Die Zulässigkeit der Zustellung im Auszug ist nur für die die Fürsorgeerziehung anordnende, nicht aber für sonstige Verfügungen insbesondere auch nicht für die die Fürsorgeerziehung ablehnende Verfügung vorgesehen; denn Abs. 3 verweist auf Abs. 2 nur hinsichtlich der Bezeichnung der Personen, denen zuzustellen ist; a. A. Gerber, BayZ. 1916, 3.

7. Abs. 4 und 5 treffen Bestimmungen hinsichtlich der Beschwerde gegen die die Fürsorgeerziehung anordnenden oder ablehnenden Verfügungen und zwar hinsichtlich der Beschwerdeberechtigung, hinsichtlich der Natur der Beschwerde und hinsichtlich des Einflusses der Beschwerdeeinlegung auf die Wirksamkeit. Ergänzend tritt hinzu hinsichtlich der Beschwerdeform Art. 8 FEG.; im übrigen sind die Bestimmungen des FGG. maßgebend.

Hinsichtlich der die Fürsorgeerziehung anordnenden Verfügung sind lediglich die in Abs. 2 bezeichneten Personen und Behörden beschwerdeberechtigt; für den Minderjährigen muß auch hier der Zeitpunkt der Erlassung des Beschlusses entscheiden, sonst würde die Verfügung nie rechtskräftig werden. Nach der Erlassung des Beschlusses eintretendes höheres Lebensalter begründet demnach kein Beschwerderecht; für die Beschwerdeberechtigung hinsichtlich eines vom Beschwerdegericht erlassenen Beschlusses entscheidet der Zeitpunkt der Erlassung durch das Beschwerdegericht; der Umstand, daß der Minderjährige in solchen Fällen gegen den Beschluß des Vormundschaftsgerichts sich nicht beschwert hat, nimmt ihm in solchen Fällen, in denen sein Beschwerderecht erst nachher entstand, das Beschwerderecht hinsichtlich des Beschlusses des Beschwerdegerichts nicht (KGJ. 47 A 70).

Das Beschwerderecht können die in Abs. 2 bezeichneten Personen, einschließlich der Eltern, des Vormunds und des Pflegers, nur im eigenen Namen nicht namens des Minderjährigen ausüben; denn es ist ihnen in Abs. 2 verliehen, ohne Rücksicht darauf, ob sie gesetzliche Vertreter des Minderjährigen sind oder nicht; es beruht also auf ihrer Stellung als solcher, nicht auf ihrer Vertreterstellung; die für die Auslegung des § 59 FGG. geltenden Grundsätze, die zu einem anderen Ergebnis führen würden, lassen sich hierher nicht übertragen; vgl. auch Art. 4 Anm. 14. Tritt im Laufe des Verfahrens ein Wechsel in der Person des Vormunds oder Pflegers ein, so muß der neu bestellte Vormund oder Pfleger alle Erklärungen und Handlungen seines Vorgängers gegen sich gelten lassen; es läuft deshalb auch gegen ihn die für seinen Vorgänger in Lauf gesetzte Beschwerdefrist (KGJ. 47 A 66). Aus dem selbständigen Beschwerderecht des über vierzehn Jahre alten Minderjährigen wird sich auch sein Recht ergeben, selbständig einen Vertreter zur Ausübung desselben zu bestellen. Doch wird sich seine Befugnis auf die rein prozessuale Tätigkeit der Bestellung beschränken; die Befugnis, mit ihm einen Vertrag zu schließen, aus dem sich Ansprüche des Vertreters auf Honorarentrichtung ergeben, läßt sich nicht ableiten. Die Ortsarmenverbände werden bei der Beschwerdeeinlegung durch den Armenrat vertreten (Art. 31 ArmenG.). Art. 31 verleiht zwar dem Armenrat die Vertretungsbefugnis nur hinsichtlich „aller Angelegenheiten der öffentlichen Armenverbände“, während nach Art. 16 FEG. die Fürsorgeerziehung nicht als Armensache gelten soll; allein Art. 31 wird ausdehnend auszulegen sein, da es sonst an einem Vertretungsorgan fehlen würde. Dem Vorstand des Armenrats ist die Ermächtigung, den Armenrat nach außen zu vertreten, nicht eingeräumt; demgemäß ist die Beschwerde nur wirksam, wenn ein gültiger Beschluß des Armenrats vorliegt; dieses hat das Gericht zu prüfen; vgl. auch Pöll, UnterstützungswohnsitzG. zu Art. 31 ArmenG. Anm. 1: „Der Armenrat vertritt den Armenverband nach außen.“ Die Erfordernisse eines gültigen Beschlusses des Armenrats bemessen sich nach Art. 40 Abs. 2 ArmenG. Es ist demnach notwendig, daß mehr als die Hälfte der Mitglieder an der Beratung und Abstimmung teilnahm und daß dem Beschlusse mehr als die Hälfte der Abstimmenden zugestimmt hat; bei Stimmengleichheit entscheidet der Vorstand. Weiter wird wegen des Zusammenhangs des ArmenG. mit der GemO. verlangt, daß alle Armenratsmitglieder geladen wurden; Formvorschriften für die Ladung bestehen aber nicht; eine besondere Ladung ist deshalb nicht notwendig, wenn die Sitzungstage nebst der Sitzungsstunde ein für allemal im voraus bestimmt sind. Nicht erforderlich ist die Ladung der aus dem Gemeindebezirk abwesenden Mitglieder. Pfarrer, die außerhalb des Gemeindebezirks wohnen, müssen aber geladen werden, wenn sie dieses schriftlich beantragen (s. Pöll a. a. O. Art. 41 ArmenG. Anm. 2); vgl. BayObLG. ZS. 13, 109 zu dem entsprechend angewendeten Art. 145 GemO. Gesamtarmenverbände werden durch den Gesamtarmenrat vertreten (Art. 44 ArmenG.); hiefür gilt das hinsichtlich der Armenverbände Ausgeführte. Die Landarmenvebände werden nach außen durch den Vorstand des Landarmenrats vertreten (Art. 54 ArmenG.); hier ist also die Frage, ob eine ordnungsmäßige Beschlußfassung des Landarmenrats erfolgte, für die Wirksamkeit der Beschwerde gleichgültig. Der Vorstand und sein Stellvertreter werden von dem Ministerium des Innern bestellt (Art. 50 Abs. 2 ArmenG.).

Die Beschwerdefrist ist zwei Wochen; die Frist beginnt mit der Bekanntmachung an den Beschwerdeführer (§ 22 Abs. 1 FGG.); die Beschwerde kann aber auch vor der Bekanntmachung rechtswirksam eingelegt werden (Schlegelberger § 22 Anm. 5). Unzulässig ist die Beschwerdeeinlegung vor der Erlassung der Verfügung; die sog. eventuelle Beschwerde kennt das Gesetz nicht (Wellstein § 21 Anm. 5). Gewahrt ist die Beschwerdefrist auch dann, wenn die Beschwerde innerhalb der Frist von einem Gerichtsschreiber in seiner Wohnung entgegengenommen wird; der empfangende Beamte muß aber zur Entgegennahme zuständig d. h. hierzu mit Wirkung nach außen befugt sein; es kommt hierbei nur auf seine allgemeine Zuständigkeit nach der Dienststellung nicht auf die innere Geschäftseinteilung an; es ist deshalb auch belanglos, wenn eine besondere Briefannahmestelle besteht; mangels eines besonderen Verbots ist damit die Zuständigkeit der anderen Gerichtsschreiber nicht ausgeschlossen (KG. in DJZ. 1916, 540, bestr.). Daß die Beschwerde aufschiebende Wirkung hat, ist eine Ausnahme von § 24 Abs. 1 FGG. Zweifelhaft und bei der Unklarheit des Gesetzes nicht sicher zu entscheiden ist die Frage, ob die aufschiebende Wirkung lediglich einer zulässigen Beschwerde zukommt, oder ob auch eine unzulässige Beschwerde diese Wirkung hat. Man wird grundsätzlich anzunehmen haben, daß die Prüfung der Zulässigkeit der Beschwerde Sache des Beschwerdegerichts ist, und deshalb jeder Beschwerde die aufschiebende Wirkung zugestehen müssen; der Vollzug darf also trotz der Beschwerdeeinlegung nicht etwa mit der Erwägung fortgesetzt werden, daß die Beschwerde nicht formgerecht z. B. nicht unterzeichnet sei, daß der Beschwerdeführer geisteskrank sei, daß er auf Beschwerde verzichtet habe; dagegen läßt sich wohl aus der Fassung des Abs. 4 die Einschränkung herleiten, daß keine aufschiebende Wirkung einer Beschwerde zukommt, die deshalb unzulässig ist, weil sie von einem nicht in Abs. 2 Bezeichneten oder nach Ablauf der Beschwerdefrist eingelegt ist; freilich ist damit den Vollzugsorganen die Prüfung nicht immer einfacher und rasch zu entscheidender Rechts- und Tatfragen z. B. hinsichtlich der Wirksamkeit der Zustellung des angefochtenen Beschlusses auferlegt; vgl. wegen ähnlich gelagerter Fragen auf dem Gebiete des Zivilprozesses OLG. Hamburg in SeuffArch. 51 Nr. 302 und 50 Nr. 293 und OLG. Karlsr. in SeuffArch. 55 Nr. 48. Gegen die Versäumung der Beschwerdefrist ist Wiedereinsetzung zulässig; maßgebend ist hierfür § 22 Abs. 2 FGG. Als Wiedereinsetzungsgrund wurde zugunsten einer Beschwerde der Mutter der Umstand zugelassen, daß der Vormund erklärt hätte, er werde sich um die Sache kümmern (BayOLG. im Recht 1916 S. 260). Die Beschwerde hat nur eine aufschiebende nicht eine aufhebende Wirkung. Bis dahin ist die Entscheidung vollziehbar (§ 16 Abs. 1 FGG.); auch nach der Einlegung bleiben die bis dahin erfolgten Vollzugshandlungen also auch eine etwa schon erfolgte Verbringung in eine Anstalt oder eine Familie bestehen. Durch die aufschiebende Wirkung der Beschwerde ist das Beschwerdegericht nicht gehindert, im Wege einer einstweiligen Anordnung nach § 24 Abs. 3 FGG. den Vollzug der angefochtenen Verfügung anzuordnen.

Gegenüber der die Fürsorgeerziehung ablehnenden Verfügungen zählt das Gesetz die Beschwerdeberechtigten nicht einzeln auf, sondern gewährt das Beschwerderecht jedem, der ein berechtigtes Interesse an der Sorge für die Person des Minderjährigen hat; ein eigenes Beschwerderecht des Minderjährigen, das gemäß § 59 FGG. an sich bestünde, ist damit ausgeschlossen. Diese Abgrenzung ist offensichtlich in Anlehnung an § 57 Abs. 1 Nr. 9 FGG. erfolgt; die Auslegung, die letzterer gefunden hat, ist deshalb auch für die des Abs. 5 Satz 2 maßgebend. Im einzelnen vgl. hierzu Art. 17 Anm. 4 n. Abweichend von dem dort hinsichtlich der Auslegung des § 57 Abs. 1 Nr. 9 Bemerkten kommt für die Anwendung des Art. 6 Abs. 5 in Betracht, daß hier schon jedes berechtigte Interesse an der Personensorge die Beschwerdeberechtigung schafft, es muß nicht gerade ein berechtigtes Interesse hinsichtlich der Fürsorgeerziehung sein. Die Beschwerde ist hier die einfache; sie kann jederzeit, aber nicht vor dem Erlaß der Verfügung als eventuelle Beschwerde erfolgen. Aufschiebende Wirkung hat sie nicht (§ 24 Abs. 1 FGG.). Wegen der Frage, wann eine die Fürsorgeerziehung ablehnende Verfügung vorliegt, gilt das oben in Anm. 2 Bemerkte.

Hat bei einer die Fürsorgeerziehung anordnenden Entscheidung des Vormundschaftsgerichts einer der Beschwerdeberechtigten die Beschwerdefrist versäumt, so hat er sein Beschwerderecht verloren; er kann sich nicht etwa einer von einem anderen Beschwerdeberechtigten rechtzeitig eingelegten Beschwerde anschließen; sein Beschwerderecht lebt auch nicht wieder auf, wenn in zweiter Instanz auf die Beschwerde eines anderen Beteiligten es bei der die Fürsorgeerziehung anordnenden Entscheidung bleibt (KG. in Recht 1912, 771). Es läßt sich auch nicht etwa eine Wiederaufhebung der Anordnung dadurch herbeiführen, daß nun gegen die „Durchführung" der Fürsorgeerziehung Beschwerde eingelegt wird (BayOLG. im Recht 1916, 260). Das Beschwerdegericht kann über eine Beschwerde auch dann entscheiden, wenn der angefochtene Beschluß noch nicht allen Beteiligten zugestellt ist; dadurch wird aber denjenigen, denen noch nicht zugestellt war, gegenüber die Entscheidung keine endgültige, sie können immer noch ihrerseits trotz der Entscheidung des Beschwerdegerichts Beschwerde einlegen; es wird jederzeit nur über die Beschwerde des betreffenden Beschwerdeführers entschieden (KGJ. 26 A 31).

Hinsichtlich anderer im Fürsorgeerziehungsverfahren ergehender Entscheidungen als solcher auf Ablehnung oder Anordnung der Fürsorgeerziehung ist die Beschwerde nicht ausgeschlossen. Hier gelten aber, insoweit nicht Art. 8 Sonderbestimmungen enthält, zufolge des Art. 17 die Bestimmungen des FGG.; diese sind demnach insbesondere maßgebend sowohl für die Frage der Zulässigkeit der Beschwerde, wie für die Frage der Beschwerdeberechtigung.

8. Hinsichtlich der Frage, inwieweit die Bestimmungen des Art. 6 für das Verfahren des Beschwerdegerichts und das des Gerichts der weiteren Beschwerde maßgebend sind, kommt folgendes in Betracht. Abs. 1 gilt, wie seine Fassung außer Zweifel stellt, lediglich für die Verfügungen des Vormundschaftsgerichts; für das Beschwerdegericht und das Gericht der weiteren Beschwerde sind an dessen Stelle §§ 25 und 29 Abs. 4 FGG. maßgebend.

Dagegen wird davon auszugehen sein, daß die Bestimmungen der Abs. 2—5 und zwar sowohl die hinsichtlich der Frage, wem und wie zuzustellen ist, wie die hinsichtlich der Frage der Beschwerdeberechtigung und der Frage, ob sofortige oder einfache Beschwerde zulässig ist, auch für das Verfahren vor dem Beschwerdegericht, und die hinsichtlich der Frage, wem zuzustellen ist, auch für das Verfahren vor dem Gericht der weiteren Beschwerde gelten. Hinsichtlich des Abs. 5 hebt nämlich die Begründung zur Novelle vom 21. August 1914 S. 9 ausdrücklich hervor, daß er auch gelten soll, wenn das Beschwerdegericht unter Aufhebung der die Fürsorgeerziehung anordnenden Entscheidung des Vormundschaftsgerichts die Fürsorgeerziehung ablehnt. Nimmt man dieses aber für Abs. 5 an, so muß das gleiche auch für Abs. 2—4 und nicht bloß für das zweitinstanzielle Verfahren, sondern, soweit es nach der Natur der Bestimmungen möglich ist, auch für das Verfahren in dritter Instanz gelten. Hieraus ergibt sich auch, daß der vom BayObLG. 13, 1; 14, 297, auch BayZ. 1913, 360 gegen BayObLG. 4, 153; 4, 223; 5, 39; 10, 189 eingenommene Standpunkt hinsichtlich der Zulässigkeit der weiteren Beschwerde gegen eine die Fürsorgeerziehung ablehnende Entscheidung der jetzigen Fassung des Ges. nicht mehr entspricht; also bei ablehnender Entscheidung des Beschwerdegerichts auch dann einfache Beschwerde, wenn das Vormundschaftsgericht auf Anordnung erkannte (BayObLG. 18, 32).

Daneben ist hinsichtlich der Entscheidungen der Beschwerdegerichte, gleichgültig welchen Inhalts sie sind, die Eigenart des gegen sie zulässigen Rechtsmittels der weiteren Beschwerde im Auge zu behalten. Hieraus ergibt sich für das Beschwerdegericht die Pflicht, die tatsächlichen Verhältnisse, auf denen seine Rechtsauffassung beruht, festzustellen. Da das Rechtsmittel der weiteren Beschwerde auf dem Gebiet der freiwilligen Gerichtsbarkeit der Revision gleichgestellt ist, sind für das Gericht der weiteren Beschwerde die im landgerichtlichen Beschlusse festgestellten Tatsachen maßgebend, andere Tatsachen, seien sie auch aus den Akten ersichtlich, dürfen für die Regel nicht berücksichtigt werden; es muß deshalb dieses tatsächliche Material in den landgerichtlichen Beschluß aufgenommen werden (KGJ. 48 A 1; auch SeuffArch. 71, 216; Karlsr. in BadRpr. 1915, 181).

Zuzustellen ist stets auch dem Beschwerdeführer.

9. Vgl. zu Art. 6 weiter §§ 9—19 ZwEG. VB.

Art. 7.

I Ist sofortiges Einschreiten dringend geboten, so kann das Vormundschaftsgericht, wenn ihm die Voraussetzungen für die Anordnung der Fürsorgeerziehung glaubhaft gemacht erscheinen, durch eine schriftliche, mit Gründen versehene Verfügung die vorläufige Unterbringung anordnen. Für die Zustellung und die Anfechtung der die vorläufige Unterbringung anordnenden oder ablehnenden Verfügung gelten die Vorschriften des Art. 6 Abs. II, IV, V entsprechend. Die ablehnende Verfügung wird nur dem etwaigen Antragsteller zugestellt. Die Beschwerde gegen die Anordnung der vorläufigen Unterbringung hat keine aufschiebende Wirkung.

II Die vorläufige Unterbringung kann von dem Vormundschaftsgericht, in dessen Bezirke das Bedürfnis hiezu hervortritt, auch dann angeordnet werden, wenn das Gericht nicht das für die Anordnung der Fürsorgeerziehung zuständige ist. Das Gericht hat in diesem Falle von der getroffenen Anordnung dem für die Anordnung der Fürsorgeerziehung zuständigen Vormundschaftsgerichte Mitteilung zu machen. Diesem kommt die Entscheidung darüber zu, ob die getroffene Maßregel aufrecht zu erhalten ist.

1. Art. 7 ersetzt den Art. 4 Abs. 2 ZwEG. Nach ihm können das Vormundschaftsgericht im Sinne des Art. 1 und das Amtsgericht, in dessen Bezirk das Bedürfnis der Fürsorge hervortritt, in dringenden Fällen, wenn die Voraussetzungen für die Anordnung der Fürsorgeerziehung glaubhaft gemacht sind, schon, bevor ein vollstreckungsfähiger Beschluß auf Anordnung der Fürsorgeerziehung vorliegt, eine vorläufige Unterbringung des Minderjährigen anordnen. Für das hierbei einzuhaltende Verfahren sind hierbei besondere Vorschriften gegeben und zwar in Abs. 1 für das Verfahren des Vormundschaftsgerichts im Sinne des Art. 1, in Abs. 2 dagegen für das Gericht, in dessen Bezirk das Bedürfnis der Fürsorge hervortritt. Wie nach Preußischem Recht, so wird, trotz der etwas anderen Ausgestaltung der vorläufigen Unterbringung im bayerischen Recht, auch nach diesem die vorläufige Unterbringung nur eine Schutzmaßregel sein, die den Minderjährigen zur Abwendung der Gefahr weiterer Verwahrlosung und noch vor Abschluß des Verfahrens aus seiner bisherigen Umgebung entfernen und ihren schädlichen Wirkungen entziehen soll, nicht aber eine einstweilen beginnende vorläufige Fürsorgeerziehung (KGJ. 41 A 17); denn auch das bayerische Gesetz spricht von einer vorläufigen „Unterbringung“.

2. Die materiellen Voraussetzungen der Anordnung der vorläufigen Unterbringung, gleichgültig, ob sie vom Vormundschaftsgericht im Sinne des Art. 1 oder von dem Gericht erfolgt, in dessen Bezirk das Bedürfnis hierzu hervortritt, sind zwei; es müssen einmal die Voraussetzungen der Anordnungen der Fürsorgeerziehung glaubhaft gemacht sein, das schon jetzt vorliegende Tatsachenmaterial muß die Annahme rechtfertigen, die Durchführung des Verfahrens werde mit der Anordnung der Fürsorgeerziehung enden (BayObLG. 17, 96), und es muß weiter ein sofortiges Einschreiten dringend geboten sein. Die Voraussetzungen der Anordnung der Fürsorgeerziehung ergeben sich im einzelnen aus den Art. 1 und 2 und dem hierzu Bemerkten; für die Anordnung der vorläufigen Unterbringung genügt aber die bloße Glaubhaftmachung dieser Voraussetzungen: durch dieses Erfordernis unterscheidet sich das bayerische Recht von dem preußischen, wonach die Glaubhaftmachung dieser Voraussetzungen nicht notwendig, vielmehr bloß erforderlich ist, daß mit dem Aufschub bis zum Abschluß des Verfahrens die Gefahr der Verwahrlosung verknüpft ist (KG. in OLG. 25, 415). Mitteilungen der Jugendfürsorgestellen und der Klassenlehrer sind eine genügende Glaubhaftmachung nur dann, wenn sie Einzelheiten enthalten und die Grundlagen für die aufgestellten Behauptungen anführen (BayOLG. 17, 96). Außerdem ist notwendig, daß sofortiges Einschreiten und zwar dringend geboten ist; gegenüber der früheren Fassung des Gesetzes, die Gefahr auf Verzug forderte, besteht insoweit kaum ein Unterschied. Es muß die Gefahr des Fortschreitens der sittlichen Verwahrlosung bei dem Unterbleiben des sofortigen Einschreitens bestehen (BayOLG. 17, 96). Als einen Fall der Zulässigkeit nahm die Rechtsprechung dann an, daß sich beim Minderjährigen Widerspenstigkeit gegen Anordnungen der Schulbehörde und des Vormundschaftsgerichts gezeigt hat, so daß die Vorführung durch die Gendarmerie nötig wurde (BayOLG. in Recht 1917, 96). Dieses sofortige Einschreiten muß geboten sein im Interesse der von der Fürsorgeerziehung verfolgten Zwecke; wird das Einschreiten lediglich aus anderen Zwecken dringend, so kann Art. 7 nicht zur Anwendung kommen; dieses ergibt der Zweck des Art. 7, der die Fürsorgeerziehung als solche fördern soll. Die vorläufige Unterbringung kann deshalb nicht verfügt werden, weil ein Aufenthaltswechsel des Mündels bevorsteht, und so die Gefahr besteht, daß die künftige Einschaffung des Mündels kostspieliger und umständlicher sein wird (so für das Preuß. Recht KG. in Recht 1911, 339); sie kann auch nicht erfolgen, lediglich um die Flucht des Minderjährigen zu verhindern, als eine Art Sicherungshaft, wenn nicht der Vollzug des seinerzeitigen Beschlusses ohne sie schlechthin in Frage gestellt wird. Sie kann auch nicht erfolgen um anderen staatlichen, etwa strafprozessualen oder polizeilichen oder Zwecken der Schulverwaltung zu dienen; sie darf also nicht bloß deshalb erlassen werden, weil wegen einer Straftat des Minderjährigen die Voraussetzungen für die Erlassung eines Haftbefehls vorliegen; dagegen wird im Strafverfahren die Erlassung eines Haftbefehls entbehrlich, wenn schon eine vorläufige Unterbringung verfügt ist. Liegt ein Haftbefehl vor und ist gleichzeitig vorläufige Unterbringung oder Fürsorgeerziehung verfügt, so geht die Vollziehung des Haftbefehls als einer unmittelbar auf Reichsrecht beruhenden Maßnahme vor. Die vorläufige Unterbringung kann solange angeordnet werden, bis der endgültige Beschluß vollstreckt werden kann, also wenn Beschwerde eingelegt ist, die zufolge Art. 6 Abs. 4 aufschiebende Wirkung hat, auch nach dessen Erlassung (KG. in OLG. 26, 273); die Anordnung kann auch gleichzeitig mit dem die Fürsorgeerziehung selbst anordnenden Beschluß ergehen und mit ihm verbunden werden.

3. An formellen Vorschriften enthält das Gesetz für die Anordnung der vorläufigen Unterbringung zunächst die Bestimmung, daß die Verfügung schriftlich und mit Gründen versehen sein muß. Schriftlich niedergelegt muß nicht bloß der entscheidende Teil, sondern auch die Begründung der Verfügung sein. Dem Erfordernis der Begründung wird genügt sein, wenn dargelegt ist, daß sofortiges Einschreiten dringend geboten ist und die Voraussetzungen der Anordnung der Fürsorgeerziehung glaubhaft gemacht sind; diesem Erfordernis ist nicht schon dann genügt, wenn der Beschluß angibt, daß das der Fall ist, sondern es müssen einzelne Tatsachen angegeben sein, aus denen sich diese Feststellung ableiten läßt. Im übrigen findet das zu Art. 6 Anm. 3 Abs. 2 über den Inhalt und den Umfang der Begründung Bemerkte auch hier entsprechend Anwendung. Für eine die vorläufige Unterbringung ablehnende Verfügung bedarf es keiner Begründung. In zweiter Linie trifft Abs. 1 Vorschriften über die Zustellung und die Anfechtung der die vorläufige Unterbringung anordnenden oder ablehnenden Verfügung und über die Beschwerde. Darnach ist die sie anordnende Verfügung zuzustellen den Eltern und, wenn der Minderjährige unter Vormundschaft steht oder ihm ein Pfleger zur Sorge für die Person bestellt ist, auch dem Vormund oder Pfleger, ferner der Distriktsverwaltungsbehörde im Sinne des Art. 17 Abs. 2, und dem Ortsarmenverband des Unterstützungswohnsitzes, wenn aber der Minderjährige in Bayern keinen Unterstützungswohnsitz hat, dem Landarmenverband, in dem die Distriktsverwaltungsbehörde ihren Sitz hat; diese Personen erhalten die volle Verfügung zugestellt; endlich erhält der Minderjährige selbst, wenn er das vierzehnte Lebensjahr vollendet hat, einen Auszug aus der Verfügung zugestellt. Die genannten Personen und nur sie haben auch ein Beschwerderecht; die Beschwerde ist die sofortige; sie hat keine aufschiebende Wirkung. Die die vorläufige Unterbringung ablehnende Verfügung ist lediglich dem etwaigen Antragsteller zuzustellen; gemeint sein wird damit derjenige, der die vorläufige Unterbringung beantragt hat, nicht aber der, der die Anordnung der Fürsorgeerziehung beantragt hat. Die Beschwerde ist die einfache; sie steht jedem zu, der ein berechtigtes Interesse an der Sorge für die Person des Minderjährigen hat; eine aufschiebende Wirkung kann die Beschwerde hiergegen schon nach Inhalt der anzufechtenden Entscheidung nicht haben.

4. Wegen des **Vormundschaftsgerichts** und dessen örtlicher Zuständigkeit s. Art. 1 Anm. 11. Zuständig ist nur das Vormundschaftsgericht, nicht das Landgericht; es kann also letzteres, wenn die Hauptsache bei ihm anhängig ist, nicht als erstinstanzielles Gericht die vorläufige Unterbringung anordnen; die vorläufige Unterbringung kann es auch nur wieder dann beschließen, wenn es Beschwerdegericht hinsichtlich der Frage der vorläufigen Unterbringung ist.

5. Hinsichtlich der aus der Auslegung der Worte **kann ordnen** sich beantwortenden Frage, inwieweit eine **Pflicht des Vormundschaftsgerichts zur Anordnung** der vorläufigen Unterbringung **besteht**, findet das zu Art. 1 in Anm. 12 Bemerkte entsprechende Anwendung.

6. **Abs. 2** begründet in Ergänzung der durch Abs. 1 getroffenen Anordnungen die **Zuständigkeit eines weiteren Gerichts zu der Anordnung der vorläufigen Unterbringung**, nämlich die des „Vormundschaftsgerichts", d. i. des Amtsgerichts (§ 35 FGG.), in dessen Bezirk das Bedürfnis hervortritt. Diese Zuständigkeit wird namentlich für die Fälle von Bedeutung, in denen der Wohnsitz des Minderjährigen erst ermittelt werden muß; das ist namentlich von Bedeutung, wenn es sich um Landstreicher handelt (vgl. die Begründung zur Nov. vom 21. August 1914 S. 9). Daß das Vormundschaftsgericht schon ein Fürsorgeerziehungsverfahren eingeleitet hat, oder überhaupt nur mit der Frage der Fürsorgeerziehung befaßt wurde, ist nicht notwendig. Dieses vorläufig zuständige Gericht hat aber von seiner Anordnung sofort dem Vormundschaftsgericht Mitteilung zu machen und dieses entscheidet dann darüber, ob die getroffene Maßregel aufrecht zu erhalten ist. Damit ist aber nicht gefordert, daß das Vormundschaftsgericht in jedem Fall eine förmliche Entscheidung über die Aufrechterhaltung oder Aufhebung der getroffenen Anordnung zu treffen hat; diese erfolgt nur, wenn ein besonderer Anlaß zu einer solchen Entscheidung besteht, etwa infolge eines Antrags eines Beteiligten. Erfolgt eine Entscheidung, so gelten hinsichtlich der Abfassung, Begründung, Zustellung und Anfechtung dieser Verfügung die Vorschriften des Abs. 1. Aus der Pflicht, dem Vormundschaftsgericht Mitteilung zu machen, ergibt sich für das Gericht, das die Anordnung auf Grund des Abs. 2 Satz 1 erließ, auch die Pflicht, das zuständige Vormundschaftsgericht zu ermitteln; es darf sich also nicht darauf beschränken ohne nähere Erhebungen die Akten einem von ihm als zuständig bezeichneten Gericht zuzusenden. Besteht zwischen mehreren Gerichten Streit über die Zuständigkeit, so ist es deren Sache, nicht Sache des nach Abs. 2 Satz 1 zuständigen Gerichts, für dessen Erledigung zu sorgen.

Voraussetzung der Anordnung der vorläufigen Unterbringung durch das nach Abs. 2 zuständige Gericht ist aber, daß Vormundschaftsgericht ein bayerisches Gericht ist; dieses ergibt sich aus Art. 13 Abs. 4, der deutlich ergibt, daß das Gesetz es als selbstverständlich voraussetzt, daß die endgültige Entscheidung durch ein bayerisches Gericht zu treffen ist; das die vorläufige Anordnung nach Abs. 2 verfügende Gericht hat deshalb stets auch zu prüfen, ob Vormundschaftsgericht ein bayerisches Gericht ist und nur letzterenfalls darf es die Anordnung erlassen.

Die Vorschriften des Abs. 1 über die Begründung der die Fürsorgeerziehung anordnenden Verfügung und die Zustellung der die vorläufige Unterbringung anordnenden oder ablehnenden Verfügung gelten auch für die Verfügungen des nach Abs. 2 zuständigen Gerichts; dagegen nicht die Vorschriften über die Beschwerde; aus Abs. 2 Satz 3 ergibt sich, daß gegen die Verfügungen des nach Abs. 2 zuständigen Gerichts eine Beschwerde nicht zulässig (a. A. Marsch S. 43), sondern lediglich eine Anrufung der Entscheidung des Vormundschaftsgerichts zulässig ist; gegen dessen Entscheidung ist dann die Beschwerde zulässig.

7. Abgesehen von den besonderen Verfahrensvorschriften der Abs. 1 und 2 gelten auch für die Anordnung der vorläufigen Unterbringung und zwar für die nach Abs. 1 und 2 zufolge des Art. 17 Abs. 1 aushilfsweise die Vorschriften des FGG.; insbesondere gilt auch dessen § 12; aber es wäre in diesem Falle mit dem Zwecke der schleunigen Maßnahme nicht vereinbar, wenn man auch hier dem Gerichte zur Pflicht machen wollte, in jedem Falle eine eigene aktive Ermittlungstätigkeit zu entwickeln; zu einer solchen ist es hier vielmehr dann nicht verpflichtet, wenn es aus dem ihm von dem Antragsteller oder von anderen Behörden unterbreiteten Material die Überzeugung gewinnt, daß die tatsächlichen Voraussetzungen der vorläufigen Unterbringung vorliegen (KGJ. 44 A 49; KG. in OLG. 32, 29); nicht außer acht zu lassen ist hierbei, daß hinsichtlich des Nachweises der Voraussetzungen der Fürsorgeerziehung schon die Glaubhaftmachung genügt. Die Vorschriften der Art. 4—6 FEG. sind auf die Anordnung der vorläufigen Unterbringung nicht anwendbar. Es ist insbesondere auch die vorherige Anhörung Beteiligter oder des Minderjährigen selbst nicht notwendig.

8. Für die Wirksamkeit und damit für die Vollstreckbarkeit der Anordnung auf vorläufige Unterbringung gelten an sich zufolge des Art. 17 Abs. 1 FEG. die Grundsätze des § 16 Abs. 1 FGG. Hieraus würde sich (vgl. Art. 17 Anm. 4h) an sich ergeben, daß Bekanntmachung an das Kind selbst, seinen gesetzlichen Vertreter und an die Eltern Voraussetzung des Vollzugs ist; denn in die Rechte aller dieser wird eingegriffen. Da jedoch damit die Vollstreckung an Voraussetzungen geknüpft wäre, die die wirksame Anwendung der Maßregel für die Regel in Frage stellen, darf es als stillschweigende gesetzliche Bestimmung angesehen werden, daß Voraussetzung der Wirksamkeit und der Vollstreckbarkeit der Anordnung auf vorläufige Unterbringung lediglich eine dem § 16 Abs. 1 genügende Bekanntmachung an das Kind selbst ist; und auch diese wird nach einem dem Art. 7 Abs. 1 Satz 2 mit Art. 6 Abs. 2 zu entnehmenden Grundsatze, daß Minderjährige unter vierzehn Jahren überhaupt nicht als formell Beteiligte gelten sollen, nur erforderlich sein, wenn der Minderjährige das vierzehnte Lebensjahr vollendet hat. Abs. 1 Satz 4 des Art. 7 stellt klar, was sich übrigens schon aus § 24 Abs. 1 FGG. ergeben würde, daß auch die Beschwerdeeinlegung den Vollzug nicht hemmt; doch kann gemäß Art. 17 FEG. mit § 24 Abs. 2 und 3 FGG. das Vormundschaftsgericht auf die Beschwerde hin die Vollziehung seiner Anordnung aussetzen; gleiches kann hinsichtlich der Anordnung des Vormundschaftsgerichts das Beschwerdegericht tun; dieses kann auch sonstige einstweilige Anordnungen treffen. Wenn Abs. 1 Satz 1 für die Anordnung der vorläufigen Unterbringung eine schriftliche Verfügung fordert, so ist damit nicht geboten, daß der Vollzugsbehörde die Verfügung auch schriftlich vorliegt; sie kann vielmehr auch auf Grund eines telephonischen oder mündlichen Ersuchens den Vollzug der schriftlich abgefaßten Verfügung einleiten. Im übrigen bemißt sich der Vollzug der Verfügung nach Art. 9 FEG.

9. Wegen der Bestreitung der Kosten der vorläufigen Unterbringung vgl. Art. 13 Abs. 4; für die Kosten des gerichtlichen Verfahrens und die Kosten der Verhandlungen der Verwaltungsbehörden ist Art. 17 Abs. 3 maßgebend; eine Entscheidung, wonach einem Beteiligten die durch unbegründete Anträge und Einwendungen verursachten Kosten überbürdet werden, kann namentlich auch hier ergehen und mit der Ablehnung des Antrags auf vorläufige Unterbringung verbunden werden.

10. Die Anordnung der vorläufigen Unterbringung kann auch wieder aufgehoben werden (KG. in OLG. 30, 91 und 32, 30); die Zuständigkeit hierzu bemißt sich nach den gleichen Grundsätzen wie die Zuständigkeit zur Anordnung. Die Aufhebung hat dann zu geschehen, wenn das Einschreiten nicht mehr dringend ist, oder wenn die Voraussetzungen der Anordnung der Fürsorgeerziehung nicht mehr glaubhaft gemacht sind. Zuzustellen wird diese Verfügung allen denen sein, denen die Anordnung der vorläufigen Unterbringung zugestellt wurde; mit dieser Zustellung wird die aufhebende Verfügung wirksam und vollziehbar (§ 16 Abs. 1 FGG.); sie unterliegt der einfachen Beschwerde nach Maßgabe des Art. 8 FEG. und der Vorschriften des FGG. Die Aufhebung kann im Falle des Abs. 2 sowohl durch das Vormundschaftsgericht wie durch das nach Abs. 2 zuständige Gericht erfolgen. Eine vorläufige Unterbrechung des Vollzugs der vorläufigen Unterbringung durch die Distriktsverwaltungsbehörde hat das Gesetz nicht ausdrücklich vorgesehen; eine solche ist deshalb auch nicht zulässig. Für zulässig gehalten wird eine solche von Hartmann (ZBlVorm. 3, 152). Die aufgehobene vorläufige Unterbringung kann in demselben Verfahren wieder erneut angeordnet werden (KG. in OLG. 30, 91).

11. Nicht ausgeschlossen ist es auch, daß das Gericht von der Anwendung des Art. 7 absieht, und auf Grund des § 1666 BGB. für eine vorläufige Unterbringung sorgt (KG. in OLG. 25, 415).

12. An der rechtlichen Wirksamkeit des Abs. 2, der dem Hamburgischen (Art. 6 Abs. 2 des Ges. vom 11. September 1907) und Bremischen Recht (§ 6 Abs. 2 des Ges. vom 21. Dezember 1912) entnommen sein dürfte, bestehen erhebliche Bedenken. Durch Art. 135 Abs. 1 Satz 2 EG. BGB. ist das Landesrecht dahin beschränkt, daß die Zwangserziehung nur vom Vormundschaftsgericht angeordnet werden kann; die Bestimmung schließt die Einschränkung in sich, daß nur das nach den reichsrechtlichen Normen der §§ 35, 36 und 43 FGG. örtlich zuständige Vormundschaftsgericht die Fürsorgeerziehung anordnen kann, eine landesgesetzliche Regelung der Zuständigkeit aber ausgeschlossen ist (vgl. Art. 17 Anm. 4).

Es wurde der Versuch gemacht, eine Zuständigkeit, wie sie Abs. 2 schaffen will und für die ein Bedürfnis zu bestehen scheint, unmittelbar aus dem Reichsrecht zu begründen und zwar in der Weise, daß man für solche Fälle eine „Verhinderung" des Vaters oder Vormunds an der Ausübung ihrer Rechte oder der Erfüllung ihrer Pflichten annahm und die Anordnung der vorläufigen Unterbringung als vorläufige Maßregel im Sinne der §§ 1665 und 1846 BGB. (vgl. Kornweibel, ZBlVorm. 4, 248 und Mengelkoch, ZBl. 5, 13; a. A. Hegemann, ZBlVorm. 4, 183) bezeichnete und damit auf Grund des § 44 FGG. zu einer Zuständigkeit des Gerichts, in dessen Bezirk das Fürsorgebedürfnis hervortrat, kam. Auf diesem Wege läßt sich, selbst wenn er an sich begangbar sein sollte, jedenfalls nicht die Anordnung einer dem FEG. entsprechenden und mit den Wirkungen dieses Gesetzes ausgestatteten vorläufigen Unterbringung begründen.

Die Rechtsprechung (KGJ. 37 A 97, auch ZBlVorm. 1, 70; KG. in OLG. 32, 30) hat eine reichsrechtliche Zuständigkeit im Sinne des Abs. 2 durch entsprechende Anwendung des § 44 FGG. zu begründen versucht, indem sie aus § 44 FGG. den allgemeinen Grundsatz ableitete, daß, wenn das Einschreiten des ordentlichen Vormundschaftsgerichts zu spät kommt, allgemein das Gericht, in dessen Bezirk das Fürsorgebedürfnis hervortrete, zuständig sein solle. Ähnliche allerdings nicht klare Ausführungen enthält die Entsch. des KG. vom 18. April 1913 (ZBlVorm. 5, 144), in der das Gericht, in dessen Bezirk das Bedürfnis der Fürsorge hervortritt, jedenfalls für die Fälle für zuständig erklärt wird, in denen es sich um einen einem anderen Bundesstaat angehörigen Inländer handelt. Folgt man dieser vielfach gebilligten Rechtsprechung, so läßt sich die Zuständigkeit des Gerichts, in dessen Bezirk das Fürsorgebedürfnis hervortritt, unmittelbar aus dem Reichsrecht ableiten und zwar für sämtliche Fälle des Art. 1. Die Richtigkeit dieses Standpunkts ist allerdings sehr zweifelhaft. So versuchte das KG. selbst in einer anderen Entscheidung (ZBlFG. 4, 724) die Zuständigkeit des Gerichts, in dessen Bezirk das Fürsorgebedürfnis hervortritt, mit der Heranziehung eines stillschweigenden Übernahmeersuchens des Gerichts des Wohnsitzes zu begründen; desgleichen scheint die preußische Regierung Bedenken gegen eine derartige Zuständigkeit zu haben; vgl. die Entschl. des preuß. Ministers des Innern vom 31. Mai 1902 (bei Schmitz 320), in der die Verwaltungsbehörden angewiesen werden, sich an das Amtsgericht zu wenden, in dessen Bezirk der Minderjährige umherstreifend betroffen wird, „bis zu einer abweichenden Entscheidung durch die Rechtsprechung der Gerichte".

13. Vgl. zu Art. 7 weiter §§ 20 und 43 ZwEG.VB.

Art. 8.

Die Beschwerde gegen eine Verfügung des Vormundschaftsgerichts kann bei diesem, bei dem Beschwerdegericht und bei jedem Amtsgerichte zu Protokoll oder durch Einreichung einer Beschwerdeschrift eingelegt werden. Die weitere Beschwerde kann bei einem dieser Gerichte sowie bei dem Obersten Landesgericht eingelegt werden; wird sie durch Einreichung einer Beschwerdeschrift eingelegt, so muß diese durch einen Rechtsanwalt unterzeichnet sein.

1. Art. 8, der im ZwEG. keine Vorgänger hat, trifft Bestimmungen über die Beschwerdeform und den Beschwerdeort und zwar in Satz 1 hinsichtlich der Beschwerde gegen die Verfügungen des Vormundschaftsgerichts, in Satz 2 hinsichtlich der weiteren Beschwerde; er bezieht sich auf alle in Fürsorgeerziehungssachen im gerichtlichen Verfahren in Betracht kommenden Beschwerden, gleichgültig, ob sie in dem der Anordnung derselben dienenden Verfahren oder in einem anderen Teil des Verfahrens ergehen; er umfaßt die einfache und die sofortige Beschwerde. Ersetzt sind durch ihn hinsichtlich der Beschwerde § 21, hinsichtlich der weiteren Beschwerde § 29 Abs. 1 FGG.

2. Die Beschwerde gegen die Verfügungen des Vormundschaftsgerichts kann eingelegt werden beim Vormundschaftsgericht, beim Beschwerdegericht und bei jedem Amtsgericht und zwar kann sie beim Vormundschaftsgericht nicht bloß beim Vormundschaftsrichter eingelegt werden, sondern bei jeder Abteilung des Gerichts. Amtsgericht im Sinne des Artikels ist nur ein bayerisches Amtsgericht, denn es liegt ein Landesgesetz vor. Bei einem anderen Landgericht als bei dem Beschwerdegericht kann sie nicht eingelegt werden, ebensowenig bei einem Oberlandesgericht oder bei dem Obersten Landesgericht. Die Einlegung kann bei sämtlichen Gerichten, bei denen sie zulässig ist, nicht bloß beim Gericht, sondern auch bei der Gerichtsschreiberei erfolgen. Die Einlegung der Beschwerde bei jedem der darnach zuständigen Gerichte wahrt sonach bei der sofortigen Beschwerde die Beschwerdefrist; diese Regelung kann allerdings zu unerwünschten Ergebnissen führen, denn das Vormundschaftsgericht hat immer mit der Möglichkeit zu rechnen, daß bei irgendeinem bayerischen Amtsgerichte noch rechtzeitig eine Beschwerde einging.

3. Als Beschwerdeformen kennt das Gesetz bei der Beschwerde gegen die Entscheidungen des Vormundschaftsgerichts wie § 21 FGG. die Einreichung einer Beschwerdeschrift und weiter, abweichend von diesem, das ein Protokoll des Gerichtsschreibers fordert, die Einlegung „zu Protokoll". Für die Frage, wann eine dem Gesetze entsprechende Beschwerdeschrift vorliegt, entscheiden gemäß Art. 17 Abs. 1 FEG. die Bestimmungen des FGG.; darnach bemißt sich auch die Entscheidung der bestrittenen Frage, ob ein nicht unterzeichnetes Schriftstück eine Beschwerdeschrift ist. Die Rechtsprechung steht auf dem wohl zutreffenden Standpunkt, daß die Unterzeichnung erforderlich ist (KG. in RJA. 11, 1; KGJ. 26 A 172); es genügt deshalb auch die Unterstempelung mit einem Faksimile des Namens nicht und zwar auch nicht, wenn eine Behörde Beschwerde einlegt (KG. a. a. O.); telegraphische Beschwerdeeinlegung genügt dann, wenn die Urschrift des Telegramms die eigenhändige Unterschrift des Beschwerdeführers trägt und sich auf der Ausfertigung des Telegramms der Name des Beschwerdeführers befindet; auch dies gilt auch für Behörden (KG. in RJA. 12, 77). Bei der Beschwerdeeinlegung zu Protokoll genügt sowohl ein Protokoll des Gerichtsschreibers, wie ein solches des Richters. Bei den Kollegialgerichten kann der einzelne Richter, soweit er nicht etwa als beauftragter Richter handelt, selbständig keine Handlungen vornehmen; er ist deshalb auch nicht zur Entgegennahme einer Protokoll-Beschwerde befugt; auch nicht, wenn er Vorsitzender ist. Formvorschriften für das Gerichtsschreiberprotokoll bestehen weder nach dem FGG. noch nach landesrechtlichen Vorschriften. Man wird aber aus dem Begriffe eines Protokolls Folgendes für die Gültigkeit eines solchen als wesentlich verlangen müssen: Angabe von Ort und Zeit der Errichtung, Bezeichnung dessen, der es errichtet, und desjenigen, dessen Erklärung beurkundet wird, und die Unterschrift des Gerichtsschreibers (Wellstein, FGG. § 11 Anm. 4); die Unterschrift des Erklärenden und Vorlesung und Genehmigung des Protokolls sind nicht notwendig (Wellstein a. a. O.; Schlegelberger, FGG. § 11 Anm. 19; a. A. Keidel, FGG. § 11 Anm. 5 c). Kein wirksames Protokoll liegt vor, wenn lediglich auf eine privatschriftliche Eingabe als wesentlichen Protokollbestandteil verwiesen ist (KG. in OLG. 25, 397); ebenso ist das Protokoll unwirksam, wenn lediglich einer vom Beschwerdeführer überreichten Schrift die Einleitungs- und Schlußformel eines Protokolls beigesetzt ist, denn der das Protokoll Aufnehmende soll eine eigene Tätigkeit entwickeln (KG. in RJA. 2, 209). Auch für das Protokoll des Richters fehlt es an gesetzlichen Formvorschriften; die §§ 167 ff. insbesondere §§ 176, 177 FGG. gelten nur für die Beurkundung von Rechtsgeschäften (§ 168 FGG.). Aus dem Begriff eines Protokolls ergeben sich aber auch für die richterlichen Protokolle die gleichen Erfordernisse, wie sie für das Gerichtsschreiberprotokoll aufgestellt wurden (s. Wellstein, FGG § 11 Anm. 5). Telephonische Beschwerdeeinlegung ist unwirksam.

4. Bei der weiteren Beschwerde gilt hinsichtlich des Beschwerdeorts das gleiche wie bei der Beschwerde gegen die Verfügungen des Vormundschaftsgerichts, nur tritt als weiterer Beschwerdeort das Oberste Landesgericht hinzu. Hinsichtlich der Beschwerdeform ergibt das Gesetz jedenfalls, daß die Einreichung einer Beschwerdeschrift genügt, und daß auch noch eine weitere Beschwerdeform zulässig ist; darüber, welches diese Form ist, fehlt es an einer ausdrücklichen Bestimmung. Für die Beschwerdeschrift gilt hier das Formerfordernis, daß sie von einem Rechtsanwalt unterzeichnet sein muß; hier wird also Unterschrift ausdrücklich gefordert; bloße Unterstempelung genügt deshalb nicht; hinsichtlich der Erfordernisse einer telegraphischen Beschwerdeeinlegung gilt das gleiche wie bei der Beschwerde gegen die Verfügungen des Vormundschaftsgerichts. Abgefaßt und hergestellt kann die Beschwerdeschrift auch von einem Dritten sein; die Beschwerde wird aber unzulässig, wenn der Rechtsanwalt zum Ausdruck bringt, daß er, bloß um der Form zu genügen, unterzeichne, die Ausführungen selbst sich aber nicht aneigne. Bloße Herstellung durch einen Rechtsanwalt genügt nicht. Rechtsanwalt ist jeder bei einem deutschen Gericht zugelassene Rechtsanwalt (Karlsr. Bad. Rpr. 1915, 166); Zulassung bei einem bayerischen Gericht ist nicht notwendig. In entsprechender Anwendung des § 33 RAO. wird auch die Beiordnung eines Rechtsanwalts für eine Partei erfolgen können, die selbst keinen geeigneten Vertreter findet. Abweichend von § 29 Abs. 1 Satz 2 FGG. bedarf es der Unterzeichnung durch einen Rechtsanwalt auch dann, wenn die Beschwerde von einer Behörde oder von einem Notar eingelegt wird, der in der Angelegenheit für den Beschwerdeführer einen Antrag bei dem Gericht erster Instanz gestellt hat (a. A. vielleicht Bay. OLG. 18, 32). Hinsichtlich der weiteren zugelassenen Beschwerdeform ist es bei der Fassung des Satz 2 Halbs. 2 zweifelhaft, ob sie zu Protokoll des Richters und des Gerichtsschreibers oder lediglich zu Protokoll des Gerichtsschreibers eingelegt werden kann. Bei § 29 Abs. 1 Satz 2 FGG., dem Satz 2 Halbsatz 2 offensichtlich nachgebildet ist, kann ein Zweifel nicht bestehen, daß nur ein Gerichtsschreiberprotokoll genügt, weil nach § 29 Abs. 4 FGG. die Vorschriften über die Beschwerde auf die weitere Beschwerde entsprechend Anwendung finden. Es wird aber, obwohl Art. 8 Abs. 2 nicht auch für die weitere Beschwerde die Protokollform schlechthin zuläßt, doch im Sinne des FEG. sein, sowohl das Gerichtsschreiberprotokoll wie das richterliche Protokoll als genügend anzusehen, denn das FEG. will augenscheinlich die Beschwerdeführung erleichtern. Telephonische Beschwerdeführung ist auch bei der weiteren Beschwerde unzulässig.

5. Anwendung findet Art. 8 sowohl in den Fällen, in denen das Verfahren im allgemeinen unmittelbar durch das FEG. geregelt ist, wie in jenen, in denen es sich nach Bestimmungen anderer Gesetze regelt, die erst auf Grund des Art. 17 FEG. Anwendung finden, vorausgesetzt, daß es sich noch um einen Bestandteil des Fürsorgeerziehungsverfahrens und zwar um das gerichtliche Verfahren nicht um das Verfahren der Verwaltungsbehörden oder eine Angelegenheit der Justizverwaltung handelt; so beim Zeugenungehorsamsverfahren, bei Beschwerden der Zeugen und Sachverständigen wegen ihrer Gebühren, bei Anordnungen betr. die Sitzungspolizei u. ä.

Art. 9.

I Der Vollzug der gerichtlichen Anordnung, insbesondere die Entscheidung darüber, ob der Minderjährige in einer Familie oder in einer Erziehungsanstalt unterzubringen ist, obliegt der Distriktsverwaltungsbehörde.

II Auf das Glaubensbekenntnis des Minderjährigen muß bei der Auswahl der Familie oder der Anstalt Rücksicht genommen werden.

1. Art. 9 entspricht dem Art. 5 ZwEG. Die Übertragung der Entscheidung über die Frage, ob Unterbringung in einer Familie oder in einer Anstalt erfolgen soll, an die Verwaltungsbehörde beruht auf der Ermächtigung des Art. 135 Abs. 2 EG.BGB.

2. Ist die Fürsorgeerziehung einmal durch gerichtlichen Beschluß angeordnet, so hat das gerichtliche Verfahren sein Ende erreicht; die weitere Verfügung gebührt der nach Art. 17 Abs. 2 zuständigen Distriktsverwaltungsbehörde. Die Ausführung des Beschlusses ist eine Verwaltungsangelegenheit; aus diesem Grunde entfällt auch die Anwendung des den Zwangsvollzug in Angelegenheiten der freiwilligen Gerichtsbarkeit regelnden Art. 130 AG. BGB. Die Distriktsverwaltungsbehörde ist verpflichtet, den Beschluß zu vollziehen; sie muß den Beschluß auch sofort vollziehen; eine Unterlassung oder Aussetzung des Vollzugs wäre nur im Rahmen des Art. 10 zulässig.

Zu vollziehen ist der Beschluß, sobald er wirksam geworden ist; wegen des Eintritts der Wirksamkeit; s. Art. 17 Anm. 4 h. Da die Fürsorgeerziehung sowohl in die Rechte der Eltern, wie die des Kindes und wohl auch in die des gesetzlichen Vertreters eingreift, ist hier die Bekanntmachung an alle diese Voraussetzung der Wirksamkeit (RGSt. 41, 35 scheint anzunehmen, daß Bekanntmachung an das Kind allein genügt). Eine Nachprüfung der rechtlichen Zulässigkeit oder der Zweckmäßigkeit der Durchführung der Fürsorgeerziehung durch die Distriktsverwaltungsbehörde ist unzulässig; sie kann die Ausführung insbesondere auch nicht unter dem Gesichtspunkt unterlassen, daß sich nach Lage des Falls der Zweck der Fürsorgeerziehung überhaupt nicht erreichen lasse.

Die Tätigkeit der Distriktsverwaltungsbehörden ist eine zweifache: sie haben den Ort der Unterbringung, die Familie oder die Anstalt, zu bestimmen und den Beschluß sodann tatsächlich auszuführen, indem sie den Minderjährigen an den Platz seiner nunmehrigen weiteren Erziehung verbringen. Den Distriktsverwaltungsbehörden obliegt auch die Sorge für die weitere Verwahrung und die Erziehung des Minderjährigen und schließlich auch die Sorge für rechtzeitige Entlassung; vgl. wegen ihrer Stellung zu dem Minderjährigen Art. 1 Anm. 2 und 3.

Was die Distriktspolizeibehörde tut, ist reine Verwaltungsmaßregel; ihre Anordnungen unterliegen der Beaufsichtigung durch die vorgesetzten Dienstbehörden, also die Kreisregierungen, Kammern des Innern und das Staatsministerium des Innern. Wer sich daher durch die Entschließungen der Distriktsverwaltungsbehörden beschwert glaubt, kann sich mit Beschwerde an die höheren Stellen wenden, er braucht hierbei keine Frist einzuhalten und kann seine Beanstandungen sowohl darauf stützen, daß die getroffene Maßregel dem Gesetze nicht entspreche, als auch, daß sie ungeeignet und unzweckmäßig sei. Es ist klar, daß auch dem Vormundschaftsgerichte die Beschwerde zusteht, wenn die Verwaltungsbehörde sich weigert, einen Beschluß zu vollziehen, oder wenn die von ihr gewählte Art der Unterbringung das Wohl des Minderjährigen zu gefährden scheint. Die Beschwerdeberechtigung ist überhaupt nicht an einen bestimmten Kreis von Personen gebunden und die höheren Behörden können auch von Amts wegen abändernd eingreifen.

3. Bei der Auswahl des Unterbringungsortes hat die Distriktsverwaltungsbehörde zwei Möglichkeiten, sie kann den Minderjährigen einer geeigneten Familie überweisen oder ihn in einer Erziehungsanstalt unterbringen. Aus der Voranstellung der „Familie" in Art. 9 soll, worauf in den Landtagsverhandlungen großes Gewicht gelegt wurde, gefolgert werden, daß die Familienerziehung die Regel bilden solle. An die einmal getroffene Wahl ist die Distriktsverwaltungsbehörde nicht gebunden, sie kann die Art der Unterbringung ändern.

Nicht ausgeschlossen ist es nach dem Gesetz auch, daß der Minderjährige, der der Zwangserziehung überwiesen ist, in seiner eigenen Familie untergebracht wird (von Unzner in BayZ. 1913, 316; die Frage ist indessen zweifelhaft; vgl. hierzu Heinze S. 649; Schmitz § 10 Anm. 8); die Motive zum bayr. Ges. scheinen davon auszugehen, daß die Unterbringung in der eigenen Familie unzulässig ist, da sie diese als eine Form der Unterbringung nach der in Art. 10 Abs. 3 vorgesehenen vorläufigen Entlassung betrachten (K. d. Abg. 1899/1900 Beil. 2, 853).

4. Hat die Distriktsverwaltungsbehörde die Wahl des Unterbringungsorts getroffen, so hat sie den Beschluß auch auszuführen, indem sie den Minderjährigen in die gewählte Anstalt oder Familie verbringt und die erforderlichen Maßnahmen trifft, um ihn dort zurückzuhalten, und, wenn er sich entfernt, ihn wieder zurückzuführen. Der Vollzug erfolgt nicht auf Grund des Art. 130 AG. BGB.; gerade hievon schafft Art. 9 eine Ausnahme. Ob die Distriktsverwaltungsbehörde, wenn sie zur Durchführung des Vollzugs Gewalt nötig hat, solche anwenden kann, welche Mittel ihr zur Verfügung stehen, ob mittelbarer oder auch unmittelbarer Zwang, bestimmt sich nach den allgemeinen, auch in dieser Frage auf einer äußerst unsicheren Grundlage beruhenden Grundsätzen des bayerischen Verwaltungsrechts; vgl. hierzu Henle, Handbuch der Inneren Verwaltung S. 77 und die dort angeführte Literatur. Die bayerischen Verwaltungsbehörden scheinen auf dem Standpunkt zu stehen, daß sie befugt sind, ihre Anordnungen durch alle nach Lage der Sache erforderlichen Maßnahmen zwangsweise durchzuführen. Ziegler (HirthsAnn. 1915, 746), der dort (1915, 744 ff.) zum erstenmal das Verwaltungszwangsrecht Bayerns auf eine wissenschaftliche Weise entwickelt, hält zum Vollzug des Art. 9 FEG. unmittelbare Gewaltanwendung auf Grund und nach Maßgabe des Art. 21 Abs. 1 PStGB. für zulässig. Eine Untersuchung dieser Frage fällt aus dem Rahmen des Buchs. Sehr zweifelhaft ist insbesondere, auch Ziegler scheint nicht auf diesem Standpunkt zu stehen, ob gegen dritte Personen (abgesehen von dem Mündel und seinem gesetzlichen Vertreter), wie z. B. gegen Personen, die den Mündel aufgenommen haben und seine Herausgabe verweigern, Verwaltungszwang zulässig ist. Vom Standpunkt Zieglers aus wird auch die Anwendung von Vollstreckungsstrafen (Zwangsstrafen) gemäß Art. 21 Abs. 2 und 3 PStGB. zulässig sein.

5. Nur Rücksichtnahme auf das Glaubensbekenntnis des Minderjährigen ist bei der Auswahl der Familie oder der Anstalt vorgeschrieben; das Gesetz schließt es demnach nicht aus, daß der Minderjährige in einer Familie untergebracht wird, deren Mitglieder eine andere Religion haben, oder daß er in eine Anstalt verbracht wird, die einen anderen religiösen Charakter hat, wenn nur auch dort dem religiösen Bekenntnis des Minderjährigen Rechnung getragen ist (vgl. Karlsr. OLG. 12, 330 zu § 1779 Abs. 2 Satz 2 BGB.). Eine Verletzung des Abs. 2 nimmt der Unterbringung nicht den Charakter der Fürsorgeerziehung; es besteht nur die Pflicht, die Unterbringung mit dem Gesetz in Einklang zu bringen. Ein Rechtsweg, auf dem die Einhaltung dieser Pflicht zur Geltung gebracht werden könnte, besteht nicht; Abs. 2 ist, wie viele der öffentlichrechtlichen Vorschriften Bayerns eine lex imperfecta.

6. Neben der Einhaltung des Abs. 2 besteht für die Distriktsverwaltungsbehörde die weitere Pflicht, die Unterbringung nach Maßgabe des Art. 1 FEG. zu gestalten; also den Minderjährigen zu erziehen und zwar in einer geeigneten Familie oder in einer Erziehungsanstalt und außerdem auf öffentliche Kosten; wegen der einzelnen sich hieraus ergebenden Verpflichtungen vgl. die Bemerkungen zu Art. 1; ein Rechtsweg, die Einhaltung des Art. 1 zur Geltung zu bringen, besteht nicht. Nichterfüllung dieser Pflicht ist aber die Verletzung eines Schutzgesetzes nach § 823 Abs. 2 BGB.; sie kann auch eine Verletzung einer Amtspflicht nach § 839 BGB. sein.

7. Von der Unterbringung ist dem Vormundschaftsgericht Mitteilung zu machen (Art. 11 Abs. 1).

8. Ein Verzeichnis der Anstalten, in denen Minderjährige zur Fürsorgeerziehung untergebracht werden können, wurde bekanntgegeben, mit InnMB. vom 29. November 1910 (JMBl. 1911, 1; AInnMBl. 1910, 973); geändert nach InnMB. vom 13. Juli 1912 (JMBl. 210; AInnMBl. 805); vom 26. Februar 1913 (JMBl. Beibl. 61; AInnMBl. 220); vom 7. Mai 1914 (JMBl. Beibl. 93; AInnMBl. 286); vom 28. Oktober 1916 (AInnMBl. 245); von dem Abdruck dieser Bekanntmachungen wurde hier Umgang genommen; vgl. die Bemerkung auf S. 195 Abs. 2 des Buchs.

9. Vgl. weiter §§ 21—43 ZwEG.BB.

Art. 10.

[1] Die Aufhebung der Fürsorgeerziehung erfolgt durch Beschluß des Vormundschaftsgerichts. Das Vormundschaftsgericht hat die Fürsorgeerziehung aufzuheben, wenn die Voraussetzungen der Anordnung weggefallen sind. Die Aufhebung kann unter dem

Vorbehalte des Widerrufs beschlossen werden. Vor der Entscheidung ist die Distriktsverwaltungsbehörde zu hören.

II Der die Fürsorgeerziehung aufhebende Beschluß ist der Distriktsverwaltungsbehörde bekannt zu machen. Dieser steht die sofortige Beschwerde mit aufschiebender Wirkung zu.

III Auch ohne Anordnung des Vormundschaftsgerichts ist die Distriktsverwaltungsbehörde berechtigt, die vorläufige Entlassung aus der Fürsorgeerziehung zu verfügen.

IV Über das achtzehnte Lebensjahr des Minderjährigen hinaus soll die Fürsorgeerziehung nur in besonderen Fällen fortgesetzt werden.

1. Art. 10 entspricht dem Art. 6 ZwEG.; er befaßt sich mit der Beendigung der Fürsorgeerziehung; als Fälle derselben kennt er die — endgültige — Aufhebung und die vorläufige Aufhebung; daneben bestehen im Gesetze nicht ausdrücklich behandelte, aber aus der Natur der Sache sich ergebende, ohne gerichtliche Anordnung sich geltend machende Aufhebungsgründe wie der Tod des Minderjährigen, der Eintritt der Volljährigkeit und die Volljährigkeitserklärung (§§ 2, 3 BGB.). Einer besonderen beschlußmäßigen Aufhebung der Fürsorgeerziehung bedarf es in einem solchen Falle nicht; die Anwendung weiterer vormundschaftsgerichtlicher Maßregeln wird unzulässig und der Selbstbestimmung des Volljährigen darf kein Hindernis mehr entgegengestellt werden; er kann den Ort seiner bisherigen Unterbringung ohne weiteres verlassen; seine fernere Zurückhaltung wäre widerrechtlich. Nicht ausgeschlossen ist aber eine beschlußmäßige Feststellung des Vormundschaftsgerichts, daß kraft Gesetzes die Beendigung eingetreten ist; in zweifelhaften Fällen kann sich eine solche Feststellung empfehlen; sie hat allerdings keine bindende, einer Rechtskraft fähige Bedeutung.

2. Darüber, ob die Fürsorgeerziehung aufzuheben ist, entscheidet nicht das freie Ermessen des Vormundschaftsgerichts oder des Beschwerdegerichts. Nachdem das Vormundschaftsgericht bei der Anordnung der Fürsorgeerziehung gebunden ist, s. Art. 1 Anm. 12, kann es auch hier kein Ermessen geben. Aufzuheben ist die Fürsorgeerziehung dann, wenn die Voraussetzungen der Anordnung weggefallen sind (a. A. möglicherweise BayObLG. in OLG. 30, 86); sind sie nicht weggefallen, so kann sie nicht aufgehoben werden.

3. Die Voraussetzungen der Anordnung ergeben sich im allgemeinen aus Art. 1 und 2, auf die hier verwiesen wird. Weggefallen sind die Voraussetzungen insbesondere auch dann, wenn der Zweck der Fürsorgeerziehung erreicht, d. h. wenn die vorhandene Verwahrlosung behoben und die Gefahr einer abermaligen Verwahrlosung auch ohne die besonderen Maßnahmen der Fürsorgeerziehung (z. B. weil öffentliche Mittel nicht mehr in Anspruch genommen werden müssen) ausgeschlossen ist (BayObLG. 13, 1). Dasselbe gilt, wenn die Verwahrlosung zwar nicht beseitigt, aber der Zweck der Fürsorgeerziehung nun in anderer Weise sichergestellt ist (BayObLG. 11, 185). Aufzuheben ist die FE. auch, wenn sie zwecklos wird, so wenn ihr eine in absehbarer

Zeit nicht zu behebende geistige oder körperliche Erkrankung des Minderjährigen entgegensteht (BayObLG. 8, 295); die bloße Überfüllung der zur Aufnahme geeigneten Anstalten fällt aber nicht hierher (BayObLG. 11, 185). Kein Grund zur Aufhebung wird die Erwägung sein, daß die Aufrechterhaltung nutzlos sei, weil sie im gegebenen Falle zur Verhütung der Verwahrlosung oder des völligen sittlichen Verderbens des Minderjährigen nicht führen könne; denn die Fürsorgeerziehung ist vom Gesetz als das diesem Zweck gerecht werdende Mittel anerkannt (so die preuß. Rpr. s. Schmitz § 13 Anm. 4 und 5; vgl. auch oben Art. 2 Anm. 3; a. A. BayObLG. in BayZ. 1907, 111; BayObLG. 11, 185; 8, 295); auf jeden Fall kann die Fürsorgeerziehung dann weiter geführt werden, wenn sie zwar nicht die Besserung des Minderjährigen herbeiführt, aber doch seinem völligen sittlichen Verderben vorbeugt (BayObLG. 9, 211). Auch die Erwägung kann keinen Grund zur Aufhebung abgeben, daß gerade infolge der Fürsorgeerziehung eine Verschlechterung eingetreten sei; diese Annahme ist nach dem rechtlichen Standpunkt des Gesetzes ausgeschlossen (KG. in OLG. 30, 92). Aufhebung ist nicht schon deshalb veranlaßt, weil sich der Minderjährige während der bisherigen Dauer einwandfrei geführt hat; es kommt auch darauf an, ob nicht mit der Aufhebung sich alsbald die früheren schlimmen Einflüsse geltend machen würden (BayObLG. im Recht 1916, 522). Persönliche Interessen der Eltern sind kein Grund der Aufhebung (BayObLG. 17, 109). Sie muß nicht schon deshalb aufgehoben werden, weil ihr Anlaß, nämlich unsittliches Zusammenleben der Mutter mit einem Dritten aufgehört hat, es kommt noch auf die Nachwirkungen der früheren Verfehlungen an (BayObLG. im Recht 1917, 56). Die Aufhebung kann auch erfolgen, weil in dem anordnenden Beschluß die Voraussetzungen für die Zulässigkeit der Anordnung zuunrecht angenommen wurden. Es steht ihr nicht etwa die materielle Rechtskraft des Anordnungsbeschlusses entgegen; denn der Grundsatz der materiellen Rechtskraft ist auf das Verfahren in Angelegenheiten der freiwilligen Gerichtsbarkeit nur ausnahmsweise anwendbar (vgl. hierzu Art. 17 Anm. 1 i). BayObLG. 14, 532 läßt die Frage unentschieden. Aus den gleichen Erwägungen ist bei einem neuen Verfahren auf Aufhebung der Fürsorgeerziehung auch der Stoff abermals zu würdigen, der bereits bei einem früheren mit Ablehnung der Aufhebung endigenden Aufhebungsverfahren vorlag (BayObLG. 13, 477). Sind die Voraussetzungen, aus denen die Anordnung seinerzeit erfolgte, weggefallen, nunmehr aber andere Umstände vorhanden, die die Anordnung rechtfertigen würden, so bleibt die Fürsorgeerziehung bestehen. Bedeutungslos ist der für die Anordnung der Fürsorgeerziehung erhebliche Umstand, ob der Minderjährige das sechzehnte Lebensjahr zurückgelegt hat (Art. 2 Abs. 3); an die Stelle dieses Umstandes ist gemäß Art. 10 Abs. 4 die Erreichung des achtzehnten Lebensjahrs getreten. Wegen eines besonderen Falles der Aufhebung s. Art. 1 Anm. 17.

4. Für Fälle, in denen die Fürsorgeerziehung unter der Herrschaft des Rechts vor der Novelle vom 21. August 1914 angeordnet wurden, bemißt sich die Frage, ob die Voraussetzungen weggefallen sind, nach der früheren Fassung des Gesetzes; das gleiche gilt für die Fälle, in denen sie unter der Herrschaft des neuen Gesetzes angeordnet wurde, dann, wenn das Ver-

fahren noch unter der Herrschaft des alten Rechts also vor dem 1. Januar 1916 anhängig wurde; vgl. hierzu Anm. 3 zu Art. 106 des ArmenG. (nach Art. 19 FEG.).

5. Die Aufhebung der Fürsorgeerziehung erfolgt durch das **Vormundschaftsgericht**; wegen dieses Begriffs und wegen der örtlichen Zuständigkeit s. Art. 1 Anm. 11. Zuständig zur Aufhebung ist das Gericht, das die Fürsorgeerziehung anordnete, trotz einer etwaigen Änderung der Verhältnisse, die seinerzeit die Zuständigkeit begründeten; denn die Anordnung und Aufhebung sind nicht zwei getrennte Verhandlungen im Sinne des § 43 Abs. 1 Halbs. 2 FGG. (Dresd. in OLG. 30, 92). Wurde das Verfahren von einem anderen Gericht übernommen, so tritt dieses auch hinsichtlich der Wiederaufhebung an die Stelle des die Fürsorgeerziehung anordnenden Vormundschaftsgerichts. Reichsrechtlich bestünde kein Hindernis, die Aufhebung einer Verwaltungsbehörde zu übertragen.

Für das **Verfahren** entscheidet zufolge des Art. 17 Abs. 1 FEG. auch hier das FEG.; insbesondere dessen § 12 (BayOLG. 13, 477); das Vormundschaftsgericht kann von Amts wegen oder auf Anregung Dritter vorgehen; ein förmliches Antragsrecht kennt das bayerische Recht hier ebensowenig wie bei der Anordnung der Fürsorgeerziehung. Vor der Entscheidung über die Frage der Aufhebung ist die Distriktsverwaltungsbehörde zu hören (Abs. 1 Satz 4); deren Anhörung ist auch notwendig vor der Entscheidung auf Ablehnung der Aufhebung. Die Vorschriften des Art. 4 gelten hier nicht, auch nicht entsprechend; an deren Stelle gilt das FGG.; es ist deshalb insbesondere die in Art. 4 Abs. 5 vorgesehene ärztliche Untersuchung und die ebendort vorgesehene Anstaltsbeobachtung nicht zulässig. Nicht gesetzlich vorgeschrieben, aber zweckmäßig ist es, falls die Fürsorgeerziehung seinerzeit auf einen Antrag hin angeordnet wurde, den Antragsteller zu hören.

6. Die endgültige **Aufhebung** kann unter **dem Vorbehalt des Widerrufs erfolgen**; auch diese ist eine Aufhebung, aber sie trägt die Beschränkung in sich, daß durch gerichtliche Verfügung (den Widerruf) ihre Wirkung für die Zukunft wieder beseitigt werden kann; es ist sachlich ein Widerspruch in sich selbst, wenn BayOLG. 14, 39 annimmt, daß die widerruflich „aufgehobene" Fürsorgeerziehung „rechtlich bestehen bleibe"; der Widerspruch wird dadurch nicht beseitigt, daß bloß ein „rechtliches" Bestehenbleiben behauptet wird, denn ein anderes kommt für das Gesetz überhaupt nicht in Betracht. Daraus, daß auch die widerrufliche Aufhebung eine Aufhebung ist, folgt, daß auch sie nur erfolgen darf, wenn die Voraussetzungen der Anordnung weggefallen sind; die Beifügung der Beschränkung rechtfertigt sich dann und nur dann, wenn zu erwarten ist, daß die Voraussetzungen demnächst wieder eintreten; ein anderer Fall, der die Beschränkung rechtfertigen würde, ist nicht denkbar; denn der Wegfall der Voraussetzungen rechtfertigt nicht bloß die Aufhebung, sondern zwingt auch dazu. Die Zulässigkeit der widerruflichen Aufhebung läßt sich auch nicht etwa für Fälle behaupten, in denen der Wegfall der Voraussetzungen möglich, aber die Sache noch nicht genügend geklärt ist; denn bei Unklarheit des Sachverhältnisses darf der Richter überhaupt keine Entscheidung treffen; er hat das Sachverhältnis zu klären (§ 12 FGG.).

Mit Recht nehmen die Ausführungsbestimmungen vom 18. Dezember 1900 zum PreußFEG. an, daß die Aufhebung unter Vorbehalt des Widerrufs erfolgen soll, wenn die Führung des Zöglings und die Verhältnisse, in welche er eintritt, zur Zeit die Aufhebung rechtfertigen, es aber zweifelhaft erscheint, ob beide von Dauer sein werden.

Da auch die widerrufliche Aufhebung eine Aufhebung ist, folgt andererseits, daß sie bis zum Widerruf die volle Wirkung einer solchen hat; es erlischt also das Erziehungsrecht der Distriktsverwaltungsbehörde (Art. 1 FEG.); es erlöschen die aus Art. 11 Abs. 2 und 3 sich ergebenden Pflichten des Gemeindewaisenrats; es erlischt das Amt des Fürsorgers (Art. 11 Abs. 4 FEG.); es hört die Kostenpflicht der Armenverbände auf (Art. 13 FEG.).

Das unter Anm. 5 Bemerkte gilt auch für die widerrufliche Aufhebung.

7. Eine beschränkte Aufhebung sieht das Gesetz nicht vor; es darf also auch die widerrufliche Aufhebung nicht mit Beschränkungen verknüpft werden; sie kann also nicht auf Teilwirkungen erstreckt werden, etwa bloß auf die Beseitigung der Anstalts- und Familienerziehung unter Vorbehalt der sonstigen Wirkungen. Es kann auch nicht sofort, für den Eintritt gewisser Fälle, der Widerruf verfügt werden; nicht ausgeschlossen ist es aber, daß dem Minderjährigen der Widerruf für den Fall gewisser Voraussetzungen z. B. bei schlechter Führung, bei Verlassen eines gewissen Arbeitsplatzes in Aussicht gestellt wird; eine solche Verfügung hat aber bloß tatsächliche Bedeutung. Auch eine Aufhebung auf Zeit ist nicht zulässig.

8. Hinsichtlich des die Fürsorgeerziehung aufhebenden Beschlusses räumt Abs. 2 Satz 2 der Distriktsverwaltungsbehörde das Recht der sofortigen Beschwerde ein; beschwerdeberechtigt ist nicht jede, sondern nur die nach Art. 17 Abs. 2 zuständige Distriktsverwaltungsbehörde. Das Beschwerdegericht hat die Frage der Zuständigkeit der Beschwerde einlegenden Behörde selbständig zu prüfen; eine dem § 7 FGG. entsprechende Bestimmung, wonach auch eine Amtshandlung eines unzuständigen Gerichts wirksam ist, besteht für die Distriktsverwaltungsbehörden nicht. Das Recht der sofortigen Beschwerde besteht sowohl hinsichtlich des schlechthin, wie hinsichtlich des unter Vorbehalt des Widerrufs aufhebenden Beschlusses.

Nicht ausgeschlossen ist durch Abs. 2 Satz 2 die Beschwerdeberechtigung anderer Rechtssubjekte; ebensowenig, wie aus Abs. 2 Satz 1 zu folgern ist, daß lediglich an die Distriktsverwaltungsbehörde zuzustellen ist. Davon ging man auch bei der Erlassung des Gesetzes aus (K. d. Abg. 1901/1902 StenB. 7, 273). Die Beschwerde Dritter ist in diesen Fällen die einfache. Wer darnach außer der Distriktsverwaltungsbehörde beschwerdeberechtigt ist, bestimmt sich an sich nach § 20 und § 57 Nr. 9 FGG. Die Anwendung des § 20 FGG. wird aber ausscheiden, denn es wird sich kein Recht finden lassen, das durch die Aufhebung, sei es auch der unter Vorbehalt des Widerrufs erfolgenden, beeinträchtigt werden könnte; insbesondere werden keine Rechte der Eltern oder des Minderjährigen selbst verletzt. Dagegen ergibt sich ein weitgehender Kreis Beschwerdeberechtigter aus § 57 Nr. 9 FGG.; es gilt in dieser Richtung das hinsichtlich der Fälle des § 57 Nr. 9 bei Art. 17 unter 4 n Bemerkte auch hier. Auf Grund des § 59 FGG.

wird insbesondere auch der über vierzehn Jahre alte, nicht geschäftsunfähige Minderjährige ein Beschwerderecht haben.

Hinsichtlich der Wirksamkeit der Verfügung auf Aufhebung der Fürsorgeerziehung einschließlich der widerruflichen Aufhebung und hinsichtlich des Einflusses einer Beschwerde gilt das bei Art. 17 Anm. 4h Bemerkte. Voraussetzung der Wirksamkeit ist nach den dort aufgestellten Grundsätzen in den Fällen der Art. 10 demnach Zustellung an den Minderjährigen selbst, an seinen gesetzlichen Vertreter, an den zur Personensorge berechtigten Elternteil und an die zuständige Distriktsverwaltungsbehörde; denn sie soll Rechtsbeziehungen aller dieser beeinflussen.

Hinsichtlich der nachträglichen Änderung der Entscheidung auf Aufhebung der Fürsorgeerziehung gilt im allgemeinen das zu Art. 17 Anm. 4e Bemerkte. Das Gericht ist hier zu einer Änderung seiner Entscheidung nicht befugt, trotzdem hier gegen die gleiche Verfügung die einfache und die sofortige Beschwerde gegeben ist, auch nicht etwa nach Ablauf der Beschwerdefrist für die Distriktsverwaltungsbehörde, denn es handelt sich immerhin um eine Entscheidung der Art, daß sie an sich der sofortigen Beschwerde unterliegt.

9. Gegen eine Verfügung auf Ablehnung der Aufhebung der Fürsorgeerziehung, die wohl nur gegenüber einem darauf gerichteten Antrag ergehen wird, ist ebenfalls Beschwerde zulässig (Art. 17 Abs. 1 FEG.; § 19 FGG.). Die Beschwerde ist die einfache. Die Beschwerdeberechtigung bemißt sich nach § 20 und § 57 Nr. 9 FGG. Auf Grund des § 20 FGG. wird sich ein Beschwerderecht des erziehungsberechtigten Elternteils ergeben. Hinsichtlich der auf Grund des § 57 Nr. 9 Beschwerdeberechtigten findet das über die Anwendbarkeit des § 57 Nr. 9 zu Art. 17 Anm. 4n Bemerkte auch hier Anwendung. Auch der über vierzehn Jahre alte nicht geschäftsunfähige Minderjährige hat ein Beschwerderecht (§ 57 Nr. 9 FGG.). Kein Beschwerderecht haben die nach Art. 13 unterstützungspflichtigen Armenverbände, denn sie haben lediglich ein eigenes vermögensrechtliches Interesse, nicht ein mit der Personensorge für den Zögling zusammenhängendes. Marsch. S. 54 will hinsichtlich des Beschwerderechts Art. 6 Abs. 4 entsprechend anwenden.

10. Über die Beschwerdeform entscheidet Art. 8 FEG., sowohl bei der die Aufhebung beschließenden, wie bei der sie ablehnenden Verfügung.

11. Der Vollzug des die Fürsorgeerziehung aufhebenden Beschlusses insbesondere die Entlassung des Minderjährigen und die Überstellung an eine nunmehr die weitere Sorge für den Minderjährigen übernehmende Person erfolgt gemäß dem aus Art. 9 sich ergebenden Grundsatze durch die nach Art. 17 Abs. 2 zuständige Distriktsverwaltungsbehörde; denn es handelt sich in der Sache auch hier um die Fortsetzung des Vollzugs des die Fürsorgeerziehung anordnenden Beschlusses.

12. Die Anordnung des Widerrufs unterliegt gemäß Art. 17 FEG. den Vorschriften des FGG.; für die Feststellung der Voraussetzungen ist demnach § 12 FGG. maßgebend. Die Anhörung der Distriktsverwaltungsbehörde verlangt das Gesetz nicht. Der Widerruf bedarf keiner Begründung; er ist bekannt zu machen nach Maßgabe des bei Art. 17 Anm. 4f Bemerkten; rechtliches Interesse an der Verfügung haben der Minderjährige (vertreten durch seinen gesetzlichen

Vertreter), die zur Personensorge berechtigten Eltern und die Distriktsverwaltungsbehörde, nicht aber der nach Art. 13 unterstützungspflichtige Armenverband, und zwar aus den gleichen Gründen, wie sie bei Anm. 9 a. E. hervorgehoben sind. Wegen der Wirksamkeit der Verfügung gilt das bei Art. 17 Anm. 4h Bemerkte; ihrem Inhalt nach bestimmt ist die Verfügung für den Minderjährigen, die zur Personensorge berechtigten Eltern und die Distriktsverwaltungsbehörde. Die Beschwerde ist die einfache (BayOLG. 14, 39). Die Beschwerdeberechtigung bemißt sich nach § 20 und § 57 Abs. 1 Nr. 9 FGG.; vgl. hierzu Art. 17 Anm. 4n. Ein Beschwerderecht der Armenverbände wird nicht bestehen; wohl aber ein eigenes des über vierzehn Jahre alten nicht geschäftsunfähigen Minderjährigen. Marsch. S. 55 will hins. des Beschwerderechts Art. 6 Abs. 4 anwenden. Der Vollzug der den Widerruf verfügenden Entscheidung obliegt der Distriktsverwaltungsbehörde; denn auch hier handelt es sich in der Sache um den weiteren Vollzug des die Fürsorgeerziehung anordnenden Beschlusses (Art. 9 Abs. 1 FEG.). Die den Widerruf ablehnende Entscheidung erfordert ebenfalls keine Begründung; auch sie ist bekannt zu machen nach Maßgabe des bei Art. 17 Anm. 4f Bemerkten; rechtliches Interesse hat hier für die Regel nur der Antragsteller, dessen Antrag abgewiesen wurde. Die Beschwerde ist die einfache; das Beschwerderecht bemißt sich auch hier nach § 20, § 57 Abs. 1 Nr. 9 FGG.

13. Zu unterscheiden von der Aufhebung, auch von der widerruflichen ist die vorläufige Entlassung aus der Fürsorgeerziehung. Die Motive erblicken den Unterschied zwischen der vorläufigen Entlassung und der widerruflichen Aufhebung darin, daß erstere „das Recht der Zwangserziehung nicht berührt" (KdAbg. 1899/1900 Beil. 2, 853); sie soll anzuwenden sein, „wenn die Erreichung des Zweckes der Zwangserziehung noch zweifelhaft ist".

Die vorläufige Entlassung ist, wenn auch nur eine vorläufige, so doch eine Entlassung aus der Fürsorgeerziehung; es entfallen also zunächst die mit dieser verbundenen Wirkungen schlechthin; demgemäß endet zunächst die nach Art. 1 aus der Anordnung der Fürsorgeerziehung sich ergebende Erziehung in einer Familie oder einer Anstalt; es hören aber auch die sonstigen damit verbundenen Wirkungen auf; es enden also die in Art. 11 Abs. 2 und 3 festgestellten Pflichten des Gemeindewaisenrats und das Amt des Fürsorgers (Art. 11 Abs. 3); es hört die Kostenpflicht der Armenverbände auf; ein nach Art. 12 bestellter Anstaltsvormund behält aber auf Grund des Art. 12 Abs. 2 seine Stellung bei. Die vorläufige Aufhebung ist aber andrerseits nur eine vorläufige Entscheidung, d. h. die Fürsorgeerziehung ist nicht endgültig beendet, sondern es soll in Zukunft eine nochmalige Entscheidung erfolgen, die feststellt, ob es bei der Entlassung sein Bewenden hat, oder ob die Entlassung nicht erfolgen und für die Folge wieder der Zustand vor der vorläufigen Entlassung eintreten soll.

Hinsichtlich der Frage, unter welchen Voraussetzungen die vorläufige Entlassung zulässig ist, ist davon auszugehen, daß der Staat die Pflicht hat, eine einmal angeordnete Fürsorgeerziehung zu vollziehen und dieser Pflicht sich auch nicht durch Benützung der Einrichtung der vorläufigen Entlassung entziehen darf;

andrerseits deutet der Umstand, daß die Motive sie zulassen, wenn die Erreichung des Zweckes noch zweifelhaft ist, darauf hin, daß man mit ihr die Einrichtung einführen wollte, die andere Ges. vgl. z. B. § 19 WürttFEG. zutreffender als „Beurlaubung" des Zöglings bezeichnen. Es handelt sich aber bei der vorläufigen Aufhebung stets nur um eine vorläufige Maßregel, die nicht dazu dienen darf, die für die Aufhebung als solche bestehende gerichtliche Zuständigkeit zu umgehen; sie kann demnach nur dazu dienen, eine vorübergehende Unterbrechung des Vollzugs herbeizuführen. Liegen Umstände vor, die, wenn sie überhaupt berücksichtigt werden sollen, die endgültige wenn auch nur widerrufliche Aufhebung begründen, so muß die Entscheidung des Gerichts herbeigeführt werden. Andrerseits ist aber die vorläufige Aufhebung nicht eine die endgültige Aufhebung lediglich vorbereitende Maßregel; sie kann eine selbständige Maßnahme sein, wenn es sich nur um Erwägungen handelt, die es angezeigt erscheinen lassen, die Frage der Fürsorgeerziehung nur vorübergehend zu regeln. Das Gesetz kennt auch nur eine vorläufige Entlassung aus der Fürsorgeerziehung; der Vollzug muß demnach bereits stattgefunden haben; es darf nicht unter dem Gesichtspunkt der vorläufigen Entlassung von vornherein die Einleitung des Vollzugs unterbleiben oder aufgeschoben werden. Wegen der vorläufigen Aufhebung unter Beschränkungen und Bedingungen findet das oben unter Anm. 7 Bemerkte entsprechend Anwendung.

Verfügt wird die vorläufige Entlassung von der Distriktsverwaltungsbehörde; daneben besteht nicht etwa, wie man nach der Fassung des Abs. 3 „auch ohne Anordnung" annehmen möchte, eine nebenhergehende Zuständigkeit des Vormundschaftsgerichts. Die Distriktsverwaltungsbehörde hat sie aber dem Vormundschaftsgericht mitzuteilen (Art. 11 Abs. 1). Gegen die vorläufige Aufhebung wie gegen deren Unterlassung kann Beschwerde im Verwaltungsweg also zur Kammer des Innern der Kreisregierung eingelegt werden. Eine Anrufung des Vormundschaftsgerichts, die dem sonstigen Aufbau des Gesetzes entspräche, ist nicht vorgesehen; auch von Amts wegen kann das Vormundschaftsgericht sich nicht einmengen.

Die vorläufige Aufhebung kann von der Distriktsverwaltungsbehörde wieder widerrufen werden; auch gegen den Widerruf ist Beschwerde im Verwaltungsweg und nur diese zulässig. Der Widerruf hat zu erfolgen, und kann nur erfolgen, wenn die ihn rechtfertigenden Umstände nicht mehr bestehen.

14. Nach Abs. 4 soll die Fürsorgeerziehung über das 18. Lebensjahr des Minderjährigen hinaus nur in besonderen Fällen fortgesetzt werden; vollendet ist das 18. Lebensjahr mit dem Ablauf des dem 18. Geburtstag vorausgehenden Tages (§ 187 Abs. 2 Satz 2 BGB.). Für die Frage, ob ein besonderer Fall vorliegt, gilt das zu Art. 2 Anm. 15 Bemerkte; als ein besonderer Fall wird hier auch gelten, daß bisher die Fürsorgeerziehung sich wenig wirksam gezeigt hat, oder daß für ein anderweites Unterkommen sich nicht entsprechend sorgen läßt. Als ein besonderer Fall wurde auch erachtet, daß der Minderjährige auf Grund der Fürsorgeerziehung bei einer besonders geeigneten Person untergebracht war (BayObLG. 9, 211). Eine Endigung kraft Gesetzes tritt nicht ein; sie muß verfügt werden; andrerseits ist aber, wenn nicht ein besonderer Anlaß vorliegt, z. B. ein

Antrag eines Beteiligten, eine förmliche Beschlußfassung über die Fortdauer nicht veranlaßt. Liegen keine besonderen Umstände vor, so muß die Aufhebung erfolgen. Soll der Umstand berücksichtigt werden, so kann es nur durch eine Aufhebung, sei es auch eine widerrufliche, also durch einen Beschluß des Vormundschaftsgerichts, nicht durch eine von der Distriktsverwaltungsbehörde verfügte vorläufige Entlassung geschehen; denn auch bei vorläufiger Entlassung wird die Fürsorgeerziehung als solche „fortgesetzt", dem Abs. 4 ist also diesenfalls nicht genügt; a. A. § 48 ZwEG. VB. Durch Anordnungen über Wiedervorlage der Akten kurz vor der Erreichung des 18. Lebensjahrs wird sich der Vormundschaftsrichter in die Möglichkeit versetzen, die Frage der Aufhebung prüfen zu können; § 49 ZwEG. VB. ordnete Eintrag im Terminskalender (§ 65 der Vormundschaftsordnung) an.

15. Vgl. weiter §§ 44—49 ZwEG. VB.

Art. 11.

I Die Distriktsverwaltungsbehörde hat von der Unterbringung und von der vorläufigen Entlassung dem Vormundschaftsgericht und von der Unterbringung in einer Familie auch dem Gemeindewaisenrate Kenntnis zu geben.

II Der Gemeindewaisenrat hat über die Erziehung der in Familien untergebrachten Minderjährigen, auch wenn sie nicht unter Vormundschaft stehen, zu wachen und auf Erfordern der Distriktsverwaltungsbehörde Auskunft zu erteilen, sowie dieser auch unaufgefordert etwaige Mängel anzuzeigen.

III Der Gemeindewaisenrat kann zu diesem Zwecke die Mitwirkung der Waisenpflegerinnen in Anspruch nehmen.

IV Die Distriktsverwaltungsbehörde ist befugt, für die in Familien untergebrachten Minderjährigen zur Überwachung der Erziehung und Pflege besondere Fürsorger zu bestellen. Hierzu können auch Frauen bestellt werden. Im übrigen kann als Fürsorger nur bestellt werden, wer zum Gemeindewaisenrate gewählt werden kann. Auf einen Minderjährigen, für den ein Fürsorger bestellt ist, erstreckt sich die Überwachung des Gemeindewaisenrats nicht. Der Fürsorger hat der Distriktsverwaltungsbehörde und dem Vormundschaftsgericht auf Erfordern über das persönliche Ergehen und das Verhalten des Minderjährigen Auskunft zu erteilen.

1. Art. 11 entspricht dem Art. 7 ZwEG.; Abs. 4 wurde durch die Nov. vom 21. August 1914 beigefügt. Die Fassung der Abs. 2 und 4 lehnt sich an den § 1850 BGB. an.

2. Die erfolgte Unterbringung des Minderjährigen ist von der Distriktsverwaltungsbehörde stets dem Vormundschaftsgericht anzuzeigen. Hierbei ist nicht nur der Tag der Unterbringung anzugeben, sondern es ist auch die Familie oder Anstalt genau zu benennen. Ändert sich die Unterbringung später, so ist hiervon ebenfalls das Vormundschaftsgericht zu benachrichtigen. Ebenso ist diesem die vorläufige Entlassung eines Zöglings bekanntzugeben.

Eine Anzeige an den Gemeindewaisenrat von der Unterbringung ist nur dann vorgeschrieben, wenn diese in einer Familie erfolgt und zwar ist dann die Anzeige an den Gemeindewaisenrat zu richten, in dessen Bezirke die Familie wohnt. Wird der Minderjährige später in eine andere Familie verbracht oder verlegt die Familie ihren bisherigen Wohnort, so ist hiervon der Gemeindewaisenrat des bisherigen und des neuen Unterbringungsortes zu verständigen. Eine Anzeige von der vorläufigen Entlassung an den Gemeindewaisenrat ist zwar gesetzlich nicht vorgeschrieben, aber zweckdienlich.

Dem Sinn des Gesetzes entspricht es, daß auch von der Zurücknahme der vorläufigen Entlassung dem Vormundschaftsgericht und, wenn von der Anordnung Mitteilung an den Gemeindewaisenrat erfolgte, auch diesem Mitteilung gemacht wird. Wegen der **Führung der Fürsorgezöglinge in den Waisenlisten** s. die Bek. vom 24. Mai 1907 (unten unter C 6).

3. **Die Aufsicht über die Erziehung des Minderjährigen** an seinem Unterbringungsorte steht der Distriktsverwaltungsbehörde zu.

Hinsichtlich der in Familien untergebrachten Minderjährigen, für die ein Fürsorger im Sinne des Abs. 4 nicht bestellt ist, ist durch Abs. 2 mit Abs. 4 dem Gemeindewaisenrat die Pflicht auferlegt, über die Erziehung zu wachen, auch wenn die Minderjährigen nicht unter Vormundschaft stehen. Er hat ferner der Distriktsverwaltungsbehörde auf deren Verlangen Auskunft über das Ergehen und Verhalten der Minderjährigen zu erteilen, ebenso über die Art, wie deren Versorgung und Erziehung gehandhabt wird. Nimmt er Mängel wahr, so hat er auch unaufgefordert Anzeige an die Distriktsverwaltungsbehörde zu erstatten. Der Gemeindewaisenrat kann sich zur Überwachung der Familienerziehung der Tätigkeit der Waisenpflegerinnen bedienen, diese haben sich jedoch in ihrer Mitwirkung auf die Beaufsichtigung der Erziehung im Kindesalter stehender und weiblicher Minderjähriger zu beschränken (Art. 98 AG. BGB.). Zwangsrechte zur Handhabung des Aufsichtsrechts stehen weder dem Gemeindewaisenrat noch den Waisenpflegerinnen zu; ebensowenig das Recht, ohne Zustimmung der Wohnungsinhaber die Wohnungen der Familien zu betreten, bei denen die Minderjährigen untergebracht sind. Aus einem Rechte oder einer Pflicht, etwas zu tun, ergibt sich noch nicht das Recht, hierzu Zwang anzuwenden. Der Gemeindewaisenrat und die Waisenpflegerinnen haben auch keine Zwangsgewalt gegenüber dem Minderjährigen. Wegen der Stellung des Vormundschaftsgerichts und des Vormunds siehe Art. 1 Anm. 5.

4. Durch den Abs. 4 wird die Distriktsverwaltungsbehörde und zwar die nach Art. 17 Abs. 2 zuständige nicht die des Aufenthaltsorts ermächtigt, für die in Familien untergebrachten Minderjährigen zur Überwachung **besondere Fürsorger zu bestellen**, die ihr und dem Vormundschaftsgericht auf Verlangen Auskunft über den Minderjährigen zu erteilen haben. Die Bestellung erfolgt formlos; es ist auch nicht vorgeschrieben, daß die Bestellung für jeden Zögling durch gesonderte Verfügung erfolgt; sie kann auch in der Weise erfolgen, daß die Fürsorgereigenschaft unter gewissen Voraussetzungen von selbst eintritt, so z. B. durch Bestellung für alle in einer gewissen Familie oder an einem bestimmten Ort untergebrachten Personen. Voraussetzung der Bestellung ist die Fähigkeit zum Waisenrat gewählt zu werden oder die Fraueneigenschaft. Mit letzterem Ausdruck ist lediglich weibliches Geschlecht gemeint. Wenn das Gesetz bestimmt, daß als Fürsorger, abgesehen von Frauen, nur solche Personen bestellt werden können, die zum Gemeindewaisenrat gewählt werden können, so meint es damit die Personen, die zum Waisenrat gewählt werden können, denn unter dem Ausdruck Gemeindewaisenrat wird nur eine Behörde verstanden. Die Wählbarkeit zum Waisenrat bestimmt sich nach Art. 96a AG. BGB. in der Fassung des Art. 96 des ArmenG. vom 21. August 1914 (GVBl. 551). Demzufolge sind von Männern als Fürsorger bestellbar alle volljährigen in der Gemeinde wohnenden Personen. Ausgeschlossen sind jedoch Personen, die entmündigt sind oder nach § 1906 BGB. unter vorläufiger Vormundschaft stehen, Personen, über deren Vermögen das Konkursverfahren eröffnet ist, und ihre Ehegatten, solange dieses Verfahren dauert, und endlich die Militärpersonen des Friedensstandes. Ein bestimmtes religiöses Bekenntnis ist vom Gesetz für den Fürsorger nicht gefordert, auch nicht Bekenntnisgleichheit mit dem Minderjährigen, weder als zwingende noch als Sollvorschrift; a. A. Gerber in BayZ. 1916, 5. Das Gesetz will insbesondere die Möglichkeit eröffnen, daß der Vorstand einer Fürsorgeerziehungsanstalt den Ortsgeistlichen oder eine sonstige vertrauenswürdige Person, die zum Fürsorger bestellt sind, ersucht, einen aus der Anstalt entlassenen und in einer Lehre oder in einem Dienst untergebrachten Zögling zu beaufsichtigen (Begr. zur Nov. vom 21. August 1914 S. 9). Kein Hindernis besteht, den Vormund oder einen Waisenrat als Fürsorger zu bestellen (s. Troitzsch, SächsArch. 1909, 617). Nach §§ 34, 35 StGB. begründet der Verlust der bürgerlichen Ehrenrechte und die Aberkennung der Fähigkeit zur Bekleidung öffentlicher Ämter die Unfähigkeit zum Fürsorgeramt. Frauen haben zur Übernahme des Amtes die Genehmigung des Mannes nicht nötig. Eine Pflicht zur Übernahme des Amtes eines Fürsorgers besteht nicht; sie kann nur durch besondere Rechtsgründe etwa als Dienstpflicht gewisser Beamter sich ergeben.

5. Der Fürsorger hat die Aufgabe die Erziehung und Pflege des Minderjährigen zu überwachen; er hat als solcher kein Recht dem Minderjährigen Weisungen zu geben; auch kein Züchtigungsrecht; doch können ihm diese Rechte besonders übertragen werden; ebensowenig kann er Anordnungen über die Unterbringung oder sonstige Erziehung des Minderjährigen treffen. Da er nicht selbst die Erziehung hat, sondern sie nur zu überwachen hat, wird er auch nicht als Erzieher im Sinne des § 247 oder des § 174 Abs. 1 Nr. 1 StGB. gelten können.

Der Fürsorger ist kein Untergebener der Verwaltungsbehörde, diese kann ihm keine Weisungen geben; lediglich eine Pflicht zur Auskunftserteilung hat er und zwar nur hinsichtlich des persönlichen Ergehens und des Verhaltens des Minderjährigen: auch diese Pflicht ist keine fortlaufende, sondern besteht nur auf Grund einer besonderen Aufforderung; hinsichtlich dieser Pflicht zur Auskunfterteilung hat er auch den Anordnungen der Distriktsverwaltungsbehörde nachzukommen.

Ein Zwangsmittel zur Erfüllung der Aufsichtspflicht hat die Distriktsverwaltungsbehörde nicht. Einen Anspruch auf eine Vergütung für seine Tätigkeit hat der Fürsorger nicht; er hat auch keinen gesetzlichen Anspruch auf Ersatz der Auslagen. Die gleiche Auskunftspflicht wie gegenüber der Distriktsverwaltungsbehörde hat der Fürsorger gegenüber dem Vormundschaftsgerichte; in weiteren rechtlichen Beziehungen steht er zu diesem nicht.

6. Der Fürsorger kann seines Amtes von der Distriktsverwaltungsbehörde jederzeit enthoben werden; er kann es auch jederzeit selbst niederlegen; außerdem endet es durch den Tod des Fürsorgers oder des Minderjährigen, durch Aufhebung der Fürsorgeerziehung oder vorläufige Entlassung, durch Unterbringung des Minderjährigen in einer Anstalt, nicht aber durch einen Wechsel der Familie, außer, wenn die Bestellung von vorneherein nur mit Beschränkung auf die Unterbringung bei einer bestimmten Familie erfolgte; endlich endet das Amt durch Ablauf der Zeit, für die die Bestellung erfolgte oder durch Wegfall eines sonstigen Umstands, mit dem kraft besonderer Anordnung bei der Bestellung die Beendigung des Amtes verknüpft wurde. Der Wegfall der Befugnis, zum Waisenrat gewählt zu werden, beendet das Amt nicht, abgesehen von den Fällen der §§ 34 und 35 StGB.

7. Die Distriktsverwaltungsbehörde ist nicht gehindert, die Familienerziehung auch durch die polizeilichen Vollzugsorgane, insbesondere die Ortspolizeibehörden und die Gendarmerie, überwachen zu lassen und diesen Organen die Erstattung von Anzeigen über etwa wahrgenommene Mängel vorzuschreiben.

8. Auf die Stellung des Vormunds hat die Bestellung eines Fürsorgers keinen Einfluß; vgl. aber wegen der allgemeinen Stellung des Vormunds und des Vormundschaftsgerichts gegenüber Fürsorgezöglingen Art. 1 Anm. 5.

9. Vgl. weiter §§ 39—42 ZwEG. VB.

Art. 12.

I Für eine Anstalt, in der Minderjährige zum Zwecke der Fürsorgeerziehung untergebracht sind, kann von den Staatsministerien der Justiz und des Innern angeordnet werden, daß der Vorstand der Anstalt auf seinen Antrag vom Vormundschaftsgerichte zum Vormunde für die in der Anstalt zum Zwecke der Fürsorgeerziehung untergebrachten Minderjährigen bestellt wird oder daß ihm auf seinen Antrag einzelne Rechte und Pflichten eines Vormundes übertragen werden. Die Befugnis des Vormundschaftsgerichts, einen anderen Vormund zu bestellen oder, sofern dem Anstaltsvorstande nur einzelne Rechte und Pflichten eines Vormundes zustehen, diese dem Vormunde zu übertragen, bleibt unberührt.

II Der Vorstand behält die Rechte und Pflichten eines Vormundes auch nach der Entlassung aus der Anstalt oder der Beendigung der Erziehung oder Verpflegung bis zur Volljährigkeit des Minderjährigen.

III Dem Vorstande stehen die nach dem § 1852 Abs. 2 des Bürgerlichen Gesetzbuchs zulässigen Befreiungen zu. Ein Gegenvormund ist nicht zu bestellen.

IV Das Vormundschaftsgericht hat den Vormund auf seinen Antrag als Vormund zu entlassen und, sofern ihm nur einzelne Rechte und Pflichten eines Vormundes übertragen sind, ihn von diesen zu entbinden.

1. Art. 12 schafft auf Grund der reichsgesetzlichen Ermächtigung des Art. 136 Nr. 1 und 4 EG.BGB. neben den weiter, insbesondere auch für Fürsorgeerziehungszöglinge in Kraft bleibenden Bestimmungen des Art. 100 AG.BGB. und des Ges., betr. die Berufsvormundschaften vom 23. Februar 1908 (GVBl. 85), das durch Art. 98 des ArmenG. vom 21. August 1914 (GVBl. 551) geändert wurde, für Bayern eine weitere, im besonderen für die Fürsorgeerziehungszöglinge erhebliche Form der sog. Anstaltsvormundschaft, Berufsvormundschaft, Sammelvormundschaft, Generalvormundschaft oder Kollektivvormundschaft.[1]) Es ist darnach vorgesehen, daß für Fürsorgeerziehungszöglinge, die in Anstalten untergebracht sind, der Vorstand der Anstalt zum Vormund bestellt wird oder daß ihm einzelne Rechte und Pflichten des Vormunds übertragen werden. Dieses soll jedoch nur für Anstalten geschehen, für die es die Ministerien der Justiz und des Innern anordnen; auch ist ein Antrag des Vorstands vorausgesetzt. Der so bestellte Vormund behält seine Stellung auch nach Entlassung des Mündels aus der Anstalt bis zu dessen Volljährigkeit. Auf Antrag ist der Vormund zu entlassen; desgleichen sind ihm auf Antrag die einzelnen Rechte und Pflichten abzunehmen. Das Vormundschaftsgericht bleibt befugt, einen anderen Vormund zu bestellen und die einzelnen Rechte und Pflichten dem regelmäßigen Vormund zu übertragen. Solange der Vormund bestellt ist, gelten für ihn die allgemeinen Vorschriften mit der Maßgabe, daß er die Befreiungen des § 1852 Abs. 2 BGB. hat und daß ein Gegenvormund nicht zu bestellen ist.

2. Aus Art. 136 Nr. 1 EG.BGB. ergibt sich, daß trotz der allgemeinen Fassung des Art. 12 nur solche Anstalten in Betracht kommen, die unter staatlicher Verwaltung oder Aufsicht stehen; a. A. wohl Rupprecht in Bayr. Caritasblätter 1915, 265; bloß gemeindliche Verwaltung ohne staatliche Aufsicht, oder bloße gemeindliche Aufsicht über Privatanstalten oder kirchliche Anstalten genügen dem Gesetze nicht (vgl. Schröder-Mugdan, Vormundschaftsrecht § 29 S. 422); doch genügt bloße staatliche Mitaufsicht oder Oberaufsicht. Nicht genügend

[1]) Über den Sinn der Ausdrücke Anstaltsvormundschaft, Berufsvormundschaft, Sammelvormundschaft, Generalvormundschaft, Kollektivvormundschaft, Beamtenvormundschaft besteht keine Einigkeit; vgl. u. a. die verschiedenen Abgrenzungen dieser Begriffe bei Planck, EG.BGB. Art. 136 Anm. 1a; Staudinger, EG.BGB. Art. 136 Anm. 3B Abs. 3; Kipp-Wolff, Familienrecht § 112 Nr. II. Im allgemeinen ist man sich einig, daß sie alle Verhältnisse bezeichnen, wie sie Art. 136 EG.BGB. vorsieht, oder doch ihnen ähnliche Verhältnisse tatsächlicher Natur. An ihrer näheren Abgrenzung besteht auch kein juristisches Interesse.

ist eine staatliche Aufsicht, die sich auf die aus allgemeinen polizeilichen und schulaufsichtlichen Gründen geübte Überwachung beschränkt (Henle-Schneider, AG. BGB. Art. 100 Anm. 1).

3. Formvorschriften bestehen weder für den Erlaß noch für die Veröffentlichung der Anordnung der Ministerien, es muß aber eine nach den allgemeinen staatsrechtlichen Gesichtspunkten wirksame Entschließung der beiden Ministerien vorliegen. Daß in der Anstalt die Minderjährigen schon zu der Zeit untergebracht sind, in der der Erlaß ergeht, ist nicht vorgeschrieben.

4. Vorstand der Anstalt im Sinne des Art. 12 ist nicht der gesetzliche Vertreter derselben, sondern derjenige, dem bestimmungsgemäß die unmittelbare Leitung der Anstalt in erzieherischer Hinsicht zusteht; besteht der Vorstand in diesem Sinne aus mehreren Personen, so sind alle diese zu bestellen; ihre rechtliche Stellung ist die von Mitvormündern im Sinne des § 1797 Abs. 1 BGB. (KG. in RJA. 7, 10; Planck, EG. BGB. Art. 136 1 c); a. A. Frese in ZBlFG. 14, 750, der hier keine Mitvormundschaft annehmen will, sondern annimmt, daß die mehreren Personen die vormundschaftliche Tätigkeit gemeinsam, nach den für ihre Geschäftsführung im allgemeinen geltenden Vorschriften auszuführen haben.

5. Voraussetzung der Anwendung des Art. 12 ist, daß es sich um einen Minderjährigen handelt, für den schon nach den Vorschriften des BGB. Vormundschaft einzuleiten ist; einen selbständigen Rechtstitel zur Einleitung einer Vormundschaft kann das Landesrecht nicht geben (Staudinger, BGB. zu Art. 136 EG. BGB. Anm. 3 C a). A. A. Marsch. S. 62 hins. der Übertragung einzelner Rechte und Pflichten.

6. Der Vorstand wird nach Abs. 1 Satz 1 Vormund erst durch die Bestellung nach § 1789 BGB.; es soll nicht eine gesetzliche Vormundschaft sein; Abs. 1 Satz 1 will nur eine Verpflichtung des Vormundschaftsgerichts schaffen, eine bestimmte Person zu bestellen. Ob sich das Gesetz damit im Rahmen des Art. 136 Nr. 1 EG. BGB. gehalten hat (eine andere Nr. des Art. 136 kommt von vorneherein nicht in Betracht), kann mit Grund bezweifelt werden; denn Art. 136 Nr. 1 hat nur eine gesetzliche Vormundschaft im Auge (vgl. KG. in OLG. 8, 373 letzter Abs.); Abweichungen von den Vorschriften des BGB. hinsichtlich der zu bestellenden Vormünder wären nur nach Maßgabe des Art. 136 Nr. 3 zulässig; es wird zulässig sein, daß durch landesgesetzliche Vorschriften die Verleihung der Stellung als Vormund an eine Handlung einer Behörde geknüpft wird (vgl. wegen solcher Regelungen Landsberg im Recht 1904, 538), aber es ist kaum zulässig, aus einer tutela legitima eine tutela dativa zu machen. Hält man die Bestimmung für wirksam, so hat man auch anzunehmen, daß die Vorschriften der §§ 1776—1778 und 1780—1784 BGB. über die Berufung zur Vormundschaft und über die Umstände, die zum Amt eines Vormunds unfähig oder ungeeignet machen, keine Anwendung finden; denn damit würde Art. 12 seine Bedeutung verlieren; man wird aber schwerlich eine reichsrechtliche Ermächtigung zur Ausschließung dieser Bestimmungen finden, ein weiteres Bedenken gegen die Wirksamkeit des Art. 12. Dagegen wird die Bestimmung des Abs. 4, daß der

Vorstand auf seinen Antrag **vom Amte zu entheben ist, wirksam sein** (Frese, ZBlFG. 14, 764; a. A. **Kraus**, ZBlVorm. 2, 161).

7. Nur eine Bestellung als Vormund nicht auch als Pfleger ist zulässig; wenn § 1915 BGB. die für die Vormundschaft geltenden Vorschriften für die Pflegschaft als entsprechend anwendbar erklärt, so kann das jedenfalls für landesgesetzliche Vorschriften nicht ohne weiteres gelten; es bedürfte einer dem § 1915 BGB. entsprechenden landesrechtlichen Bestimmung; a. A. Barthelmeß S. 59 zu Art. 2 des Ges. betr. die Berufsvormundschaft. Ob überhaupt die Einführung einer Pflegschaft auf Grund des Art. 136 EG. BGB. zulässig wäre, ist bestritten; für die Bejahung Planck zu Art. 136 EG. BGB. Anm. 1d; Frese in ZBlFG. 14, 748; Weindel in BayrCaritasBlätter 1914, 4; für die Verneinung Schröder-Mugdan, Vormundschaftsrecht S. 424.

8. Aus dem Umstande, daß nach Art. 12 der Vorstand Vormund nicht kraft Gesetzes, sondern zufolge der Bestellung sein soll, ergibt sich auch, daß der amtliche Vertreter des Vorstands als solcher nicht auch Vertreter in der Stellung als Vormund ist, eine Folge, die sonst mit der Anstaltsvormundschaft verbunden ist; a. A. Rupprecht in BayrCaritasbl. 1915, 265, der annimmt, daß bei Verhinderung des Vorstands sein verfassungs- oder satzungsmäßiger Vertreter als selbständiger Vormund eintritt; richtig Weindel, ebendort 1914, 4.

9. Werden dem Vorstand nur einzelne Rechte und Pflichten eines Vormunds übertragen, so ist er Vormund nicht etwa Pfleger (vgl. die Worte des Abs. 4 „sofern ihm" d. h. dem Vormund „nur einzelne Rechte und Pflichten eines Vormunds übertragen sind"; ferner Barthelmeß, Ges. betr. die Berufsvormundschaft S. 50; a. A. von Oelhafen, BayZ. 1908, 155; Frese, ZBlVorm. 14, 747); seine Stellung läßt sich als Teilvormundschaft bezeichnen. Es hat deshalb die Übertragung der einzelnen Rechte und Pflichten in den gewöhnlichen Formen der Vormundsbestellung (nach § 1789 BGB.) zu erfolgen. Bei dieser Teilvormundschaft bleiben die sonstigen Rechte und Pflichten des Vormunds dem regelmäßigen Vormund. Auch die Übertragung der einzelnen Rechte und Pflichten des bisherigen Teilvormunds an den regelmäßigen Vormund nach Abs. 1 Satz 2 hat im Wege der Vormundsbestellung zu erfolgen. Nicht ausgeschlossen ist es selbstverständlich, neben dem Anstaltsvormund und auch neben dem Teilvormund, beim Vorliegen der allgemeinen gesetzlichen Voraussetzungen, einen Pfleger zu bestellen. Auch die Bestellung eines Mitvormunds ist zulässig und könnte landesrechtlich auch gar nicht ausgeschlossen werden (Weindel in BayrCaritasbl. 1914, 6).

10. Die aus Abs. 1 Satz 2 sich ergebende übrigens in Art. 136 Nr. 1 EG. BGB. dem Vormundschaftsgericht reichsgesetzlich gewahrte Befugnis, einen anderen Vormund zu bestellen oder die einzelnen Rechte und Pflichten dem regelmäßigen Vormund zu übertragen, besteht auch, wenn der Vorstand nach Abs. 2 seine Stellung über die Dauer der Anstaltsverwahrung hinausbehielt; sie besteht ferner sowohl in dem Sinne, daß das Vormundschaftsgericht von Anfang an eine andere Person wählt, wie in dem Sinn, daß es nachträglich eine andere Person bestellt. Bei dieser Bestellung entscheidet das freie Ermessen des Vormundschaftsgerichts; es ist nicht etwa auf die Fälle beschränkt, in denen ein Vormund auf seinen Antrag oder von Amts wegen nach §§ 1886—1889 BGB. zu entlassen ist (vgl. Barthelmeß S. 77 hinsichtlich des Art. 2 des Ges. über die Berufsvormundschaft). Unzulässig wäre es und auf einem auch mit weiterer Beschwerde verfolgbaren Rechtsirrtum beruhend, wenn das Vormundschaftsgericht einen anderen Vormund deshalb bestellte, weil es ein grundsätzlicher Gegner der Anstaltsvormundschaft wäre; denn die Anstaltsvormundschaft ist ein gesetzlich anerkanntes Institut. Grundsätzlich handelt es sich aber hier um richterliches Ermessen und es kann deshalb auch durch Anordnungen der Justizverwaltung nicht beeinflußt werden.

11. Die in diesem Zusammenhang unverständlichen **Worte „oder der Beendigung der Erziehung oder Verpflegung“** des Abs. 2 dürften durch ein Versehen in das Gesetz geraten sein. Wie eine Vergleichung mit dem Art. 136 Nr. 1 EG. BGB. zeigt, wäre es auch zulässig gewesen, alle oder einzelne Rechte eines Vormunds einem Anstaltsvorstand oder einem Beamten für Minderjährige zu übertragen, welche in einer von ihm ausgewählten Familie oder Anstalt „erzogen oder verpflegt“ werden. Letzteres geschah für Bayern nicht, war aber anscheinend, wie auch die Begründung zur Nov. vom 21. August 1914 S. 9 vermuten läßt, einmal vorgesehen. Die Worte sind daher bedeutungslos.

12. Die **nach § 1852 Abs. 2 BGB. zulässigen Befreiungen** sind, daß der Vorstand a) bei der Anlegung von Geld den in §§ 1809, 1810 BGB. bestimmten Beschränkungen nicht unterliegt und b) zu den in § 1812 BGB. bezeichneten Rechtsgeschäften der Genehmigung des Gegenvormunds oder des Vormundschaftsgerichts nicht bedarf. **Das Verbot der Bestellung eines Gegenvormunds bezieht sich** nur auf den Anstaltsvormund und den Teilvormund; ist neben dem Teilvormund ein regelmäßiger Vormund bestellt, so ist die Bestellung eines Gegenvormunds für diesen nicht ausgeschlossen. Wird im Widerspruch mit Abs. 3 Satz 2 ein Gegenvormund bestellt, so ist diese Bestellung wirksam, aber es erwächst die Pflicht, sie rückgängig zu machen. Ist bereits ein Gegenvormund bestellt und erfolgt dann wegen Eintritts der Voraussetzungen des Art. 12 die Bestellung eines Vormunds nach diesem, so verliert der Gegenvormund seine Stellung nicht von selbst, seine Bestellung ist aber rückgängig zu machen.

Abgesehen von den Ausnahmen des Abs. 3 und den nach Abs. 1 und 4 hinsichtlich der Bestellung und hinsichtlich der Beendigung des Amtes geltenden Besonderheiten hat auch der Vormund im Sinne des Art. 12 und ebenso der Teilvormund die **gleiche rechtliche Stellung wie der gewöhnliche Vormund. Hervorzuheben ist: Er** erhält eine Bestallung (§ 1719 BGB.); er hat das Recht und die Pflicht, für die Person und das Vermögen des Mündels zu sorgen (§ 1793), der Teilvormund nur, soweit sein Amt sich hierauf erstreckt; seine Rechte und Pflichten erstrecken sich nicht auf Angelegenheiten, für die ein Pfleger bestellt ist (§ 1794 BGB.); er kann den Mündel in den Fällen des § 1795 BGB. nicht vertreten; das Vormundschaftsgericht kann ihm die Vertretung für einzelne Angelegenheiten oder einen bestimmten Kreis von Angelegenheiten entziehen (§ 1796 BGB.); die Sorge für die religiöse Erziehung des Kindes kann ihm nach Maßgabe des § 1801 BGB. entzogen werden; er hat neben der unehelichen Mutter gemäß § 1707 BGB. hinsichtlich der tatsächlichen Sorge für die Person nur die rechtliche Stellung eines Beistands (vgl. Opet-Blume, Familienrecht § 1707 Anm. 2a; Planck, EG. BGB. Art. 136 Anm. 1g; Frese, ZBlFG. 14, 748; a. A. mit unschlüssiger Begründung Hamburg in OLG. 6, 64); gleiches gilt gemäß §§ 1696, 1697 BGB. für die Fälle, daß die elterliche Gewalt der ehelichen Mutter wegen ihrer Minderjährigkeit ruht, oder sie wegen Eingehens einer neuen Ehe die elterliche Gewalt verloren hat, sowie gemäß § 1702 BGB. bei nichtigen Ehen, deren Nichtigkeit die Mutter kannte, wenn die elterliche Gewalt des Vaters endet. Das Ausgeführte gilt selbstverständlich nur, wenn nicht auf Grund besonderer Verhältnisse, etwa auf Grund einer Anordnung nach § 1666 BGB. eine weitere Beschränkung der Rechte der Mutter erfolgte. Er hat Anspruch auf Ersatz seiner Aufwendungen nach § 1835 BGB.; es kann ihm eine Vergütung bewilligt werden (§ 1816 BGB.); er untersteht der Aufsicht des Vormundschaftsgerichts, das seine Anordnungen durch Ordnungsstrafen erzwingen kann (§ 1837 BGB.; KG. in OLG. 6, 298; KGJ. 42, 35). Daneben besteht eine etwaige dienstliche Aufsicht einer dem Vormund vorgesetzten Verwaltungsbehörde. Der Vormund und der Teilvormund haben gegenüber dem Vormundschaftsgericht die Aufschlußpflicht nach Maßgabe des § 1839 BGB., die Pflicht zur Rechnungsstellung nach § 1841 BGB. und zur Sicherheitsleistung nach § 1844 BGB.; auch eine Entlassung nach §§ 1886, 1887, 1888 BGB. ist möglich. Auch die Stellung des Gemeindewaisenrats bleibt die gleiche wie gegenüber dem regelmäßigen Vormund (Frese, ZBlVorm. 14, 761); dieses führt auch dazu, den Gemeindewaisenrat vor der Bestellung zu hören (§ 1779 BGB.).

13. Anordnungen nach Maßgabe des Abs. 1 ergingen mit JInnMB. vom 7. Februar 1917 (JMBl. 36; KInnMBl. 31) u. v. 17. Aug. 1917 (JMBl. 81); s. diese unter C 3.

Art. 13.

I Die Kosten der Fürsorgeerziehung sind vorläufig von dem Ortsarmenverbande zu bestreiten, in dem der Minderjährige den Unterstützungswohnsitz hat, und, wenn er in Bayern keinen Unterstützungswohnsitz hat, von dem Landarmenverband, in dem die zuständige Distriktsverwaltungsbehörde ihren Sitz hat.

II Besitzt der Minderjährige Vermögen oder erwirbt er binnen zehn Jahren nach der Aufhebung der Fürsorgeerziehung Vermögen, so ist er zum Ersatze der Kosten der Fürsorgeerziehung verpflichtet, soweit ihm der Ersatz unbeschadet der Sicherstellung des Lebensunterhalts möglich ist. Desgleichen haben diejenigen, welche dem Minderjährigen gegenüber nach dem bürgerlichen Rechte während der Dauer der Fürsorgeerziehung unterhaltspflichtig sind, Ersatz der Kosten zu leisten.

III Können die Kosten, welche auf die Fürsorgeerziehung des Minderjährigen erwachsen sind, dadurch nicht oder nur teilweise

gedeckt werden, so kann der Ortsarmenverband des Unterstützungswohnsitzes beanspruchen, daß ihm drei Zehntel der Kosten von dem Landarmenverbande, zu dessen Bezirk er gehört, und fünf Zehntel vom Staate ersetzt werden. Hat der Minderjährige in Bayern keinen Unterstützungswohnsitz, so ersetzt der Staat dem Landarmenverband (Abs. I) fünf Zehntel der Kosten.

IV Die Kosten einer vorläufigen Unterbringung gelten, wenn die Fürsorgeerziehung angeordnet wird, als Kosten der Fürsorgeerziehung. Andernfalls sind sie vom Staate zu tragen und, soweit sie von dem Minderjährigen, einem Unterhaltspflichtigen oder einem Armenverbande bestritten worden sind, diesen zu ersetzen.

1. Art. 13 trat an die Stelle des Art. 8 ZwEG.; Abs. 2 hat sein Vorbild in Art. 5 Abs. 1 und 2 des ArmenG. vom 29. April 1869, die, soweit nicht der durch sie erfolgte Zweck nun durch Art. 62 des Ges. über den Unterstützungswohnsitz vom 30. Mai 1908 erreicht wird, in Art. 10 des ArmenG. vom 21. August 1914 in etwas anderer Form wieder erscheinen.

Art. 13 regelt die Frage, wer die Kosten der Fürsorgeerziehung, d. i. der eigentlichen Erziehungsmaßregeln im Gegensatz zu den Kosten des gerichtlichen Verfahrens und des Verfahrens der Verwaltungsbehörden zu tragen hat; er unterscheidet hierbei eine Pflicht zur vorläufigen Bestreitung der Kosten, diese obliegt dem Ortsarmenverband unter Umständen dem Landarmenverband, und eine Ersatzpflicht; letztere besteht aber nur hinsichtlich eines Teiles der Kosten; und zwar zugunsten des Ortsarmenverbands gegenüber dem Landarmenverband hinsichtlich des Teilbetrags von drei Zehntel und gegenüber dem Staat zu fünf Zehntel; hinsichtlich der vorläufig vom Landarmenverband bestrittenen Kosten gegenüber dem Staat und zwar zu fünf Zehntel. Neben diesen öffentlichrechtlichen Pflichten besteht eine privatrechtliche Rückgriffspflicht (OLG. München in SeuffArch. 66, 446) gegen den Minderjährigen selbst und diejenigen, die ihm gegenüber unterhaltspflichtig sind. Diese Ersatzpflicht steht jedem zu, der auf Grund der erstgenannten öffentlichrechtlichen Pflichten Kosten bestritten hat, also dem Ortsverband, dem Landarmenverband und dem Staat. Zu dieser Regelung der Pflicht zur Kostentragung hinsichtlich der Fürsorgeerziehung fügt Abs. 4 Bestimmungen darüber, wer die Kosten der vorläufigen Unterbringung endgültig zu tragen hat; nicht ausdrücklich geregelt ist, wer sie vorläufig zu tragen hat. Vgl. zu Art. 13 im allgemeinen Hahmann in BayZ. 1917, 245.

2. Von der Vorschrift des Art. 13 werden alle Kosten der Unterbringung erfaßt, also nicht nur die Kosten der Unterbringung selbst, sondern auch die der während der Unterbringung stattfindenden Erziehung und zwar auch die Kosten der Erziehung, die auch notwendig würden, wenn keine Fürsorgeerziehung stattfände (Schmelzle in BlAdmPr. 53, 277); also nicht bloß die durch die Fürsorgeerziehung entstehenden Mehrkosten, sondern die Kosten des gesamten Lebensbedarfs; denn die Fürsorgeerziehung ist Erziehung und alle Kosten dieser Erziehung fallen auch unter Art. 13. Erfaßt werden von den Kosten in diesem Sinne alle, die von dem Augenblick entstehen, in dem die Distriktspolizeibehörde zur Überführung des Minderjährigen an seinen Bestimmungsort schreitet, bis zu dem Augenblick, in dem die Fürsorgeerziehung beendet ist, einschließlich der Kosten der Beendigung und eines ordnungsmäßigen Abschlusses; ausgeschlossen sind jedoch zufolge des Art. 17 Abs. 3 alle gerichtlichen Kosten und die durch die Verhandlungen der Verwaltungsbehörden erwachsenden Kosten, selbst soweit sie auf den Vollzug der Fürsorgeerziehung erwachsen. Es fallen sonach unter Art. 13: die Kosten der Verbringung des Minderjährigen an den Ort der Unterbringung einschließlich der Auslagen und Tagegelder des begleitenden Beamten, die Kosten der Reinigung und die der Ausstattung des Minderjährigen sowie die Kosten eines ärztlichen Heilungsverfahrens, um ihn einschaffungsfähig zu machen; die an die Anstalt, in der die Unterbringung stattfindet, zu zahlenden satzungsmäßigen Beträge, bei der Familienerziehung die an die Familie zu entrichtenden Summen. Auch die Kosten, die durch Krankheiten entstehen, gehören hierher, denn sie sind Bestandteil der Unterhaltskosten (PrOVG. in DJZ. 1905, 174; a. A. BayVGH. 1914, 1 auch BayZ. 1914, 196); auch das Schulgeld fällt hierher (Schmelzle, BlAdmPr. 53, 273; vgl. diesen auch wegen der Frage, inwieweit die Tatsache der Fürsorgeerziehung den Anspruch der Gemeinde auf das Schulgeld berührt). Bei der Unterbringung in eigenen staatlichen Anstalten kann auch ein entsprechender Anteil an den Kosten des Baues und der Unterhaltung der Anstalten angesetzt werden; der Staat ist nicht bloß auf Ersatz der laufenden Kosten beschränkt; desgleichen kann ein entsprechender Betrag der Kosten für das Anstaltspersonal einschließlich der des Leiters angesetzt werden; es fehlt für das bayerische Recht jeder gesetzliche Anhaltspunkt für die KdAbg. 1901/1902 Beil. 7, 299 aufgestellte Ansicht, daß „die Bau- und Unterhaltungskosten für die Anstalten" außer Ansatz bleiben. Anders ist die Rechtslage nach Preuß. Recht (s. § 16 Abs. 2 PreußFEG.). Hierher fallen ferner die durch einen Wechsel in der Anstalt oder Familie entstehenden Kosten, wie die der Heimschaffung eines geflohenen Zöglings (s. Seel in BayZ. 1906, 12). Nicht hierher gehören die Kosten der Beerdigung; anders § 15 des preuß. Ges. Hat der Minderjährige während der Dauer der Fürsorgeerziehung vor Gericht oder einer anderen Behörde zu erscheinen, so sind auch diese Kosten unter den Kosten der Fürsorgeerziehung inbegriffen und zwar auch, wenn der vorläufig untergebrachte Minderjährige in dem FEVerfahren selbst vor Gericht zu erscheinen hat, soweit nicht ein besonderer Rechtsgrund besteht, der eine Erstattungspflicht vorsieht; so hat der Minderjährige, der als Zeuge vernommen wird, Anspruch auf Zeugengebühren. Ist er als Angeklagter in einem Strafverfahren geladen, so sind auch die Kosten der Reise zu Gericht einschließlich der eines etwaigen Begleiters Kosten der Fürsorgeerziehung; einen Anspruch auf Ersatz aus der Staatskasse hat der Fürsorgezögling ebensowenig wie ein anderer Angeklagter (a. A. jedoch unrichtig Seel a. a. O.). Wird der Fürsorgezögling auf Grund gerichtlicher Anordnung zu einem Strafverfahren „vorgeführt", so sind die Kosten der Vorführung Gerichtskosten; die Kosten der Zurückbringung, die Sache der Organe der Fürsorgeerziehung ist, sind Kosten der Fürsorgeerziehung;

wird aus Anlaß der Vorführung mit Rücksicht auf die Fürsorgeerziehung eine besondere Begleitung notwendig, so sind auch die Kosten hierfür solche der Fürsorgeerziehung. Formell wären Ansprüche auf Ersatz solcher Kosten nach Maßgabe der §§ 20 ff. der VollzugsBek. zum bayr. KostenG. vom 20. Juni 1915 (GVBl. 156) geltend zu machen; vgl. BayObLG. in BayZ. 1907, 477. Kosten der Fürsorgeerziehung sind auch die Kosten, die für Reisen zum Zwecke des Antritts einer Freiheitsstrafe entstehen, die während der Dauer der Fürsorgeerziehung zu erstehen ist. Wird ein Vorführungs- oder Haftbefehl notwendig, so sind die entstehenden Kosten Strafvollzugskosten. Die Abholung der Zöglinge nach Erstehung der Strafe ist in jedem Fall Sache der Fürsorgeerziehungsorgane; es handelt sich deshalb auch hier um Kosten der Fürsorgeerziehung. Das Ausgeführte gilt ebenso für die endgültige wie für die vorläufige Unterbringung; vgl. hierzu die von gleichen Grundsätzen ausgehenden PreußME. vom 29. August 1903, 14. Juli 1905 und 31. August 1905 bei Müller, Die preuß. Justizverw. II, 1108 und 1109; weiter PreußME. vom 7. Aug. 1906 bei Schmitz S. 355.

Wird einem als Zeuge geladenen Fürsorgezögling ein Begleiter beigegeben, so besteht eine Ersatzpflicht nur nach Maßgabe des § 12 ZGO.; also nur dann, wenn die Begleitung wegen jugendlichen Alters oder wegen Gebrechen notwendig wird, nicht aber, wenn die Begleitung lediglich im Interesse der Fürsorgeerziehung erfolgt; so auch Preuß.-ME. vom 1./13. August 1903 bei Müller a. a. O. II, 1410.

Wird die Fürsorgeerziehung beendet und begibt sich der Zögling aus eigener Entschließung oder auf Bestimmung der Eltern oder des gesetzlichen Vertreters an einen anderen Ort, so fallen die Kosten der Ausreise nicht unter Art. 13. Wird dagegen dem Minderjährigen durch die Distrikts- oder Ortspolizeibehörde oder durch die Tätigkeit des Vormundschaftsrichters ein Dienstplatz oder eine Arbeitsstelle vermittelt, so sind die Kosten, die durch die Reise an den Platz entstehen, nach dem Sinne des Gesetzes — der in der amtlichen Begründung und in den Kammerverhandlungen mehrfach zum Ausdrucke gebracht wurde — noch Kosten der Fürsorgeerziehung. Ebenso verhält es sich, wenn die Fürsorgeerziehung lediglich um deswillen aufgehoben wurde, weil die anderweitige geeignete Unterbringung eines Kindes, z. B. bei Verwandten, ermöglicht war, mit den Kosten der Abführung an den Bestimmungsort, sowie mit Kosten einer einstweiligen Versorgung im Falle widerruflicher oder vorläufiger Entlassung.

Nur die Kosten der auf Grund des BayFEG. angeordneten Fürsorgeerziehung fallen hierher nicht auch die einer von Gerichten eines anderen Bundesstaats angeordneten Fürsorgeerziehung, sollte auch der Zögling bayerischer Staatsangehöriger sein oder in Bayern seinen Unterstützungswohnsitz haben.

Die durch Abs. 1 geschaffene Pflicht der Armenverbände zur Kostentragung entsteht mit dem Augenblick. in dem der gerichtliche Beschluß wirksam und vollziehbar wird; sie ist nicht etwa dadurch bedingt, daß tatsächlich die Unterbringung in einer Anstalt oder in einer Familie erfolgt und entsteht auch nicht etwa erst von dem Zeitpunkt an, in dem diese Unterbringung in Angriff genommen wird; denn die aus der Fürsorgeerziehung sich ergebenden Wirkungen treten mit der Wirksamkeit des gerichtlichen Beschlusses ein, nicht erst mit der Ausführung

(s. RGZ. 75, 276; OLG. Düsseld. im Recht 1907, 1420); erfolgt die Unterbringung nicht rechtzeitig, so besteht zugunsten dessen, der die Erziehung vornimmt, eine Ersatzpflicht gegen die nach Abs. 1 pflichtigen Armenverbände.

3. Die Pflicht zur Tragung der Kosten in dem dargelegten Sinn obliegt nach Abs. 1 in erster Linie dem Ortsarmenverband des Unterstützungswohnsitzes und, wenn der Minderjährige in Bayern keinen Unterstützungswohnsitz hat, dem Landarmenverband, in dem die zuständige Distriktsverwaltungsbehörde ihren Sitz hat; dem letzteren Fall wird der gleichstehen, daß ein bayerischer Unterstützungswohnsitz sich nicht feststellen läßt (s. PreußME. vom 21. August 1903 bei Schmitz S. 316). Berechtigt, diesen Anspruch geltend zu machen, wird jeder sein, der für die Fürsorgeerziehung Auslagen gemacht hat; also z. B. die Anstalt, die den Minderjährigen zum Zweck des Vollzugs des Beschlusses aufgenommen hat, oder die Familie, die ihn verpflegte; privatrechtliche Ersatzansprüche, die diesen Berechtigten gegen Dritte zustehen, bleiben daneben bestehen. Der Ersatzanspruch ist nicht davon abhängig, daß der Minderjährige vermögenslos ist und keine unterhaltspflichtigen Verwandten hat; er besteht selbst dann, wenn der Minderjährige oder die Unterhaltspflichtigen sich bereit erklären, die Kosten zu bestreiten; denn lediglich unter dieser Voraussetzung konnte der Verwaltungsbehörde die Entscheidung darüber, ob der Minderjährige in einer Anstalt oder in einer Familie unterzubringen sei, übertragen werden (Art. 135 Abs. 2 EG. BGB.; OLG. Karlsr. in BadRpr. 1915, 55). Die Kostenpflicht ist eine vorläufige; d. h. sie besteht nur vorbehaltlich des Rückgriffs auf den Minderjährigen selbst oder seine unterhaltspflichtigen Verwandten und vorbehaltlich der Beitragspflicht anderer öffentlicher Körperschaften.

Wegen der Ortsarmenverbände, wegen der Umstände, die den Unterstützungswohnsitz begründen, und wegen der Landarmenverbände vgl. Art. 5 Anm. 4.

Bei einem Wechsel des Unterstützungswohnsitzes während der Dauer der Fürsorgeerziehung wird für jede einzelne Ausgabe der Unterstützungswohnsitz entscheiden, der im Zeitpunkt ihres Anfalls bestand. Tritt ein Wechsel des Unterstützungswohnsitzes ein nach Anordnung der vorläufigen bis zur endgültigen Unterbringung, so ist nicht etwa der Armenverband des zur Zeit der letzteren bestehenden Unterstützungswohnsitzes verpflichtet, dem Ortsarmenverband, der die Kosten der vorläufigen Unterbringung bestritt, sie zu ersetzen; letzterer bleibt vielmehr zu deren Tragung weiter verpflichtet (OLG. Hamm in ZBl.-Vorm. 6, 199). Der Armenverband hat die Kosten aus der Armenkasse zu bestreiten (Art. 36 des ArmenG.).

Welches die zuständige Distriktsverwaltungsbehörde ist, ergibt sich aus Art. 17 Abs. 2.

4. Voraussetzung des Ersatzanspruchs gegen den Minderjährigen selbst ist, daß er während der Dauer der Fürsorgeerziehung Vermögen besitzt oder erwirbt, oder daß er binnen zehn Jahren nach der Aufhebung solches erwirbt; es genügt jedoch nicht jeder Vermögensbesitz, sondern nur ein solcher, der ihm die Ersatzleistung unbeschadet der Sicherstellung des Lebensunterhalts ermöglicht. Berechtigt, den

Anspruch geltend zu machen, sind der Landarmenverband und der Ortsarmenverband, die die Kosten vorläufig bestritten haben; aber auch der Staat und der Landarmenverband, gegen die nach Abs. 3 Rückgriff genommen wurde, werden zur Geltendmachung berechtigt sein, wenn sich nachträglich herausstellt, daß der Rückgriff erhoben wurde, obwohl der Minderjährige Vermögen hatte, oder, wenn er erst nach dem Rückgriff Vermögen erwirbt. Besitzt der Minderjährige während der Dauer der Fürsorgeerziehung Vermögen, so hat er die Kosten der Fürsorgeerziehung schlechthin zu erstatten, nicht also bloß die während des Vermögensbesitzes erwachsenen. Ist der Anspruch einmal erworben, so geht er rechtlich nicht dadurch verloren, daß der Minderjährige nachträglich das Vermögen wieder verliert, oder daß es nachträglich auf einen Betrag sinkt, der ihm die Ersatzleistung nur mit Gefährdung des Lebensunterhalts ermöglicht; dieses wird insbesondere von Bedeutung, wenn der Minderjährige, der innerhalb der zehn Jahre Vermögen zwar erworben aber dann wieder verloren hatte, nach Ablauf der zehn Jahre neuerdings zu Vermögen kommt. Daraus, daß das Gesetz die Fassung wählte „soweit ihm der Ersatz ... möglich ist", darf nicht geschlossen werden, daß der jeweilige Zustand zur Zeit der Geltendmachung maßgebend ist; diese von der Fassung des ZwEG. — letzteres spricht von „Vermögen, welches ... die Ersatzleistung ermöglicht" — abweichende Fassung wurde, wie die Begründung zur Nov. vom 21. August 1914 ergibt, nur gewählt, weil man diese Rechtswohltat des Notbedarfs auf die beiden Fälle des Besitzes wie des Erwerbes von Vermögen erstrecken wollte; es darf auch als ausgeschlossen gelten, daß man gegenüber dem Art. 10 des ArmenG. vom 21. Aug. 1914, dessen Fassung lautet „Vermögen, das die Ersatzleistung ... ermöglicht", eine sachliche Änderung treffen wollte. Für die Frage, ob der Lebensunterhalt sichergestellt ist, kommt nicht bloß das derzeitige dem Schuldner zustehende Vermögen in Betracht, sondern es sind auch die aus anderen Verhältnissen ihm zufließenden Einnahmen in Betracht zu ziehen z. B. die Erwerbsfähigkeit; es muß aber nicht bloß der augenblickliche Lebensunterhalt gesichert sein, sondern es darf auch nicht zu erwarten sein, daß der Schuldner in absehbarer Zeit wieder so vermögenslos wird, daß der Lebensunterhalt nicht mehr gesichert ist (BayVGH. 23, 73); der Besitz eines Vermögens von 800 Mk. sichert nach der Rechtsprechung der Gerichte den Lebensunterhalt jedenfalls nicht (s. Erkl. eines Vertreters des Ministeriums im engeren Ausschuß des bayr. Landesausschusses für Jugendfürsorge, LAMitt. S. 38); sichergestellt sein muß nur der Lebensunterhalt des Pflichtigen, Familienangehörige kommen nicht in Betracht; es braucht auch nur der notdürftige nicht der standesgemäße Unterhalt sichergestellt zu sein; letztere Einschränkung ergibt sich aus der bei BayVGH. 23, 73 behandelten Entstehung des Art. 5 des ArmenG. vom 29. April 1869. Die Beschränkung des Anspruchs durch die Sicherstellung des Lebensunterhalts wird nicht etwa bei der Zwangsvollstreckung geltend gemacht, sie muß auch nicht vom Verpflichteten im Prozeß als Einrede vorgebracht werden, so daß er das Vorliegen ihrer Voraussetzungen nachweisen müßte: die dem Gesetze genügende Höhe des Erwerbs ist vielmehr, wie der Wortlaut des Abs. 2 zeigt, eine Voraussetzung für den Ersatzanspruch; der Kläger muß die Tatsachen beweisen, aus denen die ausreichende Größe des Erwerbs zu folgern ist, falls sie bestritten werden.

Reicht das erworbene Vermögen nur zum Teile zu, so entsteht der Anspruch auf Ersatz auch nur zu einem entsprechenden Teile. Der einmal erworbene Anspruch geht auch auf die Erben des Minderjährigen über.

Unter der Aufhebung der Fürsorgeerziehung, die die zehnjährige Frist in Lauf setzt, ist der in Art. 10 Abs. 1 vorgesehene Beschluß des Vormundschaftsgerichts zu verstehen und zwar entscheidet der Tag der Rechtskraft. Auch eine Aufhebung unter Vorbehalt des Widerrufs setzt die Frist in Lauf, vorausgesetzt, daß kein Widerruf erfolgte, nicht aber die vorläufige Entlassung durch die Distriktsverwaltungsbehörde. Der Aufhebung muß eine kraft Gesetzes eintretende Beendigung der Fürsorgeerziehung z. B. die Erreichung des 21. Lebensjahres gleichstehen.

Die Verjährung der Ansprüche gegen den Minderjährigen vollendet sich, da etwas anderes gesetzlich nicht vorgeschrieben ist, in dreißig Jahren (§ 195 BGB.); sie läuft für jede einzelne Auslage gesondert und beginnt mit dem Anfall der Auslage, weil in diesem Augenblicke der Anspruch entsteht (§ 198 BGB.). Erwirbt der Minderjährige erst nach Aufhebung der Fürsorgeerziehung Vermögen, so entsteht der Anspruch erst im Augenblick des Erwerbs; in diesem Zeitpunkt beginnt auch die Verjährung. Hatte der Minderjährige schon während der Dauer der Erziehung Vermögen, wurde aber die an sich mögliche Klage nicht erhoben, so wird der Lauf der einmal begonnenen Verjährung nicht etwa dadurch unterbrochen, daß nach der Aufhebung ein neuer Vermögenserwerb erfolgt, außer es ist der neue Anfall so groß, daß er für sich allein die Sicherstellung des Lebensunterhalts ermöglicht.

Auch ein Anspruch auf Verzugszinsen wird unter den allgemeinen Voraussetzungen des BGB. bestehen.

Die Klage ist, soweit schon bestimmte Summen geleistet sind, auf den Ersatz dieser Summen zu richten und zwar steht nichts im Wege, jede einzelne ausgelegte Summe gesondert einzuklagen. Dagegen ist es nicht möglich, eine Leistungsklage dahingehend zu erheben, daß der Minderjährige im voraus verurteilt werde, alle während der Dauer der Fürsorgeerziehung anfallenden Leistungen zu ersetzen, etwa jährlich diejenige Summe zu zahlen, die an die Erziehungsanstalt abgeführt werden muß. Denn die Ersatzansprüche entstehen erst mit dem Anfall. §§ 258, 259 ZPO., welche die Möglichkeit einer Klage auf künftige Leistungen gewähren, betreffen nur Fälle, in denen die Ansprüche schon entstanden sind, der Tatbestand für ihr Vorhandensein schon vorliegt, und nur entweder eine Befristung oder — im Falle des § 259 ZPO. — eine aufschiebende Bedingung die sofortige Fälligkeit abhalten; im Art. 13 Abs. 2 handelt es sich nur um die Möglichkeit des zukünftigen Erwerbs einer Forderung. Die Verpflichtung zu späteren Ersatzleistungen kann aber unter den allgemeinen Voraussetzungen des § 256 ZPO die Grundlage einer Feststellungsklage bilden.

5. Die durch Abs. 2 Satz 2 vorgesehene Erhebung von Rückgriffsansprüchen gegen die Unterhaltspflichtigen (vgl. hierzu die entsprechende Bestimmung des § 62 des UnterstützungswohnsitzG.) ist unter den gleichen Voraussetzungen zulässig, unter denen diese nach dem BGB. dem Minderjährigen unterhaltspflichtig sind. Der Unterhaltsanspruch geht aber nicht, etwa auf Grund einer cessio legis auf die Rückgriffsberechtigten über; diese erwerben vielmehr einen

selbständigen Anspruch, der aber inhaltlich sich nach dem Unterhaltsanspruch bestimmt und zwar insofern, als die Person der Verpflichteten die gleiche ist, und als er nicht besteht, wenn nicht, nach den Voraussetzungen und nach dem Umfang, auch ein Unterhaltsanspruch des Minderjährigen besteht; hinsichtlich des Rechtsgrunds und der rechtlichen Natur aber ist er ein selbständiger Anspruch.

Die Unterhaltspflicht muß zur Zeit der Fürsorgeerziehung bestanden haben und zwar gerade zu der Zeit, in der die einzelne ersatzweise gemachte Auslage anfiel. Der einmal entstandene Anspruch dauert aber fort, auch wenn die Unterhaltspflicht wegfällt oder die Fürsorgeerziehung beendet ist.

Die Unterhaltspflicht bemißt sich in der Hauptsache bei der ehelichen Verwandtschaft nach §§ 1601—1615, bei der unehelichen nach §§ 1705—1718 BGB.; bei Ehegatten nach §§ 1360, 1361 BGB. Hervorzuheben ist aus diesen Bestimmungen, daß die Eltern vor den Großeltern und unter den ersteren wieder der Vater vor der Mutter haftet, außer es steht der letzteren die Nutznießung an dem Vermögen des Kindes zu, welchenfalls sie vor dem Vater haftet. Großeltern haften nach Köpfen, also auch dann zu gleichen Teilen, wenn von den väterlichen oder mütterlichen Großeltern der eine Teil wegfiel, von dem anderen Paar aber noch beide in Betracht kommen. Unterhaltspflichtig ist nicht, wer bei Berücksichtigung seiner sonstigen Verpflichtungen außerstande ist, ohne Gefährdung seines standesmäßigen Unterhalts den Unterhalt zu gewähren. Befinden sich Eltern in dieser Lage, so sind sie ihren minderjährigen unverheirateten Kindern gegenüber verpflichtet, alle verfügbaren Mittel zu ihrem und der Kinder Unterhalt gleichmäßig zu verwenden. Diese Verpflichtung tritt nicht ein, wenn ein anderer unterhaltspflichtiger Verwandter vorhanden ist; sie tritt auch nicht ein gegenüber einem Kinde, dessen Unterhalt aus dem Stamme seines Vermögens bestritten werden kann. Der Umstand, daß der Minderjährige während der Dauer der Fürsorgeerziehung seinen Unterhalt auf öffentliche Kosten hat, schließt nicht aus, daß er noch unterhaltsbedürftig im Sinne des § 1602 Abs. 1 BGB. ist und berührt deshalb die Unterhaltspflicht der Verwandten nicht: a. A. Gilbert in SächsArch. 1911, 19. Im allgemeinen gilt aber auch hier, daß unterhaltsberechtigt nicht ist, wer sich selbst erhalten kann (§ 1602 Abs. 2 BGB.); besondere Wirkungen in dieser Richtung ergeben sich aber aus § 1602 Abs. 2, § 1603 Abs. 2, § 1604, § 1605. Hat der Unterhaltspflichtige selbst einen Verdienst, sei es durch Beschäftigung in der Anstalt, sei es bei der Unterbringung in einer Familie, so kürzt sich der Ersatzanspruch hierum; es ist richtig, daß der Minderjährige selbst gegen die die Fürsorgeerziehung vollziehenden Organe hierauf keinen Rechtsanspruch hat; allein die Fürsorgeerziehung ist nicht dazu bestimmt, den Vollzugsorganen Einnahmen zu schaffen; dem in Anspruch genommenen Unterhaltspflichtigen steht deshalb die Einrede der ungerechtfertigten Bereicherung zu; die Frage ist jedoch bestritten; vgl. Boschan in ZBlVorm. 8, 169. Hilfsbedürftig ist auch nicht, wer Unterhaltsansprüche gegen öffentliche Kassen, wie aus der Krankenversicherung, Angestelltenversicherung, Unfallversicherung hat (Then in BayGemZ. 1917, 151).

Bei verheirateten Fürsorgezöglingen fällt auch die gegenseitige Unterhaltspflicht der Ehegatten (§ 1360 BGB.) hierher.

Die Unterhaltspflicht des unehelichen Vaters dauert bis zum vollendeten sechzehnten Lebensjahr des Kindes; sie umfaßt den der Lebensstellung der Mutter entsprechenden Unterhalt. Der Unterhalt umfaßt den gesamten Lebensbedarf, sowie die Kosten der Erziehung und der Vorbildung zu einem Berufe (ordentlicher Unterhaltsanspruch). Die Unterhaltspflicht erstreckt sich über diese Zeit hinaus, wenn das Kind zur Zeit der Vollendung des sechzehnten Lebensjahrs infolge körperlicher oder geistiger Gebrechen außerstand ist, sich selbst zu unterhalten (außerordentlicher Unterhaltsanspruch, § 1708 BGB.). Die Unterhaltspflicht des unehelichen Vaters beruht auf dem Verwandtschaftsverhältnis nicht auf unerlaubter Handlung, sie tritt also auch ein bei Zurechnungsunfähigkeit des Vaters. Der ordentliche Unterhaltsanspruch ist weder durch die Bedürftigkeit des Kindes noch durch die Leistungsfähigkeit des Vaters bedingt; anders der außerordentliche, bei dem letzterer Gesichtspunkt ausdrücklich für maßgebend erklärt ist (§ 1708 mit mit § 1603 Abs. 1 BGB.), während erstere Voraussetzung auf Grund der rechtlichen Natur dieses Anspruchs gefordert wird. Die Unterhaltspflicht des außerehelichen Vaters erlischt nicht mit seinem Tode; es besteht aber ein Abfindungsrecht nach § 1712 BGB.

Geschwister haben im Verhältnis untereinander keine Unterhaltspflicht.

Im Auge haben dürfte das Gesetz nur die gesetzliche nicht eine vertragsmäßige Unterhaltspflicht; wird die gesetzliche Unterhaltspflicht vertragsmäßig z. B. durch Vergleich abgegrenzt, so bemißt sich der Ersatzanspruch nach der vertragsmäßigen Gestaltung; denn es handelt sich immer noch um eine gesetzliche Unterhaltspflicht. Ein unter den Beteiligten ergangenes Urteil dürfte gegenüber dem ersatzberechtigten Armenverband keine Rechtskraftwirkung haben.

In der Regel wird die Höhe der aufgewendeten Summen der Höhe der Unterhaltsleistungen gleichkommen, weil der Unterhalt den gesamten Lebensbedarf umfaßt, insbesondere auch die Kosten der Erziehung und der Vorbildung zu einem Beruf (§ 1610 Abs. 2 und § 1708 Abs. 1 BGB.). Doch wird sich bei der Fürsorgeerziehung besonders bei der Anstaltserziehung oft eine Mehrausgabe ergeben, die unter gewöhnlichen Verhältnissen nicht erwachsen wäre; dieser Mehrbetrag ist nicht erstattungsfähig. Eine weitere Beschränkung ergibt sich gemäß § 1611 BGB. dann, wenn die Fürsorgeerziehung wegen eines sittlichen Verschuldens des Minderjährigen angeordnet wurde, oder wenn sich der Minderjährige einer Verfehlung schuldig gemacht hat, die den Unterhaltspflichtigen zur Entziehung des Pflichtteils berechtigt; dann kann nur der notdürftige Unterhalt verlangt werden; der Mehrbetrag ist nicht erstattungsfähig; a. A. KG. in OLG. 16, 245, das die Kosten der Fürsorgeerziehung zum notdürftigen Unterhalt zu rechnen scheint; auf die Fälle des ordentlichen Unterhaltsanspruchs außerehelicher Kinder findet § 1611 keine Anwendung.

Der Ersatzanspruch ist stets ein Geldanspruch (§ 1612 Abs. 1 Satz 1, § 1710 Abs. 1 BGB.) § 1612 Abs. 1 Satz 2 findet keine Anwendung.

§ 1612 Abs. 2 BGB., wonach die Eltern zu bestimmen haben, in welcher Art und für welche Zeit der Unterhalt im voraus zu entrichten ist, ist mit Art. 13 unvereinbar und kann deshalb nicht angewendet werden.

Ein Verzicht auf den Unterhalt für die Zukunft ist in der Regel gesetzlich unzulässig (§ 1614 Abs. 1 BGB.). Aber auch Vereinbarungen, durch die auf den Unterhalt für die Vergangenheit und zwar für eine Zeit, für die bereits ein Ersatzanspruch erwachsen ist, verzichtet wird, sind nicht imstande, den Ersatzanspruch zu beeinträchtigen. Bei unehelichen Kindern ist ein entgeltlicher Verzicht auf den Unterhalt für die Zukunft gestattet (§ 1714 Abs. 2 BGB.). Wird ein solcher Vertrag abgeschlossen, so können sich die Ersatzberechtigten an den Erzeuger nicht mehr halten, wohl aber erwirbt der Minderjährige durch einen entgeltlichen Verzicht Vermögen — nämlich eine Forderung gegen den Erzeuger — und unterliegt daher der Ersatzklage. Das Recht des Erben des Erzeugers eines unehelichen Kindes, dieses mit dem Pflichtteil abzufinden, der ihm als ehelichen gebühren würde, kann auch gegenüber dem Ersatzberechtigten ausgeübt werden (§ 1712 Abs. 2 BGB.).

Erfüllung der Unterhaltspflicht für eine Zeit, für die bereits ein Ersatzanspruch erwuchs, kann letzteren nicht mehr beeinträchtigen.

Der Ersatzanspruch unterliegt einer selbständigen und zwar der dreißigjährigen Verjährung (§ 195 BGB.; LG. Karlsr. in BadRpr. 1913, 225); er entsteht für jeden Kostenbetrag, den die Ersatzberechtigten zu entrichten haben, gesondert und zwar mit dem Augenblick, in dem ihnen die Kosten erwachsen. Unanwendbar ist § 1613 BGB., der die Nachforderung des Unterhalts für die Vergangenheit beschränkt. Aus der Selbständigkeit des Anspruchs ergibt sich insbesondere auch, daß er prozessual als eigener nicht als Unterhaltsanspruch zu behandeln ist; es findet also hinsichtlich der vorläufigen Vollstreckbarkeit § 708 Nr. 6 ZPO. keine Anwendung; ebensowenig bei der Zwangsvollstreckung § 850 Nr. 4 ZPO., noch die für Unterhaltsansprüche geltenden Bestimmungen des LohnbeschlagnahmeG. vom 21. Juni 1869 (vgl. LG. Nürnberg in BayZ. 1905, 182). Aus der Selbständigkeit des Anspruchs folgt ferner, daß bei Nichterfüllung keine Bestrafung wegen Verletzung der Unterhaltspflicht nach § 361 Nr. 10 StGB. eintreten kann (OLG. Karlsr. in BadRpr. 1915, 55; OLG. Dresden in ZBlVorm. 3, 129).

Wird eine Ersatzklage erhoben, so kann der in Anspruch Genommene nicht einwenden, die Fürsorgeerziehung sei zuunrecht angeordnet worden und eine Entscheidung des Prozeßgerichts hierüber herbeiführen. Ebensowenig kann er sich, vorausgesetzt, daß sich die Kosten im Rahmen der für ihn bestehenden Unterhaltspflicht halten, darauf berufen, daß die Distriktsverwaltungsbehörde eine zu teuere oder ungeeignete Art der Unterbringung gewählt habe. Dagegen kann er die Höhe des Ersatzanspruchs mit der Einwendung bekämpfen, daß die aufgewendeten Kosten überhaupt nicht zu denen gehören, die von Art. 13 betroffen werden und vom Ersatzberechtigten ausgelegt werden mußten.

6. Die Armenverbände haben, wenn sie auf Grund der nach Abs. 2 bestehenden zivilrechtlichen Ansprüche zu keiner Deckung kommen, nach Abs. 3 einen weiteren, öffentlichrechtlichen Anspruch auf Erstattung ihrer Auslagen und zwar mit dem Schlußergebnis, daß jedenfalls fünf Zehntel endgültig auf den Staat, drei Zehntel endgültig auf den Landarmenverband und die letzten zwei Zehntel, wenn der Minderjährige in Bayern einen Unterstützungswohnsitz hat, endgültig auf den Ortsarmenverband, wenn er keinen solchen hat, endgültig weiter auf den Landarmenverband fallen.

Der Ersatzanspruch ist nicht davon abhängig, daß durch rechtskräftiges Urteil festgestellt ist, eine Erstattungspflicht des Minderjährigen oder der Unterhaltspflichtigen bestehe nicht. Den Armenverbänden wird nicht zugemutet, immer zunächst den Weg der Klage zu betreten und einen Prozeß durchzuführen; es muß genügen, wenn nach Lage der Sache, insbesondere wegen der Vermögensverhältnisse der Ersatzpflichtigen, von einer Klage ein angemessener Erfolg nicht zu erwarten ist. Ebenso ist es nicht die Absicht des Gesetzes, daß die Armenverbände warten, bis zehn Jahre nach Aufhebung der Fürsorgeerziehung verflossen sind, weil erst dann mit voller Sicherheit feststeht, daß keine Ansprüche gegen den Minderjährigen mehr zulässig sind. Vielmehr muß auch hier die Unwahrscheinlichkeit eines ausreichenden Vermögenserwerbs nach Lage des Falls genügen, um die Beiziehung von Staat und Landarmenverband zu rechtfertigen. Die Verjährung bemißt sich nach Art. 125 AG. BGB.

Die Ersatzpflicht erstreckt sich nur auf die Kosten der Fürsorgeerziehung nicht auch auf die Kosten, die durch ein Vorgehen gegen die nach Abs. 2 Pflichtigen erwuchsen. Haben die Armenverbände auf Grund des Abs. 2 teilweisen Ersatz erlangt, so können sie den Ersatz eines dem Verteilungsverhältnis des Abs. 3 entsprechenden Teilbetrags des Restes verlangen. Die Rückgriffspflichtigen können nicht etwa verlangen, daß ihnen ein verhältnismäßiger Teil des nach Abs. 2 ersetzten Betrags zugute kommt.

Wurde auf Grund des Abs. 3 von dem Staat oder von dem Landarmenverband Ersatz geleistet in einem Falle, in dem die Voraussetzungen des Abs. 3 zuunrecht angenommen wurden, insbesondere weil sich nachträglich eine Rückgriffspflicht nach Abs. 2 verwirklichen läßt, oder erwirbt der Minderjährige nachträglich innerhalb des zehnjährigen Zeitraums Vermögen, so sind die gemachten Leistungen nach den Grundsätzen über ungerechtfertigte Bereicherung zurückzuerstatten; der Staat und der Landarmenverband können aber auch selbständig gegen den nach Abs. 2 Ersatzpflichtigen vorgehen.

Vorschriften über die formelle Geltendmachung der nach Abs. 3, 4 Satz 1 bestehenden Ersatzansprüche, deren Prüfung und Begleichung enthalten die Nr. 2, 3 und 4 der MBek. vom 24. Dezember 1915: siehe diese unten unter C 1. Nichteinhaltung der dort für die Geltendmachung gegebenen Vorschriften berechtigt nicht zur Ablehnung der Ersatzansprüche; es handelt sich um bloße den Geschäftsgang erleichternde Ordnungsvorschriften.

7. Die vorläufige Bestreitung der K o s t e n d e r v o r l ä u f i g e n U n t e r b r i n g u n g wird nach den gleichen Grundsätzen zu erfolgen haben, wie die vorläufige Bestreitung der Kosten der eigentlichen Fürsorgeerziehung also nach Maßgabe des Art. 13 Abs. 1; hier fallen unter die Kosten auch diejenigen, die durch das Erscheinen bei Gericht zum Zwecke der nach Art. 4 Abs. 2 erforderlichen Vernehmung anfallen. Auch hinsichtlich der Kosten der vorläufigen Unterbringung besteht demnach auch die Ersatzpflicht nach Maßgabe der Abs. 2 und 3. Abs. 4 fügt hierzu noch weitere ergänzende Bestimmungen; kommt es nämlich nachträglich zur rechtskräftigen Anordnung der Fürsorgeerziehung, so soll es bei dieser Behandlung bleiben; dabei muß es aber noch in demselben Verfahren, in dem die vorläufige Unterbringung beschlossen wurde, zur Anordnung der Fürsorgeerziehung kommen: das Verfahren hat dann sein Ende erreicht, wenn endgültig entweder die Überweisung beschlossen, oder das Verfahren eingestellt wurde (PreußOVG. in DJZ. 1911, 766). Erfolgt die rechtskräftige Anordnung der Fürsorgeerziehung in demselben Verfahren nicht, so tritt die öffentlichrechtliche Ersatzpflicht des Staates ein; diese besteht aber nur gegenüber einem Armenverband (sei es nun der Orts- oder der Landarmenverband), gegenüber dem Minderjährigen selbst und gegenüber einem Unterhaltspflichtigen; gegenüber diesen besteht sie aber ohne Rücksicht darauf, ob sie die Kosten auf Grund einer Rechtspflicht oder freiwillig bestritten haben; bei einem Unterhaltspflichtigen allerdings nur, wenn er auch rechtlich ein Unterhaltspflichtiger war, doch ohne Rücksicht darauf, ob im einzelnen Fall die Unterhaltspflicht bestand. Keine Ersatzpflicht besteht gegenüber Vereinen oder nicht unterhaltspflichtigen Privatpersonen. Die Ersatzberechtigten haben aber schlechthin Anspruch auf Ersatz der Kosten der vorläufigen Unterbringung, also auch insoweit ihnen dadurch Kosten erspart wurden; es können deshalb insbesondere die Unterhaltspflichtigen Ersatz beanspruchen ohne Rücksicht darauf, daß sie auch ohne die Anordnung der vorläufigen Unterbringung den Unterhalt des Minderjährigen hätten bestreiten müssen.

Vorschriften über die formelle Geltendmachung der nach Abs. 4 Satz 2 bestehenden Ersatzansprüche und deren Feststellung und Begleichung enthalten die Nrn. 2—4 der Bek. vom 24. Dezember 1915 (s. diese unter C I).

Die Bestimmungen des Abs. 4 gelten nur für eine vorläufige Unterbringung, die von einem bayerischen Gericht verfügt wird; im Gesetz fehlt jede Regelung der Beziehungen der bayerischen Fürsorgeerziehung zu dem Fürsorgeerziehungsverfahren anderer Bundesstaaten: es kann deshalb auch hier, trotzdem der Wortlaut des Gesetzes kaum entgegenstünde, nicht angenommen werden, daß die bayerische Staatskasse die Kosten eines von einem anderen Bundesstaat durchgeführten Verfahrens übernehmen will.

8. Wegen der Zuständigkeit zur Entscheidung von Streitigkeiten, über die in Abs. 1, 3 und 4 bezeichneten Ansprüche s. Art. 14; dagegen sind die Ansprüche im Sinne des Abs. 2 privatrechtlicher Natur und vor den Gerichten geltend zu machen (Slg. v. Entsch. des Gerichtshofs f. KompKonfl. 1, 159; GVBl. 1888 Beil. 3; GVBl. 1874 Beil. 1); jedoch besteht hinsichtlich ihrer zum Teil die Befugnis der Verwaltungsbehörden zu vorläufigen Anordnungen; s. Art. 15. Im Verfahren vor den bayerischen Gerichten haben die Armenverbände in bürgerlichen Rechtsstreitigkeiten Gebührenfreiheit (Art. 15 Abs. 2 ArmenG.).

9. Nicht geregelt ist durch Art. 13 und auch nicht durch sonstige Bestimmungen des Gesetzes, wer die Kosten der Fürsorgeerziehung zu tragen hat, bis die Pflicht zur vorläufigen Kostentragung festgestellt, insbesondere bis der Unterstützungswohnsitz ermittelt ist (vgl. für die Kosten der Armenunterstützung hierwegen den § 28 des Ges. über den Unterstützungswohnsitz vom 30. Mai 1908), oder bis diese Pflicht, wenn sie nicht anerkannt ist oder nicht freiwillig erfüllt wird, zwangsweise geltend gemacht wird. Insoweit muß die Distriktsverwaltungsbehörde im Verwaltungswege das Erforderliche veranlassen, Zwangsmittel hat sie nicht; es können ihr zu diesem Zwecke von Staats wegen Mittel zur Verfügung gestellt sein, oder es kann durch freiwillige private Tätigkeit eingegriffen werden; auch Stundung der Kosten durch den, der die Erziehung besorgt, kann zum Ziele führen. Auch die Inanspruchnahme der Armenverbände auf Grund der armenrechtlichen Bestimmungen kann unter Umständen in Frage kommen. Dagegen kann eigenes Vermögen des Minderjährigen wider den Willen des Vertretungsberechtigten, etwa auf Grund einer einstweiligen Verfügung, nicht in Anspruch genommen werden, denn die Fürsorgeerziehung ist eine Erziehung auf öffentliche Kosten (s. Art. 1 Anm. 2). Aus den gleichen Erwägungen ist eine Heranziehung des Unterhaltspflichtigen wider dessen Willen unzulässig. Die Anwendung des Art. 13 Abs. 4 Satz 2 ist demnach hinsichtlich des Minderjährigen und der Unterhaltspflichtigen nur für die Fälle freiwilliger Übernahme von Bedeutung.

10. Nicht beseitigt sind durch Art. 13 Verpflichtungen zur Kostentragung oder Erstattung, die sich auf andere außerhalb des FEG. bestehende Rechtstitel gründen, wie zivilrechtliche auf §§ 823 ff. BGB. sich gründende oder vertragsmäßig übernommene Pflichten, oder öffentlichrechtliche etwa auf Grund von Satzungen öffentlichrechtlicher Stiftungen sich ergebende Ersatzpflichten. Nach bürgerlichem Recht beurteilt sich auch die Frage, ob und inwieweit der nach Abs. 2 Satz 1 in Anspruch genommene Minderjährige einerseits und die nach Abs. 2 Satz 2 herangezogenen Unterhaltspflichtigen anderseits gegenseitig Ersatzansprüche haben.

11. Vgl. weiter §§ 50—58 ZwEG.VB.

Art. 14.

I Streitigkeiten über die in Art. 13 Abs. I, III, IV begründeten Ansprüche und Verbindlichkeiten werden von den Distriktsverwaltungsbehörden in erster und von den K. Regierungen, Kammern des Innern, in zweiter Instanz entschieden.

II Gegen die Entscheidungen der K. Regierungen, Kammern des Innern, ist Beschwerde nach Art. 45 des Gesetzes vom 8. August 1878, betreffend die Errichtung eines Verwaltungsgerichtshofes und das Verfahren in Verwaltungsrechtssachen, zulässig.

1. Art. 14 entspricht dem Art. 9 ZwEG. Er bestimmt, daß über die in Art. 13 Abs. 1, 3 und 4 bezeichneten Ansprüche von den Distriktsverwaltungsbehörden also von den Magistraten der unmittelbaren Städte und den Bezirksämtern in erster und von den Kammern des Innern der Kreisregierungen in zweiter Instanz entschieden wird und daß hierwegen außerdem Beschwerde an den Verwaltungsgerichtshof nach Art. 45 des VGHG. vom 8. August 1878 zulässig ist; hieraus ergibt sich negativ, daß für diese Ansprüche der Rechtsweg ausgeschlossen ist. Positiv folgt hieraus, daß die Geltendmachung dieser Ansprüche in einem Verfahren vor den Verwaltungsbehörden erfolgen kann, und daß damit auch der Verwaltungsgerichtshof befaßt werden kann; dieses Verfahren ist aber kein Rechtsweg, sondern in den beiden ersten Instanzen ein reines Verwaltungsverfahren, in der letzten Instanz ein sog.

Verwaltungsstreitverfahren zweiter Ordnung. Art. 14 enthält nicht bloß, wie es nach seiner Fassung zu sein scheint, eine Zuständigkeitsbestimmung, sondern er führt schlechthin, ohne daß es hierzu der Heranziehung des Art. 17 Abs. 1, dem er als Sonderbestimmung vorgeht, bedarf, das Verwaltungsverfahren, bzw. für das Verfahren in letzter Instanz das Verfahren nach Art. 45 VGHG. ein.

2. Wegen des in den Fällen des Art. 14 einzuhaltenden Verfahrens im einzelnen muß im allgemeinen auf Art. 45 VGHG. verwiesen werden. Im besonderen ist hier nur hervorzuheben: Für die örtliche Zuständigkeit der Distriktsverwaltungsbehörde wird hier nicht Art. 17 Abs. 2 FEG. entscheiden; letzterer wird nur für die unmittelbar nach dem FEG. sich bemessenden Angelegenheiten maßgebend sein; sondern es entscheiden die allgemeinen Grundsätze des bayerischen Verwaltungsverfahrens; vgl. wegen dieser Reger-Dyroff, VGHG. Art. 17 Anm. 1. Bei den Kreisregierungen erfolgt die Entscheidung nicht durch den verwaltungsrechtlichen Senat, sondern im Bureauweg. Die Beschwerdefrist beträgt für die Beschwerden an den Verwaltungsgerichtshof vierzehn Tage; diese Beschwerden müssen innerhalb einer Frist von vierzehn Tagen, gerechnet von der Eröffnung der Verfügung an, eingelegt werden (Art. 45 Abs. 2 VGHG.); die Einlegung hat an sich bei der Behörde zu erfolgen, die den beschwerenden Beschluß erließ (Art. 45 Abs. 2 VGHG.), jedoch ist die Frist auch dann gewahrt, wenn die Beschwerde innerhalb der bezeichneten Frist bei einer unrichtigen Instanz angebracht wurde (Deklaration vom 15. Juni 1898, GVBl. 294); es muß aber eine „Instanz" sein, d. h. eine Behörde, die zu einer instanziellen Entscheidung in der betreffenden Sache gesetzlich berufen ist (BayVGH. 22, 150). Diese Grundsätze sollen nach der Rechtsprechung des Verwaltungsgerichtshofs auch für die Beschwerde gegen die Entscheidung der unteren Instanz hier also der Distriktsverwaltungsbehörde gelten (BayVGH. 4, 608). Wegen der Kosten des nach Art. 14 zu erledigenden Streitverfahrens s. Art. 17 Abs. 3 Anm. 18.

3. Der Verwaltungsgerichtshof und die mit den Entscheidungen nach Art. 14 betrauten Verwaltungsbehörden haben bei Beurteilung der Frage, ob die Verpflichtung zur Tragung der Kosten oder eine Verpflichtung zum Ersatze schon bezahlter Kosten besteht, zunächst zu prüfen, ob eine wirksame gerichtliche Entscheidung vorliegt, auf Grund deren die Zwangserziehung zu erfolgen hat. Die Gründe der Entscheidung nachzuprüfen, sind sie nicht befugt. Sie haben dabei bei den Ansprüchen des Art. 13 als Zwischenfrage auch die Frage zu entscheiden, welches der Ortsarmenverband des Unterstützungswohnsitzes ist.

4. Art. 14 gilt auch für die Geltendmachung der Rückgriffsansprüche, die die Armenverbände nach Maßgabe des Art. 15 Abs. 2 Satz 3 gegen den Fiskus und den Landarmenverband erheben; ebenso findet nach den von der bayerischen Rechtsprechung angenommenen Grundsätzen (Entsch. des Gerichtshofs f. KompKonfl. Bd. 1 S. 185) Art. 14 auch dann Anwendung, wenn die auf Grund des Art. 13 Abs. 1, 3 und 4 oder des Art. 15 Abs. 2 Satz 3 gemachten Leistungen nach den Grundsätzen über ungerechtfertigte Bereicherung zurückverlangt werden. Der bayerischen Rechtsprechung entspricht es endlich, die Vorschrift des Art. 14

auch dann anzuwenden, wenn ein Dritter, der die Kosten bestritten hat, unter dem Gesichtspunkt der Geschäftsführung ohne Auftrag oder der Bereicherung Ersatzansprüche gegen eines der in Art. 13 Abs. 1 und 3 bezeichneten Rechtssubjekte geltend macht (vgl. KompKonfl. in RegBl. 1859, 1066 und 1858, 1613); ob dieser Standpunkt richtig ist, ist allerdings sehr zweifelhaft; auch der Standpunkt des Reichsgerichts ist ein anderer (s. RGZ. 75, 276).

Art. 15.

I Auf Antrag des Armenverbandes (Art. 13 Abs. I) können die Eltern und Großeltern des Minderjährigen durch Beschluß der Distriktsverwaltungsbehörde ihres Wohnsitzes angehalten werden, nach Maßgabe ihrer gesetzlichen Unterhaltspflicht die Kosten der Fürsorgeerziehung zu bestreiten und die hierfür gemachten Aufwendungen zu ersetzen. Das gleiche gilt bei einem unehelichen Kinde von dem Vater, wenn er seine Vaterschaft nach § 1718 des Bürgerlichen Gesetzbuchs anerkannt oder sich zur Leistung des Unterhalts in einer vor dem Vormundschaftsgericht oder einem Notar aufgenommenen Urkunde verpflichtet hat oder wenn seine Unterhaltspflicht vollstreckbar feststeht.

II Die Distriktsverwaltungsbehörde entscheidet endgültig vorbehaltlich des Rechtswegs. Ihr Beschluß ist vorläufig vollstreckbar. Weicht das rechtskräftige gerichtliche Urteil von der Entscheidung der Distriktsverwaltungsbehörde ab, so hat der Armenverband dem in Anspruch Genommenen seine Leistungen oder Mehrleistungen und die Kosten des Rechtsstreits, soweit sie nicht diesem selbst auferlegt sind, zu ersetzen; im Weigerungsfalle ist er hierzu staatsaufsichtlich anzuhalten. Der Armenverband kann nach Maßgabe des Art. 13 Abs. III Ersatz beanspruchen.

1. Art. 15, der dem Art. 10 ZwEG. entspricht, überträgt das Verfahren, das in Art. 11 des ArmenG. vom 21. August 1914 (GVBl. 551) für die Geltendmachung der Rückgriffsansprüche wegen der Gewährung öffentlicher Armenunterstützungen vorgesehen ist, auf die G e l t e n d m a c h u n g d e s R ü c k g r i f f s a n s p r u c h s z u g u n s t e n d e r A u f w e n d u n g e n f ü r d i e F ü r s o r g e e r z i e h u n g. Seine Bedeutung liegt darin, daß für gewisse nach Art. 13 bestehende privatrechtliche Ansprüche ein Verfahren vor den Verwaltungsbehörden zulässig ist. Es können nämlich auf Antrag der Armenverbände die Eltern, die Großeltern und der uneheliche Vater nach Maßgabe ihrer gesetzlichen Unterhaltspflicht durch vorläufig vollstreckbaren Beschluß der Distriktsverwaltungsbehörde angehalten werden, die Kosten der Fürsorgeerziehung zu bestreiten und die Aufwendungen hierfür zu ersetzen. Gegen den Beschluß der Distriktsverwaltungsbehörde kann der Rechtsweg beschritten werden. Kommt das Gericht zu dem Ergebnis, daß der Beschluß der

Distriktsverwaltungsbehörde unrichtig war, so hat der Armenverband die zuunrecht empfangenen Leistungen wieder zu erstatten. Er hat aber seinerseits wieder Rückgriffsansprüche gegen den Staat und, wenn es ein Ortsarmenverband ist, auch gegen den Landarmenverband.

2. Voraussetzung der vorläufigen Anordnung der Distriktsverwaltungsbehörde ist ein Antrag des Ortsarmenverbands des Unterstützungswohnsitzes des Minderjährigen oder, wenn er einen solchen in Bayern nicht hat, des Landarmenverbands, in dessen Bezirk die zum Vollzug der Fürsorgeerziehung zuständige Distriktsverwaltungsbehörde ihren Sitz hat. Ein Recht auf das Verfahren nach Art. 15 haben die Armenverbände nicht.

3. In Anspruch genommen werden können nicht sämtliche Unterhaltspflichtige, sondern nur die Eltern und die Großeltern, einschließlich der Mutter und der mütterlichen Großeltern eines unehelichen Kindes, und der uneheliche Vater, letzterer aber nur unter besonderen unten behandelten formellen Voraussetzungen. Gegen Rechtsnachfolger dieser Person, seien es nun Erben oder Einzelnachfolger, kann die Verwaltungsbehörde nicht vorgehen. Auch gegen den Minderjährigen selbst kann von der Distriktsverwaltungsbehörde nicht vorgegangen werden.

4. Die vorläufige Heranziehung erfolgt durch Beschluß der Distriktsverwaltungsbehörde des Wohnsitzes dessen, der in Anspruch genommen werden soll. Wohnsitz ist hier der Wohnsitz des bürgerlichen Rechts (§§ 7 ff. BGB.). Werden mehrere Pflichtige in Anspruch genommen, die ihren Wohnsitz in verschiedenen Distriktsverwaltungsbezirken haben, so ist nach dem für Verwaltungssachen anerkannten Grundsatz des Sachzusammenhangs die Distriktsverwaltungsbehörde zuständig, in deren Bezirk die in erster Linie in Anspruch genommene Person ihren Wohnsitz hat (vgl. die Mot. zum ArmenG. KdAbg. 1913/1914 Beil. 5 S. 703); doch kann auch gegen jeden einzeln von der Distriktsverwaltungsbehörde seines Wohnsitzes vorgegangen werden. Haben die in Anspruch zu Nehmenden in Bayern keinen Wohnsitz, so ist Art. 15 nicht anwendbar, denn es fehlt an einer zuständigen Distriktsverwaltungsbehörde.[1]) Für das Verfahren der Distriktsverwaltungsbehörden, das ein reines Verwaltungsverfahren nicht etwa ein Verwaltungsrechtsverfahren ist, gelten die allgemeinen hiefür maßgebenden Bestimmungen und Gepflogenheiten.

5. Die Heranziehung kann nur nach Maßgabe der gesetzlichen nicht etwa nach Maßgabe einer vertragsmäßig übernommenen Unterhaltspflicht erfolgen; wegen des Inhalts der gesetzlichen Unterhaltspflicht im einzelnen vgl. Art. 13 Anm. 5. Wirksame vertragsmäßige Änderungen und Festsetzungen der gesetzlichen Unterhaltspflicht unter den Beteiligten berühren auch den Anspruch des Art. 15; es kann nicht etwa hier schlechthin auf das ursprüngliche gesetzliche Verhältnis zurückgegriffen werden; denn im gerichtlichen Nachverfahren muß immer das wirkliche Rechtsverhältnis zugrunde-

[1]) Wenn die Mot. zum Armengesetz (KdAbg. 1913/1914 Beil. 5 S. 703) die ebenso lautende Bestimmung des Art. 11 des Armengesetzes damit rechtfertigen, daß die auf einem Landesgesetz beruhende Anordnung außerhalb Bayerns doch nicht vollstreckt werden könnte, so übersehen sie, daß jemand, der seinen Wohnsitz außerhalb Bayerns hat, in Bayern Vermögen haben oder vorübergehend nach Bayern kommen kann.

gelegt werden und es darf die Distriktsverwaltungsbehörde keine Anordnung erlassen, von der von vornherein feststeht, daß sie mit dem Recht in Widerspruch steht. Es können also vertragsmäßig geschaffene und festgestellte Ansprüche von der Distriktsverwaltungsbehörde nur insoweit geltend gemacht werden, als sich diese Ansprüche zugleich aus dem Gesetze ergeben würden; vertragsmäßige Einschränkungen der gesetzlichen Pflicht aber binden auch die Distriktsverwaltungsbehörde. Das gleiche gilt entsprechend hinsichtlich der Rechtskraftwirkung eines über die Unterhaltspflicht zwischen dem Minderjährigen und den Unterhaltspflichtigen ergangenen Urteils. Diese Grundsätze gelten insbesondere auch gegenüber dem unehelichen Vater; denn auch er kann von der Distriktsverwaltungsbehörde nur nach Maßgabe der gesetzlichen Unterhaltspflicht in Anspruch genommen werden.

6. In der bezeichneten Weise können die Ansprüche gegen den unehelichen Vater nur unter drei Voraussetzungen geltend gemacht werden:

a) Wenn er seine Vaterschaft nach der Geburt des Kindes in einer öffentlichen Urkunde anerkannt hat (§ 1718 BGB.). Öffentliche Urkunde ist hier im Sinne des § 415 ZPO. zu verstehen; auch eine nicht bayerische öffentliche Urkunde fällt hierher. Eine öffentlich beglaubigte Erklärung genügt nicht. Zuständig zur Aufnahme der in § 1718 BGB. erwähnten öffentlichen Urkunden sind gemäß § 167 Abs. 2 FGG. in Bayern die Notare und die Amtsgerichte, letztere nicht nur, soweit sie Vormundschaftsgerichte sind, ferner die Standesbeamten, wenn die Anerkennung der Vaterschaft bei der Anzeige von der Geburt des Kindes oder bei der Eheschließung seiner Eltern erfolgt. Die Zuständigkeit der Amtsgerichte besteht insbesondere auch, soweit bayerische Amtsgerichte in Frage kommen, trotz des Art. 15 Abs. 2 Satz 2 AG. GVG.; Art. 141 EG. BGB. gibt der Landesgesetzgebung keine Ermächtigung zur Änderung des § 167 Abs. 2 FGG. (Keidel in SeuffBl. 69, 149). Von der durch § 191 Abs. 1 FGG. den Landesgesetzen gegebenen Möglichkeit, die Zuständigkeit zur Beurkundung auf andere Behörden oder Beamten auszudehnen, hat Bayern keinen Gebrauch gemacht, insbesondere hat es den Standesbeamten nicht für andere als die oben erwähnten Fälle die Beurkundung übertragen. Es hat also eine in Bayern nicht bei der Geburt des Kindes oder bei der Eheschließung seiner Eltern erfolgte Beurkundung der Anerkennung vor dem Standesbeamten trotz der Vorschrift des § 25 PerfStG. nicht die in § 1718 BGB. und Art. 15 unseres Gesetzes erwähnte Wirkung (BayObLG 4, 283; die Frage ist allerdings bestritten; vgl. hierzu Schlegelberger § 167 Anm. 13).

b) Wenn sich der Vater zur Leistung des Unterhalts in einer vor dem Vormundschaftsgericht oder einem Notar aufgenommenen Urkunde verpflichtet hat. Verpflichtung zu Urkunde eines anderen Gerichts als des Vormundschaftsgerichts genügt nicht, nur eine von einem anderen Gericht auf Ersuchen des Vormundschaftsgerichts aufgenommene Urkunde wird einer Urkunde des Vormundschaftsgerichts gleichstehen. Auch eine Urkunde eines nicht bayerischen deutschen Vormundschaftsgerichts desgleichen eines nicht bayerischen deutschen Notars genügt. Es genügt die bloße einseitige Verpflichtungserklärung, eine Annahme ist nicht notwendig. Abs. 1 Satz 1 ergibt, daß nur eine Verpflichtung zu den gesetzlich bestehenden Unterpflichten (§§ 1708—1710 BGB.) ausreicht.

c) Wenn seine Unterhaltspflicht vollstreckbar feststeht; dieses ist dann der Fall, wenn ein Urteil oder einer der sonstigen Titel des § 794 ZPO. auf Leistung des Unterhalts vorliegt; als ein solcher Titel kann und zwar zufolge des § 794 Nr. 5 ZPO. auch die gemäß Art. 15 Abs. 2 AG. GVG. von einem Amtsgerichte, nicht bloß von einem Vormundschaftsgerichte, oder einem Notar beurkundete Vereinbarung zwischen dem Vater und dem Kinde über den Unterhalt für die Zukunft gelten, sofern sich der Vater in der Urkunde der sofortigen Zwangsvollstreckung unterworfen hat. Vollstreckbar steht die Unterhaltspflicht auch dann fest, wenn der Titel vorläufig vollstreckbar ist; ist die vorläufige Vollstreckbarkeit von einer Sicherheitsleistung abhängig (§ 710, 713 Abs. 1 ZPO.), so muß die Sicherheit erlegt sein; ist nachgelassen, durch Sicherheitsleistung oder Hinterlegung die Vollstreckung abzuwenden (§ 713 ZPO.), so dürfen Sicherheitsleistung oder Hinterlegung nicht erfolgt sein; es genügt auch ein Vollstreckungstitel eines anderen Bundesstaats. Im Hinblick auf Abs. 1 Satz 1 muß aber die gesetzliche Unterhaltspflicht vollstreckbar feststehen; es genügt nicht, wenn eine vertragsmäßige Unterhaltspflicht vollstreckbar feststeht. Der Artikel ist also nicht anwendbar, wenn in der nach Maßgabe des § 794 Nr. 4 ZPO. mit Art. 15 Abs. 2 AG. GVG. getroffenen Vereinbarung von den gesetzlichen Bestimmungen und sei es auch nur hinsichtlich der Fälligkeitstermine abweichende Vereinbarungen erfolgten.

7. Nach Art. 13 Abs. 1 kann die Verwaltungsbehörde die Verpflichteten anhalten, die Kosten zu bestreiten und die gemachten Aufwendungen, d. h. die von den Armenverbänden gemachten Aufwendungen zu ersetzen. Soweit auf eine Pflicht zur Kostenbestreitung, also zur unmittelbaren Deckung erkannt werden soll, wird Abs. 1 mit Art. 135 Abs. 2 EG. BGB. in Widerspruch stehen, wonach nur bei einer auf öffentliche Kosten erfolgenden Fürsorgeerziehung die Entscheidung über Familien- oder Anstaltserziehung einer Verwaltungsbehörde übertragen werden kann (vgl. Art. 1 Anm. 2; Art. 13 Anm. 3). Nachdem grundsätzlich das bayer. Gesetz darauf angelegt ist, daß die Wahl über die Form der Erziehung der Verwaltungsbehörde zustehen soll, wird anzunehmen sein, daß die damit unvereinbare sofortige Inanspruchnahme der Unterhaltspflichtigen, wie sie Art. 15 Abs. 1 vorsieht, nach der vermutlichen Absicht des Gesetzgebers zu entfallen hat.

8. Die Vollstreckung des Beschlusses der Distriktsverwaltungsbehörde erfolgt nach Maßgabe der Art. 4—8 AG. ZPO. KO. vom 23. Februar 1879 in der Fassung vom 26. Juni 1899 (GVBl. 401) mit der VO. vom 14. Juli 1879 (GVBl. 703). Die Vollstreckung obliegt darnach grundsätzlich den Verwaltungsbehörden (Art. 4 AG. ZPO. KO.). Der nach Art. 17 FEG. ergehende Beschluß gilt hierbei, wie Abs. 2 Satz 2 sich ausdrückt, als vorläufig vollstreckbar; das soll hier zum Ausdruck bringen, daß auf Grund desselben die Vollstreckung durchgeführt werden kann, ohne Rücksicht darauf, daß der Rechtsweg angerufen werden kann. Der Beschluß ist von der Distriktsverwaltungsbehörde mit der Vollstreckungsklausel zu versehen, welche zu lauten hat: „Vorstehende Ausfertigung wird hiermit für vorläufig voll-

streckbar erklärt". Diese Klausel ist nicht auf die Urschrift, sondern auf eine Ausfertigung des Beschlusses zu setzen.

Bei der Durchführung der Vollstreckung haben die Verwaltungsbehörden und ihre Organe nach den Vorschriften der ZPO. und zwar nach der jeweils geltenden Fassung, nicht nach der, die zur Zeit des Erlasses des AG. ZPO. KO. galt, zu verfahren (LG. München I in SeuffBl. 67, 210). Soweit gewisse Vollstreckungsmittel nach der ZPO. und deren Nebengesetzen den Gerichten zugewiesen sind, wie die Pfändung von Forderungen und sonstigen Ansprüchen, die Zwangsversteigerung und die Zwangsverwaltung unbeweglicher Sachen, sind die Gerichte auch hier ausschließlich zuständig. Im übrigen also insbesondere bei der Pfändung von Gegenständen können sich die Verwaltungsbehörden sowohl ihrer eigenen Organe wie auch der Gerichtsvollzieher bedienen; s. hierzu § 205 der Geschäftsanw. f. Gerichtsv. vom 28. April 1900 (JMBl. 621).

Den Verwaltungsbehörden obliegt auch die Entscheidung darüber, ob bei Eheleuten, die im gesetzlichen Güterstand oder in den Güterständen der Errungenschaftsgemeinschaft oder der Fahrnisgemeinschaft leben, der Ehemann zur Duldung der Zwangsvollstreckung verpflichtet ist (§ 739 ZPO.; OLG. München in SeuffBl. 69, 351); ohne solche Entscheidung kann auch hier in das eingebrachte Gut nicht vollstreckt werden. Auch die Entscheidung der Verwaltungsbehörde in dieser Richtung ist im Verwaltungsweg unanfechtbar, doch ist auch insoweit der Rechtsweg zulässig.

Einwendungen gegen die Zwangsvollstreckung, welche den Rechtsbestand oder die Auslegung der Entscheidung der Verwaltungsbehörde betreffen, oder die Frage, ob die Forderung, zu deren Gunsten vollstreckt wird, überhaupt oder in der angesprochenen Größe entstanden ist, und Einwendungen, welche die Zulässigkeit der Vollstreckungsklausel betreffen, sind bei der Verwaltungsbehörde geltend zu machen. Über sonstige Einwendungen und Streitigkeiten entscheiden die Gerichte. Auf Grund letzterer Bestimmungen werden die Gerichte auch für die Einrede der Zahlung zuständig sein, soweit Zahlung nach Erlaß der Entscheidung der Verwaltungsbehörde behauptet wird. Zuständig sind die Gerichte insbesondere für Einwendungen betreffend die Art und Weise der Zwangsvollstreckung also auch, soweit die eigenen Organe der Verwaltungsbehörde vollstreckt haben. Soweit darnach eine Zuständigkeit der Gerichte besteht, ist jedes auch ein aufsichtliches Verfahren im Verwaltungsweg unzulässig und zwar auch hinsichtlich der Tätigkeit der eigenen Organe der Verwaltungsbehörden.

9. Die Anordnung der Distriktsverwaltungsbehörde unterliegt keiner Beschwerde im Verwaltungsverfahren; sie ist endgültig; nicht ausgeschlossen wird es allerdings sein, daß sie von Amts wegen im Aufsichtsweg aufgehoben wird; ein derartiges aufsichtliches Eingreifen wird sich auf eine bloße Aufhebung der Anordnung oder eine Minderung der durch sie auferlegten Leistungen zu beschränken haben; erhöhen oder ändern kann die Aufsichtsbehörde die Leistungen nicht. Gegen die Anordnung der Distriktsverwaltungsbehörde und der Aufsichtsbehörden ist der Rechtsweg zulässig; es kann hierbei nur eine gegen den Armenverband, zu dessen Gunsten die Anordnung der Verwaltungsbehörde erging, zu erhebende Feststellungsklage in Betracht kommen, deren Antrag dahin geht, auszusprechen, daß der zuerkannte Anspruch nicht besteht; auch die Frage der örtlichen Zuständigkeit der Distriktsverwaltungsbehörde ist im Rechtsweg zu prüfen. Die rechtskräftige, nicht schon die vorläufig vollstreckbare gerichtliche Entscheidung hat die, nicht aus prozeßrechtlichen Grundsätzen sich ergebende, sondern auf der besonderen Vorschrift des Abs. 2 beruhende verwaltungsrechtliche Wirkung, daß der Armenverband denjenigen, zu dessen Gunsten das Urteil erging, die von diesem gemachten nach dem Urteil unberechtigten Leistungen, zu ersetzen und ihm außerdem die Kosten, soweit sie nicht dem Kläger auferlegt sind, zu erstatten hat. Die Erfüllung dieser Pflicht erfolgt im Wege der Staatsaufsicht also nach Maßgabe der Art. 70 und 71 des ArmenG. vom 21. August 1914 (GVBl. 551). Eine Pflicht zur Verzinsung oder zur Leistung von Schadensersatz ist durch Abs. 2 nicht begründet. Da die Landesgesetzgebung nicht befugt ist, in die Bestimmungen der ZPO. einzugreifen, so kann das gerichtliche Urteil, soweit es einen vollstreckbaren Inhalt hat, was nur hinsichtlich der Kostenentscheidung der Fall ist, auch nach Maßgabe der ZPO. vollstreckt werden; es können deshalb die Kosten auch auf Grund eines vorläufig vollstreckbaren noch nicht rechtskräftigen Urteils festgesetzt und beigetrieben werden, wobei aber der auf besonderer reichsgesetzlicher Ermächtigung beruhende Art. 9 AG. ZPO. KO. zu beachten ist.

Nachdem der Anspruch, der durch die vorläufige Anordnung der Distriktsverwaltungsbehörde verwirklicht wird, ein privatrechtlicher Anspruch ist, ist es nicht ausgeschlossen, ihn auch auf anderem Weg als durch die im vorigen Absatz behandelten Feststellungsklage zur Geltung zu bringen; es kann deshalb, auch wenn noch keine Entscheidung der Verwaltungsbehörde vorliegt, aber ein Ersatzanspruch behauptet ist, eine negative Feststellungsklage erhoben werden; es kann weiter, wenn auf Grund einer Anordnung der Verwaltungsbehörde oder zur Vermeidung einer solchen freiwillig Ersatz geleistet wurde, eine Leistungsklage auf Rückerstattung erhoben werden, die auch mit der im vorhergehenden Absatz behandelten Feststellungsklage verbunden werden kann. Die Vollstreckung der auf Grund solcher Klagen ergangenen Urteile richtet sich nach den allgemeinen Bestimmungen, selbstverständlich ist Art. 9 AG. ZPO. KO. auch hier zu beachten.

Wenn auch Abs. 2 des Art. 15 eine Pflicht zu Nebenleistungen (Verzinsung) wegen der zuunrecht gemachten Leistungen oder auf Schadensersatz nicht ausspricht, so sind doch solche Ansprüche nicht ausgeschlossen; nur muß ein sonstiger Rechtstitel für sie bestehen. Derartige Rechtstitel können unter Umständen sich aus §§ 818 und 819 BGB., ferner aus § 288 und aus §§ 823 ff. BGB. ergeben; sie können mit besonderer Klage oder in Verbindung mit einer der vorbezeichneten Klagen erhoben werden.

Nicht ausgeschlossen ist es auch, daß im Wege des ordentlichen Zivilprozesses eine einstweilige Verfügung erwirkt wird, durch die die weitere Geltendmachung einer vorläufigen Anordnung der Distriktsverwaltungsbehörde verboten oder eine sonstige deren Wirksamkeit berührende Anordnung getroffen oder die Rückerstattung oder Sicherstellung der auf Grund einer solchen bereits gezahlten Beträge angeordnet wird.

10. Wegen der Kosten des auf Grund der Abs. 1 und 2 durchzuführenden Verfahrens s. Art. 17 Anm. 18; vor den bayerischen Gerichten haben die Armenverbände Gebührenfreiheit (Art. 15 Abs. 2 ArmenG.).

11. Soweit die Armenverbände auf Grund einer vorläufigen Anordnung der Distriktspolizeibehörde erhaltene Leistungen oder aus Anlaß einer Feststellungsklage nach Maßgabe des Abs. 2 Satz 2 Kosten erstattet haben, können sie ihrerseits wieder Rückgriff nehmen und zwar der Ortsarmenverband für drei Zehntel beim Landarmenverband und für fünf Zehntel beim Staat, der Landarmenverband für fünf Zehntel beim Staat. Für Kosten anderer Klagen oder für zu erstattende Nebenleistungen und Schadensersatzansprüche besteht kein Rückgriffsrecht.

12. Vgl. weiter § 58 ZwEG.BB.

Art. 16.

Die den Armenverbänden sowie dem Staate durch die Fürsorgeerziehung Minderjähriger erwachsenden Kosten gelten in keiner Hinsicht als Armenunterstützungen.

Art. 16 entspricht dem Art. 11 ZwEG.; er bestimmt in der Hauptsache dasselbe, was sich aus Art. 1 Nr. 3 des Ges. vom 4. April 1910, betr. die Einwirkung von Armenunterstützung auf öffentliche Rechte, das durch Art. 101 des ArmenG. geändert wurde, ergibt (GVBl. 157); er wurde anläßlich der Novelle vom 21. August 1914 beibehalten, weil er weiter reicht als dieses Gesetz (Begr. zur Nov. vom 21. August 1914 S. 10). Auch infolge des Reichsgesetzes, betr. die Einwirkung der Armenunterstützung auf öffentliche Rechte vom 15. März 1909 (RGBl. 319), ist er teilweise gegenstandslos. Es sollen durch ihn sowohl für den Minderjährigen als auch für seine Eltern die Nachteile ausgeschlossen sein, die sonst mit dem Empfang von Armenunterstützungen verbunden sind. Dieser Standpunkt wird nicht von allen deutschen Fürsorgeerziehungsgesetzen geteilt; ganz entgegengesetzt z. B. § 23 Abs. 5 des WürttFEG.

Art. 17.

I Soweit nicht in diesem Gesetze ein Anderes vorgeschrieben ist, sind für die Zuständigkeit und das Verfahren in Angelegenheiten der Fürsorgeerziehung die allgemeinen gesetzlichen Vorschriften, insbesondere für die Zuständigkeit und das Verfahren der Gerichte die für Vormundschaftssachen geltenden Vorschriften maßgebend.

II Die örtliche Zuständigkeit der Distriktsverwaltungsbehörde bestimmt sich nach dem Orte, der die Zuständigkeit des Vormundschaftsgerichts begründet. In München ist der Stadtmagistrat zuständig.

III Das gerichtliche Verfahren und die Verhandlungen der Verwaltungsbehörden in Angelegenheiten der Fürsorgeerziehung sind kostenfrei. Die baren Auslagen werden vom Staate bestritten.

Die durch unbegründete Anträge und Einwendungen verursachten Kosten können den Beteiligten überbürdet werden.

IV Die im Art. 4 Abs. III bezeichneten Personen können im Falle ihrer Vernehmung vor Gericht Ersatz ihrer Auslagen, nach den für Zeugen geltenden Vorschriften vom Staate verlangen.

Übersicht der Erläuterungen zu Art. 17: I. Entstehung und allgemeiner Charakter des Art. 17 (Anm. 1); II. Anwendung der Vorschriften anderer Gesetze auf das Fürsorgeerziehungsverfahren (Anm. 2—14) und zwar 1. Vorbemerkungen (Anm. 2 u. 3); 2. Anwendung der Bestimmungen des FGG. (Anm. 4a—p) insbesondere: a) Örtliche Zuständigkeit (Anm. 4a); b) Auftreten von Vertretern (Anm. 4b); c) Bewilligung des Armenrechts (Anm. 4c); d) Zeugen- und Sachverständigenbeweis (Anm. 4d); e) Nachträgliche Abänderung gerichtlicher Entscheidungen (Anm. 4e); f) u. g) Bekanntmachung der gerichtlichen Verfügungen (Anm. 4f u. 4g); h) Wirksamkeit gerichtlicher Verfügungen (Anm. 4h); i) Materielle Rechtskraft der gerichtlichen Verfügungen (Anm. 4i); k) Wirkung der anderweiten Anhängigkeit der Sache (Anm. 4k); l) Aussetzung des Verfahrens (Anm. 4l); m) Akteneinsicht (Anm. 4m); n) Das Beschwerdeverfahren (Anm. 4n); o) Wiederaufnahme des Verfahrens (Anm. 4o); p) Die Gerichtssprache (Anm. 4p); q) Öffentlichkeit des Verfahrens (Anm. 4q); 3. Anwendung des § 1673 BGB. betr. Anhörung von Verwandten und Verschwägerten (Anm. 5); 4. Anwendung des Ges., betr. die freiwillige Gerichtsbarkeit und andere Rechtsangelegenheiten in Heer und Marine (Anm. 6); 5. Anwendung der Gebührenordnung für Zeugen und Sachverständige (Anm. 7); 6. Anwendung von Bestimmungen des AG. GVG. v. 22. Febr. 1879 (Anm. 8); 7. Anwendung von Bestimmungen des AG. BGB. (Anm. 9); 8. Das Verfahren vor den Verwaltungsbehörden (Anm. 10); 9. Der Rechtshilfeverkehr (Anm. 11—13); III. Die örtliche und sachliche Zuständigkeit der Distriktsverwaltungsbehörden (Anm. 14 u. 15); IV. Die Kosten des Verfahrens (Anm. 16—18); V. Ersatz der Auslagen beim Verfahren zugezogener Personen (Anm. 19).

1. Art. 17 entspricht dem Art. 12 ZwEG. Abs. 2 Satz 2 erhielt seine jetzige Fassung durch Art. 8 des Ges., die Berufsvormundschaften betr., vom 28. Februar 1908 (GVBl. 85); nach der ursprünglichen Fassung war an der Stelle des Stadtmagistrats die Polizeidirektion München als zuständig erklärt. Abs. 2 Satz 1, Abs. 3 und 4 beruhen auf der Novelle vom 21. August 1914. Der Artikel enthält eine allgemeine Schlußbestimmung zu den sonstigen Verfahrensvorschriften des Gesetzes; in Abs. 1 verweist er zu diesem Zwecke auf Verfahrensvorschriften sonstiger Gesetze, die aushilfsweise anwendbar sein sollen; in Abs. 2—4 regelt er zwei in den früheren Artikeln noch nicht behandelte Einzelpunkte besonders, nämlich in Abs. 2 die örtliche und teilweise auch die sachliche Zuständigkeit der Distriktsverwaltungsbehörde, in Abs. 3 und 4 Kostenfragen.

2. Nur die allgemeinen gesetzlichen Vorschriften sind auf das Fürsorgeerziehungsverfahren ausgedehnt, nicht auch Dienstanweisungen; dies gilt auch, wie das Wort „insbesondere" ergibt, hinsichtlich der für Vormundschaftssachen geltenden Vorschriften. Dienstanweisungen können aber selbstverständlich im Wege der Dienstanweisung auf das Fürsorgeerziehungsverfahren ausgedehnt werden.

3. Das Fürsorgeerziehungsverfahren wird für die Regel, da es durch ein besonderes Gesetz geregelt ist, auch äußerlich als ein selbständiges Verfahren durchzuführen sein; es ist aber nicht ausgeschlossen, es mit einem Verfahren nach § 1666 BGB. zu verbinden (KG. in OLG. 11, 302); ebensowenig besteht ein rechtliches Hindernis, es mit sonstigen vormundschaftsgerichtlichen Verfahren zu verbinden. Es handelt sich hierbei um eine Frage des richterlichen Ermessens; es greift deshalb auch keine Regelung im Wege der Justizverwaltung Platz.

4. Zufolge des Abs. 1 gilt für die Zuständigkeit und das Verfahren der Gerichte in erster Linie das Gesetz über die Angelegenheiten der freiwilligen Gerichtsbarkeit vom 17. Mai 1898 (RGBl. 189 und 771), geändert durch Ges. vom 5. März 1906 (RGBl. 387) und vom 22. Mai 1910 (RGBl. 767).

Von dessen Bestimmungen sind für das Fürsorgeerziehungsverfahren insbesondere von Bedeutung: § 6 FGG., betr. die Ausschließung und Ablehnung eines Richters, welch letztere nur in Form der Selbstablehnung zulässig ist; §§ 8, 9 FGG. mit §§ 186—193, 177—185, 194—200 GVG., betr. Sitzungspolizei, Beratung, Abstimmung und Gerichtssprache einschließlich der Vorschriften über die Zuziehung von Dolmetschern; § 10 FGG. mit §§ 201 ff. GVG., betr. die Gerichtsferien; § 11 FGG., betr. die Form von Anträgen und Erklärungen; § 12 FGG., betr. das Offizialprinzip; § 13 FGG., betr. die Zulassung von Beiständen und Bevollmächtigten; § 14 FGG., betr. die Bewilligung des Armenrechts; § 15 FGG., betr. die Beweiserhebung; § 16 FGG., betr. die Bekanntmachung gerichtlicher Verfügungen; §§ 19—30 FGG., betr. das Beschwerdeverfahren; § 34 FGG., betr. die Akteneinsicht und die Erteilung von Abschriften; § 57 Nr. 9; § 58 und § 59 FGG., betr. die Befugnis zur Beschwerdeführung.

Dagegen finden die Bestimmungen der §§ 36 ff. FGG. unmittelbar, auf Grund Reichsrechts Anwendung; eine landesgesetzliche Regelung oder Zuständigkeit wäre unzulässig; es ergibt sich das aus Art. 135 Abs. 1 Satz 2 EG.BGB. Unter Vormundschaftsgericht im Sinne dieses Artikels ist das Vormundschaftsgericht im Sinne des Reichsrechts zu verstehen d. i. das nach den reichsrechtlichen Vorschriften örtlich und sachlich zuständige Vormundschaftsgericht (s. KG. im Recht 1906 Nr. 2519; ZBlFG. 7, 390; Recht 1911 S. 431; Levi, ZBlVorm. 3, 25 und insbesondere KGJ. 48 A 41; a. A. LG. Karlsr. in ZBlFG. 5, 565; OLG. Colm. in ElsLothZ. 1914, 36 und Neumeyer, Internat. Verwaltungsrecht 1, 243; Polligkeit, ZBlVorm. 5, 135).

Im einzelnen ist zu bemerken:

a) Die örtliche Zuständigkeit der Gerichte bemißt sich nach § 43 mit § 36 Abs. 1 und 2 FGG. (BayOLG. 12, 581); hiernach ist das Gericht zuständig, in dessen Bezirk der Minderjährige seinen Wohnsitz oder in Ermangelung eines deutschen Wohnsitzes seinen Aufenthalt hat. Wird die Fürsorgeerziehung für Geschwister erforderlich, die in den Bezirken verschiedener Gerichte ihren Wohnsitz oder Aufenthalt haben, so ist, wenn für eines schon bei einem deutschen Gericht das Verfahren anhängig ist, das für dieses Kind zuständige Gericht, andernfalls das Gericht, in dessen Bezirk das jüngste Kind seinen Wohnsitz oder Aufenthalt hat, für alle Geschwister zuständig; ob die Geschwister voll- oder halbbürtige sind, ist gleichgültig (KGJ. 47, 10 auch OLG. 31, 274; ZBlFG. 17, 65); auch uneheliche Kinder derselben Mutter sind Geschwister im Sinne der Vorschrift (Stuttg. in Recht 1916 Nr. 1367). Sind mehrere halbbürtige Geschwister und zwar solche von Vater- und von Mutterseite, die also unter sich keine Geschwister sind, vorhanden und besteht für diese ein Verfahren bei verschiedenen Gerichten, so ist sinngemäß das Gericht zuständig, bei dem zuerst das Verfahren anhängig wurde. Ist der Minderjährige ein Deutscher und hat er in Deutschland weder Wohnsitz noch Aufenthalt, so entscheidet der letzte deutsche Wohnsitz; in Ermangelung eines solchen entscheidet für Bayern das Justizministerium, das nur ein bayerisches Gericht bestimmen kann.

In allen diesen Fällen darf nicht etwa auf Grund „entsprechender" Anwendung des § 36 an die Stelle eines deutschen Wohnsitzes oder Aufenthalts der bayerische Wohnsitz oder Aufenthalt gesetzt werden, so daß z. B. das bayerische Aufenthaltsgericht schon zuständig wäre beim Mangel eines bayerischen Wohnsitzes; denn Art. 36 ff. gelten unmittelbar kraft Reichsrecht, s. oben bei 4 Abs. 3. Maßgebend für die Beurteilung der Zuständigkeit ist der Zeitpunkt, in dem das Gericht mit der Sache befaßt wird (§ 43 Abs. 1 FGG.), also der Eingang eines etwaigen Antrags oder einer etwaigen Anregung oder die erste von Amts wegen erfolgende gerichtliche Handlung. Ein in diesem Zeitpunkt unzuständiges Gericht wird auch nicht dadurch zuständig, daß durch ein im Laufe des Verfahrens eintretendes Ereignis etwa einen Wohnsitzwechsel nachträglich die Zuständigkeit begründet wird; der Grundsatz der ZPO., daß die Unzuständigkeit durch einen Tatumstand geheilt wird, der nach der Klagestellung eingetreten ist, gilt nicht für die freiwillige Gerichtsbarkeit (KG. in ZBlVorm. 3, 191). Nicht ist die Zeit maßgebend, in der die Tätigkeit schon notwendig gewesen wäre. Ist für den Minderjährigen in Deutschland schon eine Vormundschaft oder Pflegschaft anhängig, oder ist seiner die elterliche Gewalt ausübenden Mutter in Deutschland ein Beistand bestellt, so ist das Gericht zuständig, bei dem die Vormundschaft, Pflegschaft oder Beistandschaft anhängig ist (§ 43 Abs. 2 FGG.); dagegen zieht der Umstand, daß bei einem Gericht eine sonstige Maßnahme des Vormundschaftsgerichts anhängig ist, die Zuständigkeit für ein Fürsorgeerziehungsverfahren nicht nach sich. Bei Ausländern ist für vorläufige Maßregeln auch das Gericht zuständig, in dessen Bezirk das Bedürfnis nach einer Fürsorge hervortritt (§ 44 FGG.).

Sind mehrere bayerische Gerichte zuständig, so entscheidet § 4 FGG. Bei Zuständigkeitsstreitigkeiten und bei Ungewißheit über die Zuständigkeit entscheidet § 5 FGG. Hierbei gilt als gemeinschaftliches Gericht für mehrere in Bezirken verschiedener bayerischer Oberlandesgerichte gelegener Gerichte das Oberste Landesgericht (§ 199 Abs. 2 Satz 2 FGG. mit Art. 42 Abs. 3 AG.GVG.); es entscheidet nicht etwa das Oberlandesgericht, zu dessen Bezirk das zuerst mit der Sache befaßte Gericht gehört (BayObLG. 17, 22; auch BayZ. 1916, 183 und BayOLG. in SeuffBl. 1911, 771 schlägt hier nicht ein). Keine Anwendung findet § 5 FGG., wenn es sich um einen Streit von Gerichten verschiedener Bundesstaaten in Fürsorgeerziehungssachen handelt (OLG. Colmar in ElsLothZ. 1914, 36). Eine Entscheidung des Streits durch ein besonderes Verfahren kann in solchen Fällen überhaupt nicht erfolgen, weil es sich um verschiedene, lediglich landesrechtliche Verfahren handelt.

Auch die Abgabe eines Verfahrens an ein anderes Gericht aus wichtigen Gründen nach § 46 FGG. ist zulässig (Art. 46

Abs. 3 FGG.); wichtige Gründe liegen hier vor, wenn die Abgabe eine zweckmäßigere und leichtere Behandlung der Fürsorgeerziehung ermöglicht (BayObLG. 12, 561; auch BayZ. 1911, 467). Steht der Minderjährige unter Vormundschaft, Pflegschaft oder Beistandschaft, so kann das Fürsorgeerziehungsverfahren nur dann abgegeben werden, wenn gleichzeitig Vormundschaft, Pflegschaft oder Beistandschaft abgegeben werden (KG. im Recht 1910, 358). Wird eine Vormundschaft, Pflegschaft oder Beistandschaft abgegeben, so wird ein anhängiges Fürsorgeerziehungsverfahren zugleich mitübergehen. Die Abgabe kann in jedem Stande des Verfahrens erfolgen, es ist insbesondere nicht notwendig, daß schon ersichtlich ist, daß ein förmliches Verfahren durchzuführen ist; es müssen jedoch die Umstände geklärt sein, die für die Abgabe erheblich sind; die Klarstellung insoweit herbeizuführen, ist Sache des um Abgabe ersuchenden Gerichts; die Abgabe kann auch während des Beschwerdeverfahrens erfolgen; in diesem Fall hat das Beschwerdegericht mit dem Vormundschaftsgericht, das die Sache übernehmen soll, zu verhandeln (KG. im Recht 1909, 372). Die nach § 46 Abs. 1 Halbsatz 2 für die Abgabe erforderliche Zustimmung des Vormunds wird bei Abgabe eines Fürsorgeerziehungsverfahrens entbehrlich sein; denn in diesem Verfahren hat der Vormund nicht die entscheidende Stellung, die ihm bei einer Vormundschaft als solchen zukommt; zudem gibt es Fürsorgeerziehungsverfahren für Kinder, die überhaupt nicht unter Vormundschaft stehen; die Vorschriften über die Abgabe von Vormundschaften finden denn auch nach § 46 Abs. 3 FGG. auf die Abgabe anderer Angelegenheiten nur „entsprechende" Anwendung. Einigen sich die Gerichte über die Abgabe nicht, so entscheidet das gemeinschaftliche obere Gericht und zwar, wenn die Gerichte zu verschiedenen Oberlandesgerichten gehören, das Oberste Landesgericht, nicht etwa das Oberlandesgericht, zu dessen Bezirk das Vormundschaftsgericht gehört, an das abgegeben werden soll (Art. 46 Abs. 2 FGG.); vgl. Art. 46 Abs. 2 FGG. mit § 199 Abs. 2 Satz 2 FGG. und Art. 42 Abs. 3 AG.GVG. Ist einmal zwischen mehreren Gerichten ein Übernahmestreit entstanden, so kann nicht wegen der Stellungnahme des einzelnen Gerichts Beschwerde eingelegt werden; wohl aber ist Beschwerde zulässig, wenn sich das mit der Sache befaßte Gericht auf ein Übernahmeersuchen überhaupt nicht einlassen will (Jena in OLG. 33, 5). Die Abgabe eines bei einem bayerischen Gericht schwebenden Verfahrens kann nicht an ein Gericht eines anderen Bundesstaats erfolgen; denn es handelt sich um landesrechtliche Sondereinrichtungen; a. A. KGJ. 48 A 41, wonach die Abgabe eines Fürsorgeerziehungsverfahrens unter Anwendung des § 46 FGG. auch an das Gericht eines anderen Bundesstaats erfolgen könnte; das KG. folgert dieses daraus, daß die Zuständigkeit in Fürsorgeerziehungssachen reichsrechtlich geregelt ist; wenn nun auch letzterer Ansicht zuzustimmen ist, so folgt hieraus nicht die Anwendung des § 46; denn ein bei einem Gerichte eines anderen Bundesstaates anhängiges Verfahren ist ein nach ganz anderen, landesgesetzlichen Vorschriften sich bemessendes Verfahren, das eine Übernahme d. h. eine Fortsetzung nach einem anderen Gesetz begrifflich nicht zuläßt.

Von Bedeutung ist hier auch § 7 FGG., wonach gerichtliche Handlungen nicht aus dem Grund unwirksam sind, weil sie von einem örtlich unzuständigen Gericht angeordnet wurden (RG.

in DJZ. 1914, 756; KG. in OLG. 32, 30). Eine Folge dessen ist, daß bei nachträglich erkannter Unzuständigkeit nicht das bisherige Verfahren aufgehoben werden darf, vielmehr die Akten zur weiteren Behandlung an das zuständige Gericht abzugeben sind (KG. in OLG. 31, 274 und 276; RJA. 14, 251); das Ausgeführte kann aber nur im Verhältnis zwischen bayerischen Gerichten gelten. Ein Verfahren vor einem anderen deutschen Gericht kann bei der selbständigen, landesgesetzlichen Regelung in Bayern nicht fortgesetzt werden. Durch § 7 ist es aber nicht ausgeschlossen, den Mangel der örtlichen Zuständigkeit in dem Verfahren selbst, also auch durch Beschwerdeeinlegung zur Geltung zu bringen (Colm. in RJA. 6, 1).

Eine die Zuständigkeit betreffende Sonderbestimmung für eine bestimmte Angelegenheit nämlich die Anordnung der vorläufigen Unterbringung der Minderjährigen enthält Art. 7 Abs. 2 FEG.

b) Vertretung ist zulässig und zwar sowohl bei mündlichen Verhandlungen wie bei schriftlichen Erklärungen; sie ist aber ausgeschlossen, wenn das Gericht das persönliche Erscheinen anordnet (§ 13 FGG.); aus der entsprechenden Anwendbarkeit des § 13 ergibt sich, daß das Gericht auch beim schriftlichen Verkehr Vertretung ablehnen kann (KG. in RJA. 8, 249). Die Befugnis, sich vertreten zu lassen, haben aber nur die Beteiligten, d. h. diejenigen, deren Sache behandelt werden soll, also nicht diejenigen, die als Zeugen oder Auskunftspersonen z. B. gemäß Art. 4 Abs. 2 und 3 FEG. gehört werden sollen. Ebensowenig kann der Minderjährige, der nach Art. 4 Abs. 2 persönlich zu vernehmen ist, sich vertreten lassen. Besondere Eigenschaften sind für die Vertreter nicht gefordert; eine Ausnahme besteht für die Einlegung der sofortigen Beschwerde nach Art. 8 Abs. 2 FEG. Für den Nachweis der Vollmacht ist keine Form vorgeschrieben, soweit nicht gemäß § 13 Abs. 2 FGG. das Gericht oder ein Beteiligter öffentlich beglaubigte Vollmacht verlangt. Es ist deshalb im allgemeinen nicht einmal schriftlicher Nachweis der Vollmacht notwendig; doch muß der Beweis der Bevollmächtigung geliefert werden. Die Beteiligten können auch mit Beiständen erscheinen (§ 13 FGG.). Auch für diese sind keine besonderen Eigenschaften gefordert; doch kann das Gericht Personen zurückweisen, mit denen nicht verhandelt werden kann (Wellstein § 13 Anm 2a).

c) Zulässig ist die Bewilligung des Armenrechts nach Maßgabe der Vorschriften der Zivilprozeßordnung; hierbei kann auch dem Antragsteller ein Rechtsanwalt beigegeben werden (§ 14 FGG.; §§ 34—36 RAO.; BayObLG. 4, 1). Der Umstand, daß nach Abs. 3 die Verhandlungen der Gerichte kostenfrei sind und die baren Auslagen vom Staate getragen werden, macht die Bewilligung des Armenrechts nicht überflüssig; von Bedeutung bleibt sie insbesondere für die Fälle des Abs. 3 Satz 3; ferner hinsichtlich der aus § 115 Nr. 1 ZPO. sich ergebenden Befreiung von der Pflicht zur Entrichtung des Vollmachtstempels, der aus § 115 Nr. 3 ZPO. sich ergebenden Berechtigung zur Beiordnung eines Gerichtsvollziehers und der aus § 34 RAO. sich ergebenden Möglichkeit der Beiordnung eines Rechtsanwalts. Das Beschwerdeverfahren bei Versagung des Armenrechts bemißt sich nicht nach den Vorschriften der ZPO., sondern nach §§ 19 ff. FGG. (OLG. Colmar in OLG. 28, 329); auch die besonderen für das Beschwerdeverfahren gegebenen Vorschriften des Art. 8 FEG. werden Anwendung finden; denn es handelt sich auch hier um Angelegenheit des Fürsorgeerziehungsverfahrens.

d) Anwendbar sind gemäß § 15 FGG. auch die Vorschriften der ZPO. über den Zeugenbeweis und den Beweis durch Sachverständige (BayOLG. 4, 1), nicht aber die allgemeinen Vorschriften der ZPO. über die Beweisaufnahme (Karlsr. in BadRpr. 1915, 148); auch soweit sie anwendbar sind, sind sie nur entsprechend anwendbar; hieraus ergibt sich insbesondere, daß eine formlose Anhörung von Personen, die zeugschaftliche Angaben machen und Gutachten erstatten, nicht ausgeschlossen ist; die Vorschriften der ZPO. finden nur Anwendung, wenn die Führung eines förmlichen Zeugen- oder Sachverständigenbeweises erfolgen soll; ob dies geschehen soll, darüber entscheidet das richterliche Ermessen (BayOLG. 17, 33 auch in OLG. 32, 320 und auch in Recht 1916 Nr. 1000). Aber auch bei Anwendung der Vorschriften der ZPO. ist die Erlassung eines formellen Beweisbeschlusses nicht notwendig (Schlegelberger zu § 15 FGG. Anm. 3); sie wird allerdings nicht selten, besonders wenn die Erledigung durch einen ersuchten Richter erfolgen soll, zu empfehlen sein; ein Recht der Beteiligten, der Beweiserhebung anzuwohnen, oder wenn ihnen die Anwesenheit gestattet wird, Fragen zu stellen oder anzuregen, besteht nicht (KGJ. 26 A 175; BayOLG. 17, 1; KG. in RJA. 4, 1). Es ist auch nicht notwendig, die Beteiligten von den Vernehmungsterminen zu benachrichtigen, ihnen die Aussagen mitzuteilen und ihnen Gelegenheit zu geben, sich über jedes Beweismittel und die einzelnen Aussagen zu äußern (OLG. Karlsr. in BadRpr. 1915, 148). Die Beeidigung der Zeugen und Sachverständigen bemißt sich nach § 15 Abs. 1 Satz 2 FGG. Das Recht der Zeugnisverweigerung richtet sich nach §§ 383 ff. ZPO.; an die Stelle der Parteien treten hier die Beteiligten; das sind der Minderjährige und die Eltern, denen die Sorge für die Person zusteht, im Beschwerdeverfahren außer ihnen der Beschwerdeführer. Ein Beteiligter kann nicht Zeuge oder Sachverständiger sein. Werden Zeugen und Sachverständige vernommen, so regelt sich auch ihr Anspruch auf Kostenersatz nach der ZGO. (ZPO. §§ 401, 413); s. unten unter 7.

Zulässig ist es auch, einen Beteiligten zur Glaubhaftmachung einer tatsächlichen Behauptung zur Versicherung an Eides Statt zuzulassen (§ 15 Abs. 2 FGG.).

e) Die nachträgliche Abänderung der gerichtlichen Entscheidungen durch das entscheidende Gericht ist zulässig, wenn das Gericht seine Verfügung nachträglich für ungerechtfertigt hält (§ 18 Abs. 1 FGG.);[1]) diese Abänderung ist auch nach Einlegung der Beschwerde zulässig, jedoch nicht mehr, wenn das Gericht der höheren Instanz materiell entschieden hat (KG. in RJA. 11, 257). Die Änderung ist schlechthin unzulässig, wenn die Verfügung der sofortigen Beschwerde unterliegt (§ 18 Abs. 2 FGG.). Die landgerichtliche Entscheidung kann jedenfalls nach Einlegung der weiteren Beschwerde nicht mehr geändert werden, weder von ihm noch vom Gericht erster Instanz (§ 29 Abs. 3

[1]) Eine Ausnahme besteht nur unter einer für das Fürsorgeerziehungsverfahren nicht erheblichen Voraussetzung.

FGG.). Aber auch in anderen Fällen wird seine Entscheidung nicht mehr geändert werden können (KGJ. 46 A 3; die Ansicht ist jedoch nicht unbestritten). Zulässig ist die Änderung jeder gerichtlichen Entscheidung solange, bis der Gerichtsschreiber für die Bewirkung der Zustellung durch Aushändigung des zuzustellenden Schriftstückes an den Gerichtsdiener gesorgt hat; denn bis dahin liegt lediglich eine innere Angelegenheit des Gerichts vor; bis dahin einlaufende nachträgliche Erklärungen müssen auch vom Gericht berücksichtigt werden, selbst, wenn die Entscheidung schon schriftlich niedergelegt ist (KGJ. 46 A 1). Eine Berichtigung der gerichtlichen Beschlüsse, selbst der mit sofortiger Beschwerde anfechtbaren, ist zulässig und zwar auch nach deren Rechtskraft; die Berichtigung erfolgt unter entsprechender Anwendung des § 319 ZPO. (BayObLG. 4, 340). Die besonderen Vorschriften, die das Gesetz für Beschlüsse besonderer Art gibt z. B. in Art. 6 für die die FE. anordnenden oder sie ablehnenden Beschlüsse, oder in Art. 7 für die die vorläufige Unterbringung anordnenden oder aufhebenden Beschlüsse, gelten auch für Berichtigungsbeschlüsse, die einen solchen Inhalt haben (KG. in OLG. 30, 92).

f) Darüber, an wen die gerichtlichen Verfügungen bekannt zu machen sind, enthält das FGG. keine allgemeine Vorschrift; aus § 16 Abs. 1 FGG. folgt nur, daß sie an die Personen bekannt zu machen sind, für welche sie ihrem Inhalt nach bestimmt sind (vgl. hierzu unten unter b); an wen aber die Bekanntmachung noch außerdem zu erfolgen hat, ist offengelassen; es entscheiden die Umstände des Falles; die Bekanntmachung wird an jeden zu erfolgen haben, der ein rechtliches Interesse an der Verfügung hat, insbesondere an den etwaigen Antragsteller; dagegen wird die Beschwerdeberechtigung für sich allein noch kein Recht auf Zustellung der anzufechtenden Verfügung geben. In einigen Fällen hat das FEG. ausdrücklich bestimmt, wem bestimmte Verfügungen bekanntzumachen sind, so in Art. 6 Abs. 2 und Art. 10 Abs. 2.

g) Über die Art der Bekanntmachung entscheidet § 16 Abs. 2 und 3 FGG.; hierzu treten die §§ 46—53 der JMB. vom 2. März 1910, die Ausführung der Zustellungen von Amts wegen betr. (JMBl. 195). Die nach § 16 Abs. 2 FGG. zugelassene Bekanntmachung zu Protokoll ist ebenfalls eine „Zustellung" im Sinne des Gesetzes (KGJ. 44 A 46): sie ist auch wirksam bei Zustellungen, die eine Frist in Lauf setzen sollen; auch ein Protokoll des Gerichtsschreibers genügt; dagegen nicht formlose Beschlußaushändigung durch den Gerichtsschreiber (BayObLG. im Recht 1913 Nr. 1509). Aus der aus § 16 Abs. 2 FGG. sich ergebenden aushilfsweisen Anwendbarkeit der Vorschriften der ZPO. ergibt sich nicht auch die Anwendbarkeit des § 176 ZPO.; Zustellung an die Beteiligten selber sind deshalb auch wirksam, wenn sie einen Vertreter bestellt haben (KG. in RJA. 8, 249; BayObLG. 5, 1). Öffentliche Zustellung ist zulässig. Zustellungen an Zöglinge, die sich in Klöstern befinden, können, wenn erstere selbst nicht angetroffen werden, gemäß § 181 Abs. 2 ZPO. wirksam an eine mit der Empfangnahme von Zustellungen und Postsendungen beauftragte Schwester erfolgen (KG. in ZBlVorm. 2, 107). Rechtshilfe zum Zwecke der Bekanntmachung von Verfügungen ist unzulässig (Rost. in OLG. 6, 497; Cass. in OLG. 10, 20). Wegen der Form der Ausfertigungen s. unten Anm. 8.

h) Die Wirksamkeit der gerichtlichen Verfügungen tritt ein mit der Bekanntmachung an denjenigen, für welchen sie ihrem Inhalt nach bestimmt sind (§ 16 Abs. 1 FGG.). Die Wirksamkeit schließt die Vollstreckbarkeit in sich; denn letztere ist nur eine besondere Äußerungsform der Wirksamkeit bei solchen Verfügungen, die einen vollstreckbaren Inhalt haben. Ihrem Inhalt nach bestimmt ist die Verfügung für diejenigen, auf dessen Rechtsbeziehungen sie ihrem Inhalt nach unmittelbar einzuwirken bestimmt ist (Keidel § 16 Anm. 3 Abs. 2); mittelbare Beeinflussung kommt nicht in Betracht. Ist die Verfügung in diesem Sinne für mehrere Personen bestimmt, so tritt sie für jede mit der Bekanntmachung an sie in Wirksamkeit. Hat die Verfügung einen einheitlichen, aber für mehrere Personen bestimmten Inhalt, so wird sie sinngemäß erst mit der Bekanntmachung an alle wirksam (vgl. wegen abweichender Ansichten Schlegelberger § 16 Anm. 28). Formelle Rechtskraft ist keine Voraussetzung der Wirksamkeit, auch nicht bei Verfügungen, die der sofortigen Beschwerde unterliegen (RGSt. 41, 354; Keiner in ZBlFG. 2, 135; a. A. Schneider S. 49 und RGZ. 75, 273 aber ohne näherer Begründung und wohl nur in der irrigen Annahme, daß der bloß für die Entscheidungen der Beschwerdegerichte anwendbare § 26 FGG. schlechthin gelte); die Wirksamkeit ist aber auflösend bedingt. Auch die Beschwerde hat als solche keine aufschiebende Wirkung (§ 24 Abs. 1 FGG.); das Gericht, dessen Verfügung angefochten wird, kann aber die Aussetzung der Vollziehung anordnen; das gleiche kann das Beschwerdegericht vor seiner Sachentscheidung tun (§ 24 Abs. 2 und 3 FGG.). Nur die Entscheidung des Beschwerdegerichts wird in den Fällen, in denen sofortige weitere Beschwerde stattfindet, erst mit der Rechtskraft wirksam; es kann aber die sofortige Wirksamkeit seiner Entscheidung anordnen (§ 26 FGG.).

Von diesen Bestimmungen des FGG. besteht für das FEG. eine Ausnahme in den Fällen des Art. 4 Abs. 5, wonach die Beschwerde gegen die Anordnungen der ärztlichen Untersuchung und der Anstaltsbeobachtung, ferner in den Fällen des Art. 6 Abs. 4, wonach die Beschwerde gegen die Anordnung der Fürsorgeerziehung und endlich in den Fällen des Art. 10 Abs. 2, wonach die Beschwerde der Distriktsverwaltungsbehörde nicht auch die anderer Beteiligter gegen die Aufhebung der Fürsorgeerziehung aufschiebend wirken soll; solange die Beschwerde nicht eingelegt ist, sind auch diese Beschlüsse wirksam und vollstreckbar (RGSt. 41, 354). Die Bestimmung des Art. 7 Abs. 1 Satz 4 FEG., wonach die Beschwerde gegen die Anordnung der vorläufigen Unterbringung keine aufschiebende Wirkung haben soll, würde sich schon aus dem FGG. ergeben.

i) Ob es materielle Rechtskraft auf dem Gebiet der freiwilligen Gerichtsbarkeit gibt, ist sehr bestritten. Das KG. steht auf dem wohl zutreffenden Standpunkt, daß sich diese Frage nicht allgemein entscheiden läßt, sondern ihre Beantwortung von dem Wesen des einzelnen Rechtsgebiets abhängt (KG. in RJA. 11, 25); für das Gebiet der Fürsorgeerziehung nimmt es materielle Rechtskraft in dem Sinn an, daß die Entscheidung bei unveränderter Sachlage unabänderlich ist (KGJ. 24 A 37); die Rechtsprechung des BayObLG. ist noch keine entschiedene: BayObLG. 14, 532 erklärt die materielle Rechtskraft auf dem Gebiet der freiwilligen Gerichtsbarkeit für ausgeschlossen; nach BayObLG.

in BayZ. 1916, 203 soll eine Abänderung der Entscheidung jedenfalls zulässig sein bei einer Änderung der Gesetzgebung und der tatsächlichen Verhältnisse; dieser Fall habe aber mit der Frage der materiellen Rechtskraft überhaupt nichts zu tun; BayObLG. 15, 494 bemerkt, daß das Untergericht eine mit der Entscheidung der höheren Instanz in Widerspruch stehende Verfügung nur bei veränderter Sachlage treffen darf; dieses soll sich aus dem Wesen des Instanzenzuges ergeben. Aus der Literatur vgl. zu dieser Frage Josef in DRichtZ. 1916, 498; Cohn in BuschsZ. 46, 159; Kamm, ebendort 44, 84; Brauns, ebendort 44, 215; Marten in ZBlFG. 16, 258; Becker, ebendort 16, 281; Josef, ebendort 15, 149; Heyn, ebendort 13, 654; Furbach, ZBlVorm. 14, 489.

k) Die anderweitige Anhängigkeit einer Sache steht der Geltendmachung derselben vor einem anderen Gericht auch im Verfahren der freiwilligen Gerichtsbarkeit entgegen; diese anderweitige Anhängigkeit ist hier von Amts wegen zu berücksichtigen. Das frühere Verfahren ist noch solange anhängig, als in diesem noch Beschwerde oder weitere Beschwerde möglich sind (BayObLG. 16, 118; auch SeuffArch. 71, 86)

l) Über die Frage, ob eine Aussetzung des Verfahrens zulässig ist, fehlt es im FEG. und im FGG. an einer ausdrücklichen Regelung; die Aussetzung kann aber darum nicht grundsätzlich unzulässig sein; es entscheidet deshalb der allgemeine rechtliche Charakter des Fürsorgeerziehungsverfahrens. Darnach muß grundsätzlich das Verfahren ohne Verzögerung zu Ende geführt werden, d. h. es muß nach ungesäumter Anstellung der erforderlichen Ermittlungen die Entscheidung über die Anordnung oder Ablehnung der Fürsorgeerziehung erfolgen; doch wird eine Aussetzung des anhängigen Verfahrens auf einige Zeit an sich statthaft sein und zwar namentlich für den Fall, daß eine Besserung der Verhältnisse des Kindes zu erhoffen ist, oder wenn es angezeigt erscheint, vorerst den Erfolg anderweit angeordneter Erziehungsmaßregeln abzuwarten. Der Natur der Sache wird es jedoch entsprechen, die Aussetzung nicht schlechthin bis auf weiteres sondern nur auf eine festbegrenzte Frist auszusprechen; ist ein förmlicher Antrag auf Anordnung der Fürsorgeerziehung von einer Seite gestellt, der ein rechtliches Interesse zusteht, so wird der Aussetzungsbeschluß dem Antragsteller zuzustellen sein; vgl. für das preuß. Recht KG. in OLG. 16, 240; KG. in ZBlVorm. 1916, 262; KGJ. 48 A 44; KGJ. 48 A 34; Schleyer in ZBlFG. 11, 278; die Ansichten sind jedoch geteilt; vgl. Pitel, ZBlFG. 6, 196; Fuhrmann, Recht 1905, 12; Thiesing, Recht 1905, 76; Schmitz, Recht 1905, 245; Schultzky, Recht 1905, 338. Wegen der Zulässigkeit der Beschwerde gegen Aussetzungsbeschlüsse s. unten Anm n.

m) Die Einsicht der Akten kann jedem insoweit gestattet werden, als er ein berechtigtes Interesse glaubhaft macht. Das gleiche gilt von der Erteilung einer Abschrift; die Abschrift ist auf Verlangen zu beglaubigen (§ 34 FGG.). Das hinsichtlich der Akteneinsicht bestehende Ermessen ist trotz des Wortes „kann“ kein freies, sondern muß sich nach sachlichen Erwägungen bestimmen; es kann deshalb im ordentlichen Beschwerdeweg verfolgt werden (BayObLG. 13, 424); es ist richterliches Ermessen und kann deshalb nicht im Wege der Justizverwaltung geregelt werden. Dagegen ist die Frage, in welcher Form es gewährt werden soll, z. B. die Frage, ob die Akten in die Wohnung des Einsehenden abgegeben werden sollen, eine Angelegenheit der Justizverwaltung und auch nur im Wege der Aufsichtsbeschwerde verfolgbar (KG. in OLG. 33, 1). Das Recht der Akteneinsicht erstreckt sich auch auf die Beiakten, solange sie den Akten über die Fürsorgeerziehung beiliegen (BayOLG. in Recht 1913 Nr. 1007); a. A. Celle (OLG. 33, 63). Abschriftenerteilung aus den Beiakten wird nicht gefordert werden können, auch nicht, solange sich die Beiakten bei den Fürsorgeerziehungsakten befinden (s. Schmitz § 4 Anm. 61).

n) Das Beschwerdeverfahren ist geregelt durch §§ 19—30 FGG. und im besonderen hinsichtlich der Vormundschaftssachen durch die §§ 57—64 FGG. Aus diesen Vorschriften ist hier hervorzuheben:

Anfechtbar mit Beschwerde sind nur klar umschriebene behördliche Anordnungen, deren Nichtbefolgung für den, dem die Anweisung erteilt wurde, einen Rechtsnachteil nach sich zieht, nicht aber bloße Ratserteilungen oder die Ankündigung künftiger Maßregeln (Hamb. in OLG. 32, 413, auch SeuffArch. 71, 255; gegen diese E. Josef in ZBlVorm. 8, 212). Anfechtbar ist grundsätzlich nur der entscheidende Teil der Entscheidungen; die Gründe sind nur dann anfechtbar, wenn ein in die Gründe gestellter Satz nicht bloß der Begründung des entscheidenden Teils dienen soll, sondern selbst eine Entscheidung enthält (KGJ. 48 A 52; auch ZBlVorm. 8, 22). Der Beschwerde und der weiteren Beschwerde unterliegen auch Zwischenverfügungen, wenn sie die Möglichkeit einer Rechtsbeeinträchtigung in sich schließen (KG. in RJA. 12, 208; schlechthin nur gegen in der Sache selbst ergehende Endentscheidungen will sie zulassen BayOLG. 18, 11). Auch gegen Beschlüsse auf Aussetzung des Verfahrens und zwar sowohl der Vormundschaftsgerichte wie der Beschwerdegerichte findet demgemäß unter dieser Voraussetzung die Beschwerde statt (KGJ. 35 A 113; RJA. 9, 75); a. A. allerdings RG. in RJA. 14, 85; LZ. 1915, 1246: hiergegen wieder KGJ. 48 A 44; die Ausführungen des RG. sind gegenüber den Gründen der angeführten Entscheidungen des KG. nicht überzeugend; vgl. wegen der Aussetzung des Verfahrens an sich oben unter l.

Hinsichtlich der Beschwerdeberechtigung sind für das Fürsorgeerziehungsverfahren erheblich § 20 Abs. 1, § 57 Abs. 1 Nr. 9 und Abs. 2, § 58 und § 59 FGG. Nach § 20 steht die Beschwerde jedem zu, dessen Recht durch die Verfügung beeinträchtigt wird; nach § 57 Abs. 1 Nr. 9 steht gegen eine Verfügung, die eine Entscheidung über eine die Sorge für die Person des Kindes oder des Mündels betreffende Angelegenheit enthält, die Beschwerde jedem zu, der ein berechtigtes Interesse hat, diese Angelegenheit wahrzunehmen. Diese Vorschrift findet nach § 57 Abs. 2 auf die sofortige Beschwerde keine Anwendung. Nach § 58 Abs. 1 kann, wenn mehrere Vormünder oder Pfleger die Vormundschaft oder Pflegschaft gemeinschaftlich führen, jeder von ihnen das Beschwerderecht selbständig ausüben; § 58 Abs. 2 behandelt besondere Fälle, bei denen die Personensorge und die Vermögenssorge in verschiedenen Händen liegen. Nach § 59 kann ein unter elterlicher Gewalt oder unter einer Vormundschaft stehendes Kind in allen seine Person betreffenden Angelegenheiten sowie in allen Angelegenheiten, in denen es vor einer Entscheidung des Vormundschaftsgerichts gehört werden soll, ohne Mitwirkung seines gesetzlichen Vertreters das Beschwerderecht ausüben; doch findet diese Vorschrift auf geschäftsunfähige und auf solche Personen, die das vierzehnte Lebensjahr noch nicht vollendet haben, keine Anwendung. Im einzelnen ist hierzu zu bemerken. § 20 FGG. verlangt, daß ein Recht des Beschwerdeführers beeinträchtigt wird; die bloße Verletzung eines wirtschaftlichen ja selbst eines rechtlichen oder eines berechtigten Interesses gibt also kein Beschwerderecht nach § 20; außerdem muß dieses Recht beeinträchtigt sein und zwar unmittelbar. Der § 20 FGG. begründet deshalb kein Beschwerderecht des Stiefvaters des Minderjährigen (BayOLG. 11, 160 auch BayZ. 1910, 180). Ein Elternteil, dem die Sorge für die Person entzogen ist, hat auf Grund des § 20 kein Beschwerderecht, denn es ist möglicherweise zwar ein berechtigtes Interesse, aber kein Recht desselben verletzt (KG. in OLG. 26, 272); durch die in Fürsorgeerziehungssachen ergehenden Verfügungen werden auch keine Rechte der Distriktsverwaltungsbehörden verletzt (BayOLG. im Recht 1915, 431); soweit die Mutter ein Beschwerderecht auf Grund des § 20 hat, hat es auch der Beistand (BayOLG. in OLG. 30, 146).

§ 57 Nr. 9 FGG. setzt zunächst voraus, daß es sich um eine die Personensorge betreffende Angelegenheit handelt, wobei es aber genügt, wenn die Angelegenheit nur mittelbar auf die Personensorge einwirkt (KG. in OLG. 33, 380); diesem Erfordernis (vgl. hierzu §§ 1631—1633, 1800 BGB.) wird bei Beschwerden in Fürsorgeerziehungssachen stets genügt sein; im übrigen verlangt er nur ein berechtigtes Interesse; es genügt weder ein allgemein menschliches Interesse, noch ist andererseits ein rechtliches Interesse notwendig (BayOLG. 13, 267). Ein berechtigtes Interesse hat jeder, der zu dem Kinde in Beziehungen steht, die es gerechtfertigt erscheinen lassen, daß er sich um die Person des Kindes annimmt (KGJ. 45 A 34); es muß sich aber hierbei um ein Interesse des Kindes, nicht um ein solches des Beschwerdeführers handeln (KG. in RJA. 9, 4); außerdem muß sich das berechtigte Interesse gerade auf die Fürsorgeerziehung beziehen; es genügt nicht das Interesse an der Personensorge im allgemeinen (s. KGJ. 47 A 25; KG. in OLG. 31, 278; Recht 1915 Nr. 2349). Demgemäß haben ein Beschwerderecht die nächsten Verwandten (KG. in RJA. 2, 113); so der Großvater (BayOLG. 4, 223); Geschwister (BayOLG. 3, 673); aber auch der Mann der Mutter für Kinder, deren Vater er nicht ist (KG. in RJA. 9, 4; BayOLG. 16, 150); dieses Beschwerderecht des Stiefvaters folgt aber nicht aus der Schwägerschaft, sondern aus der mit der Schwägerschaft regelmäßig verbundenen nahen persönlichen Beziehung, entfällt also beim Wegfall dieser (KG. in OLG. 33, 364). Ist einem Elternteil die Personensorge entzogen, so hat er gleichwohl das Beschwerderecht des § 57 Nr. 9, außer es ist erkennbar die Beschwerde nicht im Interesse des Kindes, sondern im eigenen oder fremden Interesse eingelegt (KGJ. 47 A 30; KG. in OLG. 31, 283; BayOLG. 15, 725; BayOLG. in OLG. 31, 282); a. A. KGJ. 34 A 26; KG. in OLG. 26, 272. Ferner haben ein Beschwerderecht der Vormund kraft eigenen Rechts (KGJ. 46 A 91); ebenso der Beistand (BayOLG. 14, 213); auch, wer das Kind auf Grund einer Vereinbarung mit den Eltern seit Jahren erzog (BayOLG. in RJA. 12, 86); der Gemeindewaisenrat (KG. in OLG. 31, 281); nicht aber der Bürgermeister als solcher hinsichtlich der in der Stadt sich aufhaltenden Kinder (KGJ. 45 A 34); wohl aber der Lokalschulinspektor hinsichtlich der Schüler seiner Schulen, der

Pfarrer hinsichtlich der Pfarrkinder (BayObLG. 14, 297); die Jugendfürsorgeverbände (BayObLG. 15, 384); sonstige Vereine, deren Zweck die Jugendfürsorge ist, z. B. evangelische Magdalenenvereine (BayObLG. 16, 62); die Distriktsverwaltungsbehörde (BayObLG. in BayZ. 1915, 274; SeuffBl. 69, 445); kein Beschwerderecht dürften für die Regel die Armenverbände haben trotz ihrer nach Art. 13 FEG. bestehenden Kostenpflicht, denn sie würden damit ein eigenes nicht ein Interesse des Kindes verfolgen.

Sonderbestimmungen für die Beschwerdeberechtigung in Fürsorgeerziehungssachen enthält das FEG. in Art. 6 Abs. 4 und 5 hinsichtlich der die Fürsorgeerziehung anordnenden oder ablehnenden Verfügung, in Art. 7 Abs. 1 Satz 2 hinsichtlich der die vorläufige Unterbringung anordnenden oder ablehnenden Verfügung und in Art. 10 Abs. 2 hinsichtlich des die Fürsorgeerziehung aufhebenden Beschlusses.

Hinsichtlich der Beschwerdeform[1]) enthält das FEG. eine Sonderbestimmung in Art. 8; vgl. die Bemerkungen zu diesem.

Für die Fälle der sofortigen Beschwerde besteht eine Beschwerdefrist von zwei Wochen; die Frist beginnt mit dem Zeitpunkt der Bekanntmachung der Verfügung an den Beschwerdeführer; unter gewissen Voraussetzungen ist die Wiedereinsetzung zulässig (§ 22 FGG.).

Die Beschwerde und die weitere Beschwerde bedürfen weder eines Antrags noch einer Begründung (BayObLG. 12, 230); auch Mängel des Verfahrens brauchen, selbst bei der weiteren Beschwerde nicht ausdrücklich gerügt zu werden (BayObLG. 12, 245). Sind Anträge gestellt und ist eine Begründung gegeben, so hat das Gericht gleichwohl die Pflicht, die Entscheidung in jeder Richtung nach der formellen wie der materiellen Seite zu prüfen (Stuttg. im Recht 1917 Nr. 107). Bei der weiteren Beschwerde braucht aber der Beschwerdeführer zwar nicht die einzelnen Rechtsverletzungen zu rügen, wohl aber muß der Inhalt der weiteren Beschwerde ergeben, daß es sich nicht bloß um eine Anfechtung der festgestellten Tatsachen oder um die Herbeiführung einer anderen Beweiswürdigung handelt, sondern es muß die rechtsirrige Anwendung oder die Nichtanwendung des Gesetzes den Gegenstand des Beschwerdeangriffs bilden (Karlsr. in BadRpr. 1915, 54). Die Beschwerde, nicht aber die weitere Beschwerde, kann auf neue Tatsachen und neue Beweise gestützt werden (§ 23 FGG.).

Die weitere Beschwerde ist nur zulässig, wenn die Entscheidung auf einer Verletzung des Gesetzes beruht; die §§ 550, 551, 561, 563 ZPO. finden entsprechende Anwendung (§ 27 FGG.; BayObLG. 14, 39); es muß sich um die Nichtanwendung oder die unrichtige Anwendung einer Rechtsnorm handeln (BayObLG. 10, 131); die Verletzung ausländischen Rechts fällt nicht hierher (Hamb. in RJA. 15, 1; OLG. 30, 405 und 31, 274 gegen BayObLG. 13, 178). Hieraus ergibt sich: Das Gericht der weiteren Beschwerde kann sich mit der Richtigkeit der getroffenen Feststellungen nicht befassen (BayObLG. 12, 66); neue Tatsachen können nicht vorgebracht werden (BayObLG. 12, 570); auch nicht neue Beweismittel beigebracht werden (BayObLG. 15, 166). Unrichtige Ausübung des richterlichen Ermessens ist keine Gesetzesverletzung (OLG.

---

[1]) Wegen einer Sonderbestimmung für die Einlegung der weiteren Beschwerde in Angelegenheiten der freiwilligen Gerichtsbarkeit für die Zeit des Krieges vgl. Reichskanzlerbekanntmachung vom 8. März 1917 (RGBl. 219).

Karlsr. in BadRpr. 1908, 271; BayObLG. 12, 66); doch ist es wieder Rechtsfrage, wenn die Grenzen des Ermessensbereichs überschritten sind (vgl. wegen Grenzen des Prüfungsrechts bei Ermessensfragen Pitel in ZBlFG. 5, 242). Zu prüfen ist, ob nicht bei Feststellung der Tatsachen eine Rechtsverletzung erfolgte (BayObLG. 10, 569). Auch bei Fehlern im Verfahren z. B. des § 1673 Abs. 2 BGB. (= Art. 4 Abs. 3 FEG.) darf die Entscheidung nur dann aufgehoben werden, wenn sie auf dem Verstoß beruht (BayObLG. 12, 499; KG. im Recht 1907, 1552); eine Ausnahme bilden aber die Fälle des § 551 Nr. 1—7 ZPO. Auf Zuwiderhandlungen gegen die formelle Geschäftsbehandlung regelnde Ministerialentschließungen kann die Beschwerde nicht gestützt werden (BayObLG. 18, 23). Unzulässig ist die weitere Beschwerde gegen eine gemäß § 24 Abs. 3 FGG. ergangene vorläufige Anordnung, oder einen Beschluß, durch den das Beschwerdegericht eine solche Anordnung aufhebt (KGJ. 23 A 1; KG. in ZBlFG. 16, 617).

Das Verbot der Reformatio in peius zuungunsten des Beschwerdeführers gilt grundsätzlich auch für das Gebiet der freiwilligen Gerichtsbarkeit; doch ist eine Abänderung zuungunsten des Beschwerdeführers unter Umständen möglich, soweit das Prinzip der Offizialtätigkeit des Gerichts gilt (KG. in RJA. 14, 96). Für das Gebiet der Fürsorgeerziehung wird demnach eine Abänderung zuungunsten des Beschwerdeführers zulässig sein; die Frage wird praktisch bei der Beschwerdeführung gegen einen Beschluß, der die Aufhebung mit Vorbehalt des Widerrufs verfügte.

Zuständig zur Verbescheidung der Beschwerden ist die Zivilkammer des Landgerichts (§ 19 Abs. 2, § 30 Abs. 1 FGG.). Über die weitere Beschwerde entscheidet der Zivilsenat des Obersten Landesgerichts (§ 28 Abs. 1, § 30 Abs. 1, § 199 FGG. Art. 42 Abs. 3 AG. GVG. in der Fassung des Art. 167 Nr. 12 AG. BGB.) und zwar in der Besetzung mit fünf Mitgliedern (§ 10 Abs. 3 EG. GVG., Art. 48 AG. GVG.). Der Grundsatz der Tätigkeit von Amts wegen (§ 12 FGG.) gilt auch für das Beschwerdegericht (Stuttg. im Recht 1917 Nr 106.

Das Beschwerdegericht hat, was den Inhalt seiner Entscheidung betrifft, grundsätzlich über die Sache selbst zu entscheiden; doch ist es nicht ausgeschlossen, daß es sich auf die Aufhebung des angefochtenen Beschlusses beschränkt und die sachliche Entscheidung dem Untergericht überträgt (BayObLG. 10, 186); das Oberste Landesgericht bedient sich hierbei der Formel „die Sache wird zur anderweitigen Entscheidung" zurückverwiesen. Das KG. beschließt die „Zurückverweisung zur anderweiten Erörterung und Entscheidung nach Maßgabe der folgenden Gründe" (s. Schlegelberger § 25 Anm. 11). Wird einer Beschwerde nicht stattgegeben, so ist es üblich, zu entscheiden, die Beschwerde wird verworfen oder als unzulässig verworfen, dieses, wenn formelle Mängel vorliegen; oder sie wird zurückgewiesen oder als unbegründet zurückgewiesen, dieses, wenn eine sachliche Würdigung stattfindet; so ist auch die Ausdrucksweise des BayObLG. (s. BayObLG. 11, 160). Die Entscheidungen der Beschwerdegerichte und wohl auch die Entscheidungen des Obersten Landesgerichts über die weitere Beschwerde sind in Bayern auf Grund einer Verwaltungsanweisung unter der Formel „Im Namen Seiner Majestät des Königs von Bayern" zu erlassen (VO. vom 24. Juli 1879, GVBl. 707, JMBl. 337). Die

Entscheidungen des Beschwerdegerichts und des Gerichts der weiteren Beschwerde sind zu begründen (§ 24, § 29 Abs. 4 FGG.).

o) Eine Wiederaufnahme des Verfahrens kennt das FGG. nicht; sie ist deshalb auch in dem Verfahren der Fürsorgeerziehung nicht zulässig (BayObLG. 14, 532; KG. in OLG. 21, 273). Da aber der Grundsatz der materiellen Rechtskraft jedenfalls nur im beschränkten Umfang gilt (s. oben unter i), wird sich nur ein beschränktes Bedürfnis nach Wiederaufnahme ergeben.

p) Hinsichtlich der Gerichtssprache ist hervorzuheben, daß Eingaben, die nicht in deutscher Sprache abgefaßt sind, nicht berücksichtigt werden dürfen; es wird insbesondere durch solche keine Frist gewahrt (§ 8 FGG. mit § 186 GVG.; s. Struckmann-Koch, ZPO. zu § 186 GVG.; RGZ. 31, 428; RMG. in DJZ. 1916, 345).

q) Das Verfahren ist nicht öffentlich; ausdrückliche Bestimmungen hierüber enthält weder das FEG. noch das FGG.; aus dem Schweigen des Gesetzes folgt, daß kein Recht auf Öffentlichkeit besteht; andererseits ergibt sich aber aus dem Schweigen des Gesetzes weiter, daß auch kein Recht auf Ausschluß der Öffentlichkeit besteht; es entscheidet also das Ermessen des Richters.

5. Maßgebend ist zufolge des Abs. 1 insbesondere auch § 1673 BGB., der für gewisse Fälle die Anhörung von Verwandten und Verschwägerten vorschreibt und auch den Ersatz der Auslagen dieser Personen regelt. Sonderbestimmungen in dieser Richtung enthält für gewisse Fälle Art. 4 Abs. 3 mit Art. 17 Abs. 4 FEG. Diese Bestimmungen gelten aber nur für das Verfahren vor dem Vormundschaftsgericht; die Anhörung von Verwandten und Verschwägerten durch das Beschwerdegericht bemißt sich stets nach § 1673 BGB.

6. Außer dem FGG. kommen auf Grund des Abs. 1 für das Verfahren der Gerichte noch zur Anwendung das Gesetz, betr. die freiwillige Gerichtsbarkeit und andere Rechtsangelegenheiten in Heer und Marine, vom 28. Mai 1901 (RGBl. 185).

7. Anwendbar ist zufolge des Abs. 1 mit § 15 FGG. auch die Gebührenordnung für Zeugen und Sachverständige vom 20. Mai 1898 (RGBl. 689), geändert durch Ges. vom 10. Juni 1914 (RGBl. 214), selbstverständlich aber nur, wenn die Vernehmung auch nach Maßgabe der ZPO. als Zeuge oder als Sachverständiger erfolgte; sie gilt nicht für formlose Vernehmungen, vorbehaltlich der Sonderbestimmung des Art. 17 Abs. 4 FEG. Es gilt nicht etwa an Stelle reichsgesetzlicher Gebührenordnung hier die landesrechtliche Zeugengebührenordnung vom 22. September 1879 (GVBl. 1283), denn deren Anwendbarkeit entfällt zufolge der ausdrücklichen Bestimmung des § 15 FGG.

8. Von Erheblichkeit sind ferner Art. 22 und Art. 30 Abs. 4 AG. GVG. vom 22. Februar 1879 in der Fassung des Art. 167 AG. BGB.; darnach sind die Ausfertigungen in den nicht zur ordentlichen streitigen Gerichtsbarkeit gehörenden Angelegenheiten, soweit nicht besondere Vorschriften bestehen, bei den Amtsgerichten von dem Amtsrichter zu unterschreiben, während sie bei den Landgerichten von dem Gerichtsschreiber unterschrieben werden.

9. Des weiteren kommt auf Grund des Abs. 1 noch zur Anwendung Art. 130 AG. BGB., betr. die Anwendung unmittelbaren Zwangs zum Vollzug einer gerichtlichen Verfügung, vgl. hierzu wegen der Gebühren der Gerichtsvollzieher für die Ausführung solcher Zwangsmaßregeln insbesondere für die Vorführung oder Verhaftung einer Person die LandesgebO. für Gerichtsvollzieher vom 16. Dezember 1899 (JMBl. 533); eine Ausnahme von der Anwendbarkeit des Art. 130 schafft jedoch Art. 9 FEG.; s. hierzu Art. 9 Anm. 4. Endlich sind zufolge des Art. 17 Abs. 1 noch anwendbar Art. 131—133 AG. BGB. betr. die Kosten des Verfahrens; vgl. wegen letzterer die Bemerkungen unter Anm. 16 ff.

10. Für das Verfahren der Verwaltungsbehörden bestehen allgemeine gesetzliche Vorschriften nicht. Das Verfahren regelt sich nach den Gepflogenheiten und nach Dienstanweisungen; vgl. hierwegen Henle, Handbuch der inneren Verwaltung S. 49 ff.; diese kommen selbstverständlich für das Verfahren in FE.sachen zur Anwendung aber nicht auf Grund des Art. 17 Abs. 1 FEG., sondern auf Grund ihrer eigenen Wirksamkeit. Wegen der besonderen Verfahrensvorschriften für die in Art. 14 behandelten Angelegenheiten s. die Bemerkungen hierzu.

11. Die Rechtshilfe in Fürsorgeerziehungssachen bestimmt sich im gegenseitigen Verhältnis der bayerischen Gerichte nach Art. 77 AG. GVG. vom 23. Februar 1879; diese Bestimmung geht als Sonderbestimmung dem § 2 FGG. vor, der auf Grund des Art. 17 FEG. an sich anwendbar wäre, wenn nicht die Sonderregelung des Art. 77 bestünde: Art. 77 bestimmt:

Die Gerichte haben sich in den Angelegenheiten, für welche die Vorschriften der Landesgesetze maßgebend sind, Rechtshilfe zu leisten.

Die Bestimmungen der §§ 158—160, 162, 164, 167 des Reichsgerichtsverfassungsgesetzes finden hierbei entsprechende Anwendung.

Zivil- und Militärgerichte haben sich gegenseitig Rechtshilfe zu leisten, wobei gleichfalls die in Abs. 2 bezeichneten Vorschriften entsprechende Anwendung finden.

Über die Beschwerde gegen die Entscheidung des Oberlandesgerichts im Falle des Art. 160 Abs. 1 des RGVG. entscheidet das Oberste Landesgericht.

Ebenso haben sich die bayerischen Verwaltungsbehörden im gegenseitigen Verkehr im Bereich der ihnen auf Grund des FEG. zufallenden Tätigkeit gegenseitig eine der Rechtshilfe entsprechende Unterstützung zu leisten; diese Pflicht ergibt sich jedenfalls daraus, daß für Verwaltungssachen „äußerstenfalls", d. h. wenn nicht schon auf Grund von Sondervorschriften eine Unterstützungspflicht besteht, die Vorschriften der ZPO. und wohl auch des GVG. entsprechende Anwendung finden (vgl. Henle, Handbuch der Inneren Verwaltung S. 49).

12. Hinsichtlich der Beistandsleistung in Fürsorgeerziehungssachen im Verhältnis der Gerichte und Verwaltungsbehörden verschiedener Bundesstaaten vgl. die JnnMB. vom 10. Mai 1913 (JMBl. 74; MJnnMBl. 442); siehe diese unter Ziff. C 9.

13. Für den Rechtshilfeverkehr mit dem Ausland gilt das Haager Abkommen über den Zivilprozeß vom 17. Juli 1905 (RGBl. 1909, 408), das auch auf die freiwillige Gerichtsbarkeit Anwendung findet, und die ebenfalls auch für die freiwillige Gerichtsbarkeit anwendbare MJJnnMB. vom 8. April 1911, den Geschäftsverkehr der Justizbehörden mit dem Ausland betr. (JMBl. 113).

14. Nach Abs. 2 soll der Ort, der für die Zuständigkeit des Vormundschaftsgerichts maßgebend ist, auch für die örtliche Zuständigkeit der Distriktsverwaltungsbehörde entscheiden (Begr. zur Nov. vom 21. August 1914 S. 14). Es ist also diejenige Distriktsverwaltungsbehörde zuständig, in der der Ort liegt, der die Zuständigkeit des Vormundschaftsgerichts z. B. als Wohnsitz oder Aufenthaltsort des Mündels begründet. Umfaßt der Gerichtsbezirk mehrere Distriktsverwaltungsbehörden, so entscheidet nicht der Sitz des Gerichts, sondern die für den die Zuständigkeit begründenden Ort zuständige Behörde (KGJ. 48 A 52). Abweichend vom preuß. Recht, nach dem derjenige Kommunalverband in Betracht kommt (§ 14 Abs. 2 PreußFEG.), „in dessen Gebiet der Ort liegt, als dessen Vormundschaftsgericht das Gericht Beschluß gefaßt hat", entscheidet nicht die Tatsache, daß ein gewisses Gericht auf Grund eines bestimmten Orts seine Zuständigkeit angenommen hat, sondern es sollen lediglich für die Verwaltungsbehörde die gleichen Umstände maßgebend sein, wie für das Vormundschaftsgericht; hinsichtlich der Würdigung ist aber die Verwaltungsbehörde frei; die Verwaltungsbehörden können demnach zur Ansicht kommen, daß ein anderer Ort der Wohnsitz ist, als das Gericht annahm. Maßgebend (z. B. bei einem Wohnsitzwechsel während des Verfahrens) ist der Zeitpunkt, in dem sich das Vormundschaftsgericht mit der Fürsorgeerziehung befaßt (§ 43 Abs. 1 Halbs. 2 FGG.), nicht der, in dem sich die Distriktsverwaltungsbehörde mit ihr befaßt, denn die Zuständigkeit des Vormundschaftsgerichts wird durch den ersteren Ort begründet. Sind mehrere Orte geeignet, die Zuständigkeit zu begründen, z. B. es besteht mehrfacher Wohnsitz, so ist die Wahl des Vormundschaftsgerichts für die Verwaltungsbehörde bindend, denn im gegebenen Fall hat nur der gewählte Ort die Zuständigkeit begründet; hier hatte das Vormundschaftsgericht nicht bloß zu entscheiden, sondern zu verfügen. Bestimmt sich die Zuständigkeit nicht unmittelbar auf Grund einer örtlichen Beziehung also z. B. nach einer bereits anhängigen Vormundschaft, Pflegschaft oder Beistandschaft (§ 43 FGG.) oder nach den Verhältnissen von Geschwistern des Mündels (§ 36 Abs. 2 FGG.), so entscheidet der Ort, der die Zuständigkeit des Vormundschaftsgerichts für das bedingende Verhältnis schuf und es erstreckt sich die Prüfung der Verwaltungsbehörde auf die Verhältnisse, welche die Zuständigkeit für das bedingende Verhältnis schufen. Wird das zuständige Gericht gemäß § 36 Abs. 2 FGG. durch das Justizministerium bestimmt, so ist die örtliche Beziehung, die für das Justizministerium maßgebend war, auch für die Distriktsverwaltungsbehörde maßgebend. War für die Entscheidung des Ministeriums keine örtliche Beziehung maßgebend, so fehlt es an einer zuständigen Verwaltungsbehörde. Wird die vorläufige Unterbringung gemäß Art. 7 Abs. 2 nicht von dem für die Anordnung der Fürsorgeerziehung zuständigen Gericht angeordnet, sondern von dem Gericht, in dessen Bezirk das Fürsorgebedürfnis hervortritt, so ist die für letzteren Ort in Betracht kommende Distriktsverwaltungsbehörde zuständig (s. die angeführte Begr. S. 10); auch hier ist die in der Wahl eines der mehreren Gerichtsstände getroffene Verfügung des Gerichts für die Verwaltungsbehörde bindend. Wird die Sache gemäß § 46 FGG. an ein anderes Gericht abgegeben, so wird die Zuständigkeit der Distriktsverwaltungsbehörde auch dadurch beeinflußt; doch nur dann, wenn eine örtliche Beziehung die Abgabe veranlaßt. Erfolgt die Abgabe wegen anderer als örtlicher Beziehungen, so fehlt es an einer zuständigen Verwaltungsbehörde. Nach der angeführten Begründung soll es selbstverständlich sein, daß die Zuständigkeit der Verwaltungsbehörde sich nur solange nach der des Vormundschaftsgerichts richtet, bis die Fürsorgeerziehung rechtskräftig angeordnet ist. Ein späterer Wechsel des Vormundschaftsgerichts (z. B. durch Abgabe der Vormundschaft an ein anderes Gericht) sei bedeutungslos. Diese Unterscheidung hat im Gesetze keinen Ausdruck gefunden. Ein selbständiger Übergang des Vollzugs der Fürsorgeerziehung auf eine andere Distriktsverwaltungsbehörde ist ausgeschlossen; es ist zwar möglich, daß die Umstände, die die Zuständigkeit einer Distriktsverwaltungsbehörde begründet haben, sich ändern z. B. infolge eines Wechsels des Wohnsitzes oder Aufenthalts, und daß infolge dieses Wechsels nunmehr eine andere Distriktsverwaltungsbehörde an sich zuständig wäre, allein nach § 35 Abs. 1 Halbsatz 2 FGG., der zufolge des Art. 17 Abs. 2 Satz 1 FEG. ebenfalls gilt, ist für die Zuständigkeit der Zeitpunkt der Befassung mit der Angelegenheit maßgebend. Eine selbständige Weitergabe unter den Distriktsverwaltungsbehörden aber ist nicht vorgesehen und deshalb auch nicht zulässig.

15. Hinsichtlich der sachlichen Zuständigkeit der Distriktsverwaltungsbehörden bedurfte es lediglich einer Bestimmung für München, weil nach der Organisation der bayerischen inneren Verwaltung dort allein für den gleichen Bezirk verschiedene Distriktsverwaltungsbehörden bestehen; in der nunmehrigen Fassung ist für München der Magistrat zuständig. Im übrigen Bayern sind die Magistrate der unmittelbaren Städte oder die Bezirksämter zuständig, je nachdem der die Zuständigkeit begründende Umstand im Bezirk einer unmittelbaren Stadt eintritt oder nicht.

16. Abs. 3, durch den die Anwendung des Art. 131 AG. BGB. ausgeschlossen wird, beschäftigt sich mit der Frage der Kostentragung beim gerichtlichen Verfahren wie bei dem Verfahren der Verwaltungsbehörden. Er betrifft nicht bloß das der Anordnung der Fürsorgeerziehung dienende Verfahren, sondern das Fürsorgeerziehungsverfahren schlechthin, also insbesondere auch das Aufhebungsverfahren. Zunächst bestimmt er, daß das gerichtliche Verfahren und die Verhandlungen der Verwaltungsbehörden „kostenfrei" sind; das will, da es nicht im Machtbereich des Gesetzgebers liegt, die Entstehung von Kosten schlechthin auszuschließen, sagen, daß für die bezeichnete Tätigkeit den Beteiligten vom Staate keine Kosten aufgerechnet werden sollen; es unterbleibt also namentlich der Ansatz von Gebühren und Schreibgebühren; der Vollmachtenstempel ist zu erheben, weil die Kostenfreiheit nur für das Verfahren bestimmt ist (Friedländer, Der bayerische Vollmachtsstempel S. 19).

Hierzu tritt die weitere Vorschrift, daß die baren Auslagen vom Staate bestritten werden; auch dieser Grundsatz bezieht sich nur auf solche Auslagen, die durch die Verhandlungen der Gerichte und Verwaltungsbehörden erwachsen. Hierunter fallen die Kosten der Vernehmung von Zeugen und Sachverständigen, von Auskunftspersonen, von Augenscheinseinnahmen; die Kosten für Porto, Telegramme, Gutachten. Auch die Auslagen, die den Beteiligten erwachsen, fallen hierher, soweit ihnen ein Ersatzanspruch zusteht (vgl. wegen des letzteren Art. 4 Anm. 16 und unter Anm. 19). Nicht fallen hierher dagegen die Kosten der Fürsorgeerziehung selbst, dies sind weder Kosten noch Auslagen des gerichtlichen Verfahrens noch des Verfahrens der Verwaltungsbehörden; hiefür besteht die Sondervorschrift des Art. 13.

Eine Ausnahme von den dargelegten beiden Grundsätzen bringt Satz 3; darnach treffen die durch unbegründete Anträge und Einwendungen verursachten Kosten die Beteiligten. Beteiligter im Sinne dieser Bestimmung ist jeder, der einen Antrag stellt oder eine Einwendung vorbringt. Einen Antrag stellt auch, wer eine „Anregung" zur Tätigkeit von Amts wegen mit Beschwerde verfolgt (BayObLG. im Recht 1916, 176). Zur Last fallen ihm nicht bloß die Kosten im engeren Sinne, sondern auch die Auslagen und zwar nicht nur die Auslagen des Staates, sondern auch solche Dritter, und zwar letztere auch dann, wenn diese Dritten einen Ersatzanspruch gegen den Staat nicht haben. Die Ersatzpflicht ist lediglich durch die Tatsache begründet, daß die Anträge und Einwendungen unbegründet sind; ein Verschulden ist nicht notwendig. Die Kosten können auch dem auferlegt werden, der die Anzeige auf Grund einer gesetzlichen oder dienstlichen Anzeigepflicht erstattet hat (a. A., aber offensichtlich unrichtig KdAbg. 1901/1902 StenB. 7, 302). Die Ersatzpflicht besteht nicht nur gegenüber Privatpersonen, sondern auch bei Anträgen und Einwendungen, die von staatlichen oder gemeindlichen Behörden ausgehen; ersatzpflichtig sind hier der Staat und die Gemeinde. Die Ersatzpflicht besteht für jeden Beteiligten hinsichtlich der durch seine Anträge und Einwendungen erwachsenen Kosten; es kann also nicht etwa der Minderjährige mit Auslagen belastet werden, die durch Anträge eines Verwandten entstehen. Werden Anträge und Einwendungen durch Vertreter vorgebracht, so trifft die Ersatzpflicht die Vertretenen und nur diese. Als durch unbegründete Anträge veranlaßt können namentlich auch die Kosten einer erfolglosen Beschwerde angesehen werden (BayObLG. 11, 592); aber auch die Kosten eines ganzen Fürsorgeerziehungsverfahrens, wie sonstiger einzelner Abschnitte desselben. Die Ersatzpflicht ist aber nicht eine unmittelbare gesetzliche Pflicht, sondern sie ist dadurch bedingt, daß das Gericht oder die Verwaltungsbehörde den Beteiligten die Kosten ausdrücklich auferlegt. Ob sie das tun wollen, steht in deren Ermessen; hierbei kann namentlich auch die Frage der Verschuldung berücksichtigt werden. Es kann auch nur ein Teil der Kosten auferlegt werden; zu den Kosten gehören auch die der Vertretung durch Anwälte.

17. Eine förmliche Entscheidung über die Pflicht zur Kostentragung oder zur Erstattung der Auslagen sieht das FEG., abgesehen von dem Falle des Abs. 3 Satz 3 nicht vor. Es ergibt sich auch eine solche nicht aus dem gemäß Abs. 1 hilfsweise anwendbaren FGG., denn dieses enthält in dieser Richtung ebenfalls keine Bestimmungen. Abweichend von dem Zivilprozeßverfahren haben deshalb die gerichtlichen Verfügungen und die der Verwaltungsbehörden, soweit nicht eine Anordnung nach Satz 3 getroffen wird, eine Entscheidung über die Kosten nicht zu treffen (BayObLG. 4, 12). Es sind insbesondere auch nicht Entscheidungen dahin veranlaßt, wie „Das Gericht beschließt kostenfrei oder gebührenfrei"; auch dahin ist nicht zu erkennen: „Die Auslagen fallen der Staatskasse zur Last"; denn diese Pflichten ergeben sich aus Art. 17 Abs. 3 von selbst, sie bestehen ohne Rücksicht auf den gerichtlichen Ausspruch.

Ergeht eine Entscheidung der Gerichte nach Maßgabe des Satzes 3, so ist hiergegen Beschwerde zulässig und unter den allgemeinen Voraussetzungen die weitere Beschwerde und zwar nach Maßgabe des Art. 8 FEG. mit den das Beschwerdeverfahren betreffenden Bestimmungen des FGG. Einfache und nicht die sofortige Beschwerde ist auch dann zulässig, wenn die Entscheidung mit einem hinsichtlich der Sachentscheidung der sofortigen Beschwerde unterliegenden Beschluß zufällig verbunden ist.

Soweit nun, sei es auf Grund des Abs. 3 Satz 2 oder auf Grund einer nach Abs. 3 Satz 3 ergangenen Entscheidung im gerichtlichen Verfahren, Kosten zu erstatten sind, werden sie zufolge des nach Art. 17 Abs. 1 FEG. anwendbaren Art. 133 AG. BGB. auf Antrag des Ersatzberechtigten durch das Gericht erster Instanz festgesetzt. Eines besonderen zur Zwangsvollstreckung geeigneten Titels im Sinne des § 103 ZPO. bedarf es nicht (BayObLG. 7, 531). Gegen die Festsetzung findet sofortige Beschwerde statt, das Beschwerdeverfahren bemißt sich nach Art. 8 FEG. und im übrigen nach den Vorschriften des FGG.

Aus der die zu erstattenden Kosten festsetzenden Verfügung findet die Zwangsvollstreckung nach den Vorschriften statt, welche für die Zwangsvollstreckung aus den in bürgerlichen Rechtsstreitigkeiten erlassenen Kostenfestsetzungsbeschlüssen gelten (Art. 133 Abs. 2 AG. BGB.). Darüber, wie Ersatzansprüche, sei es nach Abs. 3 Satz 2 oder Satz 3 geltend zu machen sind, wenn sie bei den Verhandlungen der Verwaltungsbehörden erwachsen, fehlt es an gesetzlichen Vorschriften. Der sonst bestehenden Übung der Verwaltungsbehörden, die allerdings nur einen zweifelhaften Rechtsboden hat, wird es entsprechen, ein ähnliches Kostenfestsetzungsverfahren als zulässig anzusehen. Die Ausgestaltung im einzelnen wird sich nach der herkömmlichen Übung jedes Amtes verschieden gestalten.

18. Keine Anwendung findet Abs. 3 auf Kosten, die in einem nach Art. 14 durchzuführenden Verfahren entstehen; denn hierbei handelt es sich nicht um ein unmittelbar nach dem FEG. vorgesehenes Verfahren; es entscheiden vielmehr hierbei die allgemeinen in Verwaltungssachen und Verwaltungsstreitsachen zweiter Ordnung angewandten Vorschriften und Gepflogenheiten; vgl. wegen dieser Reger-Dyroff, Verwaltungsgerichtsges. Art. 21 Anm. 8 und 9 und Art. 45 Anm. 4. Ebensowenig findet Abs. 3 Anwendung in einem zivilprozessualen Rückgriffsverfahren nach Maßgabe des Art. 11 Abs. 2 oder in sonstigen mit dem Fürsorgeerziehungsverfahren nur entfernt in Zusammenhang stehenden Verfahren der Gerichte oder Verwaltungsbehörden. Dagegen dürfte er Anwendung finden auf das Verfahren der Verwaltungsbehörden nach Art. 15 Abs. 1, nicht aber auf das Verfahren der Gerichte nach Art. 15 Abs. 2.

19. Abs. 4 regelt die Ansprüche der nach Art. 4 Abs. 3 gehörten Verwandten und Verschwägerten des Minderjährigen auf Ersatz ihrer Auslagen; er erklärt die für Zeugen geltenden Vorschriften für anwendbar.

Nur die in Art. 4 Abs. 3 bezeichneten Personen haben den Ersatzanspruch; er besteht also nur dann, wenn sie in dem die Anordnung der Fürsorgeerziehung betreffenden Verfahren gehört wurden, nicht auch bei einer Anhörung in dem die Aufhebung bezweckenden Verfahren; die Eltern des Minderjährigen fallen nicht hierher; auf sie bezieht sich Art. 4 Abs. 2; der Ersatzanspruch besteht auch dann, wenn die Vernehmung in Widerspruch mit Art. 4 Abs. 3 erfolgte, obwohl sie unverhältnismäßige Kosten verursachte, und auch dann, wenn sie trotz einer hierdurch veranlaßten erheblichen Verzögerung erfolgte; der Ersatzanspruch besteht ferner bei Vernehmungen vor dem Gericht, nicht auch bei einer, wenn auch auf Ersuchen des Gerichts, erfolgten Anhörung durch die Gemeinde- oder Polizeibehörde, wohl aber bei einer Anhörung durch den ersuchten Richter. Ein Ersatzanspruch besteht auch dann, wenn es im einzelnen Fall zu einer Vernehmung nicht kommen sollte, z. B. der Termin wird aufgehoben, ohne daß der Verwandte oder Verschwägerte rechtzeitig abgeladen wurde; denn auch ein Zeuge hat in einem solchen Falle einen Ersatzanspruch.

Die für Zeugen geltenden Vorschriften sind die Vorschriften der Gebührenordnung für Zeugen- und Sachverständige vom 20. Mai 1898 (RGBl. 689), geändert durch Ges. vom 10. Juni 1914 (RGBl. 214); es ist nicht etwa die jetzt auf Art. 5 des Kostengesetzes vom 21. August 1914 sich gründende Landeszeugengebührenordnung vom 20. September 1879 (GVBl. 1283) maßgebend; denn sie gilt in Fürsorgeerziehungssachen auch für Zeugen nicht (s. oben Anm. 7). Maßgebend sind von der ReichsGebO. **hier** nur die für Zeugen nicht die für Sachverständige geltenden Vorschriften, selbst wenn die Äußerung inhaltlich ein Sachverständigengutachten enthält. Die ReichsGebO. ist maßgebend sowohl für den Inhalt wie für die Geltendmachung des Anspruchs. Keine Bedeutung hat es für den Umfang des Anspruchs, daß Abs. 4 nur vom Ersatz der „Auslagen" spricht. Ein etwaiges Beschwerdeverfahren bemißt sich nicht nach dem FGG., sondern nach dem § 17 der GebO. (s. Königsb. in OLG. 16, 239).

Aus Abs. 4 darf aber nicht geschlossen werden, daß in anderen Fällen, als sie Abs. 4 vorsieht, die im Fürsorgeerziehungsverfahren gehörten Verwandten und Verschwägerten einen Ersatzanspruch überhaupt nicht haben; ausgeschlossen ist für andere Fälle nur, daß die für Zeugen geltenden Grundsätze zur Anwendung kommen; es kommen hier namentlich die Fälle in Betracht, bei denen die Anhörung außerhalb des die Anordnung der Fürsorgeerziehung betreffenden Verfahrens erfolgt, ferner die Fälle der Vernehmung durch Vermittlung der Polizeibehörden. Die in Art. 4 Anm. 16 entwickelten Gesichtspunkte ergeben vielmehr, vorausgesetzt, daß die Vernehmung vor einem Gericht oder auf Ersuchen eines solchen erfolgt, auch für solche Fälle einen Anspruch auf Ersatz der Auslagen einschließlich einer Vergütung für Zeitversäumnis. Ebenso gilt das **dort** Bemerkte hinsichtlich der Form der Geltendmachung des Anspruchs. Für ein bei den Verwaltungsbehörden also namentlich beim Vollzug der Fürsorgeerziehung durchgeführtes Verfahren werden die gleichen Grundsätze nicht gelten; ein allgemeiner Ersatzanspruch läßt sich für das nach der rechtlichen Seite wenig ausgebildete Verfahren der bayerischen inneren Verwaltung nicht entwickeln. Hier besteht kein Ersatzanspruch.

Art. 18.

Mit Geldstrafe bis zu einhundertfünfzig Mark oder mit Haft wird bestraft, wer einen zur Fürsorgeerziehung in einer Familie oder in einer Anstalt untergebrachten Minderjährigen unbefugt entfernt oder zur Entfernung verleitet.

1. Art. 18 entspricht dem Art. 13 ZwEG. § 235 StGB. steht seiner Wirksamkeit nicht entgegen, denn dieser beschränkt sich auf besonders geartete Gewaltverhältnisse und schließt nicht aus, daß das Landesrecht andere Gewaltverhältnisse unter Strafschutz stellt (RGSt. 47, 52).

2. Strafbar ist nach Art. 18 nur die Entfernung des Minderjährigen aus der Familie oder Anstalt, sowie die Verleitung zur Entfernung. Unter Entfernung ist jede Handlung zu verstehen, die den Minderjährigen der über ihn angeordneten und bereits in Vollzug gesetzten Obhut entzieht; die bloße Unterstützung des Minderjährigen, der seine Entfernung selbst bewerkstelligt, ist nur Beihilfe zur Selbstentfernung und demnach straflos. Es muß zu einer Entfernung von einer gewissen Dauer gekommen sein (RGSt. 38, 123). Unter Verleitung zur Entfernung ist jede Einwirkung auf den Minderjährigen inbegriffen, die in ihm den Gedanken zur Flucht erweckt oder verstärkt; vorausgesetzt, daß der Zögling daraufhin die Anstalt oder die Familie tatsächlich verläßt; so auch Schmitz § 21 Anm. 21 und Schneider S. 80. Der Minderjährige, der sich selbst entfernt oder bei seiner Befreiung durch einen andern mitwirkt, bleibt straflos; wohl aber kann, wenn sich mehrere Fürsorgezöglinge selbst entfernen, sich jeder wegen Entfernung oder Verleitung eines anderen strafbar machen.

3. Nicht gehört werden kann der Angeklagte mit der Behauptung, daß die Fürsorgeerziehung von einem unzuständigen Gericht angeordnet wurde; denn nach § 7 FGG. sind auf dem Gebiete der freiwilligen Gerichtsbarkeit Handlungen nicht deshalb unwirksam, weil sie von einem örtlich unzuständigen Gericht angeordnet wurden (RG. in DJZ. 1914, 756); notwendig zur Bestrafung ist aber ein rechtskräftiger, oder doch wirksamer auf Grund des FEG. ergangener und zur Zeit der Tat noch zu Recht bestehender Beschluß auf Anordnung der Fürsorgeerziehung. Strafbar ist auch die Entfernung eines gemäß Art. 7 vorläufig untergebrachten Minderjährigen. Bestrafung tritt auch ein, wenn die strafbare Handlung begangen wird in bezug auf eine Fürsorgeerziehung, die auf Grund der Gesetzgebung eines anderen Bundesstaats von Vormundschaftsgerichten eines solchen verfügt wurde; es entspricht das der vermutlichen Absicht des Gesetzes (RGSt. in ZBlVorm. 1916, 115; JW. 1916, 967 Nr. 11; Recht 1916 Nr. 1028).

4. Die Strafbarkeit der Entfernung beginnt erst, wenn der Minderjährige schon in einer Anstalt oder Familie untergebracht ist und ist ausgeschlossen, wenn dieser durch die Handlung eines anderen oder durch eigene Tätigkeit seinem bisherigen Erziehungsort entronnen ist. Straflos bleibt daher, wer einen Minderjährigen, dessen Fürsorgeerziehung angeordnet aber noch nicht durchgeführt ist, der Einschaffung durch Verheimlichung oder Ermöglichung der Flucht entzieht, wer einen

Minderjährigen auf dem Transporte zur Anstalt oder Familie aus dem Gewahrsam des Begleiters entfernt, wer einen entschlüpften Zögling verbirgt oder seine weitere Flucht erleichtert. In allen diesen Fällen können jedoch unter Umständen Bestimmungen des Strafgesetzbuchs Anwendung finden.

5. Irrtümliche Annahme der Unwirksamkeit der Fürsorgeerziehung begründet keine Straflosigkeit (RGSt. 41, 354). Wohl aber tritt Straflosigkeit ein, wenn die Entfernung in einem Notstand erfolgt, um das Kind vor einer Verwahrlosung zu bewahren, die es in einer ungeeignet ausgeübten Fürsorgeerziehung erfährt; auch Irrtum des Täters über die tatsächlichen Voraussetzungen eines solchen Zustands begründet Straflosigkeit (RGSt. 41, 214).

6. Die strafbare Handlung nach Art. 13 ist Übertretung. Versuch und Beihilfe sind nicht strafbar (§§ 43, 49 StGB.). Wohl aber ist Anstiftung strafbar; der Fürsorgezögling kann jedoch wegen Anstiftung nicht gestraft werden. Die Verjährung beginnt mit der Entfernung nicht erst mit der Rückkehr des Minderjährigen; die Verjährungsfrist beträgt 3 Monate (§ 67 Abs. 3 StGB.). Zuständig zur Aburteilung ist das Schöffengericht. Das Strafbefehlsverfahren ist zulässig (§ 447 StPO.).

7. Art. 18 ist nicht anwendbar, wenn die Unterbringung auf Grund der §§ 1666, 1838 BGB. erfolgt, ebensowenig bei einer Unterbringung nach Maßgabe des Art. 81 PStGB. oder des Art. 7 Abs. 3 des ArmenG. vom 21. August 1914; eine Erweiterung der Anwendbarkeit des Artikels findet nur nach Maßgabe des Art. 19 statt.

Art. 19.

Vorstehender Artikel findet auch bei Unterbringung von Minderjährigen auf Grund des § 56 und des § 362 Abs. 3 Satz 2 des Reichsstrafgesetzbuches Anwendung.

Im übrigen sind für solche Fälle die zum Vollzuge dieser Bestimmungen erlassenen oder künftig zu erlassenden Ministerialvorschriften maßgebend. Die Kosten der Unterbringung trägt in diesen Fällen die Staatskasse.

1. Art. 19, der dem Art. 14 ZwEG. entspricht, beschäftigt sich nicht mit der Fürsorgeerziehung, sondern mit verwandten Fällen, der Unterbringung von Minderjährigen auf Grund des § 56 und des § 362 Abs. 3 Satz 2 StGB.; er enthält in Abs. 1 eine diese betreffende Strafbestimmung, während Abs. 2 die Kostentragung unmittelbar regelt und im übrigen die Regelung dieser Verhältnisse mit dem selbstverständlichen Vorbehalte der reichsgesetzlichen Einschränkungen dem Verwaltungsweg überweist.

2. Der Fall des § 56 StGB. liegt vor, wenn ein Angeschuldigter, der zur Zeit der Begehung der Tat zwischen dem 12. und 18. Lebensjahr stand, freigesprochen wurde, weil er bei der Begehung der Tat die zur Erkenntnis ihrer Strafbarkeit erforderliche Einsicht nicht besaß und das Urteil bestimmt hat, daß er in eine Erziehungs- oder Besserungsanstalt gebracht werden soll. § 56 läßt zwar an sich auch die

Bestimmung zu, daß der Angeschuldigte seiner Familie überwiesen werden kann. Dieser Fall fällt jedoch nicht hierher, denn die Überweisung an die Familie ist keine Unterbringung; sie hat nur negative Bedeutung und ist nicht die Anordnung einer bestimmten Maßregel, sondern nur der Ausspruch, daß die Unterbringung in einer Anstalt nicht erforderlich ist (RGSt. 7, 180). Es finden deshalb Abs. 1 wie Abs. 2 des Art. 19 keine Anwendung, wenn das Gericht auf Grund des § 56 den Freigesprochenen seiner Familie überwiesen hat.

3. Der Fall des § 362 Abs. 3 Satz 2 StGB. liegt vor, wenn im Falle des § 361 Nr. 6 StGB. (der gewerbsmäßigen Unzucht) erkannt wurde, daß die Verurteilte nach Verbüßung der Strafe der Landespolizeibehörde zu überweisen ist und auf Grund dessen nicht die Unterbringung in ein Arbeitshaus, sondern die in eine Besserungs- oder Erziehungsanstalt oder in ein Asyl angeordnet wird; vgl. wegen der Überweisung in Besserungs- oder Erziehungsanstalten und Asyle auch die MBek. vom 5. April 1901 (s. unten Anm. 6).

4. Anwendung finden Abs. 1 wie 2 des Art. 19 nur, wenn es sich um die Unterbringung Minderjähriger handelt; für die Fälle der Unterbringung Volljähriger, die bei § 362 Abs. 3 Satz 2 StGB. möglich ist, fehlt es demnach sowohl an einer Strafbestimmung, wie an einer gesetzlichen Ermächtigung zur Regelung dieses Verhältnisses im Verwaltungswege und einer gesetzlichen Bestimmung über die Kostentragung.

5. Vollzugsvorschriften oder Ausführungsvorschriften, wie sie Abs. 2 Satz 1 vorsieht, können an sich eine doppelte rechtliche Natur haben; sie können Ergänzungen der Gesetze sein im Sinne einer Detaillierung, Entwicklung, Entfaltung; sie können aber auch die bloße Anwendung oder Handhabung des Gesetzes zum Gegenstand haben, so wie man die Ausführung eines Befehls oder eines Auftrags die Erfüllung desselben nennt; im ersteren Fall sind sie Rechtsverordnungen und sollen Recht schaffen, im letzteren sind sie bloße Verwaltungsverordnungen und haben bloß den Charakter eines Dienstbefehls (s. Laband, Staatsrecht Bd. 2 S. 88). Es frägt sich, ob Abs. 2 die Befugnis zu ersteren oder bloß zu solchen der letzteren Art verleihen wollte. Die Frage wird im letzteren Sinn zu beantworten sein, da keine Anhaltspunkte bestehen, die für die weitergehende Befugnis zum Erlaß von Rechtsverordnungen sprechen. Die Ministerialvorschriften, die Abs. 2 vorsieht, können demnach nur Dienstanweisungen geben, aber keinen Eingriff in eine fremde Willenssphäre verfügen. Die Bedeutung des Abs. 2 Satz 1 liegt darin, daß er die Zuständigkeit der Ministerien festsetzt und damit den Erlaß durch den König selbst, also den Verordnungsweg, oder den Erlaß durch untergeordnete Verwaltungsbehörden ausschließt; außerdem werden von früher erlassenen Vorschriften die der Ministerien und nur diese aufrechterhalten.

6. Dem Vollzug des § 56 StGB. dient die JnnMB. vom 31. Dezember 1871, die Unterbringung jugendlicher Personen in Erziehungs- und Besserungsanstalten gemäß § 56 des RStGB. betr. (JMBl. 1872, 16), die hinsichtlich Ziff. III Abs. 2 und Ziff. VI geändert wurde, durch Nr. 5 der MBek. vom 24. Dezember 1915; s. diese unter C 1; ferner hins. Ziff. VIII u. X nach § 60 ZwEG. VB.

Dem Vollzug des § 362 Abs. 3 Satz 2 StGB. dient die InnJMB. vom 5. April 1901 (InnMBl. 169) und vom 3. Februar 1903 (InnMBl. 53).

7. Auf Grund des Abs. 2 Satz 2 hat in den Fällen des Abs. 1 die Staatskasse die Kosten der Unterbringung zu tragen; die Heranziehung der Armenverbände nach Maßgabe des Art. 13 ist demnach ausgeschlossen. Das Gesetz enthält auch keinen Vorbehalt für ein Rückgriffsrecht gegen den Unterhaltspflichtigen oder sonstige Personen, obwohl gegenüber der Regelung dieser Frage bei der Fürsorgeerziehung, wie sie Art. 13 Abs. 2 enthält, ein Vorbehalt, wenn er bestehen sollte, um so mehr veranlaßt gewesen wäre; es besteht demnach auch kein Rückgriffsrecht; die ein solches vorsehende Ziff. X der Bek. vom 31. Dezember 1871 (JMBl. 1872, 16) dürfte unwirksam sein.

8. Vgl. zu Art. 19 auch § 60 ZwEG.VB.

Art. 106 des Armengesetzes.

Ein Verfahren der Zwangserziehung, das beim Inkrafttreten dieses Gesetzes bei den Gerichten anhängig ist, wird nach den bisherigen Vorschriften erledigt. Im übrigen gilt das Gesetz von seinem Inkrafttreten an auch für die vorher angeordneten Zwangserziehungen; für das erste Jahr nach dem Inkrafttreten des Gesetzes kann jedoch die Staatsregierung den Zeitpunkt des Inkrafttretens der Vorschriften über die Verteilung der Kosten (Art. 8 Abs. III des ZwEG.) abweichend bestimmen.

1. Der Art. 106 des ArmenG. vom 21. August 1914 regelt die Überleitung der Zwangserziehung nach dem Gesetz vom 10. Mai 1902 in die Fürsorgeerziehung nach dem Gesetz in der Fassung der Novelle vom 21. August 1914, die am 1. Januar 1916 in Kraft trat (vgl. hierzu die Einleitung oben S. 8); der in Art. 106 erwähnte Art. 8 Abs. 3 des ZwEG. ist der Art. 13 Abs. 3 FEG. Grundsätzlich soll das neue Gesetz auch für die früher angeordneten Fürsorgeerziehungen gelten, nur soll ein bei den Gerichten anhängiges Verfahren nach den bisherigen Vorschriften erledigt werden.[1])

2. Anhängig ist das Verfahren bei einem Gerichte dann, wenn das Gericht überhaupt mit ihm befaßt ist. Daß früher ein vor dem 1. Januar 1916 abgeschlossenes Verfahren anhängig gewesen war, wenn auch für das gleiche Kind, rechtfertigt die Anwendung des alten Rechts nicht; wohl aber ist das alte Recht anzuwenden, wenn das Verfahren bloß ausgesetzt war; die bloße Stellung eines Antrags auf Zwangserziehung begründet noch nicht die Anhängigkeit, das Gericht muß bereits eine Tätigkeit entfaltet haben; es genügt zur Anwendung des alten Rechts die Anhängigkeit bei einem Gericht schlechthin; die Übernahme des vorher anhängig gewordenen Verfahrens durch ein

---

[1]) Richtiger und zweckmäßiger war wohl der Standpunkt des preußischen Rechts, das das neue Recht durchweg an die Stelle des alten setzte (KH. in ZBlFG. 1, 975).

anderes Gericht nach dem Inkrafttreten des neuen Rechts rechtfertigt die Anwendung des letzteren nicht. Anhängigkeit vor dem Inkrafttreten in der ersten Instanz begründet die Anwendung des alten Rechts auch für die höheren Instanzen.

3. Das alte Recht gilt für ein vorher anhängig gewordenes Verfahren schlechthin, also nicht bloß hinsichtlich der formellrechtlichen, sondern auch hinsichtlich der materiellrechtlichen Bestimmungen. Es bestimmt sich deshalb, insoweit das alte Recht gilt, auch die Zulässigkeit der Fürsorgeerziehung nach altem Recht; wenn Art. 106 von einem „Verfahren" der Zwangserziehung spricht, stellt er nicht einen Gegensatz zwischen den materiellrechtlichen und formellrechtlichen Vorschriften über die Fürsorgeerziehung auf. Es ist auch ausgeschlossen, daß „Verbesserungen des Verfahrens", die das neue Recht bringt, die aber das alte Recht nicht kennt, angeordnet werden; a. A. Gerber, BayZ. 1916, 5.

Das alte Recht gilt nicht bloß bis zur Erlassung eines Beschlusses auf Ablehnung oder Anordnung der Fürsorgeerziehung, sondern auch für die weiter sich anschließende Tätigkeit insbesondere für die Frage der Aufhebung der Fürsorgeerziehung; a. A. Gerber (BayZ. 1916, 5), der das alte Recht nur gelten läßt bis zum „rechtskräftigen Abschluß des gerichtlichen Verfahrens". Diese, übrigens auch mit der Fassung des Gesetzes nicht vereinbare Ansicht, würde dazu führen, daß das Gericht bei einem bereits eingeleiteten Verfahren auf Anordnung der Fürsorgeerziehung in einem Falle, in dem die Voraussetzungen des alten nicht aber des neuen Rechts vorliegen, sie anordnen, dann aber sofort auf Grund des Art. 10 Abs. 1 unter Anwendung des neuen Rechts wieder aufheben müßte.

Auch soweit das alte Recht nach Art. 106 noch an sich Anwendung findet, tritt bei Anwendung des Art. 3 Abs. 2 Satz 2 ZwEG. hinsichtlich der Anhörung der Heimatgemeinde, und des Art. 4 Abs. 3, hinsichtlich der Zustellung des die Zwangserziehung und die vorläufige Unterbringung anordnenden Beschlusses, an die Stelle der Heimatgemeinde der Ortsarmenverband bzw. der Landarmenverband im Sinne des Art. 5 FEG.; denn das Institut der Heimat ist durch das des Unterstützungswohnsitzes ersetzt (BayObLG. 17, 78 auch Recht 1916, 425 und BayZ. 1916, 183).

Soweit das alte Recht darnach noch gilt, wird es aber nur gelten für das Verfahren der Gerichte, nicht für das der Verwaltungsbehörden. Diese wenden also schlechthin das neue Recht an, auch wenn es sich um den Vollzug einer schon von vorher angeordneten FE. oder bei den Gerichten anhängig gewordenen Sache handelt. Zum Verfahren der Verwaltungsbehörden gehört auch die Bestellung von Fürsorgern nach Art. 11 Abs. 4 des Gesetzes. Bestimmungen über die Abgabe der Akten der bisher zuständig gewesenen Distriktsverwaltungsbehörden an die gemäß Art. 17 Abs. 2 neu zuständig werdenden Distriktsverwaltungsbehörden enthält Nr. 1 der Bek. vom 24. Dezember 1915; s. diese unter C 1.

Anwendung finden auf die bereits anhängigen Verfahren nur die Vorschriften des alten Rechts, welche das Fürsorgeerziehungsverfahren als solches regeln, nicht aber Vorschriften von anderer sachlicher Natur, wenn sie auch im Fürsorgeerziehungsgesetz geregelt sind. Es finden also schlechthin Anwendung die Vorschriften des Art. 12 über den Anstaltsvormund und die Vorschriften des Art. 13 Abs. 2 und des Art. 15 über die Ersatzpflicht des Minderjährigen und der Unterhaltspflichtigen.

4. Die Fürsorgeerziehung kann nach Maßgabe der nach der neuen Fassung aufgestellten Voraussetzungen auch dann angeordnet werden, wenn die Tatsachen, in denen die Voraussetzungen sich erfüllen, in der Zeit vor dem 1. Januar 1916 liegen.

5. Von der Ermächtigung des Satz 2 Halbs. 2 machte für einzelne Fürsorgeerziehungen Ziff. 4 der Bek. vom 24. Dezember 1915 (s. diese unter C 1) Gebrauch.

C.

Die zum FEG. ergangenen Vollzugs-vorschriften.

---

1. IMinFMB. zum Vollzuge des Fürsorgeerziehungsgesetzes vom 24. Dezember 1915 (AInnMBl. 309; JMBl. 1916, 15).

K. Staatsministerien der Justiz, des Innern und der Finanzen.

Das Fürsorgeerziehungsgesetz in der Fassung vom 21. Juli 1915 (GVBl. S. 595) tritt am 1. Januar 1916 in Kraft. Zum Vollzuge dieses Gesetzes wird einstweilen folgendes bemerkt und angeordnet:

1. Ein Verfahren der Zwangserziehung, das beim Inkrafttreten des Fürsorgeerziehungsgesetzes bei den Gerichten anhängig ist, wird nach den bisherigen Vorschriften erledigt. Im übrigen gilt das Gesetz von seinem Inkrafttreten an auch für die vorher angeordneten Zwangserziehungen. Dies bezieht sich insbesondere auch auf die örtliche Zuständigkeit der Distriktsverwaltungsbehörden zum Vollzuge der gerichtlichen Anordnungen. Die bisherige Heimatbehörde hat daher die Akten an die nach Art. 17 Abs. II des Fürsorgeerziehungsgesetzes zuständige Behörde, soweit sie diese nicht selbst ist, abzutreten; von der Abgabe der Akten ist dem Vormundschaftsgerichte Mitteilung zu machen (Armengesetz vom 21. August 1914, Art. 106).[1])

2. Die Geltendmachung der Ersatzansprüche gegen den Staat und den Landarmenverband (Fürsorgeerziehungsgesetz Art. 13 Abs. III, IV Satz 1) geschieht ganz-, halb- oder vierteljährig mittels eines Kostenverzeichnisses. Dieses hat alle in dieser Zeit angefallenen Ausgaben für Fürsorgeerziehung nebst den etwaigen Rückersätzen der Beteiligten zu enthalten und ist mit den zugehörigen Rechnungsbelegen von den Ortsarmenverbänden, die aus einer kreisunmittelbaren Stadt bestehen, und den Landarmenverbänden den Regierungen, Kammern des Innern, von den übrigen Ortsarmenverbänden dem Bezirksamte vorzulegen.

Gleiches gilt im Falle des Art. 13 Abs. IV Satz 2 mit der Maßgabe, daß diese Ersatzansprüche gesondert zu verrechnen sind.

3. Die in Ziff. 2 genannten Staatsverwaltungsbehörden prüfen die Kostenverzeichnisse an der Hand der Belege und auf Grund der Akten und setzen erstmals am 20. April 1916 die Beträge fest, die der Staat und die Landarmenverbände zu erstatten haben. Die Festsetzungsbescheide müssen den auf jeden Minderjährigen treffenden Betrag ersehen lassen.

---

[1]) Art. 106 des Armengesetzes vom 21. August 1914 ist oben S. 139 abgedruckt.

Ausfertigung der Festsetzungsbescheide ist den zuständigen Rentämtern sowie unter Rückgabe der Rechnungsbelege den beteiligten Armenverbänden zuzustellen. Die Rentämter sind ermächtigt, auf Grund der Bescheide die zu Lasten des Staates und der Landarmenverbände festgesetzten Beträge ohne weitere Zahlungsanweisung nach Anfall auszuzahlen und entsprechend zu verrechnen.

4. Soweit bei den einzelnen Zwangserziehungen der Zeitraum, für den nach der bisherigen Einteilung das Kostenverzeichnis aufzustellen ist (Ausführungsbestimmungen zum Zwangserziehungsgesetze § 52), nicht mit dem Jahre 1915 abschließt, sondern in das Jahr 1916 übergreift, werden die bisherigen Vorschriften über die Träger der Kostenpflicht und die Verteilung der Kosten unter sie (Zwangserziehungsgesetz Art. 8) auf Grund der Ermächtigung in Art. 106 des Armengesetzes noch für diesen Teil des Jahres 1916 aufrechterhalten.

5. In der Ministerialentschließung vom 31. Dezember 1871 (JMBl. 1872 S. 16)[1]) tritt an die Stelle der Heimat (Ziff. III Abs. 2, VI Abs. 2) der Wohnort und bei Mangel eines solchen der letzte Aufenthalt.

6. Die Neufassung der Ausführungsbestimmungen zum Zwangserziehungsgesetze vom 28. Juli 1902[2]) bleibt vorbehalten.

München, den 24. Dezember 1915.

Dr. Frhr. von Soden-Fraunhofen **von Thelemann**

von Breunig

2. JMB., den Vollzug des Fürsorgeerziehungsgesetzes betr., vom 21. März 1916 (JMBl. Beibl. 164).

Königliches Staatsministerium der Justiz.

Für die Unterbringung von Minderjährigen, die auf Grund des Art. 4 Abs. V des Fürsorgeerziehungsgesetzes zur Untersuchung und Beobachtung ihres Geisteszustands in eine Anstalt gebracht werden sollen, stehen die folgenden Anstalten zur Verfügung:

1. Die Heil- und Pflegeanstalten
   Haar, Regierungsbezirk Oberbayern,
   Mainkofen, Regierungsbezirk Niederbayern,
   Frankenthal (Kreis-, Kranken- und Pflegeanstalt der Pfalz), Regierungsbezirk Pfalz,
   Wöllershof, Regierungsbezirk Oberpfalz und Regensburg,

---

[1]) Die ME. vom 31. Dezember 1871 betrifft die Unterbringung jugendlicher Personen in Erziehungs- und Besserungsanstalten gemäß § 56 RStGB., sie ist für die Erläuterung des Fürsorgeerziehungsgesetzes nicht erheblich.

[2]) Die Ausführungsbestimmungen vom 28. Juni nicht Juli 1902 sind abgedruckt JMBl. 1902, 629; ÄInnMBl. 1902, 267; FMBl. 1902, 211; wegen einiger nicht sehr erheblicher Ergänzungen vgl. InnMB. vom 26. Dez. 1906 (ÄInnMBl. 531); InnMB. vom 28. Okt. 1907 (JMBl. 419, ÄInnMBl. 501); InnMB. vom 11. Mai 1909 (JMBl. 209, ÄInnMBl 365 mit Berichtigung ÄInnMBl. 1910, 388); InnMB. vom 9. Juni 1910 (ÄInnMBl. 388, JMBl. 659): InnMB. vom 29. Nov. 1910 (ÄInnMBl. 973, JMBl. 1911, 1); diese Bekanntmachungen, die allerdings mit der jetzigen Fassung des Gesetzes vielfach in Widerspruch stehen, sind hier S. 185 abgedruckt; wegen der Anstalten, in der nun Fürsorgezöglinge untergebracht werden können, s. Art. 9 Anm. 8.

Kutzenberg, Regierungsbezirk Oberfranken,
Ansbach, Regierungsbezirk Mittelfranken,
Lohr, Regierungsbezirk Unterfranken,
Kaufbeuren (ohne Irsee), Regierungsbezirk Schwaben und Neuburg;

2. Die Psychiatrischen Universitätskliniken München und Würzburg und die klinische Abteilung der Heil- und Pflegeanstalt Erlangen.

Der Aufnahmebezirk der klinischen Abteilung der Heil- und Pflegeanstalt Erlangen umfaßt innerhalb des Regierungsbezirks Mittelfranken die Städte Nürnberg, Fürth und Erlangen und die Bezirksämter Nürnberg ohne den Amtsgerichtsbezirk Altdorf, Erlangen und Fürth ohne den Amtsgerichtsbezirk Cadolzburg. Für die übrigen Teile des Regierungsbezirks ist die Heil- und Pflegeanstalt Ansbach bestimmt.

München, den 21. März 1916.

von Thelemann.

3. JInnMB., die Anstaltsvormundschaft betr., vom 7. Febr. 1917 (JMBl. S. 36, MInnABl. S. 31).

Königliches Staatsministerium der Justiz.
Königliches Staatsministerium des Innern.

Auf Grund des Art. 12 des Fürsorgeerziehungsgesetzes wird bestimmt daß die Vorstände

der Erziehungsanstalt Piusheim bei Glonn,
der St. Nikolausanstalt Andechs,
der St. Gregoriusanstalt Rothenfeld,
der Erziehungsanstalt Rummelsberg[1])

auf ihren Antrag vom Vormundschaftsgerichte zum Vormund für die in der Anstalt zum Zwecke der Fürsorgeerziehung untergebrachten Minderjährigen bestimmt werden und daß ihnen auf ihren Antrag auch einzelne Rechte und Pflichten eines Vormunds übertragen werden.

München, den 7. Februar 1917.

J. A. — J. A.

Staatsrat Dr. **von Unzner.** — Ministerialdirektor **Knözinger.**

4. JMB., die Ermittlung des Aufenthalts minderjähriger Personen in Vormundschaftssachen betr., vom 17. März 1913 (JMBl. S. 58).

Königliches Staatsministerium der Justiz.

Bekanntmachungen, in denen die Vormundschaftsgerichte um die Ermittlung des Aufenthalts entlaufener oder vermißter Minderjähriger ersuchen, können auch in den Beiblättern zu den Kreisamtsblättern und im Zentralpolizeiblatte veröffentlicht werden. In die Beiblätter zu den Kreisamtsblättern werden die Bekanntmachungen unentgeltlich aufgenommen. Im Zentral-

[1]) Durch JInnMB. v. 17. Aug. 1917 kam hierzu der Vorstand der Erziehungsanstalt St. Joseph zu Landau-Queichheim.

polizeiblatte wird der Minderjährige gegen die Einrückungsgebühr als vermißt ausgeschrieben. Ist der Minderjährige aus einer Erziehungs- oder Besserungsanstalt entwichen, in der er auf Anordnung des Vormundschaftsgerichts untergebracht war, oder soll er auf Anordnung des Vormundschaftsgerichts in eine solche Anstalt verbracht werden, so erfolgt auch die Ausschreibung im Zentralpolizeiblatte kostenlos. Das gleiche gilt, wenn befürchtet wird, daß der Minderjährige strafbare Handlungen begeht; in diesen Fällen soll aber das Gericht der Schriftleitung des Zentralpolizeiblattes mitteilen, warum es diese Besorgnis hat.[1])

Von der Ausschreibung im Zentralpolizeiblatt ist abzusehen, wenn ihr Zweck durch andere Maßnahmen erreicht werden kann.

München, den 17. März 1913.

von Thelemann.

5. JnnMB., Fahndung nach entlaufenen Jugendlichen betr. vom 12. Febr. 1913 (ÄJnnMBl. 198).

K. Staatsministerium des Innern.

Jugendliche Personen, namentlich Mädchen, die ihren Angehörigen oder aus Anstalten entlaufen und sich aufsichtslos umhertreiben, sind sittlich sehr gefährdet. Bleiben sie den Gefahren längere Zeit ausgesetzt, so können sie Schaden nehmen, der nur sehr schwer wieder gut zu machen ist.

Deshalb ist es für ihre Zukunft von der größten Wichtigkeit, daß sie möglichst bald wieder in geordnete Verhältnisse gebracht werden. Hierzu kann es nötig werden, ihren Aufenthalt durch öffentliches Ausschreiben zu ermitteln.

Behördliche Ausschreiben dieser Art werden unentgeltlich in die Beiblätter zu den Kreisamtsblättern und in das Zentralpolizeiblatt aufgenommen. Von der Ausschreibung im Zentralpolizeiblatte darf jedoch nur Gebrauch gemacht werden, wenn Jugendliche aus einer Staatserziehungsanstalt oder aus einer geschlossenen Privatanstalt entlaufen, in der sie auf Grund des Strafgesetzbuchs § 56 Abs. II oder zur Zwangserziehung untergebracht waren oder wenn sie in eine solche Anstalt einzuschaffen sind und wenn aus dieser Art der Ausschreibung besondere Nachteile nicht zu befürchten sind. Die kostenlose Aufnahme in das Zentralpolizeiblatt erfolgt auch dann, wenn die Befürchtung besteht, daß ein entlaufener Jugendlicher den Weg des Verbrechens betritt. Die Anhaltspunkte für diese Besorgnis müssen aber der Schriftleitung des Zentralpolizeiblatts mitgeteilt werden.

Gegen die Einrückungsgebühr können endlich im Zentralpolizeiblatt Jugendliche als „vermißt" ausgeschrieben werden.

München, den 12. Februar 1913.

Dr. Frhr. von Soden-Fraunhofen.

---

[1]) Wegen der Form der Veranlassung der Ausschreibung in dem Polizeiblatt (der nunmehrigen Bezeichnung des früheren Zentralpolizeiblatts) vgl. den in JMB. vom 23. Jan. 1914 (JMBl. S. 6) bekannt gegebenen Plan für das bayerische Polizeiblatt.

6. JinnMB., die Führung der Waisenlisten hinsichtlich der Zwangserziehung betr., vom 2. Mai 1907 (JMBl. 181, MJnnMBl. 287).

Nach Art. 7[1]) des Zwangserziehungsgesetzes hat die Distriktsverwaltungsbehörde, wenn ein Minderjähriger, dessen Zwangserziehung oder vorläufige Unterbringung angeordnet ist, in einer Familie untergebracht wird, hiervon dem Gemeindewaisenrate desjenigen Ortes, an welchem sich die Familie befindet, Kenntnis zu geben; der Gemeindewaisenrat hat über die Erziehung des Minderjährigen zu wachen. Zur Sicherung des Vollzugs wird hiermit angeordnet, daß alle in Familien untergebrachten Minderjährigen, deren Zwangserziehung oder vorläufige Unterbringung angeordnet ist — auch diejenigen, welche nicht unter Vormundschaft oder Pflegschaft stehen —, in die Waisenlisten aufgenommen werden.

Auf der anderen Seite ist es für eine geordnete Führung der Waisenlisten erforderlich, daß Minderjährige, die auf Grund des Zwangserziehungsgesetzes in einer Familie oder in einer Anstalt untergebracht sind, in der Waisenliste des seitherigen Aufenhaltsortes gestrichen werden. Zu diesem Zwecke haben die Vormundschaftsgerichte von jeder Unterbringung eines unter Vormundschaft oder Pflegschaft stehenden Minderjährigen dem Gemeindewaisenrate des seitherigen Aufenthaltsortes Kenntnis zu geben.

Wird die Zwangserziehung aufgehoben oder endigt die vorläufige Unterbringung, ohne daß sich die Zwangserziehung anschließt, so hat das Vormundschaftsgericht dafür zu sorgen, daß die Waisenlisten richtiggestellt werden.

München, den 24. Mai 1907.

v. Miltner. v. Brettreich.

7. JinnMB., die Vollstreckung von Freiheitsstrafen an den zur Zwangserziehung in einer Familie oder in einer Anstalt untergebrachten Minderjährigen betr., vom 14. Mai 1904 (JMBl. 95).[2])

Ein Minderjähriger, der zum Zwecke der Erziehung in einer geeigneten Familie oder in einer Erziehungs- oder Besserungsanstalt auf öffentliche Kosten untergebracht ist, soll während der Dauer der Zwangserziehung mit der Vollstreckung einer Freiheitsstrafe tunlichst verschont bleiben. Die Strafvollstreckungsbehörde hat zu veranlassen, daß die Vollstreckung bis nach der Beendigung oder Aufhebung der Zwangserziehung aufgeschoben oder, was sich zumeist empfehlen wird, der Verurteilte in das Verzeichnis der Personen aufgenommen wird, für die die

[1]) An die Stelle des Art. 7 des ZwEG. ist jetzt der Art. 11 des FEG. getreten.

[2]) Ergänzend bemerkt hierzu die JMB. vom 14. Dezember 1908, die bedingte Begnadigung betr. (JMBl. 285) § 1 Abs. 2, daß auch bei längeren Freiheitsstrafen, zu denen Jugendliche verurteilt worden sind, zu prüfen ist, ob nicht mit Rücksicht auf die Anordnung einer Zwangserziehung die Bewilligung einer Bewährungsfrist zu beantragen ist.

Bewilligung einer Bewährungsfrist beantragt wird. Ist die Strafvollstreckungsbehörde der Ansicht, daß erhebliche Gründe gegen den Aufschub der Strafvollstreckung sprechen, so hat sie der Distriktsverwaltungsbehörde, der die Durchführung der Zwangserziehung obliegt (§ 21 der Bekanntmachung vom 28. Juni 1902, Ausführungsbestimmungen zum Zwangserziehungsgesetze betreffend), Gelegenheit zur Äußerung zu geben und, von dringenden Fällen abgesehen, bis zum Eintreffen der Äußerung die Vollstreckung aufzuschieben.

Diese Vorschriften finden entsprechende Anwendung, wenn ein Minderjähriger auf Grund des § 56 Abs. 2 oder des § 362 Abs. 3 Satz 2 des Strafgesetzbuchs oder nach § 1666 oder § 1838 des Bürgerlichen Gesetzbuchs auf Grund der Anordnung des Vormundschaftsgerichts in einer Erziehungs- oder Besserungsanstalt untergebracht worden ist.

München, den 14. Mai 1904.

Dr. Frhr. v. Feilitzsch. v. Miltner.

8a. JMB., die Statistik der Zwangserziehung betr., vom 8. August 1904 (JMBl. 149).[1]

Um die Grundlagen für die von dem K. Statistischen Bureau zu bearbeitende Statistik der Zwangserziehungen zu gewinnen, die auf Grund des Gesetzes vom 10. Mai 1902 erfolgen, wird hiermit folgendes angeordnet:

1. Die Amtsgerichte haben alle Zwangserziehungssachen, auf welche das Gesetz vom 10. Mai 1902 Anwendung findet, in eine Tabelle einzutragen, die nach dem die Anlage 1 bildenden Muster hergestellt ist. Die Eintragung hat unmittelbar nach dem Eingange des Antrags auf Anordnung der Zwangserziehung zu erfolgen; bei der Eintragung sind die Spalten der Tabelle auszufüllen, soweit es in diesem Zeitpunkte möglich ist. Die Ausfüllung der übrigen Spalten hat nach Maßgabe des Fortgangs des Verfahrens zu geschehen.

Die Tabelle ist in die Tabelle 1 zur Statistik in den Angelegenheiten der freiwilligen Gerichtsbarkeit (JMBl. 1900 S. 491) einzulegen.

2. Am Schlusse eines jeden Jahres sind die in diesem anhängig gewordenen sowie die aus den früheren Jahren als unerledigt übergegangenen Zwangserziehungssachen in eine Übersicht einzutragen, die nach dem die Anlage 2 bildenden Muster hergestellt wird. Dabei sind die aus dem Vorjahr übernommenen und die in dem Berichtsjahr anhängig gewordenen Fälle in der in dem Muster angegebenen Weise zu scheiden. Erledigt im Sinne der Übersicht ist eine Zwangserziehungssache, wenn entweder die Zwangserziehung rechtskräftig angeordnet oder die Anordnung abgelehnt oder das Verfahren aus einem sonstigen Grunde, z. B. wegen des Todes des Minderjährigen, wegen der Unbekanntheit seines Aufenthalts, wegen der Zurücknahme des Antrags, ohne daß ein Anlaß besteht, das Verfahren von Amts wegen weiterzubetreiben, endgültig eingestellt worden ist.

---

[1]) Von dem Abdrucke der der Entschließung beigegebenen Vordrucke wurde hier abgesehen.

3. Die Amtsgerichte haben die Übersichten bis zum 15. Januar des auf das Berichtsjahr folgenden Jahres — zum ersten Male bis zum 15. Januar 1905 — unter Umschlag unmittelbar an das Statistische Bureau zu senden.

Die Vorschrift, daß in der Übersicht der Geschäfte der freiwilligen Gerichtsbarkeit und der Geschäfte in Rechtshilfe- und Hinterlegungssachen unter II e die Zahl der in dem Geschäftsjahr angeordneten Zwangserziehungen anzugeben ist (Nr. II 1 der Bekanntmachung vom 11. Dezember 1900, JMBl. S. 1272, 1297), bleibt unberührt.

4. Wenn das Amtsgericht der Distriktsverwaltungsbehörde die Verfügung mitteilt, durch welche die vorläufige Unterbringung angeordnet wird, oder ihr von dem Eintritte der Vollstreckbarkeit des die Zwangserziehung anordnenden Beschlusses Kenntnis gibt (§§ 15, 18, 20 der Vollzugsvorschriften zum Zwangserziehungsgesetze vom 28. Juni 1902, JMBl. S. 629), hat es ihr einen nach dem die Anlage 3 bildenden Muster hergestellten Fragebogen zu übersenden. Dieser ist dabei so weit auszufüllen, als es dem Amtsgericht auf Grund der Akten möglich ist. In den Fällen, in denen die vorläufige Unterbringung angeordnet worden ist, bedarf es, wenn demnächst die Zwangserziehung angeordnet wird, der Übersendung eines weiteren Fragebogens nicht.

5. Die in Nr. 1 bis 4 enthaltenen Vorschriften finden Anwendung auf die Zeit vom 1. Januar 1904 an. In die in Nr. 1 vorgeschriebene Tabelle sind daher alle am 1. Januar 1904 anhängig gewesenen und die seitdem anhängig gewordenen Zwangserziehungssachen einzutragen. In den Zwangserziehungssachen ferner, in denen die vorläufige Unterbringung oder die Zwangserziehung am 1. Januar 1904 angeordnet war oder seitdem angeordnet worden ist, sind den Distriktsverwaltungsbehörden die in Nr. 4 vorgeschriebenen Fragebogen zu übersenden.

München, den 8. August 1904.

v. Miltner.

8b. InnMB., die Statistik der Zwangserziehung betr., vom 16. September 1904 (ÄInnMBl. 423).[1]

Nach Anordnung der K. Staatsministerien der Justiz und des Innern ist der Vollzug des Zwangserziehungsgesetzes vom 1. Januar 1904 an statistisch zu behandeln.

Demgemäß haben die obengenannten[2]) Behörden alljährlich bis zum 15. Januar eine Übersicht sämtlicher bei ihnen im jeweils abgelaufenen Jahre anhängig gewesenen Zwangserziehungsfälle mit Benützung des in Anlage 1 enthaltenen Formulars herzustellen und unmittelbar dem K. Statistischen Bureau unter Umschlag zu übersenden. In die erste Jahresübersicht, welche bis zum 15. Januar 1905 einzusenden ist, sind sonach alle bisher bei den Distriktsverwaltungsbehörden anhängig gewordenen Fälle aufzunehmen, soweit sie nicht vor dem 1. Januar 1904 durch Aufhebung der Zwangserziehung erledigt worden sind.

---

[1]) Von dem Abdruck der der Bek. beigegebenen Vordrucke wurde abgesehen.
[2]) Gemeint sind die unmittelbaren Magistrate und die Bezirksämter.

Zufolge Bekanntmachung des K. Staatsministeriums der Justiz vom 8. v. Mts., JMBl. S. 149, sind die Amtsgerichte angewiesen, dem K. Statistischen Bureau alljährlich eine übersicht der bei ihnen anhängig gewesenen Zwangserziehungsfälle zu übersenden und außerdem jedesmal, wenn sie den Distriktsverwaltungsbehörden von der Anordnung einer vorläufigen Unterbringung oder von dem Eintritte der Vollstreckbarkeit eines die Zwangserziehung anordnenden Beschlusses Kenntnis geben (§§ 15, 18, 20 der Vollzugsvorschriften zum Zwangserziehungsgesetze, MinAmtsbl. 1902 S. 267), den Distriktsverwaltungsbehörden einen nach Muster der Anlage 2 hergestellten Fragebogen zu übersenden, und zwar soweit ausgefüllt als es auf Grund der amtsgerichtlichen Akten möglich ist. In den Fällen, in denen die vorläufige Unterbringung angeordnet worden ist, bedarf es, wenn demnächst die Zwangserziehung angeordnet wird, der übersendung eines weiteren Fragebogens nicht. Für diejenigen Fälle, in welchen die vorläufige Unterbringung oder die Zwangserziehung am 1. Januar 1904 angeordnet war oder in der Zwischenzeit angeordnet worden ist, werden die Distriktsverwaltungsbehörden die Fragebogen nachträglich von den Amtsgerichten erhalten.

Die Distriktsverwaltungsbehörden werden beauftragt, die Fragebogen jeweils soweit nötig zu ergänzen und zugleich mit den in Abs. 2 angeordneten Jahresübersichten dem K. Statistischen Bureau zu übermitteln.

München, den 16. September 1904.

In Vertretung:
Der K. Staatsrat
von Geib.

9. InnMB. über die Beistandsleistung in Zwangserziehungsangelegenheiten und die Erstattung der hierbei entstehenden Kosten vom 10. Mai 1913 (JMBl. 74).[1]

Die Durchführung der vom Vormundschaftsgericht angeordneten Zwangserziehung ist bisweilen dadurch unmöglich geworden, daß die Zöglinge in andere Bundesstaaten entwichen sind und diese das Ersuchen um Zurückführung abgelehnt haben. Um diesem Mißstand abzuhelfen, haben sämtliche Bundesregierungen folgende Grundsätze für die

[1] 1. Soweit ein Ersuchen auf eine Tätigkeit gerichtet ist, die einen Zwang erfordert, der einen Eingriff in das Vermögen oder die persönliche Freiheit einer Person enthält, wird die Bekanntmachung in Bayern unvollziehbar sein, denn die Ermächtigung hierzu kann nicht durch Entschließungen der Ministerien, auch nicht durch Vereinbarungen der Bundesregierungen sondern nur im Gesetzesweg geschaffen werden.

2. Die Grundsätze der Vereinbarung gelten auch für die vorläufige Unterbringung; sie erstreckt sich aber nicht auf die Rechtshilfe zum Vollzug vormundschaftsgerichtlicher Beschlüsse nach § 1666 Abs. 1, § 1838 BGB. (vgl. BayZ. 1913, 283); soweit die Gerichte in Frage kommen, greift in letzterer Hinsicht aber § 2 FGG. durch; vgl. Schlegelberger § 2 Anm. 8.

3. Gemeint sind mit den im letzten Absatz erwähnten Ausführungsbestimmungen vom 28. Juni 1902; siehe hierwegen und wegen der Bek. vom 11. Mai 1909 unten S. 189.

4. Ein ausführliches Verzeichnis der in den einzelnen Bundesstaaten zur Beistandsleistung berufenen Behörden wurde bekannt gegeben mit InnMB. vom 17. Okt. 1913 (ÄInnMBl. 813).

Beistandleistung in Fürsorge-(Zwangs-)Erziehungsangelegenheiten und für die Erstattung der Kosten vereinbart:

1. Den Behörden, die in Fürsorge-(Zwangs-)Erziehungsangelegenheiten an der Unterbringung Minderjähriger beteiligt sind, haben die Polizeibehörden anderer Bundesstaaten, in deren Amtsbezirke der Minderjährige sich aufhält, auf Ersuchen Beistand zu leisten.

   Die Beistandleistung besteht in der Zuführung des Minderjährigen durch die ersuchte an die ersuchende Behörde oder an die von dieser bezeichnete Pflegestelle. Sie erstreckt sich auch auf die Zuführung durch das Gebiet solcher Bundesstaaten, die auf dem Wege zwischen dem Bundesstaate der ersuchten und dem der ersuchenden Behörde gelegen sind.

   Für die Art und Weise der Zuführung, insbesondere die Art der Begleitung sind die Vorschriften maßgebend, die in dem Bundesstaate der ersuchten Behörde für die Zuführung von Fürsorge-(Zwangs-)Zöglingen gelten.

2. Der Schriftwechsel zwischen der ersuchten und der ersuchenden Behörde erfolgt unmittelbar.

3. Die durch die Zuführung entstehenden baren Auslagen werden der ersuchten Behörde von der ersuchenden erstattet; dabei wird als Beginn der Zuführung der Zeitpunkt der Ergreifung gerechnet.

   Die baren Auslagen, mit Einschluß der Verpflegungskosten, sind auch dann zu erstatten, wenn die begonnene Zuführung infolge eines Hindernisses nicht völlig durchgeführt wird.

   Zu den zu erstattenden Auslagen gehören nur die Kosten der Zuführung selbst, nicht die Auslagen für Zustellungen oder für den Schriftwechsel (Zustellungsgebühren, Postgebühren u. dgl.).

4. Für die Berechnung der Höhe der Kosten gelten die für die ersuchte Behörde maßgebenden Vorschriften.

5. Streitigkeiten über die Erstattungsfähigkeit einer Auslage und über die Höhe der zu erstattenden Kosten sind zur Herbeiführung einer Verständigung den obersten Landesbehörden zu unterbreiten.

   Wegen einer solchen Streitigkeit darf in keinem Falle die Erledigung eines Ersuchens um Beistandleistung aufgeschoben werden.

6. Elsaß-Lothringen gilt im Sinne dieser Grundsätze als Bundesstaat.

Die beim Vollzuge des Zwangserziehungsgesetzes beteiligten Behörden und die Polizeibehörden haben nach diesen Grundsätzen zu verfahren und den Ersuchen der Behörden anderer Bundesstaaten zu entsprechen.

Dabei wird insbesondere auf § 30 der Ausführungsbestimmungen zum Zwangserziehungsgesetz und auf die Bekanntmachung vom 11. Mai 1909 (MABl. S. 365) verwiesen.

München, den 10. Mai 1913.

J. A. Ministerialdirektor **von Henle.**

10. JnnMB. über Auskunftsstellen für Familien und Anstalten bei der Fürsorgeerziehung vom 7. Sept. 1917 (JMBl. 82).

Der Erfolg der Fürsorgeerziehung hängt wesentlich mit von der Raschheit des Eingreifens ab. Es ist daher notwendig, daß die Jugendlichen möglichst bald aus ihrer bisherigen Umgebung entfernt und in geordnete Verhältnisse gebracht werden. Zu diesem Zwecke müssen die Familien und die Anstalten, für die sie sich eignen und die sie aufnehmen, mit tunlichster Eile ermittelt werden.

Die Erreichung dieses Zieles wird gefährdet, wenn die Vollzugsbehörden darauf angewiesen sind, sich nach dem Vorhandensein tauglicher Familien oder freier Anstaltsplätze immer unmittelbar zu erkundigen, oder wenn ihnen Auskünfte nur aus der engeren Umgebung zur Verfügung stehen. Dadurch wird häufig nicht nur die Unterbringung schädlich verzögert, sondern bei Unterbringung in der Nähe des bisherigen Aufenthaltsortes bleibt auch die Möglichkeit bestehen, daß sich die alten verderblichen Einflüsse wieder geltend machen.

Zur Verbesserung dieser Verhältnisse sind in begrüßenswerter Weise schon vor einigen Jahren für Familien- und Anstaltserziehung katholischer und protestantischer Minderjähriger Auskunftstellen auf freiwilliger Grundlage errichtet worden, die sich auf ganz Bayern oder auf größere Teile davon erstrecken. Diese Stellen sind den beteiligten Behörden jeweils alsbald nach ihrer Errichtung bekannt gegeben worden; sie sind auch in der Nr. 2 der „Mitteilungen des Bayer. Landesausschusses für Jugendfürsorge“ vom April 1913 veröffentlicht. Es besteht Anlaß, neuerdings darauf aufmerksam zu machen; in nachstehendem Verzeichnisse sind sie nach dem gegenwärtigen Stande zusammengestellt.

Durch die sachgemäße Benützung dieser Einrichtungen wird es mehr und mehr gelingen, der Anordnung der Fürsorgeerziehung die Unterbringung des Jugendlichen in kürzestem Zwischenraume folgen zu lassen. Die Inanspruchnahme der Auskunftstellen für Familienerziehung wird überdies dazu beitragen, auch der Familienerziehung die ihr gebührende Stelle bei der Fürsorgeerziehung zu sichern.

Die Auskunftstellen für Familienerziehung sind bereit, durch Vertrauenspersonen bei der Beaufsichtigung der von ihnen vermittelten Familien und der bei diesen untergebrachten Minderjährigen mitzuwirken. Von Unterbringungen in Familien, die von den Auskunftstellen vermittelt worden sind, ist diesen alsbald Kenntnis zu geben; zugleich ist ihnen mitzuteilen, ob die freiwillige Mitaufsicht gewünscht wird. Dieser Weg wird sich insbesondere da empfehlen, wo kein Fürsorger (Fürsorgeerziehungsgesetz Art. 11 Abs. IV) aufgestellt ist.

Bei diesem Anlasse wird daran erinnert, daß zur Unterbringung von Minderjährigen in Anstalten, die nicht im Verzeichnisse der Fürsorgeerziehungsanstalten (MB. vom 29. November 1910, MABl. S. 973 mit Nachträgen) stehen, ministerielle Genehmigung nötig ist. Gesuche um Genehmigung haben die Distriktsverwaltungsbehörden künftig dem Staatsministerium des Innern unmittelbar vorzulegen. Sie sollen enthalten: Vor- und Zuname, Alter, Bekenntnis,

Herkunft des Minderjährigen, den Pflegesatz der gewählten Anstalt, den Grund der Wahl und die Angabe, wer die Anstalt nachgewiesen hat.

München, den 7. September 1917.

Dr. von Brettreich.

Verzeichnis der Auskunftstellen für Familien und Anstalten bei der Fürsorgeerziehung.

A. Familienerziehung.

1. Für katholische Zöglinge die Geschäftsstellen der Diözesanvereine für Jugendfürsorge und zwar

a) München und Freising: München, Altheimereck 20 (Stiftskaplan Dr. J. E. Müller);
b) Augsburg: Schätzlerstr. 15/0, RG. (Benefiziat Lohr);
c) Passau: Steinweg 10 (Kath. Jugendsekretariat, Abteilung Jugendfürsorge);
d) Regensburg: Stahlzwingerweg 10 (Offiziator M. Wittenzellner);
e) Bamberg: Domdekan Dr. Hümmer;
Nürnberg: Tafelhofstr. 7 (Vereinsgeistlicher Gg. Köhler);
f) Würzburg: Echterhaus, Juliuspromenade 64 (Fräulein Mathilde Klein);
g) Eichstätt: Vorstand des Diözesanvereins, Domkapitular Vogt;
h) Speyer: Geschäftsstelle des Kath. Jugendfürsorgevereins für die Pfalz (Diözesanvereins) bei der Erziehungsanstalt St. Joseph in Landau-Queichheim (Direktor Nikolaus Moll), für weibliche Zöglinge auch die Mädchenerziehungsanstalt Maria Rosenberg bei Burgalben.

2. Für protestantische Zöglinge

a) für die rechtsrheinischen Landesteile: die Geschäftsstelle des Landesvereins für die Innere Mission in der evangelisch-lutherischen Kirche in Bayern, Nürnberg, Schweinauerstraße 11;
b) für die Pfalz: die Geschäftsstelle des Pfälzischen Evangelischen Erziehungsvereins in Speyer;

B. Anstaltserziehung.

1. Für katholische Zöglinge: die Geschäftsstelle des Bayer. Landesausschusses für Jugendfürsorge in München, Mariahilfplatz 17a;
2. für protestantische Zöglinge die unter A 2 genannten Geschäftsstellen.

D.

Das Gesetz über die Angelegenheiten der freiwilligen Gerichtsbarkeit

vom 17. Mai 1898 in der Fassung vom 20. Mai 1898 (RGBl. 771); Auszug.

Erster Abschnitt.

Allgemeine Vorschriften.

§ 1. Für diejenigen Angelegenheiten der freiwilligen Gerichtsbarkeit, welche durch Reichsgesetz den Gerichten übertragen sind, gelten, soweit nicht ein Anderes bestimmt ist, die nachstehenden allgemeinen Vorschriften.

§ 2. Die Gerichte haben sich Rechtshilfe zu leisten. Die §§ 158—169 des Gerichtsverfassungsgesetzes finden Anwendung.

§ 3. Soweit für die örtliche Zuständigkeit der Gerichte der Wohnsitz eines Beteiligten maßgebend ist, bestimmt sich für Deutsche, die das Recht der Exterritorialität genießen, sowie für Beamte des Reichs oder eines Bundesstaats, die im Ausland angestellt sind, der Wohnsitz nach den Vorschriften des § 15 der Zivilprozeßordnung.

Ist der für den Wohnsitz einer Militärperson maßgebende Garnisonort in mehrere Gerichtsbezirke geteilt, so wird der als Wohnsitz geltende Bezirk von der Landesjustizverwaltung durch allgemeine Anordnung bestimmt.

§ 4. Unter mehreren zuständigen Gerichten gebührt demjenigen der Vorzug, welches zuerst in der Sache tätig geworden ist.

§ 5. Besteht Streit oder Ungewißheit darüber, welches von mehreren Gerichten örtlich zuständig ist, so wird das zuständige Gericht durch das gemeinschaftliche obere Gericht und, falls dieses das Reichsgericht ist, durch dasjenige Oberlandesgericht bestimmt, zu dessen Bezirke das zuerst mit der Sache befaßte Gericht gehört. Ist das zuständige Gericht in einem einzelnen Falle an der Ausübung des Richteramts rechtlich oder tatsächlich verhindert, so erfolgt die Bestimmung durch das ihm im Instanzenzuge vorgeordnete Gericht.

Eine Anfechtung der Entscheidung findet nicht statt.

§ 6. Ein Richter ist von der Ausübung des Richteramts kraft Gesetzes ausgeschlossen:

1. in Sachen, in denen er selbst beteiligt ist oder in denen er zu einem Beteiligten in dem Verhältnis eines Mitberechtigten oder Mitverpflichteten steht;

2. in Sachen seiner Ehefrau, auch wenn die Ehe nicht mehr besteht;
3. in Sachen einer Person, mit der er in gerader Linie oder im zweiten Grade der Seitenlinie verwandt oder verschwägert ist;
4. in Sachen, in denen er als Vertreter eines Beteiligten bestellt oder als gesetzlicher Vertreter eines solchen aufzutreten berechtigt ist.

Ein Richter kann sich der Ausübung seines Amts wegen Befangenheit enthalten. Die Ablehnung eines Richters ist ausgeschlossen.

§ 7. Gerichtliche Handlungen sind nicht aus dem Grunde unwirksam, weil sie von einem örtlich unzuständigen Gericht oder von einem Richter vorgenommen sind, der von der Ausübung des Richteramts kraft Gesetzes ausgeschlossen ist.

§ 8. Auf das gerichtliche Verfahren finden die Vorschriften des Gerichtsverfassungsgesetzes über die Gerichtssprache, über die Sitzungspolizei und über die Beratung und Abstimmung entsprechende Anwendung, die Vorschriften über die Gerichtssprache mit den sich aus dem § 9 ergebenden Abweichungen.

§ 9. Der Zuziehung eines Dolmetschers bedarf es nicht, wenn der Richter der Sprache, in der sich die beteiligten Personen erklären, mächtig ist; die Beeidigung des Dolmetschers ist nicht erforderlich, wenn die beteiligten Personen darauf verzichten. Auf den Dolmetscher finden die Vorschriften des § 6 entsprechende Anwendung.

§ 10. Auf das gerichtliche Verfahren sind die Gerichtsferien ohne Einfluß. Die Bearbeitung der Vormundschaftssachen und der Nachlaßsachen kann während der Ferien unterbleiben, soweit das Bedürfnis einer Beschleunigung nicht vorhanden ist.

§ 11. Anträge und Erklärungen können zum Protokolle des Gerichtsschreibers des zuständigen Gerichts oder des Gerichtsschreibers eines Amtsgerichts erfolgen.

§ 12. Das Gericht hat von Amts wegen die zur Feststellung der Tatsachen erforderlichen Ermittelungen zu veranstalten und die geeignet erscheinenden Beweise aufzunehmen.

§ 13. Die Beteiligten können mit Beiständen erscheinen. Sie können sich, soweit nicht das Gericht das persönliche Erscheinen anordnet, auch durch Bevollmächtigte vertreten lassen. Die Bevollmächtigten haben auf Anordnung des Gerichts oder auf Verlangen eines Beteiligten die Bevollmächtigung durch eine öffentlich beglaubigte Vollmacht nachzuweisen.

§ 14. Die Vorschriften der Zivilprozeßordnung über das Armenrecht sowie die Vorschriften der §§ 34 bis 36 der Rechtsanwaltsordnung finden entsprechende Anwendung.

§ 15. Die Vorschriften der Zivilprozeßordnung über den Zeugenbeweis, über den Beweis durch Sachverständige und über das Verfahren bei der Abnahme von Eiden finden entsprechende Anwendung. Über die Beeidigung eines Zeugen oder Sachverständigen entscheidet jedoch, unbeschadet der §§ 393, 402 der Zivilprozeßordnung, das Ermessen des Gerichts.

Behufs der Glaubhaftmachung einer tatsächlichen Behauptung kann ein Beteiligter zur Versicherung an Eides Statt zugelassen werden.

§ 16. Gerichtliche Verfügungen werden mit der Bekanntmachung an denjenigen, für welchen sie ihrem Inhalte nach bestimmt sind, wirksam.

Die Bekanntmachung erfolgt, wenn mit ihr der Lauf einer Frist beginnt, durch Zustellung nach den für die Zustellung von Amts wegen geltenden Vorschriften der Zivilprozeßordnung; durch die Landesjustizverwaltung kann jedoch für Zustellungen im Ausland eine einfachere Art der Zustellung angeordnet werden. In denjenigen Fällen, in welchen mit der Bekanntmachung nicht der Lauf einer Frist beginnt, soll in den Akten vermerkt werden, in welcher Weise, an welchem Orte und an welchem Tage die Bekanntmachung zur Ausführung gebracht ist; durch die Landesjustizverwaltung kann näher bestimmt werden, in welcher Weise in diesen Fällen die Bekanntmachung zur Ausführung gebracht werden soll.

Einem Anwesenden kann die Verfügung zu Protokoll bekannt gemacht werden. Auf Verlangen ist ihm eine Abschrift der Verfügung zu erteilen.

§ 17. Für die Berechnung der Fristen gelten die Vorschriften des Bürgerlichen Gesetzbuchs.

Fällt das Ende der Frist auf einen Sonntag oder allgemeinen Feiertag, so endigt die Frist mit dem Ablaufe des nächstfolgenden Werktags.

§ 18. Erachtet das Gericht eine von ihm erlassene Verfügung nachträglich für ungerechtfertigt, so ist es berechtigt, sie zu ändern; soweit eine Verfügung nur auf Antrag erlassen werden kann und der Antrag zurückgewiesen worden ist, darf die Änderung nur auf Antrag erfolgen.

Zu der Änderung einer Verfügung, die der sofortigen Beschwerde unterliegt, ist das Gericht nicht befugt.

§ 19. Gegen die Verfügungen des Gerichts erster Instanz findet das Rechtsmittel der Beschwerde statt.

Über die Beschwerde entscheidet das Landgericht.

§ 20. Die Beschwerde steht jedem zu, dessen Recht durch die Verfügung beeinträchtigt ist.

Soweit eine Verfügung nur auf Antrag erlassen werden kann und der Antrag zurückgewiesen worden ist, steht die Beschwerde nur dem Antragsteller zu.

§ 21. Die Beschwerde kann bei dem Gerichte, dessen Verfügung angefochten wird, oder bei dem Beschwerdegericht eingelegt werden.

Die Einlegung erfolgt durch Einreichung einer Beschwerdeschrift oder durch Erklärung zum Protokolle des Gerichtsschreibers desjenigen Gerichts, dessen Verfügung angefochten wird, oder des Gerichtsschreibers des Beschwerdegerichts.

§ 22. Die sofortige Beschwerde ist binnen einer Frist von zwei Wochen einzulegen. Die Frist beginnt mit dem Zeitpunkt, in welchem die Verfügung dem Beschwerdeführer bekannt gemacht worden ist.

Einem Beschwerdeführer, der ohne sein Verschulden verhindert war, die Frist einzuhalten, ist auf Antrag von dem Beschwerdegerichte die Wiedereinsetzung in den vorigen Stand zu erteilen, wenn er die Beschwerde binnen zwei Wochen nach der Beseitigung des Hindernisses einlegt und die Tatsachen, welche die Wiedereinsetzung begründen, glaubhaft macht. Eine Versäumung der Frist, die in dem Verschulden eines Vertreters ihren Grund hat, wird als eine unverschuldete nicht angesehen. Gegen die Entscheidung über den Antrag findet die sofortige weitere Beschwerde statt. Nach dem Ablauf eines Jahres, von dem Ende der versäumten Frist an gerechnet, kann die Wiedereinsetzung nicht mehr beantragt werden.

§ 23. Die Beschwerde kann auf neue Tatsachen und Beweise gestützt werden.

§ 24. Die Beschwerde hat nur dann aufschiebende Wirkung, wenn sie gegen eine Verfügung gerichtet ist, durch die eine Strafe festgesetzt wird.

Das Gericht, dessen Verfügung angefochten wird, kann anordnen, daß die Vollziehung auszusetzen ist.

Das Beschwerdegericht kann vor der Entscheidung eine einstweilige Anordnung erlassen; es kann insbesondere anordnen, daß die Vollziehung der angefochtenen Verfügung auszusetzen ist.

§ 25. Die Entscheidung des Beschwerdegerichts ist mit Gründen zu versehen.

§ 26. Die Entscheidung des Beschwerdegerichts wird in den Fällen, in welchen die sofortige weitere Beschwerde stattfindet, erst mit der Rechtskraft wirksam. Das Beschwerdegericht kann jedoch die sofortige Wirksamkeit der Entscheidung anordnen.

§ 27. Gegen die Entscheidung des Beschwerdegerichts ist das Rechtsmittel der weiteren Beschwerde zulässig, wenn die Entscheidung auf einer Verletzung des Gesetzes beruht. Die Vorschriften der §§ 550, 551, 561, 563 der Zivilprozeßordnung finden entsprechende Anwendung.

§ 28. Über die weitere Beschwerde entscheidet das Oberlandesgericht.

Will das Oberlandesgericht bei der Auslegung einer reichsgesetzlichen Vorschrift, welche eine der im § 1 bezeichneten Angelegenheiten betrifft, von der auf weitere Beschwerde ergangenen Entscheidung eines anderen Oberlandesgerichts, falls aber über die Rechtsfrage bereits eine Entscheidung des Reichsgerichts ergangen ist, von dieser abweichen, so hat es die weitere Beschwerde unter Begründung seiner Rechtsauffassung dem Reichsgerichte vorzulegen. Der Beschluß über die Vorlegung ist dem Beschwerdeführer bekannt zu machen.

In den Fällen des Abs. 2 entscheidet über die weitere Beschwerde das Reichsgericht.

§ 29. Die weitere Beschwerde kann bei dem Gericht erster Instanz, bei dem Landgericht oder bei dem Oberlandesgericht eingelegt werden. Erfolgt die Einlegung durch Einreichung einer Beschwerdeschrift, so muß diese von einem Rechtsanwalt unterzeichnet sein. Der Zuziehung eines Rechtsanwalts bedarf es nicht, wenn die Beschwerde von einer Behörde oder von einem Notar eingelegt wird, der in der Angelegenheit für den Beschwerdeführer einen Antrag bei dem Gericht erster Instanz gestellt hat.

Soweit eine Verfügung der sofortigen Beschwerde unterliegt, findet auch gegen die Entscheidung des Beschwerdegerichts die sofortige weitere Beschwerde statt.

Das Gericht erster Instanz und das Landgericht sind nicht befugt, der weiteren Beschwerde abzuhelfen.

Im übrigen finden die Vorschriften über die Beschwerde entsprechende Anwendung.

§ 30. Die Entscheidungen über Beschwerden erfolgen bei den Landgerichten durch eine Zivilkammer, bei den Oberlandesgerichten und bei dem Reichsgerichte durch einen Zivilsenat. Ist bei einem Landgericht eine Kammer für Handelssachen gebildet, so tritt für Handelssachen diese Kammer an die Stelle der Zivilkammer.

Die Vorschriften des § 137 des Gerichtsverfassungsgesetzes finden entsprechende Anwendung.

§ 31. Zeugnisse über die Rechtskraft einer Verfügung sind von dem Gerichtsschreiber erster Instanz zu erteilen.

§ 32. Ist eine Verfügung, durch die jemand die Fähigkeit oder die Befugnis zur Vornahme eines Rechtsgeschäfts oder zur Entgegennahme einer Willenserklärung erlangt, ungerechtfertigt, so hat, sofern nicht die Verfügung wegen Mangels der sachlichen Zuständigkeit des Gerichts unwirksam ist, die Aufhebung der Verfügung auf die Wirksamkeit der inzwischen von ihm oder ihm gegenüber vorgenommenen Rechtsgeschäfte keinen Einfluß.

§ 33. Soll in den gesetzlich zugelassenen Fällen jemand durch Ordnungsstrafen zur Befolgung einer gerichtlichen Anordnung angehalten werden, so muß der Festsetzung der Strafe eine Androhung vorausgehen. Die einzelne Strafe darf den Betrag von dreihundert Mark nicht übersteigen.

§ 34. Die Einsicht der Gerichtsakten kann jedem insoweit gestattet werden, als er ein berechtigtes Interesse glaubhaft macht. Das Gleiche gilt von der Erteilung einer Abschrift; die Abschrift ist auf Verlangen zu beglaubigen.

Zweiter Abschnitt.

Vormundschaftssachen.

§ 35. Für die dem Vormundschaftsgericht obliegenden Verrichtungen sind die Amtsgerichte zuständig.

§ 36. Für die Vormundschaft ist das Gericht zuständig, in dessen Bezirke der Mündel zu der Zeit, zu welcher die Anordnung der Vormundschaft erforderlich wird, seinen Wohnsitz oder in Ermangelung eines inländischen Wohnsitzes seinen Aufenthalt hat. Wird die Anordnung einer Vormundschaft über Geschwister erforderlich, die in den Bezirken verschiedener Vormundschaftsgerichte ihren Wohnsitz oder ihren Aufenthalt haben, so ist, wenn für einen der Mündel schon eine Vormundschaft anhängig ist, das für diese zuständige Gericht, anderenfalls dasjenige Gericht, in dessen Bezirke der jüngste Mündel seinen Wohnsitz oder seinen Aufenthalt hat, für alle Geschwister maßgebend.

Ist der Mündel ein Deutscher und hat er im Inlande weder Wohnsitz noch Aufenthalt, so ist das Gericht zuständig, in dessen Bezirke der Mündel seinen letzten inländischen Wohnsitz hatte. In Ermangelung eines solchen Wohnsitzes wird das zuständige Gericht, falls der Mündel einem Bundesstaat angehört, von der Landesjustizverwaltung, anderenfalls von dem Reichskanzler bestimmt.

Für die Vormundschaft über einen Minderjährigen, dessen Familienstand nicht zu ermitteln ist, ist das Gericht zuständig, in dessen Bezirke der Minderjährige aufgefunden wurde.

§ 37. Soll jemand nach § 1909 des Bürgerlichen Gesetzbuchs einen Pfleger erhalten, so ist, wenn bei einem inländischen Gericht eine Vormundschaft über ihn anhängig ist, für die Pflegschaft dieses Gericht zuständig. Im übrigen finden auf die Pflegschaft die Vorschriften des § 36 Anwendung.

Für die Pflegschaft über einen Ausländer, für den bei einem inländischen Gericht eine Vormundschaft nicht anhängig ist und der im Inlande weder Wohnsitz noch Aufenthalt hat, ist das Gericht zuständig, in dessen Bezirke das Bedürfnis der Fürsorge hervortritt.

§ 38. Auf die Zuständigkeit für die Pflegschaft über einen Gebrechlichen finden die Vorschriften des § 36 Abs. 1, 2 und des § 37 Abs. 2 entsprechende Anwendung.

§ 39. Für die Pflegschaft über einen Abwesenden ist das Gericht zuständig, in dessen Bezirke der Abwesende seinen Wohnsitz hat.

Hat der Abwesende im Inlande keinen Wohnsitz, so finden die Vorschriften des § 36 Abs. 2 und des § 37 Abs. 2 entsprechende Anwendung.

§ 40. Für die Pflegschaft über eine Leibesfrucht ist das Gericht zuständig, welches für die Vormundschaft zuständig sein würde, falls das Kind zu der Zeit, zu welcher das Bedürfnis der Fürsorge hervortritt, geboren wäre.

§ 41. Wird im Falle des § 1913 des Bürgerlichen Gesetzbuchs die Anordnung einer Pflegschaft für den bei einer Angelegenheit Beteiligten erforderlich, so ist das Gericht zuständig, in dessen Bezirke das Bedürfnis der Fürsorge hervortritt.

§ 42. Für die Pflegschaft zum Zwecke der Verwaltung und Verwendung eines durch öffentliche Sammlung zusammengebrachten Vermögens ist das Gericht des Ortes zuständig, an welchem bisher die Verwaltung geführt wurde.

§ 43. Die Zuständigkeit für eine Verrichtung des Vormundschaftsgerichts, die nicht eine Vormundschaft oder eine Pflegschaft betrifft, bestimmt sich, soweit sich nicht aus dem Gesetz ein anderes ergibt, nach den Vorschriften des § 36 Abs. 1, 2; maßgebend ist für jede einzelne Angelegenheit der Zeitpunkt, in welchem das Gericht mit ihr befaßt wird.

Ist für die Person, in Ansehung deren die Verrichtung des Vormundschaftsgerichts erforderlich wird, eine Vormundschaft oder eine Pflegschaft anhängig oder ist der Mutter, unter deren elterlicher Gewalt sie steht, ein Beistand bestellt, so ist das Gericht zuständig, bei welchem die Vormundschaft, Pflegschaft oder Beistandschaft anhängig ist.

§ 44. Für die in den §§ 1665, 1846 des Bürgerlichen Gesetzbuchs und im Artikel 23 Abs. 2 des Einführungsgesetzes zum Bürgerlichen Gesetzbuche bezeichneten Maßregeln ist auch das Gericht zuständig, in dessen Bezirke das Bedürfnis der Fürsorge hervortritt. Das Gericht soll, wenn eine Vormundschaft, Pflegschaft oder Beistandschaft anhängig ist, von den angeordneten Maßregeln dem nach § 43 Abs. 2 zuständigen Gerichte Mitteilung machen.

§ 45. Wird in einer Angelegenheit, welche die persönlichen Rechtsbeziehungen der Ehegatten zueinander oder das eheliche Güterrecht betrifft, eine Verrichtung des Vormundschaftsgerichts erforderlich, so ist das Gericht zuständig, in dessen Bezirke der Mann seinen Wohnsitz oder in Ermangelung eines inländischen Wohnsitzes seinen Aufenthalt hat.

Ist der Mann ein Deutscher und hat er im Inlande weder Wohnsitz noch Aufenthalt, so finden die Vorschriften des § 36 Abs. 2 entsprechende Anwendung.

Hat der Mann die Reichsangehörigkeit verloren, die Frau sie aber behalten, so ist, wenn der Mann im Inlande weder Wohnsitz noch Aufenthalt hat, das Gericht zuständig, in dessen Bezirke die Frau ihren Wohnsitz oder in Ermangelung eines inländischen Wohnsitzes ihren Aufenthalt hat; hat sie im Inlande weder Wohnsitz noch Aufenthalt, so finden die Vorschriften des § 36 Abs. 2 entsprechende Anwendung.

Für die Zuständigkeit ist in Ansehung jeder einzelnen Angelegenheit der Zeitpunkt maßgebend, in welchem das Gericht mit ihr befaßt wird.

§ 46. Das Vormundschaftsgericht kann die Vormundschaft aus wichtigen Gründen an ein anderes Vormundschaftsgericht abgeben, wenn sich dieses zur Übernahme der Vormundschaft bereit erklärt; nach der Bestellung des Vormundes ist jedoch dessen Zustimmung erforderlich.

Einigen sich die Gerichte nicht oder verweigert der Vormund oder, wenn mehrere Vormünder die Vormundschaft gemeinschaftlich führen, einer von ihnen seine Zustimmung, so entscheidet das gemeinschaftliche obere Gericht und, falls dieses das Reichsgericht ist, dasjenige Oberlandesgericht, zu dessen Bezirke das Gericht gehört, an welches die Vormundschaft abgegeben werden soll. Eine Anfechtung der Entscheidung findet nicht statt.

Diese Vorschriften finden auf die Pflegschaft und die im § 43 bezeichneten Angelegenheiten entsprechende Anwendung.

§ 47. Ist über einen Deutschen, der im Auslande seinen Wohnsitz oder Aufenthalt hat, die nach den Vorschriften des Bürgerlichen Gesetzbuchs erforderliche Vormundschaft im Ausland angeordnet, so kann die Anordnung der Vormundschaft im Inland unterbleiben, wenn dies im Interesse des Mündels liegt.

Hat ein Deutscher, über den im Inland eine Vormundschaft angeordnet ist, im Auslande seinen Wohnsitz oder Aufenthalt, so kann das Gericht, bei welchem die Vormundschaft anhängig ist, sie an den ausländischen Staat abgeben, wenn dies im Interesse des Mündels liegt, der Vormund seine Zustimmung erteilt und der ausländische Staat sich zur Übernahme bereit erklärt. Verweigert der Vormund oder, wenn mehrere Vormünder die Vormundschaft gemeinschaftlich führen, einer von ihnen seine Zustimmung, so entscheidet an Stelle des Gerichts, bei welchem die Vormundschaft anhängig ist, das im Instanzenzuge vorgeordnete Gericht. Eine Anfechtung der Entscheidung findet nicht statt.

Diese Vorschriften gelten auch für die Pflegschaft.

§ 48. Wird bei einem Standesbeamten der Tod einer Person, die ein minderjähriges Kind hinterlassen hat, oder die Geburt eines ehelichen Kindes nach dem Tode des Vaters oder die Geburt eines unehelichen Kindes oder die Auffindung eines Minderjährigen, dessen Familienstand nicht zu ermitteln ist, angezeigt oder wird vor einem Standesbeamten von einer Frau, die ein minderjähriges eheliches Kind hat, eine Ehe geschlossen, so hat der Standesbeamte hiervon dem Vormundschaftsgericht Anzeige zu machen.

§ 49. Erlangt der Gemeindewaisenrat von einem Falle Kenntnis, in welchem ein Vormund, ein Gegenvormund oder ein Pfleger zu bestellen ist, so hat er dem Vormundschaftsgericht Anzeige zu machen. Zugleich soll er die Person vorschlagen, die sich zum Vormunde, Gegenvormund oder Pfleger eignet.

§ 50. Wird die Anordnung einer Vormundschaft oder einer Pflegschaft infolge eines gerichtlichen Verfahrens erforderlich, so hat das Gericht das zuständige Vormundschaftsgericht hiervon zu benachrichtigen.

§ 51. Eine Verfügung, durch die von dem Vormundschaftsgerichte festgestellt wird, daß der Vater oder die Mutter auf längere Zeit an der Ausübung der elterlichen Gewalt tatsächlich verhindert ist, tritt mit der Bestellung des Vormundes in Wirksamkeit; hat jedoch während der Verhinderung des Vaters die Mutter die elterliche Gewalt auszuüben, so wird die Verfügung mit der Bekanntmachung an die Mutter wirksam.

Eine Verfügung, durch die von dem Vormundschaftsgerichte festgestellt wird, daß der Grund für das Ruhen der elterlichen Gewalt des Vaters oder

der Mutter nicht mehr besteht, wird mit der Bekanntmachung an den Vater oder an die Mutter wirksam.

§ 52. Eine Verfügung, durch die ein Volljähriger unter vorläufige Vormundschaft gestellt wird, tritt, wenn die Entmündigung wegen Geisteskrankheit beantragt ist, mit der Bestellung des Vormundes, wenn die Entmündigung wegen Geistesschwäche, wegen Verschwendung oder wegen Trunksucht beantragt ist, mit der Bekanntmachung an den zu Entmündigenden, eine Verfügung, durch die eine vorläufige Vormundschaft aufgehoben wird, tritt mit der Bekanntmachung an den Mündel in Wirksamkeit.

§ 53. Eine Verfügung, durch die auf Antrag die Ermächtigung oder die Zustimmung eines anderen zu einem Rechtsgeschäft ersetzt oder dem Manne die im § 1358 Abs. 1 des Bürgerlichen Gesetzbuchs vorgesehene Ermächtigung zur Kündigung erteilt oder durch welche die Beschränkung oder die Ausschließung der nach § 1357 des Bürgerlichen Gesetzbuchs der Frau zustehenden Rechte aufgehoben wird, tritt erst mit der Rechtskraft in Wirksamkeit. Das gleiche gilt von einer Verfügung, durch die auf Antrag des Kindes die Zustimmung der Mutter zur Ehelichkeitserklärung ihres Kindes ersetzt wird.

Bei Gefahr im Verzuge kann das Gericht die sofortige Wirksamkeit der Verfügung anordnen. Die Verfügung tritt mit der Bekanntmachung an den Antragsteller in Wirksamkeit.

§ 54. Liegen nach dem Ermessen des Vormundschaftsgerichts die Voraussetzungen vor, unter denen der Vormund, der Pfleger oder der Beistand zur Sicherheitsleistung angehalten werden kann, so ist das Gericht befugt, das Grundbuchamt um die Eintragung einer Sicherungshypothek an Grundstücken des Vormundes, des Pflegers oder des Beistandes zu ersuchen. Der Vormund, der Pfleger oder der Beistand soll soweit tunlich vorher gehört werden. Die Hypothek entsteht mit der Eintragung.

Diese Vorschriften finden auf die Eintragung eines Pfandrechts an einem im Schiffsregister eingetragenen Schiffe entsprechende Anwendung.

§ 55. Eine Verfügung, durch welche die Genehmigung zu einem Rechtsgeschäft erteilt oder verweigert wird, kann von dem Vormundschaftsgericht insoweit nicht mehr geändert werden, als die Genehmigung oder deren Verweigerung einem Dritten gegenüber wirksam geworden ist.

Eine Verfügung, durch welche die Zustimmung zu einer Ehelichkeitserklärung ersetzt wird, kann nicht mehr geändert werden, wenn die Ehelichkeitserklärung erfolgt ist.

§ 56. Die Volljährigkeitserklärung soll nur auf Antrag des Minderjährigen oder desjenigen gesetzlichen Vertreters des Minderjährigen erfolgen, welchem die Sorge für die Person zusteht.

Die Verfügung, durch welche der Minderjährige für volljährig erklärt wird, tritt erst mit der Rechtskraft in Wirksamkeit.

§ 57. Die Beschwerde steht, unbeschadet der Vorschriften des § 20, zu:

1. gegen eine Verfügung, durch welche die Anordnung einer Vormundschaft abgelehnt oder eine Vormundschaft aufgehoben wird, jedem, der ein rechtliches Interesse an der Änderung der Verfügung hat, sowie dem Ehegatten, den Verwandten und Verschwägerten des Mündels, es sei denn, daß die Verfügung eine vorläufige Vormundschaft betrifft;
2. gegen eine Verfügung, durch welche die Anordnung einer vorläufigen Vormundschaft abgelehnt oder eine solche Vormundschaft aufgehoben

wird, denjenigen, welche den Antrag auf Entmündigung zu stellen berechtigt sind;

3. gegen eine Verfügung, durch welche die Anordnung einer Pflegschaft abgelehnt oder eine Pflegschaft aufgehoben wird, jedem, der ein rechtliches Interesse an der Änderung der Verfügung hat, in den Fällen der §§ 1909, 1910 des Bürgerlichen Gesetzbuchs auch dem Ehegatten sowie den Verwandten und Verschwägerten des Pflegebefohlenen; diese Vorschrift gilt jedoch im Falle des § 1910 nur dann, wenn eine Verständigung mit dem Pflegebefohlenen nicht möglich ist;
4. gegen eine Verfügung, durch welche die Einsetzung eines Familienrats abgelehnt oder der Familienrat aufgehoben wird, dem Ehegatten sowie den Verwandten und Verschwägerten des Mündels;
5. gegen eine Verfügung, durch die in den Fällen des § 1687 Nr. 1, 3 des Bürgerlichen Gesetzbuchs die Bestellung eines Beistandes der Mutter abgelehnt oder die Bestellung aufgehoben wird, dem Ehegatten sowie den Verwandten und Verschwägerten des Kindes;
6. gegen eine Verfügung, durch die ein Antrag des Gegenvormundes oder des Beistandes zurückgewiesen wird, gegen den gesetzlichen Vertreter wegen pflichtwidrigen Verhaltens einzuschreiten oder den Vormund oder den Pfleger aus einem der im § 1886 des Bürgerlichen Gesetzbuchs bezeichneten Gründe zu entlassen, dem Antragsteller;
7. gegen eine Verfügung, durch die dem Vormund oder dem Pfleger eine Vergütung bewilligt wird, dem Gegenvormunde;
8. gegen eine Verfügung, durch welche die Anordnung einer der in den §§ 1665 bis 1667 des Bürgerlichen Gesetzbuchs vorgesehenen Maßregeln abgelehnt oder eine solche Maßregel aufgehoben wird, den Verwandten und Verschwägerten des Kindes;
9. gegen eine Verfügung, die eine Entscheidung über eine die Sorge für die Person des Kindes oder des Mündels betreffende Angelegenheit enthält, jedem, der ein berechtigtes Interesse hat, diese Angelegenheit wahrzunehmen.

Die Vorschrift des Abs. 1 Nr. 9 findet auf die sofortige Beschwerde keine Anwendung.

§ 58. Führen mehrere Vormünder oder Pfleger die Vormundschaft oder die Pflegschaft gemeinschaftlich, so kann jeder von ihnen für den Mündel das Beschwerderecht selbständig ausüben.

Diese Vorschrift findet in den Fällen der §§ 1629, 1798 des Bürgerlichen Gesetzbuchs entsprechende Anwendung.

§ 59. Ein unter elterlicher Gewalt stehendes Kind oder ein unter Vormundschaft stehender Mündel kann in allen seine Person betreffenden Angelegenheiten ohne Mitwirkung seines gesetzlichen Vertreters das Beschwerderecht ausüben. Das Gleiche gilt in Angelegenheiten, in denen der Mündel vor einer Entscheidung des Vormundschaftsgerichts gehört werden soll.

Diese Vorschriften finden auf Personen, die geschäftsunfähig sind oder nicht das vierzehnte Lebensjahr vollendet haben, keine Anwendung.

§ 60. Die sofortige Beschwerde findet statt:

1. gegen eine Verfügung, durch die ein als Vormund, Pfleger, Gegenvormund, Beistand oder Mitglied des Familienrats Berufener übergangen wird;

2. gegen eine Verfügung, durch welche die Weigerung, eine Vormundschaft, Pflegschaft, Gegenvormundschaft oder Beistandschaft zu übernehmen, zurückgewiesen wird;
3. gegen eine Verfügung, durch die ein Vormund, Pfleger, Gegenvormund oder Beistand gegen seinen Willen entlassen wird;
4. gegen eine Verfügung, durch die der Familienrat aufgehoben oder ein Mitglied des Familienrats gegen seinen Willen entlassen wird;
5. gegen eine Verfügung, durch die ein Volljähriger unter vorläufige Vormundschaft gestellt wird;
6. gegen Verfügungen, die erst mit der Rechtskraft wirksam werden.

Die Frist beginnt in den Fällen des Abs. 1 Nr. 1 mit dem Zeitpunkt, in welchem der Beschwerdeführer von seiner Übergehung Kenntnis erlangt, im Falle der Aufhebung des Familienrats mit dem Zeitpunkt, in welchem das Vormundschaftsgericht die bisherigen Mitglieder von der Aufhebung in Kenntnis setzt.

§ 61. Wird eine Verfügung, durch die ein Volljähriger unter vorläufige Vormundschaft gestellt ist, von dem Beschwerdegericht aufgehoben, so kann die Wirksamkeit der von oder gegenüber dem Volljährigen vorgenommenen Rechtsgeschäfte nicht auf Grund der aufgehobenen Verfügung in Frage gestellt werden.

§ 62. Soweit eine Verfügung nach § 55 von dem Vormundschaftsgerichte nicht mehr geändert werden kann, ist auch das Beschwerdegericht nicht berechtigt, sie zu ändern.

§ 63. Auf die weitere Beschwerde finden die Vorschriften der §§ 57 bis 62 entsprechende Anwendung.

§ 64. Gegen eine Verfügung, durch die über die Entlassung eines Mitglieds des Familienrats von dem Gerichte, welches dem Vormundschaftsgericht im Instanzenzuge vorgeordnet ist, entschieden wird, findet die Beschwerde an das Oberlandesgericht statt. Die weitere Beschwerde ist ausgeschlossen.

Elfter Abschnitt.

Schlußbestimmungen.

§ 185. Dieses Gesetz tritt gleichzeitig mit dem Bürgerlichen Gesetzbuch in Kraft.

Die Artikel 2 bis 5, 32 des Einführungsgesetzes zum Bürgerlichen Gesetzbuche finden entsprechende Anwendung.

§ 186. Die Vorschriften der §§ 11, 66 des Gesetzes über die Beurkundung des Personenstandes und die Eheschließung vom 6. Februar 1875 (Reichs-Gesetzbl. S. 23) werden insoweit aufgehoben, als sie der Landesgesetzgebung die Befugnis gewähren, das gerichtliche Verfahren abweichend zu regeln.

§ 187. Der § 150 des Gesetzes, betreffend die Erwerbs- und Wirtschaftsgenossenschaften, vom 1. Mai 1889 (Reichs-Gesetzbl. S. 55) wird aufgehoben.

§ 188. Der § 11 Abs. 2 des Gesetzes, betreffend das Reichsschuldbuch, vom 31. Mai 1891 (Reichs-Gesetzbl. S. 321) wird dahin geändert:

Zur Ausstellung dieser Bescheinigungen ist das Nachlaßgericht und, falls der Erblasser zur Zeit des Erbfalls im Inlande weder Wohnsitz noch Aufenthalt hatte, auch derjenige Konsul des Reichs zuständig, in dessen Amtsbezirke der Erblasser zur Zeit des Erbfalls seinen Wohnsitz oder seinen gewöhnlichen Aufenthalt hatte, sofern dem Konsul von dem Reichskanzler die Ermächtigung zur Ausstellung solcher Bescheinigungen erteilt ist.

§ 189. Soweit im Einführungsgesetze zum Bürgerlichen Gesetzbuche zugunsten der Landesgesetze Vorbehalte gemacht sind, gelten sie auch für die Vorschriften der Landesgesetze über diejenigen Angelegenheiten der freiwilligen Gerichtsbarkeit, welche Gegenstand dieses Gesetzes sind; den Landesgesetzen stehen nach Maßgabe der Artikel 57, 58 des Einführungsgesetzes zum Bürgerlichen Gesetzbuche die Hausverfassungen gleich.

§ 190. Unberührt bleiben die landesgesetzlichen Vorschriften, welche für den Fall, daß nach Artikel 147 des Einführungsgesetzes zum Bürgerlichen Gesetzbuche die dem Vormundschaftsgericht obliegenden Verrichtungen durch Landesgesetz anderen Behörden als den Amtsgerichten übertragen sind, über den Vorsitz im Familienrate Bestimmung treffen.

§ 191. Unberührt bleiben die landesgesetzlichen Vorschriften, nach welchen für die Aufnahme der nach dem § 1718 und dem § 1720 Abs. 2 des Bürgerlichen Gesetzbuchs erforderlichen öffentlichen Urkunden sowie für die öffentliche Beglaubigung einer Unterschrift außer den Amtsgerichten und Notaren auch andere Behörden oder Beamte zuständig sind.

Durch Landesgesetz kann die Zuständigkeit der Amtsgerichte für die öffentliche Beglaubigung einer Unterschrift oder eines Handzeichens ausgeschlossen werden.

§ 192. Unberührt bleiben die landesgesetzlichen Vorschriften, nach welchen, wenn die Auseinandersetzung in Ansehung eines Nachlasses nicht binnen einer bestimmten Frist bewirkt ist, das Nachlaßgericht die Auseinandersetzung von Amts wegen zu vermitteln hat; auf die Auseinandersetzung finden die Vorschriften der §§ 88 bis 98 Anwendung.

§ 193. Unberührt bleiben die landesgesetzlichen Vorschriften, nach welchen für die gemäß § 99 den Amtsrichtern obliegenden Verrichtungen andere als gerichtliche Behörden zuständig sind, sowie die landesgesetzlichen Vorschriften, nach welchen in den Fällen der §§ 86, 99 an Stelle der Gerichte oder neben diesen die Notare die Auseinandersetzung zu vermitteln haben.

§ 194. Sind für die im § 1 bezeichneten Angelegenheiten nach Landesgesetz andere als gerichtliche Behörden zuständig, so gelten die in dem ersten Abschnitte für die Gerichte gegebenen Vorschriften auch für die anderen Behörden.

Als gemeinschaftliches oberes Gericht im Sinne der §§ 5, 46 gilt dasjenige Gericht, welches das gemeinschaftliche obere Gericht für die Amtsgerichte ist, in deren Bezirke die Behörden ihren Sitz haben. Durch Landesgesetz kann jedoch bestimmt werden, daß, wenn die Behörden in dem Bezirke desselben Amtsgerichts ihren Sitz haben, dieses als gemeinschaftliches oberes Gericht zuständig ist.

Die Vorschriften des § 8 über die Sitzungspolizei und über die Beratung und Abstimmung sowie die Vorschriften der §§ 6, 10, 11, des § 13 Abs. 2 und des § 31 finden keine Anwendung.

Durch die Vorschrift des Abs. 1 wird die Verpflichtung der gerichtlichen Behörden, gemäß § 2 Rechtshilfe zu leisten, nicht berührt.

§ 195. Durch die Gesetzgebung eines Bundesstaats, in dem für die dem Vormundschaftsgericht oder dem Nachlaßgericht obliegenden Verrichtungen andere Behörden als die Amtsgerichte zuständig sind, kann bestimmt werden, daß die Abänderung einer Entscheidung einer solchen Behörde bei dem Amtsgerichte nachzusuchen ist, in dessen Bezirke die Behörde ihren Sitz hat. In diesem Falle finden auf das Verfahren die Vorschriften der §§ 20 bis 25 entsprechende Anwendung.

Die Beschwerde findet gegen die Entscheidung des Amtsgerichts statt.

§ 196. Ist für die Volljährigkeitserklärung nach Landesgesetz die Zentralstelle des Bundesstaats zuständig, so finden die in dem ersten Abschnitte für die Gerichte gegebenen Vorschriften keine Anwendung.

Die Verfügung, durch welche der Minderjährige für volljährig erklärt wird, tritt mit der Bekanntmachung an den Minderjährigen in Wirksamkeit.

§ 197. Durch die Landesjustizverwaltung kann angeordnet werden, daß die im § 14 des Gesetzes über die Beurkundung des Personenstandes und die Eheschließung vom 6. Februar 1875 vorgesehene Aufbewahrung des Nebenregisters bei den Landgerichten erfolgen soll.

§ 198. Unberührt bleiben die landesgesetzlichen Vorschriften, nach welchen bei der Beurkundung einer Erklärung in den Fällen des § 169 der Richter an Stelle des Gerichtsschreibers oder der zwei Zeugen eine besonders dazu bestellte Urkundsperson zuziehen kann.

Auf die Urkundsperson finden die Vorschriften der §§ 170 bis 172 Anwendung.

§ 199. Durch die Gesetzgebung eines Bundesstaats, in dem mehrere Oberlandesgerichte errichtet sind, kann die Entscheidung über das Rechtsmittel der weiteren Beschwerde einem der mehreren Oberlandesgerichte oder an Stelle eines solchen Oberlandesgerichts dem obersten Landesgerichte zugewiesen werden.

Das Gericht, dem nach Absatz 1 die Entscheidung zugewiesen wird, tritt zugleich für die Beschwerde gegen eine Verfügung des Landgerichts an die Stelle des nach § 64 und § 143 Abs. 2 zuständigen Oberlandesgerichts. Auch gilt es im Sinne der §§ 5, 46 als gemeinschaftliches oberes Gericht für alle Gerichte des Bundesstaats.

§ 200. Durch Landesgesetz können Vorschriften zur Ergänzung und Ausführung dieses Gesetzes, mit Einschluß der erforderlichen Übergangsvorschriften, auch insoweit erlassen werden, als dieses Gesetz Vorbehalte für die Landesgesetzgebung nicht enthält.

Soweit durch Landesgesetz allgemeine Vorschriften über die Errichtung gerichtlicher oder notarieller Urkunden erlassen werden, ist ein Verstoß gegen eine solche Vorschrift, unbeschadet der Vorschriften über die Folgen des Mangels der sachlichen Zuständigkeit, ohne Einfluß auf die Gültigkeit der Beurkundung.

E.

Die Fürsorgeerziehungsgesetze in den anderen größeren Bundesstaaten.[1]

---

1. Das Preußische Gesetz über die Fürsorgeerziehung Minderjähriger vom 2. Juli 1900.[2]

§ 1. Ein Minderjähriger, welcher das 18. Lebensjahr noch nicht vollendet hat, kann der Fürsorgeerziehung überwiesen werden:

1. wenn die Voraussetzungen des § 1666 oder des § 1838 BGB. vorliegen und zur Verhütung der Verwahrlosung des Minderjährigen die anderweitige Unterbringung erforderlich ist, eine nach dem Ermessen des Vormundschaftsgerichts erforderliche Unterbringung aber ohne Inanspruchnahme öffentlicher Mittel nicht erfolgen kann;
2. wenn der Minderjährige eine strafbare Handlung begangen hat, wegen der er in Anbetracht seines jugendlichen Alters strafrechtlich nicht verfolgt werden kann, und die Fürsorgeerziehung mit Rücksicht auf die Beschaffenheit der Handlung, die Persönlichkeit der Eltern oder sonstigen Erzieher und die übrigen Lebensverhältnisse zur Verhütung weiterer sittlicher Verwahrlosung des Minderjährigen erforderlich ist;
3. wenn die Fürsorgeerziehung außer diesen Fällen wegen Unzulänglichkeit der erziehlichen Einwirkung der Eltern oder sonstigen Erzieher oder der Schule zur Verhütung des völligen sittlichen Verderbens des Minderjährigen notwendig ist.

§ 2. Die Fürsorgeerziehung erfolgt unter öffentlicher Aufsicht und auf öffentliche Kosten in einer geeigneten Familie oder in einer Erziehungs- oder Besserungsanstalt.

§ 3. Die Unterbringung zur Fürsorgeerziehung erfolgt, nachdem das Vormundschaftsgericht durch Beschluß das Vorhandensein der Voraussetzungen des § 1 unter Bezeichnung der für erwiesen erachteten Tatsachen festgestellt und die Unterbringung angeordnet hat.

---

[1] Wegen der Regelung der Fürsorgerziehung in den außerdeutschen Staaten s. Loening S. 1163; ferner Schmitz im Staatslexikon Bd. 2 S. 357; wegen der „großzügigen und vielfach vorbildlichen" Regelung der Jugendfürsorge durch das französische Recht im besonderen s. Diefenbach in ZBl. Vorm. 15, 413.

Wegen der Internationalen Organisation der Jugendfürsorge s. Silbernagel im Jahrbuch des Völkerrechts 2, 1034.

[2] Das Gesetz ist veröffentlicht GSlg. 264 und wurde geändert durch eine Novelle vom 7. Juli 1915 (GSlg. 113).

§ 4. Das Vormundschaftsgericht beschließt von Amts wegen oder auf Antrag. Zur Stellung des Antrags sind berechtigt und verpflichtet:

der Landrat, in den Hohenzollernschen Landen der Oberamtmann, in Städten mit mehr als 10000 Einwohnern sowie in den nach § 28 der Kreisordnung für die Provinz Hannover vom 6. Mai 1884 (Gesetz-Samml. S. 181) denselben gleichgestellten Städten auch der Gemeindevorstand,

in Stadtkreisen der Gemeindevorstand und der Vorsteher der Königlichen Polizeibehörde.

Vor der Beschlußfassung soll das Vormundschaftsgericht, soweit dies ohne erhebliche Schwierigkeit geschehen kann, die Eltern, den gesetzlichen Vertreter des Minderjährigen und in allen Fällen den Gemeindevorstand, den zuständigen Geistlichen und den Leiter oder Lehrer der Schule, welche der Minderjährige besucht, hören, auch hat, wenn die Beschlußfassung nicht auf Antrag erfolgt, das Vormundschaftsgericht zuvor dem Landrat (Oberamtmanne, Gemeindevorstande, Vorsteher der Königlichen Polizeibehörde) unter Mitteilung der Akten Gelegenheit zu einer Äußerung zu geben.

Der Beschluß ist dem gesetzlichen Vertreter des Minderjährigen, diesem selbst, wenn er das vierzehnte Lebensjahr vollendet hat, dem Landrat (Oberamtmanne, Gemeindevorstande, Vorsteher der Königlichen Polizeibehörde) und dem verpflichteten Kommunalverbande (§ 14) zuzustellen.

Gegen den Beschluß steht den im Abs. 3 Genannten die sofortige Beschwerde zu, dem gesetzlichen Vertreter des Minderjährigen oder diesem selbst jedoch nur dann, wenn der Beschluß auf Unterbringung zur Fürsorgeerziehung lautet. Die Beschwerde hat aufschiebende Wirkung.

§ 5. Bei Gefahr im Verzuge kann das Vormundschaftsgericht eine vorläufige Unterbringung des Minderjährigen anordnen. Die Polizeibehörde des Aufenthaltsorts hat in diesem Falle für die Unterbringung des Minderjährigen in einer Anstalt oder in einer geeigneten Familie zu sorgen.

Die durch die vorläufige Unterbringung erwachsenden Kosten fallen, sofern die Überweisung zur Fürsorgeerziehung demnächst endgültig angeordnet wird, dem verpflichteten Kommunalverbande (§ 14), anderenfalls demjenigen zur Last, welcher die Kosten der örtlichen Polizeiverwaltung zu tragen hat. Die Polizeibehörde hat in allen Fällen die durch die vorläufige Unterbringung entstehenden Kosten vorzuschießen. Streitigkeiten über die Angemessenheit der dem Erstattungspflichtigen in Rechnung gestellten Vorschüsse der Polizeibehörde entscheidet der Bezirksausschuß im Beschlußverfahren. Der Beschluß des Bezirksausschusses ist endgültig.

§ 6. Hat die im § 4 angeordnete Anhörung der Eltern oder des gesetzlichen Vertreters nicht stattfinden können, so sind dieselben berechtigt, die Wiederaufnahme des Verfahrens zu verlangen.

§ 7. Soweit nicht in diesem Gesetz ein anderes bestimmt ist, finden auf das gerichtliche Verfahren die allgemeinen Vorschriften über die durch Landesgesetz den ordentlichen Gerichten übertragenen Angelegenheiten der freiwilligen Gerichtsbarkeit Anwendung.

§ 8. Die gerichtlichen Verhandlungen sind gebühren- und stempelfrei; die baren Auslagen fallen der Staatskasse zur Last. Ist nach dem Ermessen des Vormundschaftsgerichts die Vernehmung der nach § 4 Abs. 2 zu hörenden Personen erforderlich gewesen, so haben sie Anspruch auf Erstattung der notwendigen baren Auslagen aus der Staatskasse; dies gilt jedoch nicht für die Eltern des Minderjährigen.

Verträge über die Unterbringung von Zöglingen sind stempelfrei.

§ 9. Die Ausführung der Fürsorgeerziehung liegt dem verpflichteten Kommunalverband ob (§ 14); er entscheidet darüber, in welcher Weise der Zögling untergebracht werden soll. Im Falle der Anstaltserziehung ist der Zögling, soweit möglich, in einer Anstalt seines Bekenntnisses unterzubringen. Im Falle der Familienerziehung muß der Zögling mindestens bis zum Aufhören der Schulpflicht in einer Familie seines Bekenntnisses untergebracht werden.

Der Kommunalverband hat dem Vormundschaftsgerichte von der Unterbringung und von der Entlassung des Zöglinges Mitteilung zu machen.

Die Überführung des Zöglinges liegt der Polizeibehörde des Aufenthaltsorts ob.

§ 10. Die Zöglinge dürfen nicht in Arbeitshäusern und nicht in Landarmenhäusern, in Anstalten, welche für Kranke, Gebrechliche, Idioten, Taubstumme oder Blinde bestimmt sind, nur so lange untergebracht werden, als es ihr körperlicher oder geistiger Zustand erfordert.

In Ausführung einer eingeleiteten Fürsorgeerziehung kann die Erziehung in der eigenen Familie des Zöglings unter Aufsicht des Kommunalverbandes widerruflich angeordnet werden.

§ 11. Für jeden in einer Familie untergebrachten Zögling ist zur Überwachung seiner Erziehung und Pflege von dem Kommunalverband ein Fürsorger zu bestellen. Hierzu können auch Frauen bestellt werden.

§ 12. Auf Antrag des verpflichteten Kommunalverbandes kann, unbeschadet der Vorschriften des Artikel 78 § 1 des Ausführungsgesetzes zum Bürgerlichen Gesetzbuche, der Vorstand einer unter staatlicher Aufsicht stehenden Erziehungsanstalt vor den nach § 1776 des Bürgerlichen Gesetzbuchs als Vormünder berufenen Personen zum Vormunde der auf Grund der §§ 3 ff. in der Anstalt untergebrachten Zöglinge bestellt werden.

Das gleiche gilt für Zöglinge, die unter der Aufsicht des Vorstandes der Anstalt in einer von ihm ausgewählten Familie erzogen werden; liegt die Beaufsichtigung der Zöglinge einem von dem verpflichteten Kommunalverbande bestellten Beamten ob, so kann dieser auf Antrag des Kommunalverbandes statt des Vorstandes der Anstalt zum Vormunde bestellt werden.

Neben dem nach den Vorschriften der Abs. 1, 2 bestellten Vormund ist ein Gegenvormund nicht zu bestellen. Dem Vormunde stehen die nach § 1852 des Bürgerlichen Gesetzbuchs zulässigen Befreiungen zu.

§ 13. Die Fürsorgeerziehung endigt mit der Minderjährigkeit.

Die frühere Aufhebung der Fürsorgeerziehung erfolgt durch Beschluß des Kommunalverbandes von Amts wegen oder auf Antrag der Eltern oder des gesetzlichen Vertreters des Minderjährigen, wenn der Zweck der Fürsorgeerziehung erreicht oder die Erreichung des Zweckes anderweit sichergestellt ist. Die Aufhebung kann unter Vorbehalt des Widerrufs beschlossen werden.

Gegen den ablehnenden Beschluß des Kommunalverbandes kann der Antragsteller binnen einer Frist von zwei Wochen vom Tage der Zustellung ab die Entscheidung des Vormundschaftsgerichts anrufen. Gegen den Beschluß des Vormundschaftsgerichts findet die Beschwerde statt. Die Beschwerde des Kommunalverbandes hat aufschiebende Wirkung.

Ein abgewiesener Antrag darf vor dem Ablaufe von sechs Monaten nicht erneuert werden.

§ 14. Die Provinzialverbände, in der Provinz Hessen-Nassau die Bezirksverbände der Regierungsbezirke Wiesbaden und Cassel, der Lauenburgische Landeskommunalverband, der Landeskommunalverband der Hohenzollernschen Lande sowie der Stadtkreis Berlin sind verpflichtet, die Unterbringung der durch Beschluß des Vormundschaftsgerichts zur Fürsorgeerziehung überwiesenen Minderjährigen in einer den Vorschriften dieses Gesetzes entsprechenden Weise zu bewirken. Sie haben für die Errichtung von Erziehungs- und Besserungsanstalten zu sorgen, soweit es an Gelegenheit fehlt, die Zöglinge in geeigneten Familien sowie in öffentlichen, kirchlichen oder privaten Anstalten unterzubringen, auch soweit nötig für ein angemessenes Unterkommen bei der Beendigung der Fürsorgeerziehung zu sorgen.

Zur Unterbringung verpflichtet ist derjenige Kommunalverband, in dessen Gebiete der Ort liegt, als dessen Vormundschaftsgericht das Gericht Beschluß gefaßt hat.

§ 15. Die Kosten, welche durch die Überführung des Zöglinges in eine Familie oder Anstalt, durch die dabei nötige reglementsmäßige erste Ausstattung, durch die Beerdigung des während der Fürsorgeerziehung verstorbenen und durch die Rückreise des aus der Fürsorgeerziehung entlassenen Zöglinges entstehen, fallen dem Ortsarmenverband, in welchem er seinen Unterstützungswohnsitz hat, zur Last. Ist ein solcher Ortsarmenverband nicht vorhanden, so fallen diese Kosten dem verpflichteten Kommunalverbande (§ 14 Abs. 2) zur Last. Die übrigen Kosten des Unterhalts und der Erziehung sowie der Fürsorge für entlassene Zöglinge tragen in allen Fällen die Kommunalverbände.

Die Kommunalverbände erhalten zu den nach Abs. 1 von ihnen zu tragenden Kosten aus der Staatskasse einen Zuschuß in Höhe von zwei Dritteln dieser Kosten. Der Betrag des Zuschusses wird jährlich auf Liquidation der im Vorjahr aufgewendeten Kosten oder im Einverständnisse mit den einzelnen Kommunalverbänden periodisch als Bauschsumme von dem Minister des Innern festgesetzt.

§ 16. Die Kommunalverbände sind berechtigt, die Erstattung der während der Fürsorgeerziehung entstandenen Kosten des Unterhalts eines Zöglinges von diesem selbst oder von dem auf Grund des Bürgerlichen Rechtes zu seinem Unterhalte Verpflichteten zu fordern. Dieselbe Berechtigung steht den Ortsarmenverbänden hinsichtlich der ihnen nach § 15 Abs. 1 zur Last fallenden Kosten zu.

Für die Erstattungsforderung der Kommunalverbände sind Tarife zugrunde zu legen, welche von dem Minister des Innern nach Anhörung der Kommunalverbände festgesetzt werden. Die Kosten der allgemeinen

Verwaltung der Fürsorgeerziehung, des Baues und der Unterhaltung der von den Kommunalverbänden errichteten Anstalten bleiben hierbei außer Ansatz.

Wird gegen den Erstattungsanspruch Widerspruch erhoben, so beschließt darüber auf Antrag des Kommunalverbandes oder Ortsarmenverbandes der Bezirksausschuß.

Der Beschluß ist vorbehaltlich des ordentlichen Rechtswegs endgültig.

Zwei Drittel der durch die Kommunalverbände von den Erstattungspflichtigen eingezogenen Beträge sind auf den Beitrag des Staates (§ 15 Abs. 2) anzurechnen.

§ 17. Die Kommunalverbände haben für die Ausführung der Fürsorgeerziehung und für die Verwaltung der von ihnen errichteten Erziehungs- und Besserungsanstalten Reglements zu erlassen.

Die Reglements bedürfen der Genehmigung der Minister des Innern und der geistlichen, Unterrichts- und Medizinalangelegenheiten in betreff derjenigen Bestimmungen, welche sich auf die Aufnahme, die Behandlung, den Unterricht und die Entlassung der Zöglinge beziehen.

Hinsichtlich der Privatanstalten behält es bei den bestehenden Vorschriften sein Bewenden.

§ 18. Die gesetzlichen Bestimmungen über die religiöse Erziehung der Kinder finden auch auf die Fürsorgeerziehung Anwendung.

§ 19. Wenn schulpflichtige Zöglinge der öffentlichen Volksschule ohne sittliche Gefährdung der übrigen die Schule besuchenden Kinder nicht zugewiesen werden können, so hat der Kommunalverband dafür zu sorgen, daß diesen Zöglingen während des schulpflichtigen Alters der erforderliche Schulunterricht anderweitig zuteil wird. Im Streitfalle entscheidet der Oberpräsident.

§ 20. Die zuständigen staatlichen Aufsichtsbehörden der Kommunalverbände und in höherer Instanz der Minister des Innern haben die Oberaufsicht über die zur Unterbringung von Zöglingen getroffenen Veranstaltungen zu führen; sie sind befugt, zu diesem Zwecke Revisionen vorzunehmen.

§ 21. Wer, abgesehen von den Fällen der §§ 120, 235 des Strafgesetzbuchs, einen Minderjährigen, bezüglich dessen das gerichtliche Verfahren auf Unterbringung zur Fürsorgeerziehung eingeleitet oder die Unterbringung zur Fürsorgeerziehung angeordnet ist, dem Verfahren oder der angeordneten Fürsorgeerziehung entzieht, oder ihn verleitet, sich dem Verfahren oder der Fürsorgeerziehung zu entziehen, oder wer ihm hierzu vorsätzlich behilflich ist, wird mit Gefängnis bis zu zwei Jahren und mit Geldstrafe bis zu Eintausend Mark oder mit einer dieser Strafen bestraft.

Der Versuch ist strafbar.

§ 22. Der Minister des Innern ist mit der Ausführung dieses Gesetzes beauftragt.

§ 23. Dieses Gesetz tritt mit dem 1. April 1901 in Kraft.

Mit dem gleichen Zeitpunkte wird das Gesetz vom **13.** März 1878, betreffend die Unterbringung verwahrloster Kinder, aufgehoben.

Kommunalverbände, welche zur Zeit des Inkrafttretens dieses Gesetzes über geeignete Anstalten nicht in ausreichendem Maße verfügen, sollen bis zum 1. April 1903 bei der Unterbringung der Zöglinge der im § 10 Abs. 1 dieses Gesetzes ausgesprochenen Beschränkungen nicht unterliegen.

2. Das K. Sächsische Gesetz über die Fürsorgeerziehung vom 1. Februar 1909.[1])

§ 1. Ein Minderjähriger kann der Fürsorgeerziehung überwiesen werden:

1. wenn die Voraussetzungen des § 1666 oder des § 1838 des Bürgerlichen Gesetzbuchs oder des § 55 des Strafgesetzbuchs vorliegen und die Entfernung des Minderjährigen aus seiner bisherigen Umgebung zur Verhütung seiner Verwahrlosung erforderlich ist;
2. wenn sonstige Tatsachen vorliegen, welche die Fürsorgeerziehung zur Verhütung des völligen sittlichen Verderbens des Minderjährigen notwendig machen.

Ein Minderjähriger, der das 16. Lebensjahr vollendet hat, soll nur dann der Fürsorgeerziehung unterworfen werden, wenn begründete Aussicht besteht, daß durch sie eine Besserung erzielt wird.

§ 2. Die Fürsorgeerziehung erfolgt unter öffentlicher Aufsicht in einer geeigneten Familie oder in einer Erziehungs- oder Besserungsanstalt.

§ 3. Die Fürsorgeerziehung wird vom Vormundschaftsgericht angeordnet.

Das Vormundschaftsgericht verfügt von Amts wegen oder auf Antrag.

Zur Stellung des Antrags ist die untere Verwaltungsbehörde des Ortes, an welchem der Minderjährige seinen gewöhnlichen Aufenthalt hat, und bei einem schulpflichtigen Minderjährigen auch die Bezirksschulinspektion zuständig. Untere Verwaltungsbehörde im Sinne dieser Vorschrift ist die Amtshauptmannschaft, in Städten mit der Revidierten Städteordnung der Stadtrat.

§ 4. Das Vormundschaftsgericht hat die einschlagenden Verhältnisse zu erörtern und die geeignet erscheinenden Beweise aufzunehmen.

Vor der Anordnung der Fürsorgeerziehung sollen die Eltern, der Vormund oder Pfleger des Minderjährigen gehört werden, es sei denn, daß deren Anhörung untunlich ist. Nicht minder sollen, dafern solches ohne erhebliche Schwierigkeiten und unverhältnismäßige Kosten geschehen kann, Verwandte oder Verschwägerte gehört werden sowie in allen Fällen die Ortsbehörde am gewöhnlichen Aufenthaltsorte des Minderjährigen, der zuständige Geistliche, der Arzt und bei noch vorhandener Schulpflicht der Leiter oder Lehrer der Schule, welche der Minderjährige besucht.

Geht das Vormundschaftsgericht von Amts wegen vor, so ist der Antragsbehörde (§ 3 Absatz 3), wenn dies nicht bereits nach Absatz 2

[1]) Das Gesetz ist abgedruckt GVBl. 1909, 63; es wurde geändert durch Gesetz vom 1. Juni 1912 (GVBl. 291).

geschehen ist, vor der Entscheidung unter Mitteilung der Akten Gelegenheit zu einer Äußerung zu geben.

§ 5. Die Verfügung des Vormundschaftsgerichts ist mit Gründen zu versehen und muß, wenn die Fürsorgeerziehung angeordnet wird, erkennen lassen, auf Grund welcher für erwiesen erachteten Tatsachen sie für zulässig befunden wird.

Die Verfügung ist dem gesetzlichen Vertreter des Minderjährigen, der Antragsbehörde und, wenn die Fürsorgeerziehung angeordnet wird, der Vollzugsbehörde (§ 7 Absatz 1) bekannt zu machen.

Gegen die Verfügung steht der Antragsbehörde und, wenn die Fürsorgeerziehung angeordnet wird, auch den sonst im Absatz 2 Genannten die sofortige Beschwerde zu. Die Beschwerde hat aufschiebende Wirkung.

§ 6. Ist sofortiges Einschreiten dringend geboten, so kann das Vormundschaftsgericht, ohne an die Vorschriften des § 4 oder an die aufschiebende Wirkung einer erhobenen Beschwerde gebunden zu sein, die vorläufige Unterbringung des Minderjährigen verfügen. Die Verfügung ist den im § 5 Absatz 2 Genannten bekannt zu machen. Beschwerde findet nicht statt.

§ 7. Der Vollzug der Fürsorgeerziehung und deren weitere Behandlung im einzelnen Falle liegt den Amtshauptmannschaften, in Städten mit Revidierter Städteordnung den Stadträten ob, die Durchführung der Fürsorgeerziehung im allgemeinen, insbesondere in wirtschaftlicher Beziehung den Fürsorgeverbänden (§ 8).

Maßgebend für die Zuständigkeit der Vollzugsbehörde und des Fürsorgeverbandes ist der Ort, der die Zuständigkeit des Vormundschaftsgerichts begründet hat.

Die Amtshauptmannschaft hat sich in geeigneten Fällen bei der Ausführung ihrer Maßnahmen der ihr unterstellten Gemeinden zu bedienen.

§ 8. Jeder Regierungsbezirk bildet einen rechtsfähigen Fürsorgeverband. Seine Organe sind die Verbandsversammlung und der Fürsorgeausschuß.

Die Verbandsversammlung besteht unter dem Vorsitze des Kreishauptmanns aus drei Abgeordneten jedes Bezirksverbandes und jeder exemten Stadt. Die Abgeordneten der Bezirksverbände werden von der Bezirksversammlung aus den nach §§ 17 und 18 des Gesetzes, die Bildung von Bezirksverbänden und deren Vertretung betreffend, vom 21. April 1873 wählbaren Personen, die Abgeordneten der Städte von dem Stadtrat und den Stadtverordneten in gemeinsamer Sitzung aus den nach § 46 der Revidierten Städteordnung wählbaren Bürgern gewählt.

Von dem Kreishauptmanne kann für den einzelnen Beratungsgegenstand noch ein Beamter der Kreishauptmannschaft als Berichterstatter und stimmberechtigtes Mitglied in die Verbandsversammlung abgeordnet werden.

Auf das Wahlverfahren, die Dauer, die Ablehnung und Niederlegung des Amtes eines Abgeordneten, auf die Einberufung von Verbandstagen, die Beschlußfähigkeit und die Abstimmungen auf diesen Verbandstagen sowie auf die Aufstellung einer Geschäftsordnung finden die Vorschriften des § 15 Absatz 2, der §§ 16, 19, 27, 28, 29, 31 und 34 des Gesetzes, die Bildung von Bezirksverbänden usw. betreffend, vom 21. April 1873 sinngemäße Anwendung.

§ 9. Dem Fürsorgeverbande liegt die Schaffung der zur Durchführung der Fürsorgeerziehung erforderlichen Einrichtungen, einschließlich der Errichtung und Verwaltung von Anstalten, die Regelung ihrer Benutzung und die Aufbringung der zur Fürsorgepflege überhaupt nötigen Mittel ob.

Er ist berechtigt, die hierdurch entstehenden Kosten, soweit sie nicht anderweit gedeckt werden, auf die beteiligten Kommunalverbände (amtshauptmannschaftliche Bezirksverbände und exemte Städte) nach dem in § 20 Ziffer 1 des Gesetzes, die Bildung von Bezirksverbänden und deren Vertretung betreffend, vom 21. April 1873 geordneten Fuße umzulegen.

Die Kommunalverbände sind verpflichtet, die auf sie entfallenden Kostenanteile nach den verfassungsmäßig für sie geltenden Bestimmungen über Abgabenerhebung aufzubringen und an die Kassenstelle des Fürsorgeverbandes abzuführen.

Insoweit in einzelnen Kommunalverbänden für die Zwecke der Fürsorgeerziehung Einrichtungen bereits in ausreichender Weise getroffen sind, ist dies bei Verteilung der Umlagen zu berücksichtigen. Kommt hierüber eine Einigung nicht zustande, so entscheidet auf Anrufen des Kommunalverbandes das Ministerium des Innern.

§ 10. Zur Erfüllung der Aufgaben des Fürsorgeverbandes ist die Verbandsversammlung zuständig,

1. Einrichtungen und Ausgaben zu beschließen und hierzu über das Vermögen des Verbandes zu verfügen, Anleihen aufzunehmen und die Kommunalverbände mit Abgaben zu belasten;
2. den Verbandshaushaltplan festzustellen und die Verbandsjahresrechnung zu prüfen und richtig zu sprechen;
3. die Aufsicht über die Verwaltung des Vermögens und der Anstalten des Verbandes zu führen sowie über Anstellung und Besoldung der erforderlichen Beamten Bestimmung zu treffen;
4. im allgemeinen Interesse des Fürsorgeverbandes und des Fürsorgeerziehungswesens überhaupt bei den zuständigen Behörden Anträge zu stellen;
5. die Wahlen für den Fürsorgeausschuß (§ 14) zu vollziehen und
6. die Geschäftsordnungen für den Verband und für den Ausschuß aufzustellen.

§ 11. Der Fürsorgeverband innerhalb seiner Zuständigkeit ist berechtigt, über die Durchführung der Fürsorgeerziehung im allgemeinen, namentlich auch über den Höchstbetrag der für den einzelnen Fürsorgezögling aufzuwendenden Kosten in Satzungen allgemeine Bestimmungen zu treffen, die für die Vollzugsbehörden (§ 7 Absatz 1) bindend sind.

§ 12. Der Fürsorgeverband ist verpflichtet, wenn er eigene Erziehungs- oder Besserungsanstalten oder gesonderte Abteilungen im Sinne von § 17 Absatz 2 errichtet, Regulative zu erlassen.

Darin müssen Bestimmungen über die Höhe des Verpflegsatzes, über die Aufnahme, die Erziehung und die Entlassung der Zöglinge enthalten sein.

§ 13. Der Fürsorgeverband wird durch den Kreishauptmann gerichtlich und außergerichtlich vertreten.

Soll Rechten für den Fürsorgeverband entsagt oder sollen bleibende Verbindlichkeiten für ihn übernommen werden, so wird der Verband nur dann verpflichtet, wenn außer dem Kreishauptmanne noch zwei Mitglieder der Verbandsversammlung mitwirken.

§ 14. Zur Vorbereitung der Geschäfte der Verbandsversammlung sowie zur Unterstützung des Vorsitzenden hat die Verbandsversammlung aus ihrer Mitte einen Fürsorgeausschuß zu wählen.

Der Fürsorgeausschuß besteht unter dem Vorsitze des Kreishauptmanns aus je einem der von den einzelnen Kommunalverbänden zur Verbandsversammlung entsandten Abgeordneten.

Alle sonstigen Bestimmungen für den Fürsorgeausschuß werden in der Geschäftsordnung getroffen.

Die Vorschriften in § 14 des Gesetzes, die Organisation der Behörden für die innere Verwaltung betreffend, vom 21. April 1873 finden auf den Fürsorgeausschuß Anwendung.

§ 15. Das Vormundschaftsgericht hat, sobald die auf die Anordnung der Fürsorgeerziehung gerichtete Verfügung rechtskräftig geworden ist, die nach § 7 verpflichtete Vollzugsbehörde hiervon unverzüglich unter Mitteilung der Akten in Kenntnis zu setzen.

Die Vollzugsbehörde (§ 7 Absatz 1) hat zu entscheiden, ob Familien- oder Anstaltserziehung eintreten soll, und demgemäß den Minderjährigen entweder in einer geeigneten Familie oder in einer Erziehungs- oder Besserungsanstalt unterzubringen, die erfolgte Unterbringung dem Vormundschaftsgerichte mitzuteilen, den Vollzug der Fürsorgeerziehung zu überwachen und nach deren Beendigung für den Minderjährigen, soweit nötig, ein geeignetes Unterkommen zu beschaffen. Vor der Entscheidung über die Art der Unterbringung soll die Ortsbehörde des Minderjährigen gehört werden. Auch soll in geeigneten Fällen die Überwachung der Fürsorgeerziehung der Ortsbehörde übertragen werden; solchenfalls steht dieser auch die Beschaffung eines Unterkommens nach Beendigung der Fürsorgeerziehung zu.

Die Vorschrift des Absatz 2 Satz 1 findet auf die vorläufige Unterbringung entsprechende Anwendung. Das Vormundschaftsgericht hat die zuständige Vollzugsbehörde (§ 7 Absatz 1) unverzüglich von den auf die Unterbringung gerichteten Verfügungen in Kenntnis zu setzen.

§ 16. Gegen die Entscheidung über die Art der Unterbringung ist ein Rechtsmittel nicht zulässig. Die Entscheidung kann geändert werden, wenn die Änderung zur Erreichung des Zwecks der Fürsorgeerziehung oder aus sonstigen Gründen geboten ist; vorher soll die Amtshauptmannschaft die Ortsbehörde hören. Die Änderung ist dem Vormundschaftsgerichte mitzuteilen.

§ 17. Bei der Unterbringung ist tunlichst auf das religiöse Bekenntnis des Minderjährigen Rücksicht zu nehmen.

In Armen- und Arbeitshäusern sowie in Korrektionsanstalten dürfen Minderjährige nur untergebracht werden, wenn sie von den übrigen Insassen getrennt gehalten und erzogen werden.

§ 18. Für jeden in einer Familie untergebrachten Zögling ist zur Überwachung seiner Erziehung und Pflege von der Vollzugsbehörde

(§ 7 Absatz 1) ein Fürsorger zu bestellen. Hierzu können auch Frauen bestellt werden.

§ 19. Während der Fürsorgeerziehung ist eine Beurlaubung des Zöglings zulässig. Vor ihrer Anordnung sollen tunlichst die mit der Fürsorgeerziehung Betrauten, insbesondere bei Anstaltserziehung der Vorstand der Anstalt und im Falle der Unterbringung eines schulpflichtigen Kindes in einer Familie auch der Leiter oder Lehrer der Schule sowie der Fürsorger, über die Erfolge der Erziehung gehört werden. Die Beurlaubung darf erst eintreten, wenn für den Zögling ein geeignetes Unterkommen beschafft worden ist.

Die Anordnung sowie die Rücknahme der Beurlaubung steht der nach § 7 verpflichteten Vollzugsbehörde zu. Ordnet diese die Beurlaubung an, so hat sie dem Vormundschaftsgerichte von der Beurlaubung und von dem beschafften Unterkommen sowie von der etwaigen Rücknahme der Beurlaubung Mitteilung zu machen.

Steht dem Vorstand einer staatlichen Anstalt die Beurlaubung von Zöglingen nach den für die Anstalt geltenden Vorschriften zu, so finden die Vorschriften des Absatz 2 keine Anwendung. Der Vorstand hat von einer Beurlaubung sowie von deren Rücknahme dem Vormundschaftsgericht und der Vollzugsbehörde (§ 7 Absatz 1) Mitteilung zu machen.

§ 20. Die Fürsorgeerziehung endigt mit dem Eintritte der Volljährigkeit.

Sie kann von dem Vormundschaftsgerichte schon vorher aufgehoben werden, wenn der Grund für ihre Anordnung wegfällt oder die Erreichung ihres Zweckes anderweit sichergestellt ist oder wenn sie aus in der Person des Zöglings liegenden Gründen unausführbar wird.

Das Vormundschaftsgericht verfügt die Aufhebung von Amts wegen oder auf Antrag. Die Vorschrift des § 5 Absatz 1 findet entsprechende Anwendung.

Antragsberechtigt sind die Eltern, der Vormund, Pfleger oder Fürsorger des Zöglings und die Vollzugsbehörde (§ 7 Absatz 1). Ist ein Antrag auf Aufhebung abgelehnt worden, so darf er vor Ablauf von 6 Monaten nicht erneuert werden.

Vor der Entscheidung sollen tunlichst die im § 19 Absatz 1 Satz 2 Genannten sowie bei Schulpflichtigkeit des Zöglings in allen Fällen die Bezirksschulinspektion gehört werden.

Die Verfügung ist dem Antragsteller und der Vollzugsbehörde (§ 7 Absatz 1) bekannt zu machen.

Gegen die Verfügung, durch welche die Aufhebung der Fürsorgeerziehung abgelehnt wird, steht dem Antragsteller die sofortige Beschwerde zu.

§ 21. Auf das gerichtliche Verfahren finden, soweit sich aus diesem Gesetze nicht etwas anderes ergibt, die allgemeinen Vorschriften Anwendung, welche für die durch Landesgesetz den ordentlichen Gerichten übertragenen Angelegenheiten der freiwilligen Gerichtsbarkeit gelten.

Die Verhandlungen sind gebühren- und stempelfrei. Die baren Auslagen werden aus der Staatskasse bestritten. Zeugen und Sachverständige haben Anspruch auf Gebühren nach der Gebührenordnung für Zeugen und Sachverständige. Die im § 4 Absatz 2 Satz 2 bezeichneten Personen können im Falle ihrer Vernehmung vor Gericht Ersatz der notwendigen baren Auslagen verlangen; der Betrag der Auslagen wird vom Vormundschaftsgerichte festgesetzt.

§ 22. Die Kosten der Fürsorgeerziehung sind von dem nach § 7 verpflichteten Fürsorgeverbande zu tragen. Zu diesen Kosten gehört auch der Aufwand, der durch die Ausstattung, durch die Zu- und Rückführung, durch eine etwaige Entweichung oder durch das Ableben des Zöglings entsteht.

Die Kosten einer vorläufigen Unterbringung fallen, sofern die Überweisung zur Fürsorgeerziehung demnächst endgültig erfolgt, dem zur Durchführung verpflichteten Fürsorgeverbande, andernfalls dem Staate zur Last.

§ 23. Die Fürsorgeverbände sind berechtigt, die Erstattung des ihnen durch die Fürsorgeerziehung und die vorläufige Unterbringung erwachsenen Aufwandes von dem Minderjährigen sowie von denjenigen zu fordern, welche dem Minderjährigen gegenüber während der Dauer der Fürsorgeerziehung und der vorläufigen Unterbringung nach dem bürgerlichen Rechte unterhaltspflichtig sind.

Die zu erstattenden Beträge werden nach den Vorschriften über die Zwangsvollstreckung wegen Geldleistungen in Verwaltungssachen eingezogen. Die Vorschriften in § 12 des Gesetzes vom 18. Juli 1902 (G.- u. V.-Bl. S. 294) finden auf die Haftung Dritter entsprechende Anwendung.

In diesen Angelegenheiten kann sich der Fürsorgeverband der für die Zwangsvollstreckung zuständigen Verwaltungsbehörden bedienen.

Unterbleibt die Erstattung, so gilt der unerstattet bleibende Aufwand dem Erstattungspflichtigen gegenüber als Armenversorgung.

Die Hälfte der eingezogenen Beträge ist dem Staate auf seinen Zuschuß zu gewähren.

§ 24. Soweit die Erstattung des Aufwandes von dem Minderjährigen oder den ihm gegenüber Unterhaltspflichtigen nicht zu erlangen ist, kann der nach § 7 verpflichtete Fürsorgeverband verlangen, daß ihm die Hälfte des Aufwandes aus der Staatskasse ersetzt werde.

Ist der Minderjährige nicht reichsangehörig, so erstattet der Staat den Aufwand im vollen Umfange.

Der Betrag der vom Staate zu leistenden Zahlungen wird alljährlich auf belegmäßige Zusammenstellung des im Vorjahr entstandenen Aufwandes von der Kreishauptmannschaft festgesetzt und ausgezahlt.

Streitigkeiten über Erstattungsansprüche zwischen den Fürsorgeverbänden und dem Staat werden von den Verwaltungsgerichten in dem für Parteistreitigkeiten geltenden Verfahren entschieden.

Zuständig als Festsetzungsbehörde im Sinne von Absatz 3 und als Verwaltungsgericht erster Instanz ist in den Fällen, wo der Fürsorgeverband Dresden beteiligt ist, die Kreishauptmannschaft Leipzig, sonst die Kreishauptmannschaft Dresden.

§ 25. Die Kreishauptmannschaften und in höherer Instanz das Ministerium des Innern führen die Aufsicht über die von den Vollzugsbehörden (§ 7 Absatz 1) für die Fürsorgeerziehung getroffenen Maßnahmen.

Die Aufsicht über die Fürsorgeverbände steht dem Ministerium des Innern zu, das auch über Streitigkeiten zwischen Kommunalverbänden und dem Fürsorgeverband endgültig entscheidet.

Alle Satzungen, Regulative und Geschäftsordnungen sowie Beschlüsse des Fürsorgeverbandes über Aufnahme von Anleihen unterliegen der Genehmigung des Ministeriums des Innern.

Den Aufsichtsbehörden steht das Recht zu, Revisionen vorzunehmen. Soweit in einer Anstalt Unterricht erteilt wird, untersteht sie auch der Aufsicht der Schulbehörden.

§ 26. Wer, abgesehen von den Fällen der §§ 120, 235 des Strafgesetzbuchs, einen Minderjährigen, bezüglich dessen das Verfahren wegen Fürsorgeerziehung eingeleitet oder die Unterbringung zur Fürsorgeerziehung angeordnet worden ist, dem Verfahren oder der angeordneten Fürsorgeerziehung entzieht oder ihn verleitet, sich dem Verfahren oder der Fürsorgeerziehung zu entziehen, oder wer ihm hierzu vorsätzlich behilflich ist, wird mit Geldstrafe bis zu 150 Mk. oder mit Haft bestraft.

§ 27. Die Vorschriften in §§ 7 ff., § 15 Absatz 2, §§ 16, 17 und 19, § 22 Absatz 1, §§ 23 bis 26 finden entsprechende Anwendung, wenn nach § 56 Absatz 2 des Strafgesetzbuchs der Angeschuldigte oder nach § 362 Absatz 3 Satz 2 desselben Gesetzes eine der Landespolizeibehörde überwiesene Frauensperson unter 18 Jahren in einer Erziehungs- oder Besserungsanstalt untergebracht werden soll. An die Stelle der Vollzugsbehörde (§ 7 Absatz 1) tritt hinsichtlich der Beurlaubung (§ 19 Absatz 2) diejenige Behörde, die über die Entlassung zu entscheiden hat. Soweit nach § 15 Absatz 2, § 16, § 19 Absatz 3 dem Vormundschaftsgericht eine Mitteilung zu machen ist, hat im Falle des § 362 Absatz 3 Satz 2 des Strafgesetzbuchs eine gleiche Mitteilung an die Landespolizeibehörde zu ergehen.

Verpflichtet ist derjenige Fürsorgeverband, in dessen Bezirke der Ort liegt, der die Zuständigkeit des Gerichts zur Erlassung des Urteils begründet hat, auf dem die Unterbringung beruht. Hiernach regelt sich auch die Zuständigkeit der Vollzugsbehörde (§ 7 Absatz 1).

§ 28. Wird auf einen gemäß § 1631 Absatz 2 Satz 2 des Bürgerlichen Gesetzbuchs gestellten Antrag des Erziehungsberechtigten von dem Vormundschaftsgericht angeordnet, daß ein Minderjähriger zur Verhütung sittlicher Verwahrlosung in einer Familie oder in einer Erziehungs- oder Besserungsanstalt unter öffentlicher Aufsicht untergebracht werde, so finden die Vorschriften in § 1 Absatz 2, § 7 ff., § 15 Absatz 1, 2, §§ 16 bis 19, §§ 21 bis 25 entsprechende Anwendung. Die Unterbringung soll nur angeordnet werden, wenn der Verwahrlosung auf andere Weise nicht entgegengewirkt werden kann.

§ 29. Ordnet das Vormundschaftsgericht auf Grund des § 1666 oder des § 1838 des Bürgerlichen Gesetzbuchs die Unterbringung eines Minderjährigen in einer geeigneten Familie oder in einer Erziehungsanstalt aus einem anderen Grunde als zur Verhütung seiner Verwahrlosung an, so ist die Unterbringung Gegenstand der Armenpflege, soweit nicht die Kosten von dem Minderjährigen oder von anderer Seite getragen werden.

§ 30. Soweit Minderjährige am 1. Oktober 1909 auf behördliche Anordnung zur Verhütung der Verwahrlosung in einer Familie oder Anstalt unter öffentlicher Aufsicht untergebracht sind, finden die Vorschriften in §§ 7 ff., § 15 Absatz 2, §§ 16 bis 27 Anwendung.

§ 31. Außer Kraft treten der § 5 Absatz 5 des Gesetzes, das Volksschulwesen betreffend, in der Fassung des § 50 des Gesetzes vom

18. Juni 1898 (G.- u. V.-Bl. S. 200) und, soweit nach dem gegenwärtigen Gesetz eine Unterbringung angeordnet wird oder in Ansehung einer solchen die Vorschrift des § 30 Platz greift,

a) der § 33 Ziffer 3 der Armenordnung vom 22. Oktober 1840 (G.- u. V.-Bl. S. 265),

b) das Gesetz über die Verbindlichkeit der Gemeinden zur Verpflegung ihrer in die Landes-Heil- und Versorganstalten aufgenommenen Armen beizutragen, vom 26. Mai 1834 (G.- u. V.-Bl. S. 125),

c) das Gesetz, die subsidiarische Verbindlichkeit der Gemeinden zu Verpflegungsbeiträgen für die in die Taubstummenanstalten aufgenommenen Zöglinge betreffend, vom 23. Februar 1843 (G.- u. V.-Bl. S. 10).

§ 32. Dieses Gesetz tritt am 1. Oktober 1909 in Kraft.

Mit der Ausführung des Gesetzes sind die Ministerien des Innern, des Kultus und öffentlichen Unterrichts sowie der Justiz beauftragt.

3. Das Württembergische Gesetz, betr. die Fürsorgeerziehung Minderjähriger vom 29. Dezember 1899.[1])

Wilhelm II., von Gottes Gnaden König von Württemberg.

Nach Anhörung Unseres Staatsministeriums und unter Zustimmung Unserer getreuen Stände verordnen und verfügen Wir, wie folgt:

Art. 1. Das Vormundschaftsgericht kann zum Zweck der Erziehung eines sittlich verwahrlosten Minderjährigen die Unterbringung desselben in einer geeigneten Familie oder in einer Erziehungsanstalt oder einer Besserungsanstalt (Fürsorgeerziehung) anordnen:

1. wenn der Minderjährige vor Vollendung des zwölften Lebensjahres eine Handlung begangen hat, welche im Fall der Begehung durch einen Strafmündigen sich als Verbrechen oder Vergehen oder als eine Übertretung im Sinne des § 361 Ziff. 3 oder 4 des Strafgesetzbuchs (Landstreicherei oder Bettel) darstellen würde, und die Fürsorgeerziehung mit Rücksicht auf die Beschaffenheit der Handlung, auf die Persönlichkeit des Minderjährigen, seiner Eltern oder sonstigen Erzieher und auf seine übrigen Lebensverhältnisse zur Verhütung weiterer sittlicher Verwahrlosung erforderlich ist, oder
2. wenn sonstige Tatsachen vorliegen, welche die Fürsorgeerziehung zur Verhütung des völligen sittlichen Verderbens notwendig machen.

Die Fürsorgeerziehung ist in diesen Fällen, sowie in den Fällen der §§ 1666 Abs. 1 und 1838 des Bürgerlichen Gesetzbuchs nur anzuordnen, wenn der Minderjährige das sechzehnte Lebensjahr noch nicht vollendet hat.

---

[1]) Das Gesetz ist abgedruckt RegBl. 1899, 1284; es wurde geändert durch Gesetz vom 11. November 1905 (RegBl. 290).

Die Anordnung der Fürsorgeerziehung kann in den Fällen des Abs. 1 Ziff. 1 und 2 nur erfolgen, wenn die Erziehungsgewalt der Eltern oder sonstigen Fürsorger und die Zuchtmittel der Schule, sowie anderweitige, der Gefahr sittlicher Verwahrlosung des Minderjährigen vorbeugende Maßregeln sich als unzulänglich erweisen und wenn dem Bedürfnis nach einer geordneten Erziehung nicht auf anderem Weg (durch die öffentliche Armenpflege oder die Vereinstätigkeit) ausreichend entsprochen wird.

Art. 2. Vormundschaftsgericht im Sinne der §§ 1666 und 1838 des Bürgerlichen Gesetzbuchs, sowie des Art. 1 Abs. 1 Ziff. 1 und 2 dieses Gesetzes ist das Amtsgericht.

Art. 3. In dem Beschlusse, durch welchen die Fürsorgeerziehung angeordnet wird, muß unter Bezeichnung der für erwiesen erachteten Tatsachen festgestellt werden, daß die Fürsorgeerziehung zulässig (§§ 1666 und 1838 des Bürgerlichen Gesetzbuchs, Art. 1 Abs. 1 und 2 dieses Gesetzes) und erforderlich (Art. 1 Abs. 3) ist. Vgl. übrigens Art. 6 Abs. 4.

Art. 4. Das Vormundschaftsgericht beschließt von Amts wegen oder auf Antrag.

Zur Antragstellung berechtigt sind die Eltern, die Großeltern, der Vormund, Gegenvormund oder Pfleger des Minderjährigen, der Beistand seiner Mutter, sowie diejenigen Behörden, welche von der Verwahrlosung eines Minderjährigen Kenntnis erhalten.

Die Staatsanwaltschaft ist verpflichtet, dem Vormundschaftsgericht von den in Art. 1 Abs. 1 Ziff. 1 bezeichneten strafbaren Handlungen, die zu ihrer Kenntnis gekommen sind, Mitteilung zu machen.

Art. 5. Auf das Verfahren finden, soweit sich aus diesem Gesetz nicht ein Anderes ergibt, die für das Verfahren in Angelegenheiten der freiwilligen Gerichtsbarkeit maßgebenden Vorschriften und zwar auch in den Fällen Anwendung, in denen die Fürsorgeerziehung auf Grund des Art. 1 Abs. 1 Ziff. 1 und 2 dieses Gesetzes eingeleitet wird.

Art. 6. Das Vormundschaftsgericht hat vor der Beschlußfassung außer den Eltern oder, falls diese abwesend oder gestorben sind, den Großeltern, ferner dem Vormund, Gegenvormund oder Pfleger des Minderjährigen, den Gemeindewaisenrat, das Pfarramt der Konfession des Minderjährigen, die zuständige Schulbehörde, sowie den Vorsitzenden des Ausschusses der Landarmenbehörde (Art. 9) zu hören. Auch sollen Verwandte und Verschwägerte des Minderjährigen gehört werden, wenn dies ohne erhebliche Verzögerung und ohne unverhältnismäßige Kosten geschehen kann.

Den Eltern ist soweit tunlich zur mündlichen Darlegung des Sachverhalts vor dem Vormundschaftsgericht Gelegenheit zu geben.

Das Vormundschaftsgericht hat einen förmlichen, mit Gründen versehenen Beschluß über die Anordnung der Fürsorgeerziehung oder die Ablehnung derselben zu fassen (zu vgl. Art. 3) und eine schriftliche Ausfertigung dieses Beschlusses dem Antragsteller, den Eltern oder Großeltern, dem Vormund, Gegenvormund oder Pfleger des Minderjährigen, sowie diesem selbst, sofern er das vierzehnte Lebensjahr vollendet hat und nicht geschäftsunfähig ist, weiterhin dem Gemeindewaisenrat und dem Vorsitzenden der Landarmenbehörde zuzustellen.

Wenn sofortiges Einschreiten dringend geboten erscheint, kann das Vormundschaftsgericht, auch bevor das Verfahren abgeschlossen ist, durch einen schriftlichen, mit Gründen versehenen Bescheid, der den im Abs. 3 bezeichneten Personen und Behörden zuzustellen ist, eine vorsorgliche Unterbringung anordnen.

Art. 7. Gegen den Beschluß des Vormundschaftsgerichts, wodurch die Fürsorgeerziehung oder die vorsorgliche Unterbringung angeordnet oder die Zwangserziehung abgelehnt wird, findet nur die sofortige Beschwerde statt; dieselbe steht den in Art. 6 Abs. 3 bezeichneten Personen und Behörden zu.

Die Beschwerde hat, abgesehen von den Fällen des Art. 6 Abs. 4, aufschiebende Wirkung.

In dem Verfahren vor dem Beschwerdegericht findet die Bestimmung des Art. 6 Abs. 2 entsprechende Anwendung.

Art. 8. Hat die in Art. 6 Abs. 1 angeordnete Anhörung der Eltern oder Großeltern nicht stattfinden können, so sind dieselben jederzeit berechtigt, die Wiederaufnahme des Verfahrens zu beantragen.

Art. 9. Zur Entscheidung darüber, ob der Minderjährige, dessen Fürsorgeerziehung angeordnet worden ist, in einer Familie oder in einer Erziehungsanstalt oder Besserungsanstalt unterzubringen sei, ist der Ausschuß der Landarmenbehörde desjenigen Kreises zuständig, innerhalb dessen das beschließende Vormundschaftsgericht seinen Sitz hat.

Der Ausschuß der Landarmenbehörde wird in diesem Fall sowie in den Fällen der Art. 10, 15, 16 und 17 durch Zuziehung eines Vertreters der evangelischen und der katholischen Schule verstärkt, welche auf Vorschlag der Oberschulbehörde vom Ministerium des Innern auf die Dauer von 6 Jahren ernannt werden.

Vor der Beschlußfassung sind die Eltern oder der Vormund, sowie die in Art. 6 Abs. 1 bezeichneten Behörden zu hören, sofern sie sich über diese Frage nicht schon vorher geäußert haben.

Art. 10. Der Ausschuß der Landarmenbehörde hat bezüglich der Durchführung und Überwachung der Fürsorgeerziehung das Erforderliche einzuleiten und nach der Entlassung des Zöglings aus der Fürsorgeerziehung für ein geeignetes Unterkommen desselben Sorge zu tragen.

In dringenden Fällen, insbesondere im Fall des Art. 6 Abs. 4, ist der Vorsitzende der Landarmenbehörde befugt, die erforderlichen Anordnungen vorbehältlich der nachträglichen Zustimmung des Ausschusses zu treffen.

Sowohl bei der Unterbringung in einer Familie als bei derjenigen in einer Anstalt ist auf die Konfession des Minderjährigen Rücksicht zu nehmen

Die Polizei- und Gemeindebehörden sind verpflichtet, auf Ersuchen des Vorsitzenden der Landarmenbehörde die erforderliche Hilfe zu leisten.

Von der Unterbringung in einer Familie oder Anstalt ist dem Vormundschaftsgericht Mitteilung zu machen.

Art. 11. Für jeden auf öffentliche Kosten in einer Familie untergebrachten Zögling ist von dem Gemeindewaisenrat, in dessen Bezirk die betreffende Familie ihren Wohnsitz hat, ein Fürsorger zu bestellen, der im Verein mit dem Gemeindewaisenrat über die Erziehungstätigkeit der Familie, welcher der Zögling überwiesen ist, sowie über das Verhalten des letzteren in der Fürsorgeerziehung persönlich zu machen hat. Die bezüglich des Vormunds in den §§ 1779 Abs. 2 und 1801 des Bürgerlichen Gesetzbuchs gegebenen Vorschriften finden auf den Fürsorger entsprechende Anwendung.

Steht der Zögling unter Vormundschaft, so ist in der Regel der Vormund oder Gegenvormund zugleich als Fürsorger zu bestellen.

Art. 12. Die Unterbringung darf nicht in Anstalten erfolgen, die zur Aufnahme der in § 362 des Strafgesetzbuchs bezeichneten Personen oder zur Unterbringung von erwachsenen Kranken, Gebrechlichen oder Armen bestimmt sind.

Im übrigen bestimmt das Ministerium des Innern im Einvernehmen mit dem Ministerium des Kirchen- und Schulwesens die Anstalten, in denen Zöglinge untergebracht werden dürfen.

Art. 13. Wenn für einen Zögling, der in einer unter staatlicher Verwaltung oder Aufsicht stehenden Erziehungsanstalt untergebracht ist, nach § 1773 des Bürgerlichen Gesetzbuchs ein Vormund notwendig ist, so stehen dem Vorstand dieser Anstalt in Beziehung auf den Zögling alle Rechte und Pflichten eines Vormunds mit den nach § 1852 Abs. 2 des Bürgerlichen Gesetzbuchs zulässigen Befreiungen zu, wenn und solange ein Gegenvormund bestellt ist. Er behält diese Rechte und Pflichten auch nach der Beendigung der Fürsorgeerziehung bis zur Volljährigkeit des Mündels.

Dem Vormundschaftsgericht bleibt die Befugnis vorbehalten, einen anderen Vormund zu bestellen.

Art. 14. Die näheren Vorschriften über die Durchführung und Überwachung der Fürsorgeerziehung bleiben der Vollzugsverfügung vorbehalten. Die staatliche Überwachung wird durch Behörden des Staates oder durch hiezu vom Staat besonders beauftragte Personen ausgeübt.

Beschwerden über die Art der Unterbringung eines Minderjährigen werden von der Kreisregierung und endgültig von dem Ministerium des Innern entschieden. Vor der Zuweisung des Zöglings zu einem bestimmten Beruf sind dessen Eltern, Großeltern, Vormund, Gegenvormund oder Pfleger zu hören; denselben steht gegen die getroffene Anordnung ein Beschwerderecht zu.

Im übrigen gelten hinsichtlich der Verwaltung und Beaufsichtigung der Landarmenverbände, auch soweit es sich um die Fürsorgeerziehung Minderjähriger handelt, die allgemeinen gesetzlichen Vorschriften.

Art. 15. Der Ausschuß der Landarmenbehörde kann eine jederzeit widerrufliche Entlassung eines Zöglings auf Probe eintreten lassen, ohne daß hiedurch die Anordnung der Fürsorgeerziehung aufgehoben würde. Vor der Beschlußfassung über die widerrufliche Entlassung ist der Gemeindewaisenrat und der Fürsorger oder der Vorstand der Anstalt zu hören. Die Entlassung darf erst erfolgen, wenn für den zu entlassenden Minderjährigen ein geeignetes Unterkommen beschafft ist.

Von der widerruflichen Entlassung ist dem Vormundschaftsgericht Mitteilung zu machen.

Art. 16. Die Fürsorgeerziehung hört auf:

1. wenn der Zögling das 18. Lebensjahr vollendet hat (zu vgl. übrigens Art. 17 Abs. 1);

2. wenn vor dem Eintritt des in Ziff. 1 bezeichneten Zeitpunkts die Entlassung des Zöglings aus der Fürsorgeerziehung von dem Vormundschaftsgericht beschlossen wird.

Der Beschluß ist von Amts wegen oder auf Antrag zu fassen. Die Entlassung ist insbesondere anzuordnen, wenn der Zweck der Fürsorgeerziehung erreicht oder seine Erreichung anderweitig sichergestellt ist, oder wenn die die Fürsorgeerziehung begründenden Verhältnisse weggefallen sind. Berechtigt zur Stellung des Antrags sind die Eltern oder Großeltern, der Vormund, Gegenvormund oder Pfleger des Minderjährigen, der Gemeindewaisenrat und der Ausschuß der Landarmenbehörde.

Vor der Beschlußfassung hat das Vormundschaftsgericht den Ausschuß der Landarmenbehörde, den Fürsorger oder den Vorstand der Anstalt zu hören, falls von denselben nicht schon eine Äußerung vorliegt. Der Beschluß ist den in Abs. 2 genannten Personen und Behörden zuzustellen.

Gegen einen die Aufhebung der Fürsorgeerziehung ablehnenden Beschluß des Vormundschaftsgerichts steht dem Antragsteller die sofortige Beschwerde zu. Gegen einen die Fürsorgeerziehung aufhebenden Beschluß steht dieselbe dem Ausschuß der Landarmenbehörde mit aufschiebender Wirkung zu.

Ein vom Vormundschaftsgericht abgewiesener Antrag auf Aufhebung der Fürsorgeerziehung darf ohne Angabe neuer Tatsachen oder Beweismittel nicht vor Ablauf von sechs Monaten erneuert werden.

Art. 17. In außergewöhnlichen Fällen kann auf Antrag des Ausschusses der Landarmenbehörde durch Beschluß des Vormundschaftsgerichts die Fürsorgeerziehung bis zum vollendeten zwanzigsten Lebensjahr des Minderjährigen ausgedehnt werden, wenn dies zur Erreichung ihres Zwecks notwendig erscheint.

Vor der Beschlußfassung sind die in Art. 16 Abs. 2 bezeichneten Personen und Behörden, sowie der Minderjährige zu hören. Der Letztere kann verlangen, daß er von dem Vorsitzenden des Gemeindewaisenrats des Unterbringungsorts zu Protokoll vernommen wird.

Gegen einen die Ausdehnung der Fürsorgeerziehung anordnenden Beschluß des Vormundschaftsgerichts steht den Eltern oder Großeltern, dem Vormund, Gegenvormund oder Pfleger des Minderjährigen, sowie diesem selbst die sofortige Beschwerde zu.

Im Falle der Ablehnung des Antrags auf Ausdehnung der Fürsorgeerziehung steht dem Ausschuß der Landarmenbehörde die sofortige Beschwerde mit aufschiebender Wirkung zu.

Art. 18. Das gerichtliche Verfahren in Angelegenheiten der Fürsorgeerziehung Minderjähriger erfolgt gebührenfrei; die entstehenden Kosten werden auf die Staatskasse übernommen.

Art. 19. Die Kosten der Fürsorgeerziehung eines Minderjährigen einschließlich der durch die Fürsorge für ein geeignetes Unterkommen (Art. 1[illegible] Abs. 1 und Art. 15 Abs. 1) oder durch die Beerdigung desselben erwachsenen Kosten hat derjenige Landarmenverband zu tragen, dessen Ausschuß für die Durchführung der Fürsorgeerziehung zuständig ist. Die Kosten der vorsorglichen Unterbringung fallen der Staatskasse zur Last, wenn die Anordnung in der Beschwerdeinstanz aufgehoben wird.

Der Landarmenverband kann Ersatz seiner notwendigen Aufwendungen von dem Zögling, sowie von demjenigen verlangen, welchem nach den Vorschriften des Bürgerlichen Gesetzbuchs die Unterhaltspflicht gegenüber dem Zögling während der Zeit der Fürsorgeerziehung obliegt. Die Ersparnisse des Zöglings dürfen keinesfalls zum Ersatz der Aufwendungen herangezogen werden; auf die Beerdigungskosten eines verstorbenen Zöglings findet diese Vorschrift keine Anwendung.

Vermögen die in Abs. 2 bezeichneten Personen die entstandenen Kosten nicht oder nur teilweise zu decken, so ist derjenige württembergische Ortsarmenverband, innerhalb dessen der Zögling am Tag des die Fürsorgeerziehung anordnenden Beschlusses des Vormundschaftsgerichts seinen Unterstützungswohnsitz hat, zum Ersatz des fünften Teils der nicht gedeckten Kosten verpflichtet. Hat der Zögling zu dem bezeichneten Zeitpunkt keinen Unterstützungswohnsitz in Württemberg, so fallen die Kosten dem in Abs. 1 bezeichneten Landarmenverband vollständig zur Last. Ersatzansprüche, welche auf Grund dieses Absatzes erhoben werden, verjähren in zwei Jahren vom Ablauf desjenigen Jahres ab, in welchem der Anspruch entstanden ist.

Im Fall eintretender Überlastung eines unvermögenden Ortsarmenverbands soll ein gänzlicher oder teilweiser Erlaß des denselben treffenden Kostenanteils stattfinden. Ob und welcher Erlaß einzutreten hat, entscheidet im Streitfalle die dem betreffenden Landarmenverband vorgesetzte Kreisregierung, in zweiter Instanz endgültig das Ministerium des Innern.

Die den Orts- und Landarmenverbänden durch die Fürsorgeerziehung Minderjähriger entstehenden Kosten sind nicht als Armenunterstützungen im Sinne von Art. 1 des Gesetzes vom 17. April 1873 zur Ausführung des Reichsgesetzes vom 6. Juni 1870 über den Unterstützungswohnsitz (Reg.-Blatt S. 109) zu betrachten.

Art. 20. Die Hälfte der den Landarmenverbänden endgültig verbleibenden notwendigen Kosten (Art. 19) wird denselben aus der Staatskasse ersetzt.

Über die den Landarmenverbänden hienach zu gewährenden Leistungen entscheidet endgültig das Ministerium des Innern.

Bei der Verteilung des den Landarmenverbänden nach Art. 10 Abs. 2 des Gesetzes vom 2. Juli 1889 (Reg.-Blatt S. 217) zu gewährenden Staatsbeitrags bleiben die den Landarmenverbänden durch das gegenwärtige Gesetz erwachsenden Kosten außer Berechnung.

Art. 21. Auf Minderjährige, die auf Grund von Art. 12 des Polizeistrafgesetzes vom 27. Dezember 1871 (Reg.-Blatt S. 391) am 1. Januar 1900 in einer Familie oder Anstalt untergebracht sind, finden die Vorschriften der Art. 10 bis 20 des gegenwärtigen Gesetzes entsprechende Anwendung.

Zuständig zur ferneren Durchführung der Fürsorgeerziehung ist der Ausschuß der Landarmenbehörde desjenigen Landarmenverbands, innerhalb dessen der Gemeinderat, von dem die Fürsorgeerziehung angeordnet worden ist, seinen Sitz hat.

Liegt eine Rekursentscheidung des gemeinschaftlichen Oberamts nicht vor, so entscheidet bei einem Widerspruch des Landarmenverbands auf Antrag des Ortsarmenverbands die Kreisregierung als Verwaltungsgericht endgültig darüber, ob das Erkenntnis des Gemeinderats begründet sei.

Art. 22. Die Bestimmungen der Art. 9, 10, 12 bis 14, 19 und 20 des gegenwärtigen Gesetzes finden auch auf diejenigen Fälle, in welchen gemäß § 56 Abs. 2 des Strafgesetzbuchs der Angeschuldigte in eine Erziehungs- oder Besserungsanstalt gebracht werden soll, entsprechende Anwendung, soweit sich aus § 56 Abs. 2 des Strafgesetzbuchs nicht ein Anderes ergibt. Jedoch bleiben die Ortsarmenverbände vom Kostenersatz befreit. Das Urteil des Strafgerichts tritt an die Stelle des Beschlusses des Vormundschaftsgerichts.

Bei solchen unter Abs. 1 fallenden Personen, welche vor dem 1. Januar 1900 in eine Erziehungs- oder Besserungsanstalt gebracht worden sind, bleibt der nach den Bestimmungen des Art. 28 des Gesetzes vom 17. April 1873 zur Tragung der Kosten verpflichtete Landarmenverband hiezu auch fernerhin verbunden; dem Ausschuß der betreffenden Landarmenbehörde kommt die Durchführung der Fürsorgeerziehung zu.

Art. 23. Mit Geldstrafe bis zu 150 Mk. oder mit Haft wird bestraft, wer eine auf Grund gesetzlicher Bestimmungen zur Fürsorgeerziehung in einer Familie oder in einer Anstalt untergebrachte Person unbefugt aus der Familie oder der Anstalt entfernt oder zum Verlassen der Familie oder der Anstalt verleitet.

Art. 24. Dieses Gesetz tritt mit dem 1. Januar 1900 in Kraft.

Mit demselben Zeitpunkt treten Art. 12 des Polizeistrafgesetzes vom 27. Dezember 1871 (Reg.-Blatt S. 391) und Art. 28 des Gesetzes vom 17. April 1873 (Reg.-Blatt S. 109) — letzterer vorbehältlich der Bestimmung in Art. 22 Abs. 2 des gegenwärtigen Gesetzes — außer Kraft.

In Art. 21 Abs. 1 des Gesetzes vom 17. April 1873 kommen die Worte: „für verwahrloste Kinder (Art. 12 des Gesetzes vom 27. Dezember 1871, betreffend Änderungen des Polizeistrafrechts)" und in Art. 13 des Gesetzes vom 2. Juli 1889 (Reg.-Blatt S. 217) die Worte: „für verwahrloste Kinder (Art. 12 des Landespolizeistrafgesetzes vom 27. Dezember 1871, Reg.-Blatt S. 391)" in Wegfall.

In Art. 10 des Gesetzes über die Verwaltungsrechtspflege vom 16. Dezember 1876 (Reg.-Blatt S. 485) wird den Bestimmungen über die Zuständigkeit der Kreisregierungen als Verwaltungsgerichte erster Instanz folgende, hinter der Ziff. 2 einzuschaltende Vorschrift hinzugefügt:

2a) Ansprüche auf Ersatz der von einem Landarmenverband für die Fürsorgeerziehung Minderjähriger aufgewendeten Kosten gegen Ortsarmenverbände.

Unsere Ministerien der Justiz und des Innern sind mit der Vollziehung dieses Gesetzes beauftragt.

Gegeben Stuttgart, den 29. Dezember 1899.

Wilhelm.

Mittnacht. Sarwey. Schott von Schottenstein. Pischek.
Breitling. Zeyer.

4. Das Badische Gesetz, betr. die Zwangserziehung in der Fassung der Bek. v. 31. August 1900.[1])

A. Zwangserziehung.

Artikel I.

Soweit in dem Gesetze vom 4. Mai 1886, die staatliche Fürsorge für die Erziehung verwahrloster jugendlicher Personen betreffend, dem Amtsgericht eine Mitwirkung bei der Zwangserziehung übertragen ist, tritt an dessen Stelle das Vormundschaftsgericht.

Artikel II.

enthält Änderungen des im Art. I bezeichneten Gesetzes. Die gegenwärtige Fassung desselben lautet nach der Bekanntmachung vom 31. August 1900 (GVBl. 1022 ff.) wie folgt:

Gesetz, betreffend die Zwangserziehung.

§ 1. Minderjährige, welche das achtzehnte Lebensjahr noch nicht vollendet haben, können im Wege der Zwangserziehung in einer geeigneten Familie oder in einer Erziehungsanstalt oder in einer Besserungsanstalt untergebracht werden,

1. wenn die Voraussetzungen des § 1666 (verglichen mit § 1686) oder des § 1838 des Bürgerlichen Gesetzbuchs oder des § 55 des Strafgesetzbuchs vorliegen und die Maßregel zur Verhütung der sittlichen Verwahrlosung notwendig ist;
2. wenn die Zwangserziehung außer diesen Fällen zur Verhütung des völligen sittlichen Verderbens notwendig ist.

Gegen nichtbadische Minderjährige, die im Großherzogtum ihren Wohnsitz oder Aufenthalt haben, kann die Zwangserziehung auf Grund dieses Gesetzes angeordnet werden, wenn die Zuständigkeit eines badischen Vormundschaftsgerichts begründet ist.

§ 2. Die Unterbringung zur Zwangserziehung erfolgt, nachdem das zuständige Vormundschaftsgericht das Vorhandensein der Voraussetzungen des § 1 unter Bezeichnung der für erwiesen erachteten Tatsachen festgestellt und die Unterbringung angeordnet hat.

Die Zuständigkeit des Vormundschaftsgerichts bestimmt sich nach den Vorschriften über die Angelegenheiten der freiwilligen Gerichtsbarkeit.

§ 3. Das Vormundschaftsgericht beschließt auf Antrag des Bezirksamtes oder von Amts wegen. Die Anordnung der Zwangserziehung kann auch nach Vollendung des achtzehnten Lebensjahres erfolgen, wenn der Antrag des Bezirksamtes vorher beim Vormundschaftsgerichte eingekommen oder das Verfahren durch das Gericht von Amts wegen vorher eingeleitet worden ist.

---

[1]) Das Gesetz ist abgedruckt GVBl. 1022; die ursprüngliche Fassung beruhte auf dem Gesetz vom 4. Mai 1886, die staatliche Fürsorge für die Erziehung verwahrloster jugendlicher Personen betr. (GVBl. 225); die Neufassung beruht auf dem Gesetz vom 16. August 1900 (GVBl. 938).

Die Staatsanwaltschafts-, Polizei-, Gemeinde- und Schulbehörden sind verpflichtet, die zu ihrer Kenntnis gelangenden Tatsachen, welche die Zulässigkeit der Zwangserziehung begründen (§ 1), dem Bezirksamte mitzuteilen, in dessen Bezirk das Vormundschaftsgericht (§ 2) seinen Sitz hat.

Auf das Verfahren finden, soweit sich aus diesem Gesetze nicht ein anderes ergibt, die für das Verfahren in Angelegenheiten der freiwilligen Gerichtsbarkeit maßgebenden Vorschriften Anwendung.

Das Vormundschaftsgericht soll vor der Anordnung die Eltern oder, wenn diese nicht mehr am Leben sind, den Vormund, den Gegenvormund oder Pfleger des Minderjährigen, ferner Verwandte und Verschwägerte desselben, wenn dies ohne erhebliche Verzögerung und ohne unverhältnismäßige Kosten geschehen kann, nebstdem in allen Fällen den Gemeinderat, den betreffenden Geistlichen und, soferne der Verwahrloste schulpflichtig ist, auch die Schulbehörde hören. Das Vormundschaftsgericht ist außerdem verpflichtet, sich mit dem Bezirksamt ins Benehmen zu setzen.

Wo sofortiges Einschreiten dringend geboten ist, kann das Vormundschaftsgericht, auch bevor das Verfahren abgeschlossen ist, eine fürsorgliche Unterbringung anordnen.

§ 4. Der Beschluß des Vormundschaftsgerichts muß denjenigen Personen, denen die Sorge für die Person des Minderjährigen zusteht, und dem Bezirksamt bekannt gegeben werden.

Gegen den Beschluß steht den in Absatz 1 genannten Personen, sowie dem Bezirksamt, ersteren jedoch nur dann, wenn der Beschluß auf Unterbringung zur Zwangserziehung lautet, die sofortige Beschwerde zu.

Die Beschwerde hat aufschiebende Wirkung unbeschadet der Anordnung der fürsorglichen Unterbringung nach § 3 Absatz 5. Gegen letztere Anordnung findet eine Beschwerde nicht statt.

§ 5. Hat die in § 3 vorgesehene Anhörung derjenigen Personen, denen die Sorge für die Person des Minderjährigen zusteht, nicht stattfinden können, so sind dieselben jederzeit berechtigt, die Wiederaufnahme des Verfahrens zu verlangen.

§ 6. Das Bezirksamt (§ 3 Absatz 2) hat auf Grund des die Zwangserziehung anordnenden Gerichtsbeschlusses darüber zu entscheiden, ob der Minderjährige in einer Familie oder in einer Erziehungs- oder Besserungsanstalt unterzubringen sei, den Vollzug zu leiten und zu überwachen und soweit nötig für ein angemessenes Unterkommen des Zöglings nach Beendigung der Zwangserziehung zu sorgen.

Mit den erforderlichen Maßnahmen kann der Ortsarmenverband, der nach Maßgabe des Gesetzes über den Unterstützungswohnsitz zur Unterstützung des Zöglings endgültig verpflichtet ist, oder der Ortsarmenverband, in dem sich der Zögling zur Zeit der Entscheidung über die Unterbringung aufhält, beauftragt werden.

Für jeden in einer Familie untergebrachten Zögling ist vom Bezirksamt ein Fürsorger zu bestellen, welcher im Verein mit dem Gemeindewaisenrat die Leistungen der Familie, welcher der Zögling überwiesen ist, sowie das Verhalten des Letzteren in der Zwangserziehung persönlich überwacht. Steht der Zögling unter Vormundschaft, so ist in der Regel der Vormund oder der Gegenvormund zugleich als Fürsorger zu bestellen.

§ 7. Anstalten, welche zur Aufnahme der im § 362 des Strafgesetzbuchs bezeichneten Personen oder zur Unterbringung von Kranken, Gebrechlichen oder Landarmen bestimmt sind, dürfen nicht für die Zwangserziehung verwendet werden.

§ 8. Der die Zwangserziehung anordnende Beschluß ist bis zum vollendeten zwanzigsten Lebensjahre des Zöglings wirksam.

Der Beschluß ist schon vorher aufzuheben, wenn die Erreichung des Zweckes der Zwangserziehung anderweitig sichergestellt oder dieser Zweck erreicht ist. Die Aufhebung erfolgt durch das Vormundschaftsgericht auf Antrag des Bezirksamts oder derjenigen Personen, denen die Sorge für die Person des Zöglings zusteht oder zustehen würde, wenn die Zwangserziehung nicht angeordnet wäre. Ein von diesen Personen gestellter Antrag darf im Falle der Abweisung nicht vor Ablauf von 6 Monaten wiederholt werden.

Auch vor Ablauf der gesetzlichen Zeit und ohne Aufhebung der Anordnung kann das Bezirksamt die zum Vollzug der Zwangserziehung getroffenen Maßregeln einstellen oder beschränken, wenn und soweit deren Durchführung zur Erreichung des Zwecks der Zwangserziehung einstweilen nicht als geboten erscheint; diese Verfügung ist aber zurückzunehmen, wenn Tatsachen vorliegen, welche den Wiedereintritt der Verwahrlosung ergeben oder besorgen lassen.

§ 9. Die durch die Unterbringung zur Zwangserziehung erwachsenden Kosten der Hin- und Zurückreise, der Ausstattung, ein Drittel der Kosten der Erziehung und Verpflegung, sowie die Kosten für ein angemessenes Unterkommen bei der Entlassung fallen dauernd demjenigen Armenverbande zur Last, welcher im Zeitpunkte der Entscheidung über die Unterbringung endgültig unterstützungspflichtig ist, und in Ermangelung eines solchen demjenigen Armenverbande, welcher in diesem Zeitpunkte endgültig unterstützungspflichtig sein würde, falls der Aufwand für die Zwangserziehung als öffentliche Unterstützung zu betrachten wäre. Die den Armenverbänden nicht zur Last fallenden Kosten werden von der Staatskasse getragen.

Der Armenverband und die Staatskasse können Ersatz von dem Zögling, welcher Vermögen besitzt, sowie von denjenigen verlangen, welche nach dem Bürgerlichen Recht zu seinem Unterhalt verpflichtet sind. Die Ersatzbeträge werden, wenn sie zur Deckung der Kosten nicht ausreichen, zwischen dem Armenverband und der Staatskasse nach Verhältnis ihrer Leistungen geteilt.

Gelangt ein aus der Zwangserziehung entlassener Zögling später zu hinreichendem Vermögen, so findet wegen des Rückersatzes der Kosten der § 5 des Armengesetzes vom 5. Mai 1870 entsprechende Anwendung.

Auf Erfordern des Bezirksamts hat der mit dem Vollzug der Zwangserziehung betraute Ortsarmenverband (§ 6) oder der endgültig verpflichtete Armenverband die durch die Zwangserziehung erwachsenden Kosten vorschüßlich zu bestreiten.

§ 10. Streitigkeiten über die Verpflichtung zur Erstattung der Kosten, sowie über den Umfang dieser Verpflichtung entscheiden die Verwaltungsgerichte.

Gegen Verfügungen der Bezirksämter, welche die Anordnung und den Vollzug der Zwangserziehung betreffen, findet auf Grund des § 4 Ziffer 1 des Gesetzes vom 14. Juni 1884, die Verwaltungsrechtspflege betreffend, die Klage vor dem Verwaltungsgerichtshof nicht statt.

§ 11. Alle die Anwendung dieses Gesetzes berührenden Verhandlungen und Beschlüsse der Verwaltungsbehörden und der Vormundschaftsgerichte sind sportelfrei. Die baren Auslagen fallen der Staatskasse zur Last.

§ 12. Die Bestimmungen des gegenwärtigen Gesetzes finden auch für diejenigen Fälle, in denen nach § 56 Absatz 2 des Strafgesetzbuchs der Angeschuldigte und nach § 362 Absatz 3 letzter Satz des Strafgesetzbuchs die der Landespolizei überwiesene Person unter 18 Jahren in eine Erziehungs- oder Besserungsanstalt untergebracht werden soll, entsprechende Anwendung.

Das auf die Unterbringung oder Überweisung lautende Urteil des Strafgerichts vertritt die Stelle des in § 2 dieses Gesetzes erwähnten Beschlusses des Vormundschaftsgerichtes.

§ 13. Unsere Ministerien des Innern und der Justiz sind mit dem weiteren Vollzug und der Erlassung der erforderlichen Ausführungsbestimmungen beauftragt.

B. Bevormundung durch Beamte der Armenverwaltung.

Artikel III.

Gemeinden oder Kreise können mit Genehmigung der Ministerien der Justiz und des Innern durch eine statutarische Bestimmung, welche in der für die orts- oder bezirkspolizeilichen Vorschriften maßgebenden Form zu veröffentlichen ist, beschließen, daß Beamten der Gemeindearmenverwaltung oder der Kreisarmenverwaltung alle oder einzelne Rechte und Pflichten eines Vormunds für diejenigen Minderjährigen übertragen werden, welche im Wege der öffentlichen Armenpflege unterstützt und unter Aufsicht der Beamten entweder in einer von diesen ausgewählten Familie oder Anstalt oder, sofern es sich um uneheliche Minderjährige handelt, in der mütterlichen Familie erzogen oder verpflegt werden.

Der Beamte behält die Rechte und Pflichten des Vormunds auch nach Beendigung der Erziehung oder Verpflegung bis zur Volljährigkeit des Mündels.

Die Befugnis des Vormundschaftsgerichts, einen anderen Vormund zu bestellen, bleibt unberührt. Auf Antrag der Armenverwaltung ist ein anderer Vormund zu bestellen.

Die Armenverwaltung hat dem Vormundschaftsgericht die Namen der Minderjährigen, für welche alle oder einzelne Rechte und Pflichten des Vormunds auf den Beamten der Armenverwaltung übergehen, unter Angabe des dafür maßgebenden Zeitpunktes anzuzeigen.

Artikel IV.

Werden in den Fällen des Artikel III dem Beamten alle Rechte und Pflichten eines Vormunds übertragen, so gelten für diese Vormundschaft außerdem noch folgende Bestimmungen:

1. Mit dem Zeitpunkte, in welchem alle Rechte und Pflichten des Vormunds auf den Beamten übergehen, endigt das Amt des bisherigen Vormunds.
2. Neben dem Beamten ist ein Gegenvormund nicht zu bestellen.
3. Dem Beamten stehen die nach § 1852 Absatz 2 des Bürgerlichen Gesetzbuchs zulässigen Befreiungen zu.

Artikel V.

Unsere Ministerien des Innern und der Justiz sind mit dem weiteren Vollzug und der Erlassung der erforderlichen Ausführungsbestimmungen beauftragt.

Gegeben zu St. Moritz (Engadin), 16. Aug. 1900.

Friedrich.

Rokk. Eisenlohr.

Auf Se. K. Hoheit Höchsten Befehl
Dr. **Heintze.**

Anhang.

Bekanntmachung vom 28. Juni 1902, Ausführungsbestimmungen zum Zwangserziehungsgesetze betr.

Vorbemerkung.

[Die nachfolgende (AInnMBl. 1902, 267; JMBl. 1902, 629 abgedruckte) Bekanntmachung ist noch zum Vollzug des Gesetzes in seiner ursprünglichen Fassung ergangen und der Neufassung noch nicht angepaßt. Bei ihrer Anwendung ist deshalb mit Vorsicht vorzugehen und dieser Umstand stets im Auge zu behalten. Da sie aber zum Vollzug des Gesetzes, namentlich für das Verfahren der Verwaltungsbehörden notwendig ist, wurde sie anhangsweise abgedruckt und im Sachregister berücksichtigt. S. auch die Bek. v. 24. Dez. 1915 (S. 142).

Die Ergänzungen, die durch die InnMB. vom 26. Dezember 1906 (AInnMBl. 531); 28. Oktober 1907 (AInnMBl. 501); 11. Mai 1909 (AInnMBl. 365 mit Berichtigung 1910, 388); 9. Juni 1910 (AInnMBl. 388) und 29. November 1910 (AInnMBl. 973) erfolgten, sind bei dem Abdruck berücksichtigt].

Zum Vollzuge des Gesetzes vom 10. Mai 1902, die Zwangserziehung betreffend (GVBl. 180), wird nachstehendes verfügt:

I. Voraussetzungen der Zwangserziehung.

§ 1. Zwangserziehung im Sinne des Zwangserziehungsgesetzes und dieser Ausführungsbestimmungen ist die Unterbringung eines Minderjährigen in einer Familie oder in einer Erziehungs- oder Besserungsanstalt auf öffentliche Kosten zum Zwecke der Erziehung.

§ 2. Die Zwangserziehung ist zulässig:

1. Wenn sie erforderlich ist, um die sittliche oder körperliche Verwahrlosung des Minderjährigen zu verhüten.

Steht jedoch das Erziehungsrecht dem Vater oder der ehelichen oder unehelichen Mutter zu — gleichgültig, ob der Minderjährige unter elterlicher Gewalt steht oder bevormundet ist, — so ist weitere Voraussetzung, daß die Gefahr der Verwahrlosung durch ein schuldhaftes Verhalten des erziehungsberechtigten Elternteils herbeigeführt worden ist. Ein schuldhaftes Verhalten des erziehungsberechtigten Elternteils liegt vor, wenn das geistige oder leibliche Wohl des Minderjährigen dadurch gefährdet erscheint, daß der erziehungsberechtigte Elternteil das Recht der Sorge für die Person des Minderjährigen mißbraucht, den Minderjährigen vernachlässigt oder sich eines ehrlosen oder unsittlichen Verhaltens schuldig macht.

2. Wenn der Minderjährige eine strafbare Handlung begangen hat, wegen deren er in Anbetracht seines jugendlichen Alters gemäß § 55 des Strafgesetzbuchs strafrechtlich nicht verfolgt werden kann, und mit Rücksicht auf die Beschaffenheit der Handlung, die Persönlichkeit der Eltern oder sonstigen Erzieher und die übrigen Lebensverhältnisse des Minderjährigen seiner weiteren sittlichen Verwahrlosung nur durch die Zwangserziehung vorgebeugt werden kann.

3. Wenn die Zwangserziehung zur Verhütung des völligen sittlichen Verderbens des Minderjährigen notwendig ist. In diesem Falle kommt es weder darauf an, ob der Erziehungsberechtigte die Verwahrlosung verschuldet hat, noch darauf, ob sich die Verwahrlosung bereits in einer strafbaren Handlung des Minderjährigen geäußert hat.

§ 3. Die Zwangserziehung soll das letzte Auskunftsmittel sein; sie greift so tief in die Verhältnisse des Minderjährigen und seiner Angehörigen ein, daß sie nur angeordnet werden darf, wenn auf anderem Wege eine geordnete Erziehung nicht zu erreichen ist.

Hat die Verwahrlosung des Minderjährigen ihren Grund in wirtschaftlicher Not der Eltern oder sonstigen Erzieher oder in mangelhafter Fürsorge für ein verwaistes Kind, so ist zunächst darauf zu achten, ob nicht durch Maßnahmen der Armenpflege Abhilfe geschaffen werden kann.

Die Zwangserziehung darf nicht dazu benützt werden, um Armenlasten abzuwälzen.

§ 4. Eine untere Altersgrenze für die Anordnung der Zwangserziehung besteht nicht. Es können ihr also auch Kinder überwiesen werden, die das schulpflichtige Alter noch nicht erreicht haben; bei diesen ist aber mit besonderer Sorgfalt zu prüfen, ob nicht durch andere Maßnahmen dem Bedürfnisse genügt werden kann.

Hat der Minderjährige das 16. Lebensjahr vollendet, so soll die Zwangserziehung nur in besonderen Fällen angeordnet werden, d. h. nur, wenn begründete Aussicht besteht, daß durch die Zwangserziehung eine Besserung erreicht wird.

Bei minderjährigen Mädchen, welche sich der gewerbsmäßigen Unzucht ergeben haben, ist in jedem Falle die Frage der Zwangserziehung zu würdigen und darf vorher eine sittenpolizeiliche Aufsicht (§ 361 Nr. 6 des Strafgesetzbuches) nicht angeordnet werden.

§ 5. Die Anwendbarkeit des Zwangserziehungsgesetzes wird nicht dadurch ausgeschlossen, daß der Minderjährige, hinsichtlich dessen die Voraussetzungen des § 2 vorliegen, oder seine unterhaltspflichtigen Verwandten hinreichendes Vermögen besitzen, um die Kosten der Unterbringung in einer Familie oder in einer Erziehungs- und Besserungsanstalt zu bestreiten.

Das Vormundschaftsgericht ist aber in einem solchen Falle, sofern die Voraussetzungen des § 1666 oder des § 1838 des BGB. gegeben sind, auch berechtigt, die Unterbringung in einer Familie oder Anstalt ohne Mitwirkung der Distriktsverwaltungsbehörde anzuordnen und die Anordnung selbst zu vollziehen. Die in den §§ 10, 11, 13, 22, 24—28,

30—38 für die Zwangserziehung getroffenen Ausführungsbestimmungen werden indessen dem Vormundschaftsgericht auch für den Fall, daß es selbst die Unterbringung in die Hand nimmt, zur Richtschnur zu dienen haben.

Es wird sich übrigens empfehlen, daß das Vormundschaftsgericht von dieser Befugnis nur dann Gebrauch macht, wenn von Anfang an unzweifelhaft ist, daß die sämtlichen Kosten von dem Minderjährigen oder dessen unterhaltspflichtigen Verwandten gedeckt werden.

§ 6. Das Zwangserziehungsgesetz findet, sofern nur die Voraussetzungen des § 2 gegeben sind, auch dann Anwendung, wenn der Erziehungsberechtigte gemäß § 1631 Abs. 2 Satz 2, §§ 1686, 1800 des BGB. die Zwangserziehung selbst beantragt.

II. Anordnung der Zwangserziehung.

§ 7. Die Zwangserziehung kann nur vom Vormundschaftsgerichte angeordnet werden. Das Vormundschaftsgericht muß die Zwangserziehung anordnen, wenn ihm, sei es durch eigene Wahrnehmungen oder infolge der Anzeige eines Dritten, Tatsachen bekannt werden, welche die Zulässigkeit der Zwangserziehung begründen.

§ 8. Die Staatsanwaltschaften, die Polizeibehörden und die Schulbehörden sind nach Art. 2 des Zwangserziehungsgesetzes, die Gemeindewaisenräte sind nach den §§ 1675, 1686, 1850 des BGB. verpflichtet, die zu ihrer Kenntnis gelangenden Tatsachen, welche die Zulässigkeit der Zwangserziehung begründen, dem Vormundschaftsgerichte mitzuteilen.

Die Staatsanwaltschaften haben nicht nur die Fälle mitzuteilen, in denen ein Minderjähriger sich einer strafbaren Handlung schuldig gemacht hat, welche im Zusammenhalte mit den sonstigen Verhältnissen des Minderjährigen die Zwangserziehung erforderlich erscheinen läßt, sondern auch die Fälle, in welchen durch Handlungen anderer Personen, z. B. durch Mißhandlungen seitens der Eltern, Vornahme unzüchtiger Handlungen, Kuppelei, nach den Umständen des Falles die Besorgnis der Verwahrlosung des Minderjährigen begründet erscheint.

Die Polizeibehörden werden insbesondere auch dann, wenn ein Minderjähriger der Landespolizeibehörde überwiesen worden ist, die Frage zur Erörterung bringen, ob nicht dem Vollzuge der Überweisung die Einleitung der Zwangserziehung vorzuziehen sei.

Den Amtsärzten hat das Zwangserziehungsgesetz eine Anzeigepflicht nicht auferlegt. Die Amtsärzte sind schon vermöge ihrer allgemeinen Dienstpflicht zur Mitwirkung beim Vollzuge des Zwangserziehungsgesetzes berufen und haben deshalb dem Vormundschaftsgericht oder der Polizeibehörde die zur Zwangserziehung geeigneten Fälle, welche zu ihrer Kenntnis gelangen, mitzuteilen, soweit nicht ihre Verpflichtung zur Wahrung des Berufsgeheimnisses entgegensteht.

Auch die Verwaltungen der Strafanstalten haben, wenn sie die Einleitung der Zwangserziehung gegen einen jugendlichen Gefangenen nach verbüßter Strafe für notwendig erachten, hiervon nach Anhörung des Anstaltsgeistlichen und des Lehrers dem Vormundschaftsgerichte Mitteilung zu machen.

§ 9. Das Vormundschaftsgericht hat nach Maßgabe der Vorschriften des Zwangserziehungsgesetzes und der für Vormundschaftssachen allgemein geltenden Vorschriften zu prüfen, ob die Voraussetzungen der Zwangserziehung vorliegen. Insbesondere hat es von Amts wegen die zur Feststellung der Tatsachen erforderlichen Ermittelungen zu veranstalten und die geeignet erscheinenden Beweise aufzunehmen.

§ 10. Vor der Entscheidung über die Zwangserziehung hat das Vormundschaftsgericht die Eltern, den gesetzlichen Vertreter des Minderjährigen, dem die Sorge für die Person zusteht, und den Minderjährigen selbst, sofern er das 14. Lebensjahr vollendet hat, zu hören. Die Mutter ist auch dann zu hören, wenn sie die elterliche Gewalt nicht hat.

Das Vormundschaftsgericht soll auch sonstige Verwandte oder Verschwägerte des Minderjährigen hören. Die Anhörung bestimmt sich nach § 1673 Abs. 2, §§ 1686, 1874 des BGB. Ist der Mutter ein Beistand bestellt oder ist ein Gegenvormund vorhanden, so empfiehlt es sich auch diesen zu hören.

Die Anhörung darf unterbleiben, wenn sie eine erhebliche Verzögerung oder unverhältnismäßige Kosten verursachen würde.

§ 11. Das Vormundschaftsgericht muß ferner dem Pfarramt und, sofern der Minderjährige noch eine Schule besucht, der Schulbehörde Gelegenheit geben, sich zu äußern. Bei Minderjährigen, welche einer privaten Religionsgesellschaft angehören, ist der zuständige Geistliche einzuvernehmen. Es ist zweckmäßig, die Schulbehörde auch dann einzuvernehmen, wenn der Minderjährige eine Schule erst kurze Zeit vorher verlassen hat.

Als Schulbehörden kommen die Lokal- und Stadtbezirks-Schulinspektionen, in der Pfalz die Ortsschulkommissionen in Betracht, und zwar gleichviel ob der Minderjährige die Volksschule oder eine dieselbe ersetzende Unterrichtsanstalt besucht; bei Minderjährigen, welche eine höhere Lehranstalt besuchen, ist der Vorsteher der Anstalt zu hören.

Die Schulbehörde hat vor Abgabe ihrer Äußerung stets den Klassenlehrer des Minderjährigen einzuvernehmen.

Je nach Umständen wird es geboten sein, auch den Amtsarzt zu hören.

§ 12. Nach Anhörung der in den §§ 10, 11 bezeichneten Personen und Behörden sind die Akten der Distriktsverwaltungsbehörde (§ 21) zur Äußerung mitzuteilen.

Die Distriktsverwaltungsbehörde hat der Heimatgemeinde und, wenn der Minderjährige in Bayern eine Heimat nicht besitzt, dem Kreisfiskalate Gelegenheit zu geben, sich über die Anordnung und die Art der Zwangserziehung zu äußern.

Steht die Heimat des Minderjährigen nicht fest, so darf durch die Erhebungen über die Heimat das Verfahren über die Anordnung der Zwangserziehung nicht verzögert werden. Das Vormundschaftsgericht hat daher in diesem Falle die Akten derjenigen Distriktsverwaltungsbehörde mitzuteilen, zu deren Bezirk der Ort gehört, durch welchen die Zuständigkeit des Vormundschaftsgerichts begründet ist.

§ 13. Das Vormundschaftsgericht hat über die Anordnung der Zwangserziehung einen mit Gründen versehenen Beschluß zu fassen.

Der Beschluß hat zu enthalten:

1. die Bezeichnung des Minderjährigen nach Namen, Religion, Beruf, Geburtsort, Geburtszeit und Wohnort;

2. die Bezeichnung der Eltern nach Namen, Beruf und Wohnort; wenn ein Elternteil gestorben ist, ist dies anzugeben;

3. die Bezeichnung des gesetzlichen Vertreters, dem die Sorge für die Person zusteht, nach Namen, Beruf und Wohnort;

4. die Feststellung des Eintritts der gesetzlichen Voraussetzungen unter Bezeichnung der für erwiesen erachteten Tatsachen; insbesondere ist zum Ausdrucke zu bringen, auf welche der unter Ziff. 1 bis 3 des Artikel 1 des Zwangserziehungsgesetzes aufgestellten Voraussetzungen die Entscheidung sich gründet.

Der Inhalt des Beschlusses ist so zu fassen, daß er ein klares Bild von den persönlichen Verhältnissen des Minderjährigen und von den Tatsachen, die zu seiner Unterbringung führten, gibt. Die genaue Kenntnis der Tatsachen und Erwägungen, auf die das Vormundschaftsgericht seine Entscheidung gestützt hat, ist auch für die von der Distriktsverwaltungsbehörde zur Ausführung zu ergreifenden Maßnahmen von Bedeutung.

§ 14. Der Beschluß, durch den die Zwangserziehung angeordnet wird, ist dem Vater, der ehelichen oder unehelichen Mutter und dem gesetzlichen Vertreter des Minderjährigen, dem die Sorge für die Person zusteht, ferner dem Minderjährigen selbst, wenn er das 14. Lebensjahr vollendet hat, der Distriktsverwaltungsbehörde und der Heimatgemeinde zuzustellen.

§ 15. Ist der die Zwangserziehung anordnende Beschluß rechtskräftig geworden, so hat das Vormundschaftsgericht der Distriktsverwaltungsbehörde von dem Eintritte der Vollstreckbarkeit Mitteilung zu machen.

§ 16. Das Vormundschaftsgericht hat auch den die Zwangserziehung ablehnenden Beschluß der Distriktsverwaltungsbehörde zuzustellen, wenn es dieser gemäß § 12 die Akten zur Äußerung mitgeteilt hat.

§ 17. Das Vormundschaftsgericht hat der Distriktsverwaltungsbehörde auch von der auf Beschwerde eines Beteiligten ergangenen Entscheidung des Landgerichts oder des Obersten Landesgerichts Mitteilung zu machen, sofern nicht das Beschwerdegericht seinen Beschluß der Distriktsverwaltungsbehörde bereits zugestellt hat.

§ 18. Der Distriktsverwaltungsbehörde ist der die Zwangserziehung anordnende Beschluß des Vormundschaftsgerichts und, wenn die Zwangserziehung vom Beschwerdegericht angeordnet wird, der Beschluß des Beschwerdegerichts mit Rücksicht auf die Vorschrift des § 37 Abs. 3 in zwei Ausfertigungen oder Abschriften zuzustellen.

§ 19. Durch die vorstehenden Vorschriften werden die Bestimmungen nicht berührt, nach denen die auf Grund des Zwangserziehungsgesetzes ergehenden gerichtlichen Beschlüsse auch noch anderen Personen zuzustellen sind.

III. Vorläufige Unterbringung.

§ 20. Das Vormundschaftsgericht kann, wenn mit dem Aufschube Gefahr verbunden ist, auch vor Abschluß des Verfahrens die vorläufige Unterbringung des Minderjährigen anordnen (Artikel 4 Abs. 2 des Zwangserziehungsgesetzes). Die vorläufige Unterbringung kann sich insbesondere dann empfehlen, wenn gegen den die Zwangserziehung anordnenden Beschluß von den Eltern oder dem Minderjährigen oder dessen gesetzlichem Vertreter Beschwerde eingelegt ist.

Der die Anordnung enthaltende Beschluß ist mit Gründen zu versehen und muß die gleichen Angaben, wie die die Zwangserziehung anordnende Verfügung (§ 13), sowie die Feststellung enthalten, daß mit dem Aufschube Gefahr verbunden ist. Die Vorschriften der §§ 14, 17—19 finden Anwendung.

IV. Durchführung der Zwangserziehung.

a) Im allgemeinen.

§ 21. Die Durchführung der Zwangserziehung obliegt der Distriktsverwaltungsbehörde. Sie bestimmt darüber, ob der Minderjährige in einer Familie oder in einer Erziehungs- oder Besserungsanstalt untergebracht werden soll; sie führt über den Minderjährigen die Aufsicht bis zur Beendigung der Zwangserziehung.

Die örtliche Zuständigkeit der Distriktsverwaltungsbehörde bestimmt sich nach der Heimat des Minderjährigen oder, wenn dieser in Bayern eine Heimat nicht besitzt, nach demjenigen Orte, an welchem die Zuständigkeit des Vormundschaftsgerichts begründet ist (Artikel 12 Abs. 2 des Zwangserziehungsgesetzes). Nach letzterer Norm ist vorläufig auch dann zu verfahren, wenn die Heimat des Minderjährigen nicht feststeht.

In München sind die auf die Zwangserziehung bezüglichen Geschäfte von den Polizeiämtern wahrzunehmen.

[Vgl. hierzu Nr. 3 der InnMB. vom 11. Mai 1909: Die durch Art. 8 des Ges. vom 23. Februar 1908, die Berufsvormundschaft betr. (GVBl. 85), begründete Zuständigkeit des Stadtmagistrats München bezieht sich nur auf jene Amtshandlungen, die der Distriktsverwaltungsbehörde gemäß dem ZwEG. obliegen. Handelt es sich nur um eine polizeiliche Mitwirkung z. B. zur Vorführung oder Verbringung des Minderjährigen, Ermittlung des Aufenthalts usw., so kann auch dermalen die Polizeidirektion München angegangen werden. Insbesondere kann eine solche Mitwirkung dem Stadtmagistrate München nicht bezüglich jener Minderjähriger angesonnen werden, hinsichtlich derer er zur Durchführung der Zwangserziehung überhaupt nicht zuständig ist].

§ 22. Um der ihnen obliegenden Aufgabe gerecht werden zu können, haben sich die Distriktsverwaltungsbehörden der Mitarbeit aller derjenigen, welche für den Schutz der verlassenen, gefährdeten und verwahrlosten Jugend Sinn und Verständnis haben, insbesondere der Geistlichen, Ärzte und Lehrer, der Mitglieder von Vereinen für Jugendschutz und Kindererziehung, zu versichern.

§ 23. Im Benehmen mit den vorbezeichneten Personen haben die Distriktsverwaltungsbehörden tunlichst schon dann, wenn sie von den Vormundschaftsgerichten um Äußerung über die Anordnung der Zwangserziehung angegangen werden (§ 12), — vorausgesetzt, daß nach Lage der Verhältnisse die Anordnung der Zwangserziehung zu erwarten ist —, die geeigneten Einleitungen zu treffen, damit gegebenenfalls der Vollzug der gerichtlichen Anordnung unverzüglich erfolgen kann.

§ 24. Die Distriktsverwaltungsbehörde hat vor allem darauf zu sehen, daß der Minderjährige, der Verwahrlosung entnommen, liebevoll, nach religiös-sittlichen Grundsätzen erzogen und zu tüchtiger Berufsarbeit ausgebildet wird.

§ 25. Bei der Auswahl der Familie oder Anstalt muß auf das Glaubensbekenntnis des Minderjährigen Rücksicht genommen werden (Artikel 5 Abs. 2 des Zwangserziehungsgesetzes).

Wo besondere Verhältnisse es ausnahmsweise untunlich erscheinen lassen, den Minderjährigen in einer Familie oder Anstalt seines Bekenntnisses unterzubringen, muß wenigstens die Teilnahme an dem Religionsunterrichte und an dem Gottesdienste seines Bekenntnisses sichergestellt werden.

§ 26. Um die seitherigen verderblichen Einflüsse auf den Minderjährigen möglichst auszuschließen, wird es sich in der Regel empfehlen, denselben entfernt von dem Heimatorte und dem seitherigen Aufenthaltsorte unterzubringen.

§ 27. Ist der Minderjährige mit einer Krankheit behaftet, so ist für seine Heilung in geeigneter Weise Sorge zu tragen; die Unterbringung darf erst erfolgen, wenn nach ärztlichem Zeugnisse kein Bedenken dagegen obwaltet.

§ 28. Die Entscheidung über die Art der Unterbringung ist nach sorgfältigster Erwägung aller in Betracht kommenden Verhältnisse zu treffen.

Die Unterbringung hat zunächst in Familien zu geschehen und nur, wo dies durchaus untunlich ist, in Anstalten.

[Hierzu bestimmt ergänzend Abs. 4 JnnMB. vom 9. Juni 1910: Ist die Zwangserziehung angeordnet worden, ohne daß eine amtsärztliche Untersuchung stattgefunden hat, oder hat sich der Amtsarzt noch nicht darüber geäußert, welche Art der Unterbringung — Familie oder Anstalt gegebenenfalls welche Anstalt — mit Rücksicht auf die geistigen und körperlichen Eigenschaften des Minderjährigen zu wählen ist, so hat die Distriktsverwaltungsbehörde vor ihrer Beschlußfassung ein amtsärztliches Gutachten hierüber zu erholen].

§ 29. Der Beschluß der Distriktsverwaltungsbehörde ist der Heimatgemeinde zuzustellen. Gegen denselben findet Beschwerde im Verwaltungsverfahren statt.

§ 30. Die Verbringung der Minderjährigen in die Familien oder Anstalten haben die Distriktsverwaltungsbehörden durch geeignete Personen, je nach Umständen durch Frauen, ausführen zu lassen.

Im Falle der Flucht hat die Zurückführung nötigenfalls mittels polizeilichen Zwanges zu geschehen.

b) Unterbringung in Familien.

§ 31. Bei Auswahl der Familien ist darauf zu sehen, daß dieselben durch Unbescholtenheit für eine religiös-sittliche Erziehung Gewähr bieten, ein einen eigenen Haushalt sicherndes Einkommen, eine geordnete Haushaltung und eine gesunde, geräumige Wohnung haben.

Familien in weniger dicht bewohnten Orten, sowie Familien, welche die Minderjährigen mit Land- und Gartenwirtschaft beschäftigen, sind besonders zu bevorzugen.

§ 32. Die mittelbaren Gemeindebehörden haben zur Ausfindigmachung geeigneter Familien mitzuwirken. Erklärt sich eine Familie bereit, Minderjährige zur Zwangserziehung aufzunehmen, so hat die Gemeindebehörde über die Verhältnisse der Familie mit Benützung des in der Anlage 1 enthaltenen Fragebogens dem Bezirksamte zu berichten. Der Bericht ist vor der Vorlage dem Pfarramte, der Ortsschulbehörde und dem Gemeindewaisenrate zur etwaigen Erinnerung mitzuteilen.

In entsprechender Weise haben sich die unmittelbaren Stadtmagistrate, in München die Polizeiämter durch ihre Organe Aufschluß zu verschaffen.

§ 33. Soweit veranlaßt, haben sich die Distriktsverwaltungsbehörden über die in ihren Bezirken ansässigen, zur Unterbringung von Minderjährigen geeigneten Familien gegenseitig Mitteilung zu machen.

§ 34. Mit dem Familienhaupte ist im einzelnen Falle ein schriftlicher Vertrag abzuschließen, worin sich dasselbe gegen eine festzusetzende Pauschvergütung verpflichtet, den Minderjährigen für die Dauer der Unterbringung in die Familie aufzunehmen, ihn in religiös-sittlichem Geiste zu erziehen, zum regelmäßigen Besuche des Gottesdienstes und zur gehörigen Erfüllung der Schulpflicht, sowie zur Ordnung, Reinlichkeit und Arbeitsamkeit anzuhalten, ihm eine angemessene Unterkunft mit besonderem Bett, gesunde ausreichende Kost, eine den Verhältnissen angemessene reinliche Kleidung, in Krankheitsfällen Pflege und ärztliche Hilfe zu gewähren, ihn zu den für sein Alter und Geschlecht passenden häuslichen und ländlichen Arbeiten anzuleiten und zu verwenden, soweit dies ohne Beeinträchtigung der Gesundheit und des Schulunterrichtes geschehen kann.

Für die Verwendung des Minderjährigen zu gewerblichen Zwecken ist besondere Genehmigung der Distriktsverwaltungsbehörde vorzubehalten.

§ 35. Jede Unterbringung in einer Familie ist außer dem Vormundschaftsgericht und dem Gemeindewaisenrate (Artikel 7 des Zwangserziehungsgesetzes) auch dem zuständigen Geistlichen (§ 11 Abs. 1) und bei schulpflichtigen Kindern der Schulbehörde mitzuteilen.

c) Unterbringung in Anstalten.

§ 36. Für die Anstaltserziehung sind diejenigen Anstalten zu benützen, welche vom K. Staatsministerium des Innern im Benehmen mit den K. Staatsministerien der Justiz und des Innern für Kirchen- und Schulangelegenheiten als hierzu geeignet erklärt sind.

Bis auf weiteres können Minderjährige in denjenigen Anstalten, welche in der Anlage 2 aufgeführt sind, unter den dort angegebenen Bedingungen untergebracht werden.

Beantragt eine in das Verzeichnis nicht aufgenommene Anstalt die Überweisung von Minderjährigen zur Zwangserziehung, so hat die zuständige K. Regierung, Kammer des Innern, den Antrag mit Benützung des in der Anlage 3 enthaltenen Fragebogens zu instruieren und dem K. Staatsministerium des Innern mit Gutachten vorzulegen.

Wo sich beim Gesetzesvollzug ein Mangel an Erziehungs- und Besserungsanstalten bemerkbar macht, ist auf die Gründung gemeindlicher Anstalten, namentlich in den größeren Städten, bzw. distriktiver oder Kreisanstalten hinzuwirken.

[1. Von dem Abdruck des Verzeichnisses der Anstalten wurde Umgang genommen, da es fortwährenden Änderungen unterliegt und das Amtsblatt des Staatsministeriums des K. Hauses und des Äußern und des Innern oder das Justizministerialblatt, in denen von Zeit zu Zeit Zusammenstellungen der Änderungen bekanntgemacht werden, wohl allen denen zur Verfügung stehen, für die dieses Verzeichnis überhaupt Interesse hat. Wegen der dem derzeitigen Stand entsprechenden Fundorte für das zurzeit geltende Verzeichnis und dessen Änderungen vgl. S. 79 Anm. 8 des Buches.

2. Von allgemeiner Bedeutung für die Auswahl der Anstalten sind Abs. 2 und 3 der InnMB. vom 29. November 1910, die bestimmen:

In das neue Verzeichnis sind auch die Staatserziehungsanstalten Wasserburg, Speyer und Würzburg aufgenommen. Diese sollen indessen keineswegs die Wirksamkeit der Privaterziehungsanstalten beschränken, sondern nur in jenen Fällen eingreifen, in denen Anstaltserziehung geboten ist, aber in einer Privatanstalt nicht durchgeführt werden kann. Den Verwaltungen derjenigen Privatanstalten, welche Knaben zur Zwangserziehung aufnehmen, wird deshalb anheimgegeben, demnächst die Zahl der freien Plätze und künftig jeweils jede Änderung dieser Zahl der einschlägigen Staatserziehungsanstalt (Wasserburg für schulpflichtige katholische Knaben, Würzburg für ältere katholische Knaben, Speyer für protestantische Knaben) mitzuteilen. Die Verwaltungen der Staatserziehungsanstalten hätten alsdann bei der Anmeldung von Knaben, die sich zur Aufnahme in eine Privatanstalt eignen, die zuständige Distriktsverwaltungsbehörde auf die betreffende Privatanstalt hinzuweisen und könnten sich allmählich zu Vermittlungsstellen für die Unterbringung von Knaben zur Zwangserziehung entwickeln.

Bei diesem Anlaß wird neuerdings darauf hingewiesen, daß zum gesicherten Vollzuge des Zwangserziehungsgesetzes Zufluchtstätten notwendig sind, in denen gefährdete Minderjährige im Bedarfsfalle, namentlich im Falle der vorläufigen Zwangserziehung sofort untergebracht, in bezug auf die erforderliche Art der Zwangserziehung — Familienerziehung oder Anstaltserziehung, letzterenfalls Art der zu wählenden Anstalt — beobachtet und bis zur Ermöglichung eines geeigneten Unterkommens behalten werden können. Als Muster einer solchen Einrichtung sind beispielsweise das Knabenheim München, das Zufluchtsheim in München, das Magdalenen-Asyl München-Gern und das städtische Jugendheim Augsburg hervorzuheben. Unter Bezugnahme auf § 36 Abs. 4 der Ausf.-Best. zum ZwEG. (InnMBl. 1902, 267) werden die K. Regierungen, Kammern des Innern, beauftragt, im Einvernehmen mit den Jugendfürsorgeverbänden und den Verwaltungen der größeren Städte fortgesetzt auf die Gründung derartiger Zufluchtstätten hinzuwirken.]

§ 37. Mit dem Anstaltsvorstand ist im einzelnen Falle ein schriftlicher Vertrag abzuschließen, welcher die beiderseitigen Rechte und Pflichten bestimmt.

Der Vorstand ist insbesondere zu verpflichten über die Führung und die Fortschritte des Minderjährigen, sowie über dessen Gesundheitszustand mindestens einmal jährlich der Distriktsverwaltungsbehörde zu berichten.

Dem Vorstand ist eine Abschrift des die Zwangserziehung anordnenden Beschlusses zuzustellen.

d) Unterbringung in Dienst- oder Lehrstellen.

§ 38. Bei Ablauf des schulpflichtigen Alters ist rechtzeitig für ein den Fähigkeiten und Verhältnissen des Minderjährigen, tunlichst auch seinen Neigungen entsprechende Dienst- oder Lehrstelle zu sorgen. Auf die Unterbringung finden die §§ 31—35 entsprechende Anwendung.

Beim Abschluß von Lehrverträgen ist die tüchtige Ausbildung im Handwerk innerhalb einer bestimmten Zeit sicherzustellen. Im übrigen sind die §§ 126—132a der Gewerbeordnung (Reichsgesetzblatt 1900 S. 950) zu beachten.

e) Überwachung der Zwangserziehung.

§ 39. Der Gemeindewaisenrat hat die Erziehung und Behandlung der in Familien untergebrachten Minderjährigen, sowie die Führung derselben zu überwachen. Zu diesem Zwecke sind ihm Abschriften der über die Unterbringung der Minderjährigen abgeschlossenen Verträge auszuhändigen.

Die noch nicht schulentlassenen Minderjährigen hat der Gemeindewaisenrat von Zeit zu Zeit persönlich in der Familie aufzusuchen, sich von der Art der Unterkunft, Pflege, Erziehung und Beschäftigung, sowie im Benehmen mit dem Ortsgeistlichen und der Schulbehörde von der Regelmäßigkeit des Kirchen- und Schulbesuchs zu überzeugen, auch sich zu vergewissern, ob die vertragsmäßigen Bestimmungen erfüllt werden, und für Abstellung etwaiger Mängel zu sorgen.

Bei den in Dienst oder Lehre stehenden Minderjährigen hat der Gemeindewaisenrat insbesondere darauf zu sehen, daß der Lehr- oder Dienstvertrag gehalten wird, und sich von Zeit zu Zeit von der Führung, den Fortschritten und den Leistungen des Minderjährigen an Ort und Stelle zu überzeugen.

Der Gemeindewaisenrat wird sich namentlich hinsichtlich der Mädchen und der im Kindesalter stehenden Knaben mit Nutzen der Mitwirkung der Waisenpflegerinnen bedienen.

§ 40. Steht die Sorge für die Person des Minderjährigen einem Pfleger oder Vormund zu, so wird dessen Pflicht, für die Erziehung und körperliche Pflege des Minderjährigen zu sorgen, nicht durch die dem Gemeindewaisenrate nach § 39 obliegende Überwachungspflicht beseitigt. Es hat vielmehr auch der Pfleger oder Vormund an der Überwachung des Minderjährigen teilzunehmen und wahrgenommene Gebrechen dem Gemeindewaisenrate oder der Distriktsverwaltungsbehörde anzuzeigen.

Den Vormundschaftsgerichten wird anempfohlen, als Vormund und, sofern für den Minderjährigen ein Pfleger aufgestellt werden muß, als Pfleger eine Person aufzustellen, die in derselben Gemeinde wohnt, wie die Familie, bei welcher der Minderjährige untergebracht ist.

§ 41. Der Gemeindewaisenrat hat der Distriktsverwaltungsbehörde auf Erfordern Auskunft zu erteilen und auch unaufgefordert etwaige Mängel anzuzeigen.

Die Distriktsverwaltungsbehörde hat von dem Gemeindewaisenrat alljährlich mindestens einmal einen kurzen Bericht einzufordern.

§ 42. Erhält das Vormundschaftsgericht Kenntnis von Mängeln in der Erziehung oder der körperlichen Pflege eines in Zwangserziehung genommenen Minderjährigen, so hat es hiervon der Diriktsverwaltungsbehörde Mitteilung zu machen.

Während der Dauer der Zwangserziehung entfällt die in § 26 der Vormundschaftsordnung (JMBl. 1900 S. 181) dem Vormundschaftsgerichte auferlegte Verpflichtung, sich von Zeit zu Zeit über das persönliche Ergehen und das Verhalten des Mündels oder Pfleglings zu erkundigen.

f) Vollzug der vorläufigen Unterbringung.

§ 43. Auf den Vollzug der vorläufigen Unterbringung finden die Bestimmungen des gegenwärtigen Abschnitts (§§ 21 ff.) entsprechende Anwendung.

V. Beendigung der Zwangserziehung.

§ 44. Die Zwangserziehung endigt mit der Minderjährigkeit.

§ 45. Die Zwangserziehung ist aufzuheben, wenn die Voraussetzungen der Anordnung weggefallen sind. Dies ist der Fall, wenn der Zweck der Zwangserziehung erreicht oder die Erreichung des Zwecks in anderer Weise sichergestellt ist. Die Aufhebung kann unter dem Vorbehalte des Widerrufs erfolgen; hiervon wird insbesondere dann Gebrauch zu machen sein, wenn es zweifelhaft ist, ob die die Aufhebung rechtfertigenden Verhältnisse von Dauer sind.

Die Aufhebung erfolgt durch Beschluß des Vormundschaftsgerichts von Amts wegen oder auf Antrag. Vor der Entscheidung muß der Distriktsverwaltungsbehörde Gelegenheit zur Äußerung gegeben werden; die Distriktsverwaltungsbehörde hat den Gemeindewaisenrat und, wenn der Minderjährige in einer Anstalt untergebracht ist, den Vorstand der Anstalt zu hören. Die Bestimmungen des § 11 finden entsprechende Anwendung.

Der die Zwangserziehung aufhebende Beschluß ist vom Vormundschaftsgerichte der Distriktsverwaltungsbehörde, den Eltern des Minderjährigen, dem gesetzlichen Vertreter des Minderjährigen, welchem die Sorge für die Person zusteht, und sofern der Minderjährige das 14. Lebensjahr vollendet hat, auch dem Minderjährigen selbst zuzustellen. Von dem Eintritte der Rechtskraft ist der Distriktsverwaltungsbehörde Mitteilung zu machen.

Im Falle der Aufhebung unter Vorbehalt des Widerrufs hat sich das Vormundschaftsgericht nach Ablauf einer angemessenen Zeit davon zu überzeugen, ob nicht von dem Widerrufe Gebrauch zu machen ist. Die Erhebungen sind regelmäßig durch den Gemeindewaisenrat pflegen zu lassen; die Mitwirkung polizeilicher Organe darf hierzu nicht in Anspruch genommen werden.

[Vgl. hierzu Abs. 3 der InnMB. vom 26. Dezember 1906, der bestimmt: Im übrigen wurde den eingesendeten Übersichten vielfach entnommen, daß die rechtskräftig angeordnete Zwangserziehung nur deshalb nicht vollzogen war, weil sich der Minderjährige in einem Dienst-

oder Lehrverhältnisse befand und dort gut führte oder weil er in einer Pflegeanstalt dauernd untergebracht war oder weil er für immer ins Ausland verzogen war. In derartigen Fällen wäre zu erwägen, ob nicht die vorläufige Entlassung zu verfügen oder die Aufhebung der Zwangserziehung anzuregen sei].

§ 46. Die Distriktsverwaltungsbehörde kann die vorläufige Entlassung des Minderjährigen aus der Zwangserziehung verfügen. Hiervon kann insbesondere auch zu dem Zwecke Gebrauch gemacht werden, um den Minderjährigen seiner eigenen Familie zu überweisen, wenn der Minderjährige durch Erziehung in einer fremden Familie oder in einer Anstalt sittlich gebessert ist und die Verhältnisse in der eigenen Familie die Gefahr der Verwahrlosung nicht mehr besorgen lassen. Die vorherige Anhörung des Vormundschaftsgerichts ist nicht erforderlich; dem Vormundschaftsgericht ist aber von der Entlassung Kenntnis zu geben.

Die Distriktsverwaltungsbehörde hat auch nach der Entlassung für geeignete Überwachung des Minderjährigen Sorge zu tragen. Die Überwachung ist regelmäßig dem Gemeindewaisenrate aufzutragen; sie darf nicht durch polizeiliche Organe ausgeübt werden.

Ergibt sich, daß die Voraussetzungen, unter denen die Entlassung erfolgt ist, nicht mehr zutreffen, oder entzieht sich der Minderjährige der angeordneten Überwachung, so hat die Distriktsverwaltungsbehörde die Entlassung zu widerrufen und die Unterbringung des Minderjährigen in einer Familie oder Anstalt anzuordnen. Von dem Widerrufe der Entlassung und von der Unterbringung ist dem Vormundschaftsgerichte seitens der Distriktsverwaltungsbehörde Mitteilung zu machen.

§ 47. Vor Beendigung oder Aufhebung der Zwangserziehung soll die Distriktsverwaltungsbehörde tunlichst für ein gesichertes Unterkommen des Minderjährigen, entsprechend seinen persönlichen Verhältnissen und seiner Beschäftigungsweise, Sorge tragen.

§ 48. Über das 18. Lebensjahr hinaus soll die Zwangserziehung nur in besonderen Fällen fortgesetzt werden (Artikel 6 Abs. 4 des Zwangserziehungsgesetzes).

Die Fortsetzung ist zulässig, wenn aus besonderen Gründen anzunehmen ist, daß hierdurch die Besserung des Minderjährigen erzielt wird.

Die Fortsetzung wird von der Distriktsverwaltungsbehörde nach Anhörung des Vormundschaftsgerichts verfügt. Von der Fortsetzung ist dem Vormundschaftsgerichte Mitteilung zu machen.

Erachtet die Distriktsverwaltungsbehörde die Fortsetzung nicht für geboten, so entläßt sie den Minderjährigen vorläufig aus der Zwangserziehung oder sie beantragt die Aufhebung der Zwangserziehung beim Vormundschaftsgerichte.

§ 49. Das Vormundschaftsgericht hat durch Eintrag in den Terminskalender (§ 65 der Vormundschaftsordnung, JMBl. 1900 S. 181), dafür zu sorgen, daß die Prüfung der Frage, ob die Zwangserziehung nach der Vollendung des 18. Lebensjahres noch fortgesetzt werden soll, sowie die Beendigung der Zwangserziehung durch Erreichung der Volljährigkeit nicht übersehen werden.

VI. Kosten der Zwangserziehung.

§ 50. Kosten der Zwangserziehung sind die von der Distriktsverwaltungsbehörde im Vollzuge der gerichtlichen Anordnung unmittelbar veranlaßten Kosten der Unterbringung in einer Familie der Anstalt, einschließlich der Kosten der Hin- und Rückreise, der den Anstaltsordnungen entsprechenden Ausstattung, sowie der Vermittelung eines geeigneten Unterkommens nach Beendigung der Aufhebung der Zwangserziehung (§ 47), wogegen die Kosten dieses Unterkommens selber nicht mehr zu den Kosten der Zwangserziehung gehören.

[Hiezu bemerkt die InnMB. vom 11. Mai 1909: 1. Wenn auch die auf die behördliche Anordnung erfolgende Verbringung der Minderjährigen in die Familien oder Anstalten, sowie die Verbringung von diesen an einen anderen Bestimmungsort nicht in den Formen des gewöhnlichen Schubverkehrs geschehen darf, besteht doch kein Bedenken, die Kosten jeder solchen Verbringung auf den Etat der Polizeiverwaltung Kap. 28, 2 Tit. 3 (Transport usw.) zu übernehmen. 2. Von seiten des Staatsärars besteht keine Erinnerung dagegen, daß die den Zwangserziehungsanstalten erwachsenden Portokosten als Kosten der betreffenden Zwangserziehungsfälle gemäß Art. 8 ZwEG. behandelt werden].

§ 51. Die Kosten der Zwangserziehung eines in Bayern beheimateten Minderjährigen hat vorläufig die Heimatgemeinde zu bestreiten. Soweit die Kosten nicht durch Ersatzleistung des Minderjährigen oder eines Unterhaltspflichtigen (§ 58) gedeckt werden, kann die Heimatgemeinde den Ersatz von zwei Fünfteln seitens des Staates beanspruchen; mittelbare Gemeinden können überdies den Ersatz eines Fünftels seitens des Staates beanspruchen; mittelbare Gemeinden können überdies den Ersatz eines Fünftels seitens der Distriktsgemeinde beanspruchen (Artikel 8 Abs. 1—3 des Zwangserziehungsgesetzes).

In den Gemeinderechnungen sind die Kosten der Zwangserziehung bei den Ausgaben „für Erziehung und Bildung" unter gesonderter Ziffer zu verrechnen; in entsprechender Weise sind die einschlägigen Einnahmen (Rückersätze der Minderjährigen, der Unterhaltspflichtigen, des Staates, der Distriktsgemeinden) bei der Einnahme-Position „Erziehung Bildung" zu verrechnen.

§ 52. Die Geltendmachung der gegen die Staatskasse und die Distriktsgemeinde begründeten Ersatzansprüche geschieht ganz-, halb- oder vierteljährig mittels eines Kostenverzeichnisses, welches sämtliche während des betreffenden Zeitraumes angefallenen Ausgaben für Zwangserziehung nebst den etwaigen Rückersätzen der Beteiligten zu enthalten hat und samt den zugehörigen Rechnungsbelegen seitens des Stadtmagistrats München bei dem zuständigen Polizeiamte, seitens der übrigen unmittelbaren Stadtmagistrate unter Beifügung der einschlägigen Akten bei der vorgesetzten K. Regierung, Kammer des Innern, seitens der mittelbaren Gemeindebehörden bei dem vorgesetzten Bezirksamt in Einlauf zu bringen ist.

§ 53. Die Kosten einer vorläufigen Unterbringung sind, wenn die Zwangserziehung demnächst angeordnet wird, als Kosten der Zwangserziehung anzusehen. Andernfalls sind dieselben von der Staatskasse zu tragen und, soweit sie von dem Minderjährigen oder einem Unterhaltspflichtigen, von der Heimatgemeinde oder der Distriktsgemeinde bestritten worden sind, zu ersetzen (Artikel 8 Abs. 4 des Zwangserziehungsgesetzes); in diesem Falle findet auf die Geltendmachung der Ersatzansprüche § 52 Anwendung mit der Maßgabe, daß diese Ersatzansprüche gesondert zu behandeln sind.

§ 54. Die in § 52 bezeichneten Staatsverwaltungsbehörden prüfen die Kostenverzeichnisse an der Hand der Belege und auf Grund der Akten und setzen jeweils am 20. Januar, 20. April, 20. Juli und 20. Oktober die seitens der Staatskasse und der Distriktsgemeinden zu erstattenden Beträge vorbehaltlich der seinerzeit auf Grund der Gemeinderechnungen vorzunehmenden Nachprüfung (§ 56) fest. Die Festsetzungsbescheide müssen den auf jeden Minderjährigen treffenden Betrag ersehen lassen.

Die Prüfung bei den K. Regierungen, Kammern des Innern, hat sich auch auf die Zulässigkeit der von den unmittelbaren Stadtmagistraten getroffenen Anordnungen, insbesondere auf die Beobachtung des § 36 Abs. 1 zu erstrecken.

Die Ausfertigung der Festsetzungsbescheide ist den zuständigen Rentämtern und Distriktskassen sowie unter Rückgabe der Rechnungsbelege den beteiligten Gemeindebehörden zuzustellen. Die seitens der K. Polizeiämter in München ergehenden Festsetzungsbescheide sind in Abschrift samt den Urschriften der Kostenverzeichnisse der K. Regierung von Oberbayern, Kammer des Innern, vorzulegen.

§ 55. Die Rentämter sind ermächtigt, auf Grund der ihnen gemäß § 54 Abs. 3 zugehenden Bescheide die zu Lasten der Staatskasse festgesetzten Beträge ohne weitere Zahlungsanweisung nach Anfall auszubezahlen und auf Staatsfonds zu verrechnen.

Die Etatsposition, auf welche die betreffenden Ausgaben zu verrechnen sind, wird durch das Rechnungsschema für die XXVI. Finanzperiode bekanntgegeben werden.

§ 56. Sämtliche Kostenverzeichnisse eines Kalenderjahres sind gelegentlich der Revision der Gemeinderechnungen bei den K. Regierungen, Kammern des Innern, bzw. bei den Bezirksämtern einer Nachprüfung in der Richtung zu unterstellen, ob die verrechneten Ausgaben auch in den Gemeinderechnungen gehörig vorgetragen und ob alle in letzteren verrechneten Rückersätze auch in den Kostenverzeichnissen entsprechend in Abzug gebracht worden sind.

Das Ergebnis der Nachprüfung ist aktenkundig zu machen.

§ 57. Die Kosten für Zwangserziehung derjenigen Minderjährigen, welche in Bayern keine Heimat besitzen, sind nach Analogie der Ziff. 8 der Ministerialentschließung vom 28. Dezember 1899, den Vollzug des Gesetzes über Heimat, Verehelichung und Aufenthalt betr. (InnMBl. S. 803), zu behandeln, jedoch in den bezüglichen Nachweisungen ausgeschieden vorzutragen. Die Behandlung obliegt der zur Durchführung der Zwangserziehung berufenen Distriktsverwaltungsbehörde; eine Mitwirkung des Armenpflegschaftsrats findet nicht statt.

§ 58. Die Einrichtung der Zwangserziehung als einer Erziehung auf öffentliche Kosten darf nicht dazu führen, daß denjenigen, welcher zunächst für die Erziehung der Jugend verantwortlich sind, das Gefühl der Verantwortlichkeit gemindert oder sogar ein Antrieb gegeben wird, der Verwilderung der Jugend freien Lauf zu lassen, um sodann die Erziehung der Kinder auf Kosten der Gesamtheit herbeizuführen.

Die Geltendmachung der in Artikel 8 Abs. 2 des Zwangserziehungsgesetzes begründeten Ersatzverbindlichkeiten erscheint besonders geeignet, den Beteiligten das Gefühl der Verantwortlichkeit zu erhalten. Die Distriktsverwaltungsbehörde hat deshalb in jedem Falle festzustellen:

1. ob der Minderjährige selbst ein Vermögen besitzt oder zu erhoffen hat, welches ihm unbeschadet der Sicherstellung des Lebensunterhaltes die Ersatzleistung ermöglicht;

2. ob andere unterhaltspflichtige Personen (§§ 1601 ff., insbesondere § 1603 des BGB.) vorhanden sind.

Je nach Umständen ist in angemessenen Zeiträumen wiederholt Erhebung zu pflegen.

Die Rückforderung der Kosten von den Unterhaltspflichtigen ist mit aller Strenge zu betreiben; wo nicht vollständiger Ersatz möglich ist, ist wenigstens teilweiser Ersatz zu betreiben.

Gegenüber den Eltern und Großeltern sowie gegen den unehelichen Vater, der seine Vaterschaft nach § 1718 des BGB. anerkannt hat oder dessen Unterhaltspflicht in einem vollstreckbaren Titel festgestellt ist, kann zu dem fraglichen Zwecke auch im Wege des Artikel 10 des Zwangserziehungsgesetzes vorgegangen werden. Im übrigen gehören Streitigkeiten über die Ersatzpflicht des Minderjährigen und seiner unterhaltspflichtigen Verwandten zur Zuständigkeit der bürgerlichen Gerichte.

Soweit den Einnahmen einer Gemeinde aus Rückersätzen in einem Kalenderjahre nicht Ausgaben für Zwecke der Zwangserziehung in gleicher Höhe gegenüberstehen, sind hierüber Einnahmeverzeichnisse zu fertigen; auf die Vorlage, Prüfung und Festsetzung dieser Verzeichnisse finden die §§ 52 ff. entsprechende Anwendung.

VII. Schlußbestimmungen.

§ 59. Nach Artikel 12 Abs. 3 des Zwangserziehungsgesetzes kommen für die Verhandlungen in Angelegenheiten der Zwangserziehung Gebühren und Porti nicht in Ansatz.

Als portofrei ist hiernach der Schriftwechsel der Behörden, einschließlich der Versendung der Akten, zu behandeln. Insoweit gemäß § 11 der Allerhöchsten Verordnung vom 23. Juni 1829, die Postportofreiheit in Amtssachen betreffend (RegBl. S. 521), auch eine portofreie Versendung von Geldern stattfindet, behält es hierbei sein Bewenden.

Bei allen portofreien Sendungen sind die in der vorstehend angeführten Verordnung vorgeschriebenen Förmlichkeiten zu beachten.

Hinsichtlich der Portobehandlung des Verkehrs mit den Gemeindewaisenräten ist die Bekanntmachung vom 31. März 1902 (JMBl. S. 524) maßgebend.

§ 60. Hinsichtlich der Unterbringung jugendlicher Personen auf Grund des § 56 des StGB. ist im allgemeinen die Ministerialentschließung vom 31. Dezember 1871 (JMBl. 1872 S. 16) maßgebend. Nach den inzwischen erfolgten Änderungen der Ziffer VI dieser Entschließung sind zur Unterbringung nunmehr folgende Anstalten bestimmt:

1. Für Knaben aller Konfessionen: K. Staatserziehungsanstalt Speyer.

Ausgenommen sind katholische Knaben aus Oberbayern, Niederbayern, Oberpfalz und Schwaben; für diese ist die St. Nikolauspflege in Andechs, Bezirksamts München II, bestimmt.

2. Für Mädchen

a) aus dem rechtsrheinischen Bayern, und zwar

für katholische: Rettungshaus Ettmannsdorf, Bezirksamts Burglengenfeld;

für protestantische: Diakonissenanstalt Neuendettelsau, Bezirksamts Ansbach;

b) aus der Pfalz, und zwar

für katholische: Armenkinderhaus Frankenthal; sittlich unverdorbene Mädchen können auch in das Waisenhaus Landstuhl, Bezirksamts Homburg, verbracht werden;

für protestantische: Rettungshaus Hasloch, Bezirksamt Neustadt a. H.

Ziff. VIII der angeführten Entschließung ist durch Entschließung vom 27. Januar 1898 dahin abgeändert, daß die bezüglichen Anzeigen jeweils nach Schluß eines Jahres zu erstatten sind, und hierbei neben dem Bevölkerungsstand am Jahresschluß auch der durchschnittliche Bevölkerungsstand im abgelaufenen Jahre anzugeben ist. Zu Ziff. X ist die Ministerialentschließung vom 25. Mai 1893, MABl. S. 135, zu vergleichen.

Hinsichtlich der Unterbringung von Minderjährigen auf Grund des § 362 Abs. 3 Satz 2 des Strafgesetzbuches ist die Ministerialbekanntmachung vom 5. April 1901, MABl. S. 169, maßgebend.

[Wenn ein bereits zur Zwangserziehung in einer Anstalt befindlicher Minderjähriger gemäß § 56 RStGB. in einer Erziehungs- oder Besserungsanstalt unterzubringen ist, so ist er womöglich in der bisherigen Anstalt zu belassen, auch wenn diese nicht zu den regelmäßig für eine derartige Unterbringung bestimmten Anstalten gehört (eingefügt durch Abs. 2 JnnMB. vom 28. Oktober 1907)].

§ 61. Die Distriktsverwaltungsbehörden haben Sorge zu tragen, daß die Bestimmungen des Zwangserziehungsgesetzes den weitesten Kreisen der Bevölkerung, insbesondere den Geistlichen, Ärzten, Lehrern und sonstigen Leitern der Jugend, den Vereinen für Jugendschutz und Kindererziehung bekanntgemacht werden.

München, den 28. Juni 1902.

Dr. **Frhr. v. Riedel.** Dr. **Frhr. v. Feilitzsch.** Dr. **Frhr. v. Leonrod.**
Dr. **v. Landmann.**

Anlage 1.

(Zu § 32 der Ausführungsbestimmungen.)

Bericht,

betreffend die Unterbringung von Minderjährigen in der Familie de.. in..

zum Zwecke der Zwangserziehung.

I. Bezeichnung der sich ständig in der Familie aufhaltenden Personen (Familienvorstand, Ehefrau, Kinder, sonstige Verwandte, Lohnarbeiter, Aftermieter, Schlafgänger, Kostkinder).

Vor- und Zunamen	Verwandtschaftsverhältnis oder sonstige Stellung zum Familienvorstand	Geburtszeit	Glaubensbekenntnis
....	Familienvorstand	....	....
....	....	....	....
....	....	....	....
....	....	....	....
....	....	....	....
....	....	....	....
....	....	....	....
....	....	....	....

II. Welchen Ruf genießt die Familie? Wie sind die Kinder erzogen? Sind die Eheleute oder die Kinder schon bestraft worden?	....
III. Sind die Familienangehörigen gesund? Befindet sich kein dauernd leidendes, geisteskrankes oder schwachsinniges Mitglied zu Hause? Waren in letzter Zeit keine ansteckenden Krankheiten in der Familie? Sind in der Familie Todesfälle von eigenen oder fremden Kindern vorgekommen?	....

IV. Ist die Haushaltung geordnet?	....
Haben die Eheleute ein gesichertes Auskommen?	
Welches Vermögen haben sie?	....
Grundbesitz:	....
Viehstand:	....
Welchen Beruf betreibt der Mann?	....
Werden auch die Frau und die Kinder mit Berufsarbeiten beschäftigt?	....
Hat die Familie schon Armenunterstützungen bezogen?	....
V. Ist die Wohnung gesund und geräumig?	....
Wieviel bewohnbare Räume sind vorhanden?	....
Sind getrennte Schlafräume für Knaben und Mädchen vorhanden?	....
VI. Ist nach all dem anzunehmen, daß in der Familie Minderjährige zur Zwangserziehung unbedenklich untergebracht werden können?	....
VII. Was ist sonst zu bemerken?	....

...., am .... 19........

....

(Unterfertigung der Gemeindebehörde, des Distriktsvorstehers, Bezirkskommissärs 2c.)

Zum Zeichen des Einverständnisses unterzeichnen:

Pfarramt ....

Ortsschulbehörde ....

Gemeindewaisenrat ....

Anlage 3.
(Zu § 36 Abs. 3
der Ausführungsbestimmungen.)

Antrag

(Bezeichnung der Anstalt)

de ....

auf Ueberweisung von Minderjährigen zum Zwecke der Zwangserziehung nach Maßgabe des Gesetzes vom 10. Mai 1902, GVBl. S. 180.

Sitz der Anstalt Anzahl der Plätze Grundbesitz in ha (ausgeschieden nach der Kulturart)	..............., Verwaltungsbezirk .... für männliche Zöglinge ...., für weibliche Zöglinge ....
Besitzer der Anstalt Verwaltung der Anstalt Erziehungspersonal	....
Aufnahmebedingungen in Bezug auf persönliche Eigenschaften der Zöglinge (hier kommen unter Umständen auch in Betracht: bestimmte Heimatzuständigkeit, Mangel geistiger oder körperlicher Gebrechen, gerichtlicher Bestrafungen ꝛc.)	Alter vom .... bis zum .... Lebensjahre .... Glaubensbekenntnis .... Sonstige persönliche Eigenschaften ....
Aufnahmebedingungen in Bezug auf Gegenleistungen	Pflegegeld jährlich .... M., zahlbar in Raten. Vergütung für die erste Ausstattung ..... M. Sonstige Gegenleistungen ....
Auf welche Weise ist für den Unterricht der Zöglinge gesorgt?	....

Bis zu welchem Alter verbleiben die Zöglinge in der Anstalt?	....
Sorgt die Anstalt für das Unterkommen der Zöglinge bei der Entlassung?	....
Bleibt die Anstalt mit den Entlassenen in Verbindung?	....
Unter welchen Bedingungen ist die Anstalt bereit, Minderjährige zur Zwangserziehung aufzunehmen?	....
Besteht die Bereitwilligkeit auch für den Fall, daß die Zwangserziehung ohne Inanspruchnahme öffentlicher Mittel, auf Kosten eines Beteiligten vom Vormundschaftsgerichte angeordnet wird?	

.... am .... 19 ...

Die Verwaltung de ....

....

Sachregister.

Die Zahlen bedeuten die Seiten.

A.

B.

H.

J.

M.

N.

O.

P.

T.

U.

W.

FSC
www.fsc.org
MIX
Papier | Fördert gute Waldnutzung
FSC® C083411

Kolibri 360 GmbH
Ferdinand-Jühlke-Straße 7
99095 Erfurt, Deutschland
produktsicherheit@kolibri360.de